Die Einheit der Gesellschaftswissensc

Studien in den Grenzbereichen der Wirtschafts- und Sozialwisse

Band 96

Begründet von

Erik Boettcher

Unter der Mitwirkung von

herausgegeben von

Karl Homann

Gary S. Becker

Familie, Gesellschaft und Politik – die ökonomische Perspektive

übersetzt von

Monika Streissler

herausgegeben von

Ingo Pies

J.C.B. Mohr (Paul Siebeck) Tübingen

Die Deutsche Bibliothek – CIP-Einheitsaufnahme

Familie, Gesellschaft und Politik – die ökonomische Perspektive / Gary S. Becker.
Übers. von Monika Streissler. Hrsg. von Ingo Pies. – Tübingen : Mohr, 1966
(Die Einheit der Gesellschaftswissenschaften ; Bd. 96)
ISBN 3-16-146625-X
NE: Becker, Gary S.; Pies, Ingo [Hrsg.]; GT

Das Buch wurde belichtet aus der Linotype-Garamond von Computersatz Staiger in Pfäffingen und von der Druckerei Gulde in Tübingen auf archivfähigem Werkdruckpapier der Papierfabrik Weissenstein in Pforzheim gedruckt. Den Einband besorgte die Großbuchbinderei Heinr. Koch in Tübingen nach einem Entwurf von Alfred Krugmann in Stuttgart.

ISSN 0424-6985

Vorwort des Herausgebers

1992 wurde Gary Becker der Nobelpreis für Wirtschaftswissenschaften verliehen. Er erhielt diese Auszeichnung für seine Arbeiten, die das ökonomische Instrumentarium zur Analyse menschlichen Verhaltens über den Bereich der Wirtschaft hinaus anwenden.

Diese Arbeiten sind, bis auf den heutigen Tag, nicht unumstritten. Abgesehen davon, daß es, zumal im Wissenschaftsbetrieb, das Schicksal aller Neuerungen ist, zunächst auf Widerstand zu stoßen, gibt es hierfür mindestens zwei Gründe. Mit Gary Becker ändert sich das Selbstverständnis der Ökonomik und, direkt damit zusammenhängend, das Verständnis von Interdisziplinarität: Die Ökonomik definiert sich nicht länger – als „Wirtschafts"-Wissenschaft – von ihrem Gegenstandsbereich her, sondern sie konstituiert sich *methodisch,* als ökonomischer Ansatz, als Theorie rationalen Verhaltens. Ihr Proprium liegt in einem ganz bestimmten Blickwinkel, der viele – durchaus interessante und wichtige – Fragen bewußt und kontrolliert ausblendet, um die – nunmehr spezifisch *ökonomische* – Forschungsperspektive um so schärfer auf die Bestimmungsgründe individuellen Verhaltens und – dies vor allem – auf die sozialen Folgen solchen Verhaltens fokussieren zu können. Interdisziplinarität bedeutet dann, sich angesichts konkreter Probleme über die Fruchtbarkeit unterschiedlicher Perspektiven auszutauschen. Hier eröffnet sich ein weites Feld wissenschaftlicher Kooperation – und Konkurrenz.

Der vorliegende Band setzt sich das Ziel, Beckers doppelte Herausforderung sowohl der Ökonomik als auch der benachbarten Disziplinen einer kritischen Diskussion im deutschen Sprachraum leichter zugänglich zu machen. Zu diesem Zweck wurden vornehmlich solche Aufsätze ausgewählt, die das methodologische Programm einer *ökonomischen Perspektive* formulieren (I) und die Fruchtbarkeit der familienökonomischen (II) und politökonomischen (III) Anwendung illustrieren. Das abschließende Interview wurde in diesen Band aufgenommen, weil es ersichtlich werden läßt, wie Gary Becker, der an der University of Chicago neben einer ökonomischen Professur auch eine Professur für Soziologie innehat, sich Interdisziplinarität als Zusammenarbeit unterschiedlicher Sozialwissenschaften vorstellt. Seine autobiographische Einleitung hat er eigens für diesen Band verfaßt.

Als ich im Sommer 1993 von einem mehrmonatigen Chicago-Aufenthalt bei Gary Becker die Idee zu diesem Buch mitbrachte, stieß sie bei Karl

Homann als Herausgeber der Reihe und bei Georg Siebeck als Verleger sogleich auf Zustimmung. Ihnen danke ich für die engagierte Unterstützung dieses Projekts, Monika Streissler für die äußerst verständnisvolle und stets reibungslose Zusammenarbeit.

Bochum, im Mai 1996 Ingo Pies

Inhalt

Meine intellektuelle Entwicklung

(1996)

Meine Mutter und mein Vater – sie war Hausfrau, und er war Unternehmer – waren sehr intelligent, aber nicht sonderlich gebildet. Umso mehr wollten sie ihren Kindern eine gute Ausbildung mitgeben. Obwohl ich ein sehr guter Schüler war, interessierte ich mich bis zum Alter von 16 Jahren mehr für Sport als fürs Lernen. Dann verlagerten sich meine Interessen: Ich trat aus dem Handballteam meiner Schule aus und in das Mathematik-Team ein – die beiden trafen sich zur selben Zeit.

In der höheren Schule interessierten mich von den Schulfächern vor allem Mathematik und Naturwissenschaften. Besonderen Spaß machte mir das Mathematik-Team, weil es dabei um Wettbewerbe mit anderen Schulen ging. In meinem letzten Schuljahr machte ich mir auch Gedanken darüber, „etwas für die Gesellschaft zu tun" – worin sich mein wachsendes Interesse für Politik und soziale Veränderungen ausdrückte.

Als ich mit 17 Jahren als undergraduate an die Universität Princeton ging, war ich hin- und hergerissen zwischen der Mathematik und diesem Wunsch, „etwas zu tun". In Princeton mußte jeder Student im ersten Jahr eine sozialwissenschaftliche Vorlesung belegen; ich wählte mir eine Einführung in die Wirtschaftswissenschaft. Das erwies sich als höchst glückliche Entscheidung. Als Lehrbuch wurde eine frühe Auflage von Samuelsons *Economics* verwendet, und den (ziemlich kurzen) Abschnitt über die Mikroökonomik fand ich faszinierend. Hier wurden Preise, Märkte und andere wichtige ökonomische Begriffe auf einer im wesentlichen mathematischen Grundlage – die mir natürlich zusagte – diskutiert. Weit weniger gefiel mir Samuelsons ausführlicher gehaltene Erörterung der Makroökonomik, ein Stoff, der mir verschwommen und nicht ganz befriedigend erschien.

Während meiner drei Jahre in Princeton las ich so viele Artikel und Bücher zur Ökonomik, wie ich nur konnte, darunter auch Hicks' *Value and Capital* und Stiglers *Theory of Competitive Price*. Aus der Arbeit, die ich für meine junior thesis über die klassische Geldtheorie schrieb, wurde schließlich ein Aufsatz, den einer meiner Lehrer, William Baumol, und ich gemeinsam verfaßten; publiziert wurde er als „The Classical Monetary Theory: The Outcome of the Discussion" (BECKER und BAUMOL, 1952). Meine senior thesis über multilateralen Außenhandel wurde ebenfalls publiziert: „A Note on Multi-Country-Trade" (1952).

Neben Baumol waren zwei weitere Lehrer in Princeton sehr wichtig für meine Entwicklung, nämlich Friedrich Lutz und Jacob Viner. Lutz, der in den 30er Jahren aus Deutschland emigriert war, leistete Wichtiges auf dem Gebiet der Kapital-, Zins- und Geldtheorie. Ich belegte mehrere Vorlesungen bei ihm, sowohl für undergraduates als auch für graduates, und profitierte viel von seiner Kenntnis der Kapital- und Geldtheorie und auch von seiner Freundlichkeit und Hilfsbereitschaft. Wir blieben auch nach meinem Weggang von Princeton befreundet. Seine Anständigkeit habe ich immer genauso bewundert wie seine Beiträge zur Ökonomik.

Ich belegte Viners zwei graduate-Vorlesungen über Außenwirtschaftstheorie und Handelspolitik. Sie enthielten eine Fülle von Erkenntnissen, und lange Zeit hindurch war es noch so, daß alles, was ich über die Grundsätze der Handelspolitik wußte, bei Viner gelernt worden war. Er betonte auch, daß es Aufgabe der Theorie sei, die Welt, in der wir leben, zu erklären. Das sollte zwar selbstverständlich sein, aber es wird immer noch gerne übersehen, daß die Theorie auf das Verhalten im praktischen Leben bezogen werden muß.

Während meines letzten Jahres in Princeton ließ meine Begeisterung für die Wirtschaftswissenschaft nach. Sie schien mir übermäßig formal und nicht geeignet, mir Klarheit über Probleme wie Ungleichheit, Klasse, Rasse, Prestige und dergleichen zu verschaffen, die ja ursprünglich mein Interesse für die Ökonomik überhaupt erst geweckt hatten. Ich begann zu überlegen, ob ich nicht besser zur Soziologie oder einer anderen Sozialwissenschaft wechseln sollte.

Ein Soziologieprofessor in Princeton verwies mich auf Talcott Parsons' *The Structure of Social Action* (1949). Parsons, damals die beherrschende Erscheinung in der amerikanischen Soziologie, hatte seine Laufbahn als Ökonom begonnen und vertrat die Auffassung, die Ökonomik sei ein Sonderfall der Sozialtheorie. Mir schien das ein für meine Interessen geradezu maßgeschneiderter Ansatz. Doch als ich das Buch zu lesen versuchte, war ich enttäuscht, denn es enthielt eine Unmenge von Fachjargon, der nirgendwohin führte, zumindest nirgendwohin, wo ich ihm folgen konnte. Ich kam zu dem Schluß, die Soziologie sei zu schwer, und kehrte einigermaßen widerwillig zur Ökonomik zurück.

Mich reizte wissenschaftliche Forschung; dazu mußte ich ein Doktorat der Wirtschaftswissenschaft erwerben. Da ich schon viele graduate-Vorlesungen gehört hatte, hätte ich mein Studium ziemlich rasch beenden können, wenn ich in Princeton geblieben wäre. Aber ich sagte mir, daß eine neue Umgebung für mich besser wäre, und bewarb mich in Chicago und Harvard. Damals gingen undergraduates von Princeton, die weiterstudieren wollten, üblicherweise nach Harvard; und ich sah es mir auch an, bevor ich meine Entscheidung traf. Ich entschied mich dann aber für Chicago, nicht zuletzt deshalb, weil damals die Cowles Commission in Chicago war, deren mathematische Ausrichtung mir sehr gefiel. Gleichzeitig störte mich an Harvard aber auch die (für mich) übermäßige Arroganz einiger Ökonomik-Professoren, die ich dort traf.

Die Entscheidung für Chicago zählt zu den klügeren Entscheidungen, die ich in meinem Leben getroffen habe, denn die Ökonomen dort leisteten originellere und wichtigere Arbeit als irgendwo anders. Die Cowles Commission war bahnbrechend in der mathematischen Ökonomie und Ökonometrie, und während meines ersten Jahres war ich Assistent von Jacob Marschak. Er war ein origineller Ökonom, der zu graduate students außerordentlich liebenswürdig war. Ich bewunderte ihn und lernte viel von ihm, doch den größten Einfluß auf meine Entwicklung als Ökonom hatte Milton Friedman.

Friedmans graduate-Vorlesung zur Preistheorie war die aufregendste Vorlesung, die ich je erlebt habe (siehe BECKER, 1991, für eine Beurteilung Milton Friedmans als Lehrer). Sie vermittelte die unerhörte Leistungsfähigkeit der mikroökonomischen Theorie – also der Preistheorie – für die Erklärung ökonomischen Verhaltens. Friedman hatte keine Hemmungen, die Annahmen des Maximierungsverhaltens und des Marktgleichgewichts in der Analyse von Geschäftspraktiken, Konsumentenentscheidungen (einschließlich Geburtenraten), Versicherungen und Lotterien, von Haushalts- und Unternehmensreaktionen auf Steuern und sogar von Arbeitsmärkten einzusetzen. Die letztgenannte Anwendung war besonders ungewöhnlich, denn damals glaubten Arbeitsökonomen nicht, daß die ökonomische Theorie Nennenswertes zu ihrem Gebiet beizutragen hätte. Eine einsame Ausnahme war H. Gregg Lewis, der eine großartige Vorlesung über Arbeitsökonomik hielt, in der er alle Instrumente der Preistheorie zur Anwendung brachte.

Neu entfacht wurde mein Interesse für die Ökonomik durch Friedman, Aaron Director, Lewis, T. W. Schultz und andere Lehrer in Chicago. Aus meinen früheren Zweifeln wurde nun ein vielleicht übermäßiges Vertrauen, die ökonomische Analyse könnte die Rätsel der wirklichen Welt lösen. Als graduate student war ich voll und ganz damit beschäftigt, die Wirtschaftstheorie zu meistern, um mit ihrer Hilfe die ökonomische, soziale und politische Wirklichkeit zu analysieren.

Im Sommer 1952, nach meinem ersten Jahr als graduate student, schrieb ich eine Arbeit, in der ich die politische Demokratie unter ökonomischem Aspekt betrachtete. Ich betonte die Bedeutung des Wettbewerbs für politische Führerschaft – ein Ansatz, der entscheidend von Schumpeters Überlegungen (1942) beeinflußt war. In dieser Arbeit entwickelte ich ein Medianwählermodell, untersuchte die Anreize zur Informationsbeschaffung für Wähler, das Ausmaß von Monopolmacht im politischen Bereich und andere bedeutende politische Themen. Möglicherweise war dies die erste Arbeit, in der politisches Verhalten von einem modernen formalwissenschaftlichen Ansatz aus untersucht wurde.

Diese Arbeit zeigte ich Friedman und Director. Beiden gefiel sie; sie redeten mir zu, die Untersuchung auszuarbeiten, um sie publizieren zu können. Einen Entwurf hierzu übersandte ich 1952 an das in Chicago herausgegebene *Journal of Political Economy.* Der Herausgeber, der Wirtschaftshistoriker Earl Hamilton, war zunächst für eine Veröffentlichung, bat aber – unglücklicherweise für mich – Frank Knight, die Arbeit zu lesen. Knight gefiel sie nicht, aus Gründen, die mir schon damals nicht einleuchten wollten. Knight sah die Demokratie unter einem normativen Aspekt, als Regierung vermittels Diskussion, und konnte sich für einen stärker analytischen und positiven Ansatz nicht erwärmen. In Anbetracht der Reaktion von Knight sah sich Hamilton nicht in der Lage, die Arbeit zu publizieren, insbesondere da das Journal seit jeher der Devise folgte, nur wenige Aufsätze von graduate students von Chicago abzudrucken.

Die Ablehnung des *Journal of Political Economy* erschütterte mein Vertrauen in meinen demokratieanalytischen Ansatz. Ich ließ die Arbeit liegen, bis Aaron Director 1956 anfragte, ob er sie in einer neuen Zeitschrift, die er herausgab, publizieren dürfe. Ich sandte ihm eine stark gekürzte Fassung und war mir völlig sicher, daß er sie mir mit Umarbeitungsvorschlägen zurücksenden würde. Doch plötzlich erschien sie, unverändert, im ersten Heft des *Journal of Law and Economics.* Ich war darüber sehr aufgebracht, weil ich die ausführlichen Veränderungen, die mir wünschenswert schienen, nicht hatte machen können.

Wäre mein ursprünglicher Aufsatz vom *Journal of Political Economy* im Jahr 1952 publiziert worden, so wäre ich vielleicht als einer der Pioniere der ökonomischen Analyse der Politik (lies: der Public-choice-Theorie) angesehen worden. Obwohl Downs' Buch (1957, deutsch: Tübingen 1968) viel umfassender und befriedigender war als meine Arbeit, waren unsere Ansätze ähnlich, und mein Aufsatz kam seiner Doktorarbeit ein paar Jahre zuvor.

1953 spielte ich eine Weile mit dem Gedanken, meine Dissertation über die ökonomische Analyse der Politik zu schreiben, gab ihn aber auf, als ich mich mit der Diskriminierung von Minderheiten zu beschäftigen begann. Milton Friedman und Ted Schultz bestärkten mich darin, über die ökonomischen Aspekte der Diskriminierung von Schwarzen, Frauen und anderen Minderheiten nachzudenken. Das Thema nahm mich völlig gefangen, als ich eine Möglichkeit entdeckte, die Diskriminierungspräferenz einer Person, ihr „Vorurteil", darzustellen: nämlich durch einen persönlichen Diskriminierungskoeffizienten, der mißt, wieviel Einkommen jemand dafür aufzugeben bereit ist, daß er es verhindern kann, einen ihm unsympathischen Angehörigen einer Minderheit anzustellen, mit ihm zu arbeiten oder von ihm etwas zu kaufen.

Der Zusammenhang zwischen Vorurteilen und der auf dem Markt beobachtbaren Diskriminierung – die durch Unterschiede zwischen den Löhnen vergleichbar produktiver Angehöriger von Mehrheiten und von Minderheiten gemessen wird – wird durch diese persönlichen Diskriminierungskoeffizienten hergestellt. Ich konnte jedoch zeigen, daß die Beziehung zwischen marktlicher Diskriminierung und persönlicher Diskriminierung auch von der Wettbewerbsintensität auf Arbeits- und Produktmärkten, von der Verteilung der Diskriminierungsneigungen unter den Beteiligten, von der jeweiligen Produktionstechnik und von vielen anderen ökonomischen Variablen abhängt.

Diese Untersuchung der Diskriminierung wurde meine Doktorarbeit, aber mehrere Mitglieder der ökonomischen Fakultät waren nicht der Ansicht, daß Diskriminierung ein passendes Thema für eine ökonomische Dissertation sei. Sie bestanden darauf, meine Dissertationskommission um einen namhaften Soziologen, Everett Hughes, zu erweitern, um sicher sein zu können, daß ich nicht völlig über die Stränge schlüge. Er war angenehm und hatte gegen meinen Ansatz nichts einzuwenden, obwohl er sich auch nicht sonderlich für meine Arbeit interessierte.

Es machte mir großen Spaß, über Diskriminierung zu arbeiten, weil das Thema so wichtig war und Ökonomen es vernachlässigt hatten. Ich hatte außerdem das Gefühl, wesentliche Fortschritte zu erzielen, indem ich die ökonomische Theorie dazu gebrauchte, den kombinierten Effekt von Vorurteil und anderen Variablen auf die Diskriminierung im Markt zu untersuchen. Unter dem Titel *The Economics of Discrimination* erschien eine überarbeitete Fassung der Dissertation 1957 bei der University of Chicago Press. Obwohl dieses Buch auch vierzig Jahre nach seinem Erscheinen noch Interesse und Aufmerksamkeit findet, hatte es in den ersten fünf bis zehn Jahren nach seinem Erscheinen unter den Ökonomen nur geringfügige Wirkung. Damals interessierten sich Ökonomen nicht für Diskriminierung und hatten offensichtlich das Gefühl, für eine ökonomische Analyse sei das kein aussichtsreiches Thema.

Die Verantwortlichen in der University of Chicago Press teilten diese Meinung und hatten das Buch nicht verlegen wollen, unter anderem deshalb, weil sie negative Kritiken von einigen Ökonomen, deren Urteil hierüber eingeholt worden war, erhalten hatten. Der Verlag stimmte erst zu, als die ökonomische Fakultät sich zur Mitfinanzierung des Projekts bereit erklärt hatte. Ich sah mich einigermaßen gerechtfertigt, als ein paar Jahre nach der Veröffentlichung Alexander J. Morin, der Hauptverantwortliche und einer derjenigen, die Bedenken gegen die Publikation gehabt hatten, in einem Artikel (1966) feststellte, daß mein Buch erheblichen Anklang finde.

Die negative Reaktion auf die Arbeit über Diskriminierung und Knights Ablehnung meines Demokratie-Aufsatzes zeigten mir deutlich, daß die meisten Ökonomen die Verwendung ökonomischer Analyseinstrumente zur Behandlung sozialer und politischer Fragen nicht begrüßen würden. Das erstaunte mich zuerst, da ich in meiner Einfalt annahm, Ökonomen würden Versuche einer Erweiterung ihres Arbeitsbereiches begrüßen, und der Hauptwiderstand würde von Soziologen, Politikwissenschaftlern und anderen Nichtökonomen kommen. Ein gewaltiger Irrtum! Allmählich erkannte ich, daß in allen Disziplinen ein ausgeprägter und wahrscheinlich berechtigter intellektueller Konservatismus herrscht. Für die Anerkennung neuer Ideen muß man kämpfen, selbst wenn sie den Themenbereich einer Disziplin erweitern.

Auch als mir das Ausmaß der Ablehnung bereits klar wurde, vertraute ich weiterhin darauf, daß die Nützlichkeit der Anwendung ökonomischer Analyseinstrumente auf größere Problemkreise mit der Zeit erkannt werden würde. Denn mir schien es selbstverständlich, daß der ökonomische Ansatz viel zur Analyse sozialer und politischer Probleme beitragen könne. Mein Vertrauen auf meine Methode half mir, gegen zuweilen erheblichen und bösartigen Widerstand anzukämpfen. Bestärkt wurde ich darin durch die Unterstützung ranghöherer Ökonomen, die ich besonders schätzte, darunter Armen Alchian, Milton Friedman, Jack Hirshleifer, Gregg Lewis, Ted Schultz und George Stigler. Einen gewissen Auftrieb gaben mir außerdem sehr gute Besprechungen der *Economics of Discrimination* von Armen Alchian und Melvin Reder und überraschend positive Rezensionen von ein paar Soziologen, insbesondere eine von Otis Dudley Duncan.

Ich blieb sechs Jahre in Chicago: drei Jahre als graduate student und drei Jahre als Assistenzprofessor. Es war die intellektuell anregendste Zeit meines Lebens, weil dort so viel los war und ich mit großer Geschwindigkeit lernte. Vier meiner Lehrer erhielten später den Nobelpreis der Wirtschaftswissenschaften für ihre schöpferischen Leistungen: Milton Friedman, Friedrich Hayek, Tjalling Koopmans und T. W. Schultz. Verstärkt wurde die intellektuelle Vitalität Chicagos noch durch die bahnbrechenden Arbeiten von Gregg Lewis zur Arbeitsökonomik, von Aaron Director zur Ökonomie des Rechts, von Al Harberger zur Steuerinzidenz und von Jimmie Savage zu Grundfragen der Statistik.

Die ökonomische Fakultät von Chicago machte mir ein großzügiges Angebot, meine Assistenzprofessur um weitere drei Jahre zu verlängern, mit den besten Aussichten, schließlich auf Lebenszeit übernommen zu werden. Ich fand dieses Interesse reizend und schmeichelhaft, sagte mir aber, daß es für meine langfristige Entwicklung besser wäre, wenn ich den „Schoß" verließe, wo ich studiert hatte, und mich in einer neuen und vielleicht ablehnenden Umgebung durchsetzte. Kurz gesagt, ich wollte sehen, was aus meiner Arbeit würde, wenn ich auf mich selbst gestellt wäre.

Nur wenige bedeutende Fakultäten zeigten Interesse an mir, als ich meine Bewerbungen ausschickte, obwohl das Buch über die Diskriminierung kurz vor dem Erscheinen war und ich bereits mehrere Aufsätze publiziert hatte und mit hervorragenden Empfehlungen von Milton Friedman und anderen Professoren in Chicago versehen war. Man fand, daß meine Arbeiten sich zu weit vom Mainstream entfernten, und Harvard, MIT, Berkeley, Yale und die meisten anderen Spitzenfakultäten hatten Chicago „geächtet" und Vorbehalte gegenüber dessen Absolventen. Zu Vorstellungsgesprächen luden mich nur Johns Hopkins und Columbia ein, und in Johns Hopkins entschied man sich, mir kein Angebot zu machen. Aber ich war glücklich, nach Columbia gehen zu können, mit einer gleichzeitigen Anstellung am National Bureau of Economic Research (NBER), das damals seinen Sitz mitten in New York City hatte. An diesen beiden Institutionen verbrachte ich zwölf fruchtbare Jahre.

Zwei Themen beschäftigten mich auf Jahre hinaus: das Humankapital und die ökonomischen Bestimmungsgründe der Fertilität. Ted Schultz hatte bereits mit seiner bahnbrechenden Arbeit über die Zusammenhänge von Bildung und anderem Humankapital mit dem Wirtschaftswachstum begonnen, die ihm später den Nobelpreis einbringen sollte. In meiner Diskriminierungsstudie maß ich die Diskriminierung männlicher Schwarzer in den USA, indem ich Unterschiede zwischen ihren Löhnen und denen gleichaltriger Weißer mit gleicher Schulbildung verglich. Diese Analyse ergab, daß Schwarze erheblich weniger als „vergleichbare" Weiße verdienten; nebenbei zeigte sie aber auch, daß Bildung und Alter deutliche Auswirkungen auf Einkommen, Berufswahl und Beschäftigung hatten: Weniger gebildete und jüngere Weiße (oder Schwarze) verdienten viel weniger als besser ausgebildete Weiße (oder Schwarze) mit mehr Erfahrung.

Ich ließ Solomon Fabricant, den damaligen Leiter der wissenschaftlichen Forschung am NBER, wissen, daß ich an seinem Institut gerne ein Projekt zur Messung der Verzinsung von Schulbildung und Berufsausbildung im Vergleich mit der Verzinsung von Sachkapital durchführen würde. Fabricant gelang es, für die Finanzierung des Projekts einen kleinen Zuschuß von der Carnegie Corporation zu bekommen, und so fing ich mit dieser Arbeit an, als ich im Herbst 1957 nach New York kam.

Mir wurde bald klar, daß im Humankapitalbereich mehr zu tun war, als Ertragsraten zu berechnen, denn es gab keine mikroökonomischen Grundlagen einer Theorie der Humankapitalinvestitionen. Ich machte mich daran, hier Abhilfe zu schaffen, was eine Beschäftigung mit vielerlei anspruchsvollen Themen zur Folge hatte: mit dem Anteil entgangener Einkünfte an den Kosten von Humankapitalinvestitionen, der Unterscheidung zwischen allgemeiner und arbeitsplatzspezifischer Ausbildung, den Auswirkungen der Bildung und anderen Humankapitals auf die Verteilung der Arbeitseinkommen, dem Ausmaß der mit Humankapital verbundenen Externalitäten und dergleichen mehr. Ich war erstaunt und sehr aufgeregt, als mir klar wurde, daß ein Humankapitalansatz Dutzende von Beobachtungen und Regelmäßigkeiten im Bereich von Arbeitseinkommen, Berufen und Arbeitsverhältnissen zu integrieren vermochte.

In einer der Arbeitsgruppen der Jahrestagung der American Economic Association 1959 referierte ich kurz über eine Arbeit, in der Ertragsraten der Schulbildung und des Sachkapitals in den USA verglichen wurden. Die Diskutanten waren äußerst ablehnend, ja regelrecht aufgebracht über meinen Versuch, Geldnutzen und -kosten von Bildung zu messen und Bildung als eine „ökonomische" Entscheidung hinzustellen. Trotz der heftigen Ablehnung schlug ich mich wacker und verlor keineswegs das Vertrauen in meine Humankapitalanalyse, denn die Kritik erschien mir völlig oberflächlich.

Ich bereitete ein langes Referat über die Theorie der Humankapitalinvestitionen für eine bahnbrechende Tagung zum Thema Humankapital vor, die Schultz im Jahre 1961 organisierte. Er gab den Konferenzband heraus, und zwar als eigenständigen Ergänzungsband zum *Journal of Political Economy* 1962. Dieser stieß auf reges Interesse und erwies sich als höchst bedeutsam für die Verbreitung des Humankapitalkonzepts.

Die günstige Reaktion auf meinen Theorie-Aufsatz spornte mich in meiner Beschäftigung mit dem Humankapital an. 1964, sieben Jahre, nachdem ich mit dem Projekt begonnen hatte, publizierte das NBER mein Buch *Human Capital: A Theoretical and Empirical Analysis, with Special Reference to Education*. Sowohl die Bezeichnung Humankapital wie das, was darunter verstanden wurde, waren zu jener Zeit höchst umstritten; es war reichlich kühn von mir, diesen Titel zu wählen. Der lange und holprige Untertitel sollte das Buch denjenigen schmackhafter machen, denen der Haupttitel zu radikal war. In der Praxis erfüllte der Untertitel keineswegs seinen Zweck – jedenfalls beschwichtigte er die nicht, die dem Humankapitalkonzept ablehnend gegenüberstanden. Mit den Jahren geriet der Untertitel in Vergessenheit.

Die Vorarbeiten für dieses Buch brachten mich zu der Überzeugung, für die Analyse ökonomischer und sozialer Probleme in vielen Lebensbereichen sei „Humankapital" ein entscheidender Begriff. Dennoch war ich nicht darauf gefaßt, wie bedeutend er schließlich werden würde: daß er nicht nur unablässig in der wissenschaftlichen Literatur, sondern auch von Politikern und Journalisten und sogar in kirchlichen Enzykliken verwendet werden würde.

Ich glaube, der Hauptgrund, warum der Humankapitalansatz so außerordentlich einflußreich wurde, ist der, daß er unter einem Überbegriff alle Vorgänge zusammenfaßt, die durch bleibende Veränderung individueller Merkmale Verhaltensänderungen bewirken.

Nicht nur Schulbildung und Berufsausbildung sind Humankapital, sondern ebenso eine gesunde Ernährung, die den Energiehaushalt der Arbeiter verbessert, gute und schlechte Angewohnheiten oder die Einwirkung von Eltern auf die Wertvorstellungen ihrer Kinder. Selbst die Hilfsbereitschaft von Nachbarn, mit der im Notfall gerechnet werden kann, ist eine Form von (sozialem) Humankapital. Bei der wissenschaftlichen Erforschung unterschiedlicher Themen stehen jeweils unterschiedliche Verhaltensweisen im Vordergrund, aber mit Hilfe eines einzigen Begriffes „Humankapital" lassen sich diese Arbeiten miteinander in enge Verbindung bringen.

Nachdem ich 1967 noch eine Woytinsky-Vorlesung über den Zusammenhang zwischen Humankapital und persönlicher Einkommensverteilung ausgearbeitet hatte (aufgenommen in die 2. Auflage von BECKER 1964/75(93), befaßte ich mich nicht mehr weiter systematisch mit der Beziehung zwischen Humankapital und individuellen Arbeitseinkommen. Hingegen faszinierte mich weiterhin die Einsatzfähigkeit des Humankapitalkonzepts zur Erhellung und Vereinheitlichung ökonomischer und sozialer Probleme. In der Folgezeit beschäftigte ich mich mit dem Zusammenhang zwischen Kinderzahl und Humankapitalinvestitionen pro Kind, Investitionen von Ehepartnern in familienspezifisches Humankapital, den Beziehungen zwischen Humankapital und Wirtschaftswachstum und mit Humankapital in Form von Gewohnheiten und anderen endogenen Präferenzen.

Der Konflikt zwischen höheren Humankapitalinvestitionen pro Kind und einer größeren Kinderzahl wurde erstmals behandelt in „An Economic Analysis of Fertility“ (1960). Das Problem wurde Ökonomen und Bevölkerungswissenschaftlern als Substitutionsbeziehung zwischen Quantität und Qualität von Kindern geläufig. In dem Artikel behauptete ich, die Theorie der Nachfrage nach „dauerhaften Konsumgütern“ könne verständlich machen, wie niedrige Einkommen und andere Variablen die von Eltern gewünschte Kinderzahl beeinflussen.

Mein Ansatz und meine Ausdrucksweise wurden belacht – von Ökonomen mehr als von Nichtökonomen –, als ich diese Arbeit auf einer Tagung des NBER 1958 vorlegte. Der Diskutant war James Duesenberry, damals ein jüngerer Ökonom, der sich für das Problem sozialer Einflüsse auf individuelles Verhalten interessierte. Er war nicht der Meinung, daß die Konsumtheorie zu einem besseren Verständnis des Fortpflanzungsverhaltens beitragen könne.

Ich war auf eine negative Reaktion meines Publikums gefaßt gewesen, insbesondere von seiten der Soziologen und Demographen, war aber doch wieder überrascht von der Heftigkeit der Ablehnung. Wohler wurde mir erst, als Milton Friedman, der unter den Tagungsteilnehmern war, in der Diskussion meine Arbeit verteidigte. Auch andere anwesende Freunde gaben zu verstehen, daß ihnen der Ansatz gefalle.

Die Arbeiten sowohl über das Humankapital wie über die Fertilität stellten die Bedeutung des Wertes der Zeit für ökonomische Entscheidungen heraus. Die Hauptkosten einer Investition in höhere Bildung und viele andere Arten von Humankapital bestehen in entgangenen Einkommen, während der Wert der Zeit, die für die Kindererziehung aufgewendet wird, den größten Teil der Kosten von Kindern in modernen Wirtschaften ausmacht. Aus dieser Überlegung machte ich mich an eine systematische Analyse, in der die Zeit als die wichtigste einschränkende Bedingung in Haushaltsentscheidungen behandelt wird.

Für die Fragen der Zeitallokation schien es mir nur natürlich anzunehmen, daß Haushalte ebenso produzieren wie konsumieren. Ich behauptete, jeder Haushalt – ob es sich nun um Mann und Frau mit Kindern, einen alleinstehenden Pensionär oder sonst eine Konstellation von Personen handelt – sei faktisch eine kleine Fabrik. Jeder Haushalt hat Produktionsfunktionen, in denen gekaufte Güter und Dienstleistungen und die Zeit verschiedener Haushaltsmitglieder kombiniert werden, um die Zielgüter zu produzieren, die er konsumiert. Die wahren Kosten dieser Zielgüter hängen nicht nur von den Kosten der gekauften Güter und Leistungen ab, sondern auch von den Kosten der von den Mitgliedern aufgewendeten Zeit und der Produktivität der von einem Haushalt eingesetzten Techniken. Selbst in einem vollkommenen Markt würden diese Techniken und der Wert der Zeit je nach Haushalt sehr verschieden sein.

Aus dieser Analyse wurde „A Theory of the Allocation of Time" (1965). Im Unterschied zu meinen Büchern über Diskriminierung und über Humankapital und zu meiner Arbeit über die Fertilität wurde dieser Artikel von Anfang an gut aufgenommen. Er half, meinen Ruf zu begründen, der in den folgenden Jahren zunahm, als Ökonomen sich plötzlich sehr lebhaft für Diskriminierung sowie Bildung und anderes Humankapital zu interessieren begannen. 1967 wurde mir die John Bates Clark Medaille der American Economic Association zuerkannt, die alle zwei Jahre an einen amerikanischen Ökonomen unter 40 verliehen wird, dessen Arbeit für wichtig befunden wird.

In Europa und dem Rest der Welt verbreitete sich mein Ruf langsamer, teils deshalb, weil Humankapital und die anderen Probleme, die mich beschäftigten, in anderen Ländern durchwegs auf geringes Interesse stießen. Außerdem galt ich, trotz wachsender Anerkennung in den Vereinigten Staaten, weiterhin als sehr umstritten. Vielleicht war das der Grund, weshalb ich außer von Chicago keinen Ruf an eine bedeutende Fakultät erhielt. Die wiederholten Anfragen aus Chicago aber lehnte ich ab, weil ich in Columbia und am NBER durchaus zufrieden war.

Erhebliche Anregungen erhielt ich von Jacob Mincer in Columbia – gemeinsam veranstalteten wir einen Studenten-Dozenten-Workshop über Arbeitsökonomik, der sich bei der neuen Generation junger Arbeitsökonomen großer Beliebtheit erfreute. Auch von manchen Kollegen am NBER lernte ich viel, insbesondere von Victor Fuchs und jüngeren a.o. Professoren wie Robert Willis, Finis Welch und Sherwin Rosen. Ich hatte eine bemerkenswerte Gruppe von Studenten in Columbia, darunter Barry Chiswick, Isaac Ehrlich, Reuben Gronau, Michael Grossman, William Landes, Robert Michael, June O'Neill, Haim Ofek, John Owen, Soloman Polachek und Robert Reischauer.

Zu drastischen Veränderungen der Situation kam es freilich durch die Studentenaufstände 1968–1969. Davon war Columbia besonders schwer betroffen, und ich war enttäuscht von der Wankelmütigkeit und Schwäche des Lehrpersonals, das sich schließlich gegen die zersetzende Taktik und Intoleranz der Studenten gar nicht mehr zur Wehr setzen wollte. Besonders enttäuscht war ich von der Haltung der meisten altgedienten Professoren der ökonomischen Fakultät. Diese Enttäuschung und dazu der Gedanke, daß ich neue geistige Anregungen und eine neue Umgebung brauchte, ließen mich zum ersten Mal ernstlich daran denken wegzugehen.

Ich erhielt eine Anfrage von der ökonomischen Fakultät in Harvard, die mir durch Otto Eckstein, einen guten Freund aus meiner undergraduate-Zeit in Princeton, übermittelt wurde. Letztlich beschloß diese Fakultät jedoch, mir nur eine Gastprofessur für ein Jahr anzubieten – was mir eine höfliche Form der Absage schien. Diese Einladung schlug ich sofort aus. Auf die wiederholten Bemühungen von Chicago, mich zurückzuholen, reagierte ich schließlich mit dem Angebot, eine Gastprofessur für ein Jahr annehmen zu wollen. So zog ich für das akademische Jahr 1969–1970 nach Chicago.

Chicago erschien mir immer noch als sehr innovativ, mit viel neuer Forschungstätigkeit. Friedman kritisierte die Phillips-Kurve und die behauptete Wahlmöglichkeit zwischen Arbeitslosigkeit und Inflationsrate. Stigler, Peltzman und andere entwickelten einen ökonomischen Ansatz zur Untersuchung von Regulierungsmaßnahmen und anderer Staatstätigkeit. Black, Fama, Miller und Sholes arbeiteten an einem tragfähigeren Modell des Finanzwesens und der Bewertung von Optionen. Coase, Posner, Landes, Demsetz und andere kombinierten Coase-Theorem und Transaktionskosten, Effizienz des Common Law und Rationalverhalten und gaben damit der ökonomischen Analyse des Rechts eine völlig neue Ausrichtung, wobei sie sich auf die bahnbrechenden Arbeiten von Aaron Director stützen konnten. Meine Untersuchung zur Ökonomik der Kriminalität, die kurz vor meinem Weggang von Columbia publiziert wurde, trug ebenfalls zur Erweiterung dieses Gebietes bei.

Nach reiflichen Überlegungen, Columbia und das NBER endgültig zu verlassen, faßte ich den Entschluß, in Chicago zu bleiben und einen Lehrstuhl (als University Professor) anzunehmen. In der anregenden Atmosphäre von Chicago tankte ich tatsächlich neue geistige Energien – unter dem Einfluß von Posner, Rosen und einigen anderen. Besonders beeindruckte mich George Stigler. Wir wurden enge Freunde, in Wechselwirkung mit unser beider Freundschaft mit Milton Friedman. Stigler entpuppte sich als ungewöhnlich kreativer, großzügiger und witziger Mann, mit einer umwerfenden Kenntnis sowohl der modernen Ökonomik als auch ihrer Ideengeschichte. Nachdem wir einmal Freunde geworden waren, machte er zu fast allem, was ich schrieb, äußerst wertvolle Bemerkungen.

In Chicago angekommen, begann ich an verschiedenen Problemen zu arbeiten. Meine Aufsätze zur ökonomischen Analyse der Fertilität und der Zeitallokation hatten mir Appetit gemacht, mich stärker mit der Analyse der Familie zu beschäftigen. Aber wirklich gepackt wurde ich von dem Thema erst, als ich scheinbar zufällig darüber nachzudenken begann, wie Männer und Frauen in eine Ehe hineingeraten. Ich stellte mir vor, daß unverheiratete Männer und Frauen auf einer Art Markt – dem „Heiratsmarkt" – um Ehepartner konkurrieren. Ich entdeckte Kriterien, die bestimmen, wie ledige Männer und Frauen, die als Nutzenmaximierer auftreten, auf einem wohlfunktionierenden Markt sich in unterschiedlichen Ehen zusammenfinden. Ich publizierte zwei Aufsätze zum Heiratsverhalten im *Journal of Political*

Economy (1973 und 1974). Über den ersten hatte einer der Gutachter ein negatives Urteil abgegeben – ein bekannter Ökonom, der der Meinung war, meine Untersuchung solcher Fragen sei nur Zeitverschwendung. Stigler jedoch, der einer der Herausgeber der Zeitschrift war, gefiel der Aufsatz, und er verließ sich mehr auf mein Urteil als auf das der Gutachter.

In den 1960er Jahren begannen in Europa und den USA die Scheidungsraten anzusteigen. Es lag nahe, die ökonomische Analyse der Heirat bzw. der Ehe auf die Ehescheidung auszudehnen. Wenn Leute dann heiraten, wenn sie sich davon einen größeren Nutzen erwarten als vom Alleinbleiben, dann werden sie sich auch scheiden lassen, wenn sie von dieser Trennung einen höheren Nutzen erwarten. Die Analyse der Trennung von Ehepartnern hatte gewisse Ähnlichkeiten mit Kündigung und Entlassung von Arbeitskräften in Unternehmen. Einen Artikel, in dem diese Theorie entwickelt und anhand von Datenmaterial über US-amerikanische Scheidungen getestet wurde, publizierte ich gemeinsam mit Elisabeth Landes und Robert Michael im *Journal of Political Economy* (1977). Auch zu dieser Arbeit gab ein namhafter Ökonom ein negatives Gutachten ab; doch wiederum entschied Stigler sich für die Publikation.

Inzwischen war ich überzeugt, es sei wichtig, systematisch alle Seiten des Familienverhaltens mit Hilfe des ökonomischen Ansatzes zu untersuchen. So ein Buch müßte nicht nur Ehe und Ehescheidung in monogamen Gesellschaften, sondern auch die Polygamie und ihren Rückgang, die Fertilität, Investitionen in das Humankapital von Kindern, die eheliche Arbeitsteilung zwischen Männern und Frauen, die Rolle des Altruismus in Familien und die bemerkenswerten Veränderungen in der Familienstruktur während der letzten Jahrzehnte erfassen. Ich hatte begonnen, mich für Soziobiologie zu interessieren, und beschloß, auch Material über Familien in anderen Spezies als der des Menschen zu berücksichtigen.

Ich publizierte das Buch *A Treatise on the Family* 1981. Die Niederschrift dieses Buches erforderte höchste intellektuelle Konzentration über lange Zeit. Ich geriet in einen Zustand der geistigen Erschöpfung, der erst nach gut zwei Jahren völlig überwunden war. Zum Glück stieß das Buch auf erhebliches Interesse nicht nur bei Ökonomen, sondern auch bei Soziologen, Bevölkerungswissenschaftlern und Feministen.

Auch in den 80er Jahren beschäftigte ich mich weiter mit der Familie, doch verlagerte ich mich nun mehr auf Fragen der sozialen Sicherheit, Ungleichheit, des Wirtschaftswachstums und auf andere makroökonomische Aspekte des Familienverhaltens. Der Verlag beschloß, eine erweiterte Auflage des Treatise herauszubringen, da die erste Auflage sich so gut verkauft hatte. Ich fügte Aufsätze aus den 80er Jahren dazu: über Aufstieg und Niedergang von Familien, Fertilitätsverhalten in einer Familiendynastie, Auswirkungen von Staatstätigkeit in bezug auf Familien und eine weitere Diskussion der Arbeitsteilung zwischen Eheleuten.

Bis heute ist meine Analyse der Familie höchst umstritten. Selbst als mir

1992 der Nobelpreis der Wirtschaftswissenschaften zugesprochen wurde, konnte das Komitee nicht umhin, ausdrücklich festzuhalten, daß meine Arbeiten über die Familie „umstritten" seien.

Um die Mitte der 70er Jahre reifte in mir die Überzeugung, ökonomische Analysen von Fertilität und Ehe, Humankapital, Kriminalität, Zeitallokation, Recht und politischem Verhalten seien allesamt nur Anwendungen eines allgemeineren ökonomischen Ansatzes zur Analyse menschlichen Verhaltens. Auf Bitten der University of Chicago Press, eine Auswahl meiner Aufsätze publizieren zu dürfen, stellte ich einige meiner Artikel zusammen, die Anwendungsbereich und Erklärungspotential des ökonomischen Ansatzes veranschaulichen. Um die verschiedenen Aufsätze zu verbinden, schrieb ich eine nicht-technische Einleitung, „The Economic Approach to Human Behavior".

Diese Einleitung war als Herausforderung gedacht; sie enthielt sehr weitgehende Behauptungen über die Leistungsfähigkeit des ökonomischen Ansatzes. Die Leser waren entweder begeistert oder empört – wenige blieben neutral. Viele Ökonomen und andere Sozialwissenschaftler berichteten mir später, diese Einleitung und der Rest des Buches hätten sie darin bestärkt, mit dem ökonomischen Ansatz Themen zu behandeln, bei denen die Fachleute eine rationaltheoretische Analyse durchwegs abgelehnt hatten. Von der englischen Ausgabe dieses „technischen" Buches wurden mehr als 13.700 Exemplare verkauft, und es wurde in mehrere Sprachen übersetzt, auch ins Deutsche (Tübingen 1982).

Durch die Teilnahme an Stiglers Chicagoer Workshop zur Industrieökonomik beschäftigte ich mich von neuem mit der Anwendung der ökonomischen Theorie auf politisches Verhalten. In der neuen Arbeit untersuchte ich den Wettbewerb zwischen Interessengruppen, die zur Beeinflussung politischer Ergebnisse Ressourcen aufwenden. Einer der Aufsätze zu diesem Themenkreis ist in der vorliegenden Sammlung abgedruckt (S. 185 ff.).

Diese Arbeiten zeigen, wie Interessengruppen den Staat für ihre Zwecke gebrauchen, für gewöhnlich auf Kosten Dritter. Sie zeigen, daß Interessengruppen mächtiger sind, wenn ihre Unterstützung die Volkswirtschaft weniger kostet. Sie erklären auch, und zwar ohne Rückgriff auf Trittbrettfahrer-Überlegungen, warum kleine Gruppen oft mehr politischen Einfluß haben als große. Dieser Ansatz des Wettbewerbs zwischen Interessengruppen hatte eine Vielzahl von Artikeln über Staatsverhalten im Gefolge, und zwar sowohl von Ökonomen als auch von Vertretern des Rational-choice-Ansatzes unter den Politikwissenschaftlern.

1977 entwickelten George Stigler und ich in der Gemeinschaftsarbeit „De Gustibus Non Est Disputandum" unter anderem ein ökonomisches Modell des Suchtverhaltens. Das Modell betont die Auswirkungen des Konsums von Suchtgütern in der Vergangenheit auf die Konsumnachfrage in der Gegenwart. Die dynamischen Eigenschaften des Modells sind kompliziert, und wir hatten sie nicht vollständig durchdacht. Erhebliche Verbesserungen erfuhr unsere Analyse durch die an der University of Chicago geschriebene Doktorarbeit von Laurence Iannaccone.

Iannaccones Untersuchung hatte eine langdauernde Zusammenarbeit zwischen mir und Kevin M. Murphy zur Folge, einem hochbegabten jungen Kollegen in Chicago, der einmal mein Schüler gewesen war. Wir publizierten mehrere Artikel über Suchtverhalten; der einflußreichste davon wurde „A Theory of Rational Addiction" (1988). Wie der Titel sagt, wird darin angenommen, daß selbst drogen- oder alkoholsüchtige Personen ihren Erwartungsnutzen maximieren (gegeben eine möglicherweise widerwärtige und bedrückende Situation). Unsere Schlußfolgerungen über die Rationalität von Suchtverhalten scheinen sich in der Praxis zu bestätigen, obwohl bestimmte Merkmale dieses Verhaltens – etwa die Notwendigkeit einer radikalen Abstinenz, wenn einer von seiner Sucht loskommen will – oft als Beweis dafür angeführt werden, daß Süchtige nicht rational seien.

Wiewohl ich über Bildung, Kriminalität, Diskriminierung, die Familie und Suchtverhalten arbeitete, hatte ich mich aus Diskussionen über wirtschaftspolitische Themen herausgehalten. Ich konzentrierte mich auf die sozialwissenschaftliche Seite der Ökonomik, und bis 1985 hatte ich nicht eine Zeile für Zeitungen oder (nichtwissenschaftliche) Zeitschriften geschrieben. Das änderte sich ziemlich plötzlich, als *Business Week* telefonisch anfragte, ob ich bereit wäre, alle vier Wochen eine Kolumne zu schreiben.

Meine erste Reaktion war Ablehnung, weil das Schreiben von Gastkommentaren so anders ist als alles das, was ich seit dreißig Jahren als Ökonom gemacht hatte. Aber Guity, meine Frau, überredete mich, es doch für eine Weile zu versuchen. Sie war der Meinung, die Kommentare könnten meine Ideen verbreiten helfen und vielleicht sogar die Politik beeinflussen. Ich bin ihr dankbar, daß sie mich überredete zuzusagen, denn ich merkte bald, daß ich Gefallen daran fand, über wichtige ökonomische Fragen für ein breites Publikum zu schreiben.

Als unerwartetes Nebenprodukt dieser Tätigkeit stellte sich eine erhebliche Verbesserung meines Schreibstils ein. Komplizierte Gedanken in knapper Form (rund 800 Wörter) und einfacher, nicht-technischer Sprache auszudrücken, ist eine ausgezeichnete Übung, wenn man lernen will, sich mit einem Mindestmaß an Jargon mitzuteilen. Die meisten Ökonomen lernen nie, ihre Gedanken so auszudrücken, daß der Durchschnittsleser sie verstehen kann.

Ich habe in meinen Gastkommentaren ein weites Feld alltäglicher Fragen beackert – von Baseball über Heiratsverträge bis zur Religion. Das trug dazu bei, einem breiten Publikum verständlich zu machen, welches Licht die ökonomische Analyse auf Alltagskultur und soziales Verhalten ebenso wie auf im engeren Sinne ökonomische Fragen wirft. Es ist zwar nicht klar, ob meine Kommentare nennenswerten Einfluß auf die Politik hatten, aber es ist eine Tatsache, daß viele in politischen Diskussionen zitiert werden. Und manche Vorschläge – etwa der, seine Einwanderungsgenehmigungen sollte sich ein Land am besten abkaufen lassen* – führten zu ausgedehnter Korrespondenz und politischer Diskussion.

Als ich mit der Ökonomik anfing, waren die wichtigsten Preise für einen amerikanischen Ökonomen die John Bates Clark Medaille für Leute unter 40 und der Francis Walker Preis für ältere Ökonomen. Das änderte sich gründlich, als 1969 die Entscheidung fiel, einen Nobelpreis für Leistungen in den Wirtschaftswissenschaften einzuführen – gestiftet von der Schwedischen Reichsbank. Wenig später zog die American Economic Association die Walker Medaille ein, weil sie der Ansicht war, diese würde vom Nobelpreis „dominiert" werden.

Um 1980 begann man, mich als ernsthaften Kandidaten zu nennen, aber es gab viele ältere, hochverdiente Ökonomen in der Nobel-Warteschlange, denn der Preis war ja sehr spät eingeführt worden. Ich mußte eben warten, bis ich an der Reihe war – wenn es je dazu kommen sollte! Gegen Ende der 80er Jahre wurde der Druck jedoch stärker, da ich oft als Spitzenkandidat genannt wurde. Ein paar amerikanische Kollegen organisierten Wetten, in denen ich als Favorit gehandelt wurde – und privat ebenso wie von Zeitungsleuten wurde ich immer häufiger mit der Frage belästigt, wann ich denn den Preis bekommen würde.

Ich wollte den Nobelpreis bekommen, nicht nur der Ehre und des Geldes wegen, sondern auch, weil das meinen theoretischen Ansatz bestätigen würde, was wiederum meinen Schülern und anderen, die in ähnlicher Richtung forschten, Glaubwürdigkeit verleihen mußte. Doch meine Arbeiten blieben weiterhin sehr umstritten, besonders in Westeuropa, und ich begann, mich zu fragen, ob das schwedische Nobelkomitee sich gegen diesen Widerstand würde durchsetzen wollen bzw. können.

Nachdem ein Ökonom aus Chicago (Merton Miller) unter den Nobelpreisträgern des Jahres 1990 war und der Preis 1991 wieder an einen Chicagoer ging, nämlich an Ronald Coase, nahm ich an, es würde einige Jahre dauern, bis wieder ein Ökonom aus Chicago an die Reihe käme. Aus diesem Grunde blieb ich im Herbst 1992, als sich der Tag der Bekanntgabe des Preises näherte, ganz locker – und war daher baß erstaunt, als am 13. Oktober um halb sechs Uhr früh meine Frau mir mitteilte, daß ich einen Anruf aus Schweden hätte (sie mußte das mehrmals wiederholen, bis ich endlich wach wurde, denn ich lag mit einer schweren Grippe darnieder). Obwohl mir nicht klar war, daß an diesem Tag der Nobelpreisträger der Wirtschaftswissenschaften bekanntgegeben würde, ging ich mit großen Erwartungen ans Telephon.

Assar Lindbeck und der Sekretär der Schwedischen Akademie der Wissenschaften teilten mir tatsächlich mit, daß die Schwedische Reichsbank ihren „Preis für Ökonomische Wissenschaften in Erinnerung an Alfred Nobel" für 1992 mir als alleinigem Preisträger zuerkannt habe. Das war 40 Jah-

* Anmerkung des Herausgebers: Siehe Becker (1992).

re nach meiner ersten ökonomischen Publikation. Die langen Jahre der Kämpfe und Angriffe waren größtenteils, freilich nicht ganz, vorbei – ich erwähnte ja schon, daß in der offiziellen Nobelpreis-Verlautbarung meine Arbeiten über die Familie als „umstritten" bezeichnet wurden; und mehr als nur ein Brief und Zeitungsartikel bezweifelte, daß ich den Preis wirklich verdient hätte.

Schwedische Feministengruppen empörten sich über die Preisverleihung an mich und erwogen eine Demonstration anläßlich meiner Nobel-Vorlesung. Das war vielleicht eine gute Werbung für die Vorlesung, denn das Auditorium war bis auf den letzten Platz besetzt – einige Zuhörer saßen am Boden oder standen. Es ging aber alles glatt, auch bei den anderen Veranstaltungen während der Nobel-Woche.

In der Begründung für die Zuerkennung des Preises ist festgehalten, daß meine Arbeiten über Humankapital, Diskriminierung, Kriminalität, Familie und andere Themen großen Einfluß auf die ökonomische Wissenschaft haben. Ein Mitglied des schwedischen Komitees erzählte mir allerdings, daß es gewisse interne Widerstände gegen die Verleihung des Preises an mich gegeben habe, daß ich aber von den vorschlagenden Ökonomen so oft nominiert worden sei, daß das Komitee sich genötigt gesehen habe, mir den Preis zuzuerkennen.

Ich habe noch nicht das Gefühl, daß mir die Gedanken ausgehen. Ich arbeite derzeit über die Entstehung von Präferenzen, über Sozialökonomik und andere Themen, die gegenwärtig unpopulär und umstritten sind. Aus Erfahrung weiß ich aber, daß es nichts über den endgültigen Einfluß einer Arbeit aussagt, ob sie von Anfang an mit wohlwollendem Interesse begrüßt wurde. Ich hoffe, daß auch meine derzeitigen Arbeiten sich gegen anfänglichen Widerstand durchsetzen werden und langfristig die ökonomische Forschung wesentlich beeinflussen. Wir werden sehen!

Intellectual History

Becker, G. S. (1952), „A Note on Multi-Country Trade", *American Economic Review*, 42, 558–68.

–, (1957/71), *The Economics of Discrimination*, Chicago, 2. Auflage 1971 (deutscher Auszug in 1976/1982, 16–32).

–, (1958), „Competition and Democracy", *Journal of Law and Economics*, 1, 105–109 (deutsch in 1976/1982, 33–39).

–, (1960a), „An Economic Analysis of Fertility" in *Demographic and Economic Change In Developed Countries: A Conference of the Universities–National Bureau Committee for Economic Research*, Princeton (deutsch in 1976/1982, 188–214).

–, (1960b), „Underinvestment in College Education", *American Economic Review* (Suppl.), 50, 346–54.

–, (1962), „Human Capital: A Theoretical Analysis", *Journal of Political Economy*, 70, S9–49.

–, (1964/75/93), *Human Capital: A Theoretical and Empirical Analysis, with Special Reference to Education*, Chicago, 2. Auflage 1975, 3. Auflage 1993.
–, (1965), „A Theory of the Allocation of Time", *Economic Journal*, 75, 493–517 (deutsch in 1976/1982, 97–130).
-, (1973), „A Theory of Marriage: Part I", *Journal of Political Economy*, 81, 813–46 (deutsch in 1976/1982, 225–259).
–, (1974), „A Theory of Marriage: Part II", *Journal of Political Economy*, 82, 11–26 (deutsch in 1976/1982, 259–281).
–, (1976), *The Economic Approach to Human Behavior*, Chicago (deutsch: *Der ökonomische Ansatz zur Erklärung menschlichen Verhaltens*, Tübingen 1982).
–, (1981/91), *A Treatise on the Family*, Cambridge, MA, 2., erweiterte Auflage 1991.
–, (1991), „Milton Friedman" in E. Shils, Hrsg., *Remembering the University of Chicago: Teachers, Scientists and Scholars*, Chicago.
–, (1992), Eintrittspreise für Immigranten. Plädoyer für einen moderaten Liberalismus in der Einwanderungspolitik, Neue Zürcher Zeitung Nr. 256 vom 4. 11. 1992, 33 f.
–, und BAUMOL, W. J. (1952), „The Classical Monetary Theory: The Outcome of the Discussion", *Economica*, 19, 355–76.
–, LANDES, E. M. und MICHAEL, R. T. (1977), „An Economic Analysis of Marital Instability", *Journal of Political Economy*, 85, 1141–87.
–, und MURPHY, K. M. (1988), „A Theory of Rational Addiction", *Journal of Political Economy*, 96, 675–700.
DOWNS, A. (1957), „An Economic Theory of Political Action in a Democracy", *Journal of Political Economy*, 65, 135–50.
–, (1957), *An Economic Theory of Democracy*, New York (deutsch: *Eine ökonomische Theorie der Demokratie*, Tübingen 1968).
DUESENBERRY, J. S. (1960), „Comment on ‚An Economic Analysis of Fertility'", in *Demographic and Economic Change in Developed Countries: A Conference of the Universities–National Bureau Committee for Economic Research*, Princeton.
HICKS, J. R. (1946), *Value and Capital. An Inquiry into some Fundamental Principles of Economic Theory*, 2. Auflage, Oxford.
MORIN, A. J. (1966), „The Market for Professional Writing in Economics", *American Economic Review*, 56, 401–11.
PARSONS, T. (1949), *The Structure of Social Action: A Study in Social Theory with Special Reference to a Group of European Writers*, Glencoe, IL.
SAMUELSON, P. A. (1948), *Economics*, New York.
SCHULTZ, T. W. (1963), *The Economic Value of Education*, New York.
SCHUMPETER, J. A. (1934), *The Theory of Economic Development*, Cambridge, MA (deutsches Original: *Theorie der wirtschaftlichen Entwicklung*, München – Leipzig 1912).
–, (1942), *Capitalism, Socialism and Democracy*, New York (deutsch: *Kapitalismus, Sozialismus und Demokratie*, Bern 1946).
STIGLER, G. J. (1942), *Theory of Competitive Price*, New York.
–, und BECKER, G. S. (1977), „De Gustibus Non Est Disputandum", *American Economic Review*, 67, 76–90 (deutsch im vorliegenden Band, 50–76).

Teil I
Die ökonomische Perspektive

Die ökonomische Sicht menschlichen Verhaltens*

(1992)

Zusammenfassung: Ein wichtiger Schritt bei der Ausdehnung der traditionellen Theorie individueller Rationalentscheidungen auf die Analyse sozialer Probleme, wie sie von Wirtschaftswissenschaftlern üblicherweise nicht behandelt werden, ist die Berücksichtigung einer viel reichhaltigeren Klasse von Einstellungen, Präferenzen und Kalkulationen in der Theorie. Diese ökonomische Sicht menschlichen Verhaltens geht zwar von einer erweiterten Theorie individueller Wahlhandlungen aus, macht das Individuum aber nicht zu ihrem Hauptgegenstand. Sie gebraucht die Mikrotheorie als ein Instrument zur Gewinnung von Schlußfolgerungen auf der Gruppen- oder Makro-Ebene. Die Vorlesung stellt den Ansatz dar und veranschaulicht ihn durch Beispiele aus meiner früheren und laufenden Arbeit.

I. Der ökonomische Ansatz

Bei meiner Forschungstätigkeit verwende ich den ökonomischen Ansatz zur Analyse sozialer Probleme, die jenseits der von Wirtschaftswissenschaftlern üblicherweise behandelten Fragen liegen. In dieser Vorlesung wird der Ansatz dargestellt und anhand von Beispielen aus früheren und laufenden Arbeiten anschaulich gemacht.

Im Unterschied zur Marxschen Analyse nimmt der ökonomische Ansatz, wie ich ihn vertrete, nicht an, daß der einzelne ausschließlich durch Eigennutz oder materielles Gewinnstreben motiviert ist. Es handelt sich hier um eine Analyse*methode*, nicht um eine Annahme über bestimmte Motivationen. Gemeinsam mit anderen habe ich versucht, Ökonomen von zu engen Annahmen über das Eigeninteresse abzubringen. Menschliches Verhalten

* Dies ist eine geringfügig überarbeitete Fassung meiner am 9. Dezember 1992 in Stockholm gehaltenen Nobel-Vorlesung. Sie ist dem Andenken George J. Stiglers gewidmet, der fast genau ein Jahr vor dieser Vorlesung starb. Als Nobelpreisträger, hervorragender Ökonom, mein enger Freund und Mentor wäre er ebenso glücklich wie ich gewesen, wenn er es erlebt hätte, mich die Nobel-Vorlesung der Wirtschaftswissenschaften 1992 halten zu hören. Wertvolle Bemerkungen dazu machten James Coleman, Richard Posner, Sherwin Rosen, Raaj Sah, José Scheinkman, Richard Stern und Stephen Stigler.

wird von einer viel reichhaltigeren Menge von Werten und Präferenzen bestimmt.

Die Analyse geht davon aus, daß der einzelne seine Wohlfahrt, *so wie er sie sieht*, maximiert – ob er nun egoistisch, altruistisch, loyal, boshaft oder masochistisch ist. Sein Verhalten ist auf die Zukunft gerichtet und wird als zeitkonsistent angenommen. Insbesondere versucht der einzelne, so gut er kann, die ungewissen Folgen seiner Handlungen vorauszusehen. Zukunftsgerichtetes Verhalten kann aber trotzdem in der Vergangenheit wurzeln, denn die Vergangenheit kann einen langen Schatten auf Einstellungen und Werte werfen.

Der Handlungsspielraum des einzelnen wird durch Einkommen, Zeit, Mängel des Gedächtnisses und der Kalkulationsfähigkeit, andere begrenzte Mittel und auch durch die in der Wirtschaft und sonstwo verfügbaren Handlungsalternativen eingeschränkt, welche ihrerseits wiederum weitgehend durch das private und kollektive Handeln anderer Personen und Organisationen bestimmt werden.

Für verschiedene Situationen sind verschiedene Restriktionen ausschlaggebend, aber die grundlegende Restriktion ist die begrenzte Zeit. Fortschritte auf wirtschaftlichem und auf medizinischem Gebiet haben wohl erheblich die Lebensdauer verlängert, nicht aber den physischen Zeitverlauf, der jedermann stets auf 24 Stunden pro Tag beschränkt. So haben zwar die Güter und Dienstleistungen in reichen Ländern außerordentlich stark zugenommen, die Zeit aber, die uns insgesamt für den Konsum zur Verfügung steht, nicht.

Damit bleiben Bedürfnisse in reichen ebenso wie in armen Ländern unbefriedigt. Denn wenn auch die wachsende Güterfülle den Wert zusätzlicher Güter verringern mag, wird doch mit zunehmendem Güterangebot die Zeit wertvoller. Die Wohlfahrt der Menschen ließe sich in einer Utopie, in der jedermanns Bedürfnisse voll befriedigt werden, nicht weiter steigern, aber der starre Zeitverlauf macht solch eine Utopie unmöglich. Diese und ähnliche Fragen untersucht die Literatur zur Zeitallokation (als zwei frühe Beispiele seien genannt: BECKER, 1965 und LINDER, 1970).

Die folgenden Abschnitte veranschaulichen den ökonomischen Ansatz anhand von vier ganz unterschiedlichen Themen. Um die Diskriminierung von Minderheiten zu verstehen, muß man Präferenzen so erweitern, daß sie Vorurteile und Haß gegen bestimmte Gruppen einschließen. Die ökonomische Analyse von Verbrechen bezieht in das Rationalverhalten rechtswidrige und andere antisoziale Handlungen ein. Unter dem Blickwinkel des Humankapitals wird untersucht, wie sich die Produktivität von Menschen auf dem Markt und in Nicht-Markt-Situationen durch Investitionen in Bildung, Fertigkeiten und Sachwissen verändert. Die ökonomische Sicht der Familie deutet Ehe, Scheidung, Fertilität und Beziehungen zwischen Familienmitgliedern im Sinne nutzenmaximierenden, zukunftsgerichteten Verhaltens.

II. Diskriminierung von Minderheiten

Diskriminierung gegen Außenseiter hat es immer gegeben, aber mit Ausnahme einiger weniger Diskussionen über die Beschäftigung von Frauen (siehe FAWCETT, 1918, EDGEWORTH, 1922) hatten Ökonomen vor den 50er Jahren unseres Jahrhunderts dazu wenig zu sagen. Ich begann als Dissertant, mir über Diskriminierung aufgrund von Rasse, Religion oder Geschlecht Gedanken zu machen, und versuchte, mit Hilfe des Begriffes der Diskriminierungskoeffizienten an die Untersuchung von Vorurteilen und Feindseligkeiten gegenüber Angehörigen bestimmter Gruppen heranzugehen.

Statt die üblichen Annahmen zu treffen, wonach Arbeitgeber nur auf die Produktivität von Arbeitnehmern achten, Arbeitnehmer die Eigenschaften derjenigen, mit denen sie zusammenarbeiten, ignorieren und Kunden nur an der Qualität der gebotenen Güter und Dienstleistungen interessiert sind, erfassen Diskriminierungskoeffizienten auch die Auswirkungen von Rasse, Geschlecht und anderen persönlichen Eigenschaften auf Präferenzen und Einstellungen. Arbeitnehmer können sich weigern, unter einer Frau oder einem Schwarzen zu arbeiten, auch wenn sie dafür gut bezahlt werden; oder ein Kunde kann es vorziehen, nicht mit einem schwarzen Autoverkäufer zu verhandeln. Erst durch *Erweiterung* der üblichen Annahmen kann man zumindest anfangen zu verstehen, welche Hindernisse Minderheiten in den Weg gelegt werden.

Das Ausmaß beobachtbarer Lohn- und Beschäftigungsdiskriminierung hängt vermutlich nicht nur vom Hang zur Diskriminierung ab, sondern auch von anderen Variablen, etwa der Wettbewerbsintensität und der Bürgerrechtsgesetzgebung. In den 50er Jahren konnte eine systematische Analyse der Wechselwirkung zwischen Vorurteilen und anderen Variablen bei der wichtigen, ursprünglich von Adam Smith entwickelten Theorie des marktlichen Ausgleichs von Differentialen und bei GUNNAR MYRDALS bahnbrechendem Buch *The American Dilemma* (1944) ansetzen, aber es blieb noch viel zu tun. Ich verbrachte einige Jahre damit, eine Theorie zu erarbeiten, wie sich die tatsächliche Diskriminierung bei Entlohnung und Beschäftigung aus dem Hang zur Diskriminierung ergibt – im Verein mit der Wettbewerbsintensität auf Arbeits- und Gütermärkten, der Verteilung der Diskriminierungskoeffizienten auf die Angehörigen der Mehrheitsgruppe, dem Zugang von Minderheiten zu Bildungs- und Ausbildungsmöglichkeiten, dem Ergebnis von Medianwähler- und anderen Wahlmechanismen, die bestimmen, ob der Gesetzgeber Minderheiten begünstigt oder benachteiligt, und anderen Erwägungen. Die Dissertationsgutachter rieten mir, meine Doktorarbeit zu einem Buch umzuarbeiten (BECKER, 1957). Im Verlauf meiner Berufstätigkeit habe ich auch weiterhin Bücher geschrieben anstatt nur Aufsätze – eine Arbeitsweise, die in den Wirtschaftswissenschaften selten geworden ist.

Die tatsächliche Diskriminierung einer Minderheitsgruppe auf dem Markt hängt von der kombinierten Diskriminierung durch Arbeitgeber, Arbeitskollegen, Konsumenten, Schulen und Behörden ab. Die Analyse zeigt, daß die Umgebung die Wirkung von Vorurteilen manchmal erheblich abschwächt, in anderen Fällen hingegen verstärkt. Beispielsweise wäre das Lohndifferential, die Diskrepanz zwischen den Löhnen gleich produktiver Schwarzer und Weißer oder Frauen und Männer, viel geringer als das Ausmaß der Vorurteile gegen Schwarze und Frauen, wenn viele Unternehmen sich effizient darauf spezialisieren könnten, vor allem Schwarze oder Frauen zu beschäftigen.

In einer Welt mit konstanten Skalenerträgen der Produktion würden zwei segregierte Wirtschaften mit derselben Verteilung von Fertigkeiten sogar völlig ohne Diskriminierung auskommen und gleiche Löhne sowie für die übrigen Produktionsfaktoren gleiche Erträge aufweisen – trotz des Wunsches, die segregierten Minderheiten zu diskriminieren. Das heißt: Diskriminierung durch die Mehrheit auf dem Markt ist deshalb wirksam, weil die Angehörigen der Minderheit den Unternehmen, die sich auf die Beschäftigung dieser Arbeiter spezialisieren würden, verschiedenste Fertigkeiten nicht in genügender Menge anbieten können.

Ist die Mehrheit im Vergleich zur Minderheit sehr groß – in den USA sind Weiße neunmal so zahlreich wie Schwarze und haben pro Kopf viel mehr Human- und Sachkapital –, so senkt die Marktdiskriminierung durch die Mehrheit deren eigene Einkommen kaum, kann aber die Einkommen der Minderheit stark reduzieren. Macht hingegen die Minderheit einen erheblichen Bruchteil der Gesamtheit aus, so kann ihre Diskriminierung durch die Mehrheit auch für diese selbst nachteilig sein.

Diese These läßt sich anhand einer Analyse der Diskriminierung in Südafrika veranschaulichen, wo es etwa fünfmal so viele Schwarze gibt wie Weiße. Die Diskriminierung gegen Schwarze hat auch Weißen bedeutenden Schaden zugefügt, wenngleich einzelne weiße Gruppen daraus Nutzen zogen (siehe BECKER, 1957/71, 30f.; HUTT, 1964, LUNDAHL, 1992). Die erheblichen Kosten für Weiße erklären zum Teil, warum Apartheid und andere krasse Formen der Afrikaander-Diskriminierung nie lückenlos wirksam waren und schließlich zusammenbrachen.

Viele Ökonomen haben den Eindruck, meine Analyse des Vorurteils besage, daß Marktdiskriminierung „langfristig" verschwinde (meines Wissens hat das als erster ARROW, 1972, behauptet). Dieser Eindruck ist falsch: Ich hatte gezeigt, daß es nicht nur davon abhängt, wie der Hang zur Diskriminierung unter den möglichen Arbeitgebern verteilt ist, sondern auch ganz wesentlich davon, wie die Produktionsfunktionen der Unternehmen beschaffen sind, ob diejenigen Arbeitgeber, die niemanden diskriminieren wollen, alle diskriminierenden Arbeitgeber hinwegkonkurrieren können (siehe BECKER, 1957/71, 43–45).

Empirisch bedeutsamer ist die langfristige Diskriminierung durch Arbeitnehmer und Kunden, die als Ursache von Marktdiskriminierung weit wichtiger sind als die Arbeitgeber. Man darf nicht erwarten, daß Diskriminierung von seiten dieser Gruppen durch den Wettbewerb beseitigt wird – es sei denn, man kann mit einer ausreichenden Zahl segregierter und zudem effizienter Unternehmen sowie effektiv segregierter Gütermärkte rechnen (einen guten Überblick über diese und andere Probleme im Zusammenhang mit Diskriminierung bietet CAIN, 1986).

Eine neuartige theoretische Entwicklung der letzten Jahre ist die Analyse der Folgen stereotypen Denkens oder statistischer Diskriminierung (vgl. PHELPS, 1972; ARROW, 1973). Diese Analyse zeigt, daß der *Glaube* (von Arbeitgebern, Lehrern und anderen einflußreichen Gruppen), Angehörige von Minderheiten seien weniger produktiv, sich von selbst bewahrheiten *kann*, denn ein solcher Glaube kann bewirken, daß Minderheiten zu wenig in Bildung, Ausbildung und Arbeitsqualitäten – wie Pünktlichkeit – investieren. Infolge der Unterinvestition sind sie dann tatsächlich weniger produktiv (eine gute neuere Analyse siehe bei LOURY, 1992).

Das Belegmaterial aus vielen Ländern über Einkommen, Arbeitslosigkeit und berufliche Tätigkeitsfelder von Schwarzen, Frauen, religiösen Gruppen, Einwanderern und anderen ist während der letzten 25 Jahre außerordentlich stark angewachsen. Dieses Material dokumentiert in größerer Ausführlichkeit, wie die wirtschaftliche Lage von Minderheiten beschaffen ist und sich in unterschiedlichen Umgebungen verändert.

Die ökonomische Theorie der Diskriminierung aufgrund von Vorurteilen besagt, daß die tatsächliche Diskriminierung durch Arbeitgeber oder Arbeitnehmer daran gemessen wird, wieviel Gewinn oder Lohn sich diese entgehen lassen, indem sie vermeiden, Angehörige einer benachteiligten Gruppe zu beschäftigen oder mit ihnen zu arbeiten. Diskriminierung von seiten der Konsumenten wird durch die höheren Preise gemessen, die diese zahlen, um Gütern oder Leistungen auszuweichen, die von Angehörigen solcher Gruppen produziert wurden. Zahlenmaterial über ausgeschlagene Gewinne, Löhne oder Preise ist jedoch typischerweise nicht verfügbar; deshalb wird die Diskriminierung einer Gruppe für gewöhnlich dadurch gemessen, daß man ihre Einkommen mit denen jener Angehörigen der „Mehrheit" vergleicht, die dieselbe Anzahl absolvierter Schuljahre, gleiche Arbeitserfahrung und gleiche andere meßbare Qualitäten aufweisen. Da diese indirekte Methode offenkundige Mängel hat, konnten solche Untersuchungen manche der Kontroversen über die Ursache niedrigerer Einkommen von Minderheiten nicht beilegen.

Neuere Untersuchungen darüber, ob Banken Schwarze und andere Minderheiten bei der Vergabe von Hypothekendarlehen diskriminieren, vergleichen die Wahrscheinlichkeiten einer Kreditzusage für Angehörige von Minderheiten und für Weiße, die diesen in bezug auf Einkommen, Verschuldung und andere Merkmale ähnlich sind. Diese Untersuchungen kommen in der Regel zu dem Schluß, daß im Vergleich mit ähnlich qualifizierten Weißen Schwarze, nicht aber asiatische Amerikaner in unverhältnismäßig hohem Maße abgewiesen werden.

Leider wenden diese Untersuchungen nicht die richtigen Verfahren an, um feststellen zu können, ob Banken diskriminieren; dazu müßten sie nämlich ermitteln, ob Kredite an Schwarze (und andere Minderheiten) einträglicher sind als an Weiße. Das würde erfordern, die jeweils berechneten Zinssätze zu untersuchen sowie die Rückzahlungserfahrungen mit Kreditgeschäften, insbesondere die Vorkommnisse von Zahlungsunfähigkeit. Wenn Banken Kreditantragsteller, die einer Minderheit entstammen, diskriminieren, so sollten sie bei den Krediten, die sie ihnen tatsächlich gewähren, *größere* Gewinne machen als bei Krediten an Weiße. Der Grund hierfür ist der, daß diskriminierende Banken einen gerade noch gewinnbringenden Kreditantrag akzeptieren, wenn er von Weißen gestellt wird, ihn jedoch ablehnen, wenn er von Schwarzen gestellt wird.

III. Verbrechen und Strafe

Über Verbrechen begann ich in den 60er Jahren nachzudenken. Eines Tages fuhr ich zur Columbia Universität, um einen Studenten in ökonomischer Theorie mündlich zu prüfen. Ich hatte mich verspätet und mußte rasch entscheiden, ob ich mein Auto auf einen ordentlichen Parkplatz stellen oder riskieren sollte, es im Halteverbot stehen zu lassen und ein Strafmandat zu bekommen. Ich berechnete die Wahrscheinlichkeit eines Bußgeldbescheids, die Höhe des Bußgeldes und die Gebühr für den Parkplatz und beschloß, das Risiko einzugehen und den Wagen im Parkverbot abzustellen (übrigens bekam ich kein Strafmandat).

Während ich die paar Häuserblocks entlang zum Prüfungssaal ging, kam mir der Gedanke, daß die Stadtverwaltung wahrscheinlich eine ähnliche Berechnung angestellt hatte. Die Häufigkeit ihrer Kontrollen geparkter Fahrzeuge und die Höhe des Bußgelds für Parksünder sollte eigentlich auf ihrer Schätzung jener Art von Überschlagskalkulation basieren, wie potentielle Parksünder wie ich sie wohl vornehmen. Natürlich stellte ich dem armen Studenten gleich als erstes die Aufgabe, das optimale Verhalten sowohl der Parksünder wie der Polizei zu berechnen – wozu ich noch nicht gekommen war.

In den 50er und 60er Jahren waren Diskussionen unter Intellektuellen zum Thema Kriminalität von der Ansicht beherrscht, kriminelles Verhalten habe seine Ursache in Geisteskrankheit und sozialer Unterdrückung, und Kriminelle seien hilflose „Opfer". Ein Buch eines bekannten Psychiaters trug den Titel *Das Verbrechen der Strafe* (Menninger, 1966). Derartige Einstellungen begannen, großen Einfluß auf die Politik auszuüben: Gesetze wurden geändert, um die Rechte Krimineller auszuweiten. Diese Änderungen hatten zur Folge, daß weniger Verbrecher gefaßt und verurteilt wurden; sie verringerten insofern den Schutz der gesetzestreuen Bevölkerung.

Nichts abgewinnen konnte ich der Annahme, daß Rechtsbrecher radikal anders motiviert seien als alle anderen Menschen. Statt dessen ging ich den theoretischen und empirischen Folgerungen der Annahme nach, kriminelles Verhalten sei rational (siehe die frühen bahnbrechenden Arbeiten von BENTHAM, 1780/1931 und BECCARIA, 1797/1986), wobei auch hier „Rationalität" nicht mit einer verengten Auffassung von Materialismus gleichzusetzen ist. Die Rationalitätsannahme läßt Raum dafür, daß viele Menschen durch moralische bzw. ethische Überlegungen gebunden sind und Verbrechen auch dann nicht begehen, wenn diese materielle Vorteile einbringen und die Gefahr einer Aufdeckung nicht besteht. Polizei und Gefängnisse wären freilich überflüssig, wenn solch eine Einstellung immer und überall anzutreffen wäre. Rationalität besagt, daß manche Menschen wegen der finanziellen und anderen Vorteile von Verbrechen gegenüber ehrlicher Arbeit zu Kriminellen werden, wobei sie die Wahrscheinlichkeit, gefaßt und verurteilt zu werden, und die Härte der Strafe ins Kalkül ziehen.

Die Zahl der Verbrechen wird nicht nur durch die Rationalität und die Präferenzen potentieller Krimineller bestimmt, sondern auch durch das politisch geschaffene wirtschaftliche und soziale Umfeld, einschließlich der Ausgaben für Polizei, der Strafen für verschiedene Verbrechen und der Beschäftigungs-, Bildungs- und Ausbildungsmöglichkeiten. Offensichtlich ist die Beschaffenheit der verfügbaren legalen Arbeitsplätze ebenso ein integraler Bestandteil der ökonomischen Analyse des Verbrechens wie Rechtsordnung und Strafe.

Man kann die Summe der öffentlichen Ausgaben für Verbrechensbekämpfung senken, ohne das mathematische Produkt von Strafwahrscheinlichkeit und erwarteter Strafhöhe zu ändern, indem man Kürzungen bei den Ausgaben für Verbrechensverfolgung durch eine Erhöhung der Strafen für diejenigen, die verurteilt werden, gerade ausgleicht. Risikofreudige Personen freilich werden von Verbrechen eher durch die höhere Wahrscheinlichkeit der Verurteilung als durch die Schwere der Strafe abgehalten. Optimal würde sich daher ein Staat verhalten, der die – durch eine Verminderung der Verurteilungswahrscheinlichkeit erreichbaren – Ausgabenkürzungen bei Polizei und Gerichten abwägt gegen die Präferenz risikofreudiger Krimineller für eine weniger sichere Strafe. Auch die Wahrscheinlichkeit einer Bestrafung Unschuldiger müßte in einem solchen Kalkül des Staates berücksichtigt werden.

In der Frühphase meiner Beschäftigung mit Verbrechen stieß ich auf das Problem, warum Diebstahl als sozial schädlich angesehen wird, da er doch nur Mittel umzuverteilen scheint, und zwar für gewöhnlich von reicheren zu ärmeren Personen. Dieses Rätsel löste ich (BECKER, 1968, 171, Anm. 3) mit Verweis darauf, daß Kriminelle Mittel für Waffen und wertvolle Zeit für die Planung und Ausführung ihrer Verbrechen aufwenden, und darauf, daß diese Aufwendungen sozial unproduktiv sind – also das sind, was man heute als „Rentenstreben" bezeichnet –, weil sie ja kein Vermögen schaffen, sondern dieses nur unter Anwendung von Zwang umverteilen. Die sozialen Kosten des Diebstahls veranschlagte ich mit den gestohlenen Dollars, da rationale Kriminelle willens sein würden, bis zu dieser Höhe Mittel für ihre Verbrechen aufzuwenden. Ich hätte noch die Mittel hinzurechnen sollen, die potentielle Opfer darauf verwenden, sich vor Verbrechen zu schützen.

Ein Grund, warum die ökonomische Sicht des Verbrechens so einflußreich wurde, ist der, daß dasselbe analytische Rüstzeug dazu verwendet werden kann, die Durchsetzung jeder Art von Gesetz zu untersuchen – einschließlich Mindestlohnsätzen, Luftreinhaltungsvorschriften, Bestimmungen über Insiderhandel und andere wertpapierrechtliche Verstöße und auch über Steuerhinterziehung. Da wenige Gesetze „sich selbst durchsetzen", schrecken sie Rechtsbrecher nur dann ab, wenn Ausgaben für deren Erfassung und Bestrafung getätigt werden. Der Ausschuß des US-amerikanischen Kongresses für Strafmaß (U.S. SENTENCING COMMISSION, 1992) zog ausdrücklich die ökonomische Verbrechensanalyse heran, als er Richtlinien für die richterliche Festsetzung der Strafhöhe bei Vergehen gegen Bundesrecht aufstellte.

Untersuchungen zum Thema Verbrechen, die auf diesem ökonomischen Ansatz basieren, sind im letzten Vierteljahrhundert gang und gäbe geworden. Hierzu gehören Studien, die der Frage nachgehen, wie eine marginale Strafe beschaffen sein sollte, um eine Zunahme der Schwere von Verbrechen zu verhindern – also etwa einen Entführer von der Tötung seines Opfers abzuhalten (die moderne Literatur hierzu beginnt mit STIGLER, 1970) – oder der Frage nach dem Verhältnis von privater und öffentlicher Durchsetzung von Gesetzen (siehe BECKER und STIGLER, 1974; LANDES und POSNER, 1975).

Geldstrafen sind Freiheitsstrafen und anderen Arten von Strafen vorzuziehen, weil sie wirksam von Verbrechen abschrecken können, wenn die (potentiellen) Verbrecher über genügende finanzielle Mittel verfügen – wenn sie also nicht „urteilsimmun" sind, um es im Fachjargon zu sagen. Außerdem sind Geldstrafen insofern effizienter als andere Strafarten, als die Kosten für die Rechtsbrecher zugleich Einkünfte für den Staat bedeuten. Meine ersten Analyseergebnisse zu den Beziehungen zwischen Geldstrafen und anderen Strafarten sind inzwischen geordnet und erheblich verbessert worden (siehe z.B. POLINSKY und SHAVELL, 1984; POSNER, 1986).

Empirische Schätzungen, wie sich die Länge von Freiheitsstrafen sowie Aufdeckungsquoten und Arbeitslosenraten, Einkommensungleichheiten und andere Variablen auf die Zahl der Verbrechen auswirken, sind zahlreicher und genauer geworden (die bahnbrechende Arbeit hierzu leistete EHRLICH, 1973, und die nachfolgende Literatur ist umfangreich). Am heftigsten umstritten ist die Frage, ob die Todesstrafe von Morden abschreckt – eine Streitfrage, die viele Gemüter bewegt, aber bei weitem nicht gelöst ist (siehe z.B. EHRLICH, 1975; NATIONAL RESEARCH COUNCIL, 1978).

IV. Humankapital

Bis in die 50er Jahre gingen Ökonomen im allgemeinen davon aus, daß Arbeitskraft eine gegebene und nicht vermehrbare Größe ist. Die detaillierten Analysen von Bildungs- bzw. Ausbildungsinvestitionen von Adam Smith, Alfred Marshall und Milton Friedman wurden in den Diskussionen über Produktivität nicht berücksichtigt. Dann aber begannen Theodore W. Schultz und andere mit der bahnbrechenden Erforschung der Bedeutung von Humankapitalinvestitionen für das Wirtschaftswachstum und damit zusammenhängender ökonomischer Fragen.

Die Humankapitalanalyse geht von der Annahme aus, der einzelne entscheide unter Abwägung von Kosten und Nutzen über seine Bildung, Berufsausbildung, medizinische Versorgung und andere Verbesserungen seiner Kenntnisse und seiner Gesundheit . Zu den Nutzen zählen kulturelle und andere nicht-pekuniäre Vorteile sowie die Verbesserung der Einkommens- und Berufssituation, während die Kosten üblicherweise vor allem vom entgangenen Wert der Zeit abhängen, die für diese Investitionen verwendet wird. Der Begriff des Humankapitals umfaßt auch die Gesamtheit der Arbeits- und sonstigen Gewohnheiten, wozu sogar schädliche Suchtgewohnheiten wie Rauchen und Drogenkonsum zählen. Humankapital in Form von Arbeitsdisziplin oder Trinkgewohnheiten hat wesentliche positive oder negative Auswirkungen auf die Produktivität, sowohl im Markt- wie im Nicht-Markt-Sektor.

Die Bandbreite der Verhaltensarten, die unter der Bezeichnung Humankapital zusammengefaßt werden, macht verständlich, warum dieses Konzept so leistungsfähig und nützlich ist. Das Konzept impliziert, daß der Vorgang der Investition oder Desinvestition in Humankapital oft geradezu das Wesen eines Menschen ändert: Eine Berufsausbildung kann den Lebensstil des Langzeitarbeitslosen in einen Lebensstil verwandeln, der durch den Bezug regelmäßigen und guten Einkommens gekennzeichnet ist; andererseits kann fortgesetztes Trinken eine Berufslaufbahn, die Gesundheit und sogar das Denkvermögen zerstören.

Humankapital ist heutzutage so unumstritten, daß man sich nur schwer die Ablehnung ausmalen kann, auf die der so bezeichnete Ansatz in den 50er und 60er Jahren stieß. Schon den bloßen Begriff *Human*kapital empfand man als Abwertung, weil er vermeintlich Menschen mit Maschinen gleichsetzte. Schulbildung als Investition hinzustellen statt als Kulturerfahrung, sah man als gefühllos und extrem engstirnig an. Aus diesem Grund konnte ich mich lange nicht entschließen, meinem Buch den Titel *Human Capital* (1964) zu geben, und sicherte mich gegen das Risiko durch einen langen Untertitel ab, den ich inzwischen vergessen habe. Erst ganz allmählich akzeptierten Ökonomen (ganz zu schweigen von anderen Wissenschaftlern) das Konzep des Humankapitals als wertvolles Instrument für die Analyse verschiedenster ökonomischer und sozialer Probleme.

Meine Beschäftigung mit Humankapital begann mit dem Versuch, für Männer, Frauen, Schwarze und andere Gruppen die private und die soziale Rendite von Investitionen in verschiedene Bildungsniveaus zu berechnen. Nach einiger Zeit wurde mir klar, daß die Humankapitalanalyse zur Erklärung vieler regelmäßig wiederkehrender Erscheinungen auf Arbeitsmärkten und in der Volkswirtschaft insgesamt beitragen kann. Es schien möglich, eine allgemeinere Theorie des Humankapitals zu entwickeln, die nicht nur einzelne Menschen, sondern auch Unternehmen erfaßt und die makroökonomische Tragweite des Konzepts herausarbeiten kann.

Schon in den frühen empirischen Analysen wurde versucht, bei Angaben über die höheren Einkommen von Personen mit höherer (Aus-)Bildung den Tatbestand zu berücksichtigen, daß diese Personen auch über größere Fähigkeiten verfügen: Sie haben höhere Intelligenzquotienten und schneiden bei Eignungsprüfungen besser ab. Untersucht wurde auch, wie sich Sterblichkeitsraten, Einkommensteuern, entgangene Einkommen und Wirtschaftswachstum auf die Bildungsrendite auswirken. Der Einfluß unterschiedlicher Fähigkeiten schien nicht sehr bedeutsam zu sein, aber starke Veränderungen der Erwachsenensterblichkeit und hohe Wachstumsraten der Wirtschaft zeigten signifikante Auswirkungen. Vor kurzem hat MELTZER (1992) nachzuweisen versucht, daß die hohen Sterblichkeitsraten junger Männer in vielen Teilen Afrikas, insbesondere infolge von Aids, auf die dortigen Investitionen in Humankapital eine stark abschreckende Wirkung ausüben.

Die empirische Erforschung von Humankapitalinvestitionen erfuhr einen nachhaltigen Anstoß durch die inzwischen klassische Arbeit von MINCER (1974). Er erweiterte eine einfache Regressionsanalyse der Beziehung zwischen Einkommen und absolvierten Schuljahren (BECKER und CHISWICK, 1966) um ein grobes, aber sehr nützliches Maß praktischer Berufserfahrung: nämlich die Zahl der Jahre seit dem Schulabschluß; statt hoch aggregierter Daten verwendete er zahlreiche individuelle Beobachtungen, und für Gleichungen der Einkommensentstehung führte er eine sorgfältige Residualanalyse durch. Inzwischen gibt es für viele Länder zahlreiche Schätzungen über die interne Verzinsung von Investitionen in Bildung und Ausbildung (einen Überblick über einen Teil dieser Literatur siehe bei PSACHAROPOULOS, 1985), ja, wahrscheinlich ist die Einkommensgleichung mittlerweile die in der Mikroökonomik am häufigsten anzutreffende Regressionsfunktion überhaupt.

Mit dem Anwachsen des Belegmaterials über die wirtschaftlichen Vorteile von Schulbildung und Berufsausbildung wurde das Humankapital auch in politischen Diskussionen wichtiger. Dieses zunehmende Vertrauen auf das Humankapital hat die Einstellung von Regierungen zum Problem der Wachstums- und Produktivitätsförderung verändert, wie die Betonung des Humankapitals im Zuge des letzten Präsidentschaftswahlkampfes in den USA gezeigt hat.

Ein innerhalb der Humankapitalanalyse besonders einflußreiches Theoriekonzept betrifft die Unterscheidung zwischen Allgemeinbildung einerseits und spezifischer Berufsausbildung bzw. Fachwissen andererseits (siehe BECKER, 1962; OI, 1962). Definitionsgemäß ist unternehmensspezifisches Wissen nur in den Unternehmen verwertbar, in denen es erworben wird, während Allgemeinwissen auch in anderen Unternehmen nützlich ist. Unterweist man jemanden in der Bedienung eines IBM-kompatiblen Personalcomputers, so fällt das unter allgemeine Ausbildung; macht man sich hingegen mit der Entscheidungsstruktur in einem bestimmten Unternehmen und den Fähigkeiten der dort angestellten Mitarbeiter vertraut, so ist das spezifisches Wissen. Diese Unterscheidung macht verständlich, warum Arbeiter mit hochspezifischen Fertigkeiten ihren Arbeitsplatz vergleichsweise weniger häufig wechseln und warum ihnen in Rezessionen als letzten gekündigt wird. Sie erklärt auch, warum Beförderungen in den meisten Fällen innerhalb eines Unternehmens erfolgen statt im Zuge einer Neueinstellung – Arbeiter brauchen Zeit, um die Struktur und die „Kultur" eines Unternehmens kennenzulernen – und warum bessere Buchhaltungsmethoden in den meisten Unternehmen das spezifische Humankapital der jeweiligen Belegschaft zu den wichtigsten Vermögenswerten rechnen würden.

Unternehmensspezifische Investitionen schaffen Renten, die zwischen Arbeitgebern und Arbeitnehmern aufzuteilen sind, wobei dieser Aufteilungsvorgang durch „opportunistisches" Verhalten gefährdet ist, denn jede Seite kann versucht sein, nach Durchführung der Investitionen den größten Teil der Rente für sich herauszuschlagen. Renten und Opportunismus infolge spezifischer Investitionen spielen eine entscheidende Rolle in der modernen ökonomischen Theorie der Organisation (siehe WILLIAMSON 1985/90) und in vielen Diskussionen von Prinzipal-Agent-Problemen (siehe z.B. GROSSMAN und HART, 1983). Von Einsichten in die Bedeutung spezifischen Kapitals für Rentenaufteilung und Unternehmensorganisation wurde auch schon in der Analyse von Heirats-„Märkten" Gebrauch gemacht, um Verhandlungen zwischen Ehepartnern und Scheidungsraten zu erklären (siehe BECKER, LANDES und MICHAEL, 1977; MCELROY und HORNEY, 1981) sowie in der Analyse politischer „Märkte", um zu erklären, warum Politiker so selten abgelöst werden (siehe CAIN, FEREJOHN und FIORINA, 1987).

Die Theorie der Humankapitalinvestitionen setzt die Ungleichheit der Einkommen in Beziehung zu Unterschieden in Begabung, Herkunft, ererbtem Vermögen und anderen Vermögenswerten (siehe BECKER und TOMES, 1986). Viele empirische Untersuchungen über Ungleichheit arbeiten ebenfalls mit dem Konzept des Humankapitals, insbesondere mit der Unterscheidung von Schulbildung und Berufsausbildung (siehe MINCER, 1974). Die deutliche Zunahme der Einkommensungleichheit in den USA während der 80er Jahre, die politisch so viel Staub aufgewirbelt hat, läßt sich weitgehend durch höhere Renditen für die höher Gebildeten und die besser Ausgebildeten erklären (siehe z.B. MURPHY und WELCH, 1992).

Die Humankapitaltheorie bietet eine provokante Interpretation des geschlechtsspezifischen Einkommensdifferentials. Im Vergleich zu Männern weisen die Beschäftigungsverhältnisse von Frauen traditionell mit einer weitaus größeren Wahrscheinlichkeit Teilzeitcharakter sowie Unterbrechungen auf, teilweise deshalb, weil Frauen für gewöhnlich nach der Geburt ihrer Kinder ihre bezahlte Beschäftigung für eine Weile unterbrechen. Infolgedessen hatten sie weniger Anreize, in Bildung und Ausbildung zu investieren, was ihre Einkommen und beruflichen Fähigkeiten verbessert hätte.

In den letzten 25 Jahren sind hier jedoch grundlegende Änderungen eingetreten. Der Rückgang der Familiengröße, der Anstieg der Scheidungsraten, die rasche Ausweitung des Dienstleistungssektors (in dem die meisten Frauen beschäftigt sind), die anhaltende wirtschaftliche Entwicklung, die mit den Einkommen der Männer auch die der Frauen ansteigen ließ, und die Bürgerrechtsgesetzgebung begünstigten die vermehrte Beschäftigung von Frauen und damit auch deren vermehrte Investitionen in marktorientierte Fertigkeiten. Praktisch in allen reichen Ländern bewirkten diese Faktoren eine erhebliche Verbesserung sowohl der Beschäftigungsaussichten für Frauen als auch ihrer relativen Einkommensposition.

Besonders gut dokumentiert ist die Entwicklung in den USA. Das geschlechtsspezifische Einkommensdifferential zwischen vollbeschäftigten Männern und Frauen hielt sich von der Mitte der 50er bis zur Mitte der 70er Jahre bei rund 35 Prozent. Dann begann ein Aufholprozeß, der gegenwärtig noch andauert und in dessen Verlauf das Differential auf mittlerweile unter 25 Prozent abgebaut wurde (siehe z.B. O'NEILL, 1985; GOLDIN, 1990). Frauen drängen in die Unternehmen, in die Rechtsberufe, in die medizinische Ausbildung und arbeiten in qualifizierten Positionen, von denen sie sich früher fernhielten oder ferngehalten wurden.

Schultz und andere (siehe z.B. SCHULTZ, 1963; DENISON, 1962) betonten schon früh, daß Investitionen in Humankapital einen bedeutenden Beitrag zum Wirtschaftswachstum leisten. Aber nach einer Weile fing man an, den Zusammenhang zwischen Humankapital und Wachstum zu vernachlässigen: als nämlich die Ökonomen zu bezweifeln begannen, daß man mit der herkömmlichen Wachstumstheorie Einsichten in die Wachstumsprozesse unterschiedlicher Länder gewinnen könne. Die Rückkehr zu stärker formalen Modellen endogenen Wachstums hat das Humankapital wieder zu einem Hauptthema der Diskussion gemacht (siehe z.B. ROMER, 1986; LUCAS, 1988; BECKER, MURPHY und TAMURA, 1990; BARRO und SALA-I-MARTIN, 1992).

V. Gründung, Auflösung und Struktur von Familien

Die Theorie rationaler Entscheidungen geht bei der Analyse des Familienverhaltens von Maximierungsverhalten aus, von Humankapitalinvestitionen, Zeitallokation und der Diskriminierung von Frauen und anderen Gruppen. Der Rest meiner Vorlesung beschäftigt sich mit dieser Analyse, da sie immer noch ziemlich umstritten ist und ich auf diese Weise über meine gegenwärtige Forschungsarbeit sprechen kann.

Die Niederschrift des Buches *A Treatise on the Family* (1981) war die schwierigste anhaltende geistige Anstrengung, der ich mich je unterzogen habe. Die Familie ist vermutlich die fundamentalste und älteste aller Institutionen: Manche Autoren verlegen ihre Ursprünge mehr als 40.000 Jahre zurück (Soffer, 1990). Der *Treatise* versucht, nicht nur moderne westliche Familien zu untersuchen, sondern auch solche in anderen Kulturen sowie die Veränderungen in der Familienstruktur im Laufe der letzten Jahrhunderte.

Der Versuch, dieses umfangreiche Thema zu behandeln, erforderte mehr als sechs Jahre lang ein solches Ausmaß an Konzentration, und zwar nicht nur am Tage, sondern auch bei Nacht, daß ich danach geistig und seelisch völlig erschöpft war. In seiner Autobiographie schreibt Bertrand Russell, die Abfassung der *Principia Mathematica* habe seine geistigen Ernergien so verbraucht, daß er danach nie mehr zu wirklichen gedanklichen Höchstleistungen fähig war. Nach dem Abschluß meines *Treatise* dauerte es etwa zwei Jahre, bis ich meine geistige Spannkraft wiedergewonnen hatte.

Die Fertilitätsanalyse hat in der Wirtschaftswissenschaft eine lange und rühmliche Geschichte, aber bis vor wenigen Jahren waren Eheschließung und -scheidung sowie die Beziehungen zwischen Ehepartnern, Eltern und Kindern von den Ökonomen weitgehend vernachlässigt worden (siehe allerdings die wichtige Untersuchung von Mincer, 1962). Der Ausgangspunkt meiner Arbeiten über die Familie ist die Annahme, daß Männer und Frauen – wenn sie beschließen, zu heiraten, Kinder zu haben oder sich scheiden zu lassen – versuchen, im Zuge eines Kosten-Nutzen-Vergleiches ihre Wohlfahrt zu erhöhen. Sie heiraten also, wenn sie erwarten, daß sie dadurch besser gestellt sind, als wenn sie ledig bleiben; sie lassen sich scheiden, wenn sie sich davon eine Steigerung ihrer Wohlfahrt versprechen.

Nicht-Intellektuelle wundern sich oft, wenn man ihnen sagt, daß dieser Ansatz umstritten ist, weil es für sie selbstverständlich ist, daß Menschen durch Heirat oder Scheidung ihre Wohlfahrt zu erhöhen trachten. Die Rational-choice-Perspektive familiären und anderen Verhaltens stimmt tatsächlich oft mit der instinktiven Ökonomik des „Mannes von der Straße" überein (Farrell und Mandel, 1992).

Dennoch: Intuitive Annahmen über Verhalten sind nur der *Ausgangspunkt* systematischer Analyse, denn aus ihnen allein lassen sich nicht viele interessante Schlüsse ziehen. Zu der Geschichte vom Hl. Dionysius, der nach seiner Enthauptung mit dem Kopf unterm Arm zwei Meilen weit gegangen sein soll, meinte einst Madame de Deffand: „Die Entfernung ist gar nichts; schwer ist nur der erste Schritt.“ Auch in einem neuen Forschungsgebiet ist der erste Schritt schwer, aber er hat wenig Wert ohne den zweiten, den dritten und etliche weitere Schritte (den Hinweis auf die Marquise und den Vergleich mit der Forschungstätigkeit verdanke ich Richard Posner). Der Rational-choice-Ansatz unternimmt solche weiteren Schritte, indem er von einem Forschungsdesign Gebrauch macht, das Maximierungsverhalten mit der Analyse von Heirats- und Scheidungsmärkten, Spezialisierung und Arbeitsteilung, Altersversorgung, Investitionen in Kinder und Familiengesetzgebung kombiniert. Die Folgerungen aus dem vollständigen Modell sind nicht immer selbstverständlich und laufen der herrschenden Meinung gelegentlich durchaus zuwider.

Ein Beispiel: Im Gegensatz zu dem, was allgemein von Scheidungen unter reichen Leuten geglaubt wird, zeigt die ökonomische Analyse von Familienentscheidungen, daß Scheidungen von wohlhabenderen Ehepaaren *weniger* wahrscheinlich sind als die von ärmeren Paaren. Der Theorie zufolge ist es für reichere Paare in der Regel sehr vorteilhaft, verheiratet zu bleiben, für ärmere Paare aber nicht. So mag sich eine arme Frau durchaus fragen, ob es lohnt, mit jemandem verheiratet zu bleiben, der ein Langzeit-Arbeitsloser ist. Empirische Untersuchungen belegen für viele Länder, daß Ehen reicherer Paare stabiler sind (siehe z.B. BECKER, LANDES und MICHAEL, 1977; HERNANDEZ, 1992).

Aus der Annahme, daß Eheleute effizient miteinander verhandeln, folgt, daß der in Europa und in den USA vorherrschende Trend der letzten zwei Jahrzehnte, vom Schuldprinzip im Scheidungsrecht abzugehen, die Scheidungsraten nicht erhöht hat und, entgegen vielen Behauptungen, für den raschen Anstieg dieser Raten daher nicht verantwortlich sein kann. Die Theorie besagt allerdings auch, daß das Zerrüttungsprinzip Frauen mit Kindern benachteiligt, die von ihren Ehemännern verlassen werden. Feministinnen waren zunächst einhellig für das Zerrüttungsprinzip, aber einige von ihnen bezweifeln inzwischen, daß es sich auf geschiedene Frauen günstig auswirkt.

Beginnend mit dem klassischen Werk von Thomas R. Malthus hat es die Praxis gegeben, ökonomische Verhaltensmodelle zur Fertilitätsanalyse heranzuziehen; der große schwedische Ökonom Knut Wicksell wandte sich der Ökonomik deshalb zu, weil er den malthusianischen Übervölkerungsprognosen Glauben schenkte. Aber Malthus’ Schlußfolgerung, die Fertilität werde mit der Zu- und Abnahme der Einkommen steigen und fallen, wurde widerlegt durch den starken Rückgang der Geburtenraten nach der Industrialisierung einiger Länder in der zweiten Hälfte des 19. und zu Beginn dieses Jahrhunderts.

Dieses Versagen von Malthus’ einfachem Fertilitätsmodell ließ viele Ökonomen in dem Glauben, daß Entscheidungen über die Familiengröße jenseits ökonomischer Berechnungen getroffen werden. Das neoklassische

Wachstumsmodell bringt diese Einstellung zum Ausdruck; denn in den meisten Fassungen nimmt es das Bevölkerungswachstum als exogen gegeben an (siehe z.B. CASS, 1965; ARROW und KURZ, 1970).

Das Problem mit dem Ansatz von Malthus liegt aber gar nicht in der Verwendung von Ökonomik an sich, sondern in der Anwendung einer für das heutige Leben unpassenden Ökonomik. Sein Ansatz übersieht, daß die zur Kinderversorgung benötigte Zeit teurer wird, wenn Länder produktiver werden. Der größere Wert der Zeit erhöht die Kosten von Kindern und senkt somit die Nachfrage nach großen Familien. Des weiteren bleibt in diesem Ansatz unberücksichtigt, daß die größere Bedeutung von Schulbildung und Berufsausbildung in den Industrieländern Eltern anregt, mehr in die Fertigkeiten ihrer Kinder zu investieren, was ebenfalls die Kosten großer Familien erhöht. Der steigende Wert der Zeit und die zunehmende Betonung von Schulbildung und anderem Humankapital erklären den Rückgang der Geburtenhäufigkeit im Zuge wirtschaftlicher Entwicklung – und viele andere Eigenschaften der Geburtenraten in heutigen Wirtschaften.

In fast allen Gesellschaften haben sich verheiratete Frauen auf Kindererziehung und bestimmte landwirtschaftliche Tätigkeiten spezialisiert, während die verheirateten Männer zumeist die Kriegs- und Tauschgeschäfte besorgten. Die Erklärung hierfür ist, wie eigentlich außer Frage stehen sollte, eine Kombination aus biologischen Unterschieden zwischen Mann und Frau einerseits – insbesondere Unterschieden ihrer angeborenen Fähigkeiten, Kinder zu gebären und aufzuziehen – sowie rechtlichen und anderen Diskriminierungen von Frauen auf dem Markt andererseits, teilweise bedingt durch kulturspezifische Konditionierung. Allerdings bestehen große und hochgradig emotional aufgeladene Meinungsverschiedenheiten über die relative Bedeutung von Biologie und Diskriminierung für das Zustandekommen der traditionellen ehelichen Arbeitsteilung.

Entgegen dem, was in vielen Angriffen auf den ökonomischen Ansatz zur Erklärung geschlechtsspezifischer Arbeitsteilung behauptet wird (siehe z.B. BOSERUP, 1987), versucht diese Analyse nicht, die relative Bedeutung von Biologie und Diskriminierung zu gewichten. Ihr Hauptbeitrag besteht vielmehr darin, daß sie zeigt, wie empfindlich die Arbeitsteilung auf *kleine* Veränderungen jedes der beiden Faktoren reagiert. Da der Ertrag der Investition in eine Fertigkeit umso größer ist, je mehr Zeit auf die Ausübung der Fertigkeit verwendet wird, dürfte ein Ehepaar aus einer strengen Arbeitsteilung großen Gewinn ziehen, weil sich auf manche Arten von Humankapital der Mann und auf andere die Frau spezialisieren kann. Vorausgesetzt, daß die Spezialisierung innerhalb einer Ehe tatsächlich einen großen Gewinn bringt, so würden auch eine *geringfügige* Diskriminierung von Frauen oder *kleine* biologische Unterschiede in der Befähigung zur Kinderversorgung die Arbeitsteilung zwischen haushalts- und marktorientierten Tätigkeiten ausgeprägt und systematisch geschlechtsspezifisch werden lassen. Die Empfindlichkeit gegenüber kleinen Unterschieden erklärt, warum das empirische

Belegmaterial nicht ohne weiteres entweder biologisch oder „kulturell“ gedeutet werden kann. Diese Theorie erklärt auch, warum immer mehr Frauen einen Beruf ergreifen, seit die Familien kleiner, Scheidungen häufiger und die Verdienstmöglichkeiten für Frauen besser geworden sind.

Beziehungen zwischen Familienmitgliedern unterscheiden sich grundlegend von solchen zwischen Arbeitskollegen in Unternehmen oder zwischen Mitgliedern anderer Organisationen. Die Interaktionen von Ehepartnern sowie von Eltern und Kindern sind mit größerer Wahrscheinlichkeit durch Liebe, Dankespflichten, Schuldbewußtsein und Pflichtgefühl motiviert als durch eng verstandenes Eigeninteresse.

Vor etwa 20 Jahren wurde nachgewiesen, daß Altruismus in Familien einen enormen Einfluß darauf hat, wie diese auf Schocks und politische Maßnahmen zur Umverteilung wirtschaftlicher Mittel zwischen Familienangehörigen reagieren. Es ließ sich zeigen, daß eine exogene Umverteilung von Mitteln weg vom Altruisten und hin zu den von ihm Begünstigten (oder umgekehrt) sich nicht notwendigerweise auf die Wohlfahrt auch nur irgendeines Familienmitgliedes auswirken muß, weil der Altruist versuchen wird, seine Geschenke um die umverteilte Summe zu kürzen (BECKER, 1974). BARRO (1974) leitete dieses Ergebnis in einem Mehrgenerationenmodell ab, das Zweifel an der üblichen Annahme entstehen ließ, daß staatliche Defizite und ähnliche steuerpolitische Maßnahmen reale Effekte auf die Wirtschaft haben.

Das „Rotten-kid-Theorem“* – diese Bezeichnung wird sehr gern gebraucht, selbst von Kritikern, die sich dieser Analyse nicht anschließen – setzt die Diskussion des Altruismus fort, denn es zeigt, wie das Verhalten egoistischer Personen durch Altruismus beeinflußt wird. Unter gewissen Bedingungen werden sogar selbstsüchtige Personen (natürlich glauben die meisten Eltern, das beste Beispiel für eine Beziehung, in der es der einen Seite nur um das eigene und der anderen Seite nur um das fremde Wohl geht, seien egoistische Kinder mit altruistischen Eltern) dazu bewogen, so zu handeln, *als ob* sie sich gegenüber ihren Wohltätern altruistisch verhielten, weil sie gerade dadurch ihre eigene Wohlfahrt erhöhen können. Sie handeln deshalb so, weil andernfalls ihre Wohltäter die Zuwendungen genügend kürzen würden, um sie schlechter zu stellen (siehe BECKER, 1974, und die Erweiterung bzw. die Einschränkungen dieser Analyse durch LINDBECK und WEIBULL, 1988, BERGSTROM, 1989, und BECKER, 1991, 9–13).

Die Bibel, Platons *Staat* und andere frühe Schriften erörtern die Behandlung kleiner Kinder durch ihre Eltern und die der alten Eltern durch ihre erwachsenen Kinder. Sowohl die Alten wie die Kinder brauchen Pflege: die einen wegen des Verfalls ihrer Kräfte und ihrer Gesundheit, und die anderen,

* Anmerkung des Herausgebers: Das Theorem besagt, daß ein extrem ungezogenes, ja sogar niederträchtiges Kind („rotten kid“) durch ein bestimmtes Verhalten der Eltern den Anreiz erhält, sich wohlerzogen zu benehmen.

weil sie erst wachsen müssen und hilflos sind. Es ist ein sehr aufschlußreiches Ergebnis der ökonomischen Analyse von Familienbeziehungen, daß diese zwei Problemkreise eng zusammenhängen.

Eltern, die erhebliche Erbschaften hinterlassen, benötigen keine Altersunterstützung; vielmehr sind sie es, die ihre Kinder unterstützen. Eine wohlbekannte Folge hiervon erwähnte ich bereits: Unter bestimmten Bedingungen gehen von Budgetdefiziten und Sozialversicherungszahlungen an alte Menschen keine realen Effekte aus, weil Eltern die zukünftig höhere Steuerbelastung ihrer Kinder einfach durch größere Hinterlassenschaften ausgleichen.

Viel weniger bekannt ist, daß altruistische Eltern, die ihren Kindern etwas hinterlassen, in der Regel auch stärker in die Fertigkeiten, Gewohnheiten und Werthaltungen ihrer Kinder investieren. Denn es kommt ihnen selbst unmittelbar zugute, wenn sie all jene Investitionen in die Bildung bzw. Ausbildung ihrer Kinder finanzieren, deren interne Verzinsung höher ausfällt als die Verzinsung etwaiger Ersparnisse. Indem sie in ihre Kinder investieren, können Eltern indirekt Ersparnisse bilden, die sie dann im Alter einfach dadurch wieder auflösen, daß sie ihre Hinterlassenschaft verringern. Beide Seiten, sowohl Eltern wie Kinder, profitieren davon, wenn die Eltern all jene Investitionen in ihre Kinder vornehmen, deren Rendite über dem Sparzins liegt, und dann im Gegenzug ihre Hinterlassenschaft der effizienten Investitionshöhe anpassen (siehe den formalen Beweis in Abschnitt A des Anhangs).

Selbst in reichen Ländern jedoch sehen viele Eltern gar nicht vor, etwas zu hinterlassen. Solche Eltern haben ein Interesse an einer sozialen Altersversorgung, und sie „unterinvestieren" in die Bildung und sonstige Versorgung ihrer Kinder. Sie investieren zu wenig, weil es ihnen unmöglich ist, größere Ausgaben für ihre Kinder durch eine Verkleinerung ihrer Hinterlassenschaft zu kompensieren, und zwar deshalb, weil sie von vornherein gar nicht vorhaben, etwas zu hinterlassen.

Sowohl Kinder wie Eltern wären besser gestellt, wenn die Eltern bereit wären, mehr in die Kinder zu investieren – gegen eine Verpflichtung der Kinder, ihnen zu helfen, wenn es nötig wird. Aber wie ließe sich solch eine Verpflichtung durchsetzen? Ökonomen und Juristen empfehlen für gewöhnlich einen schriftlichen Vertrag zur Absicherung einer Verpflichtung, aber kann man sich eine Gesellschaft vorstellen, die Verträge zwischen Erwachsenen und Zehnjährigen oder Halbwüchsigen durchsetzt?

Ein Teil meiner gegenwärtigen Forschungsarbeit befaßt sich mit einer indirekten Methode der Herbeiführung von (Selbst-)Verpflichtungen, wenn Willenserklärungen und schriftliche Vereinbarungen nicht rechtsverbindlich sind. Ich möchte nun einige dieser neuen Überlegungen kurz skizzieren, weil dabei die ökonomische Sicht der Familie auf bisher unbehandelte Fragen ausgedehnt wird, in denen es um die rationale Bildung von Präferenzen innerhalb von Familien geht.

Kinder werden von den Einstellungen und vom Verhalten ihrer Eltern außerordentlich stark beeinflußt. Eltern, die Alkoholiker oder drogensüchtig sind, schaffen für sensible Kinder eine bedrückende Atmosphäre, während Eltern mit stabilen Wertvorstellungen, die ihren Kindern Wissen vermitteln und sie in vorteilhafter Weise anregen, Einfluß sowohl darauf nehmen, was ihre Kinder tun können, als auch darauf, was sie tun wollen. Der Ansatz kann Erkenntnisse über die Bildung von Präferenzen durch Kindheitserlebnisse beisteuern, ohne gleich in Freudscher Manier den Erfahrungen während der ersten paar Lebensmonate eine alles dominierende Stellung zuzuerkennen.

Wiederum versuche ich, eine Vorstellung des gesunden Menschenverstandes zu modellieren, nämlich die, daß die Einstellungen und Werthaltungen von Erwachsenen außerordentlich stark durch Kindheitserlebnisse geprägt werden. Ein in den USA ansässiger indischer Arzt liebt Curry vielleicht deswegen, weil er in seiner Jugend in Indien diesen Geschmack schätzen gelernt hat, und es kann sein, daß eine Frau sich bis an ihr Lebensende vor Männern ängstigt, weil sie als Kind sexuell mißbraucht wurde.

Mit Hilfe der Annahme zukunftsgerichteten Verhaltens folgert der ökonomische Ansatz, daß Eltern darauf achten werden, wie sich die Erlebnisse ihrer Kinder auf deren Einstellungen und späteres Verhalten als Erwachsene auswirken. Im Hinblick auf die Antizipation solcher Auswirkungen kann dann auf die Art und Weise elterlicher Fürsorge geschlossen werden. Beispielsweise können Eltern, die sich Sorgen um ihre Altersversorgung machen, versuchen, in ihren Kindern Schuldgefühle, Vorstellungen von Pflicht und Schuldigkeit und von Kindesliebe zu erwecken, die indirekt, aber dennoch sehr wirksam die Kinder dazu „verpflichten", ihnen zu helfen.

Ökonomen sehen solche (Selbst-)Verpflichtungen zu eng. Die „Manipulation" der Erfahrungen anderer zur Beeinflussung ihrer Präferenzen mag ineffizient und höchst unsicher sein, kann aber dennoch die wirksamste Methode sein, eine (Selbst-)Verpflichtung zu erreichen. Die ökonomische Theorie, insbesondere die Spieltheorie, muß den Präferenzen-Begriff um Schuldbewußtsein, Zuneigung und ähnliche Haltungen erweitern, um besser zu verstehen, wann Verpflichtungen „glaubhaft" sind (siehe Abschnitt B des Anhangs für eine formale Diskussion).

Eltern, die keine Erbschaften hinterlassen, könnten möglicherweise ein Interesse daran haben, in ihren Kindern vergleichsweise größere Schuldgefühle zu erzeugen, und zwar deshalb, weil ihr Nutzen aus einem höheren Konsumniveau im Alter die Kosten übersteigt, die sie empfinden, wenn sich das Konsumniveau ihrer Kinder um den entsprechenden Betrag vermindert. Diese Art von Verhalten mag erheblich häufiger sein, als man nach der Zahl der Familien, die tatsächlich etwas hinterlassen, zunächst meinen könnte, denn Eltern mit kleinen Kindern wissen oft nicht, ob sie später, im Alter, finanziell gesichert sein werden. Sie können versuchen, sich gegen Krankheit,

Arbeitslosigkeit und andere Altersrisiken dadurch zu schützen, daß sie ihre Kinder zur Hilfsbereitschaft im Bedarfsfall erziehen.

Diese Analyse der Verbindung zwischen Kindheitserfahrungen und Erwachsenenpräferenzen hängt eng mit Arbeiten über rationale Gewohnheitsbildung zusammen (siehe Becker und Murphy, 1988; siehe auch die Diskussion von Kandel und Lazear, 1992, über die Erzeugung von Schuldbewußtsein bei Arbeitnehmern). Präferenzen werden insofern rational gebildet, als Ausgaben der Eltern für ihre Kinder zum Teil von der Erwartung abhängen, wie sich die Kindheitserfahrungen auf die Einstellungen und später auf das Verhalten als Erwachsene auswirken. Ich habe nicht die Zeit, um auf das Verhalten einzugehen, mit dem umgekehrt Kinder – etwa durch Weinen oder „Liebsein" – die Haltung der Eltern zu beeinflussen versuchen.

Viele Ökonomen, mich eingeschlossen, haben sich zu sehr darauf verlassen, daß Altruismus die Interessen von Familienmitgliedern unter einen Hut bringt. Je stärker wir berücksichtigen, daß es einen Zusammenhang zwischen Kindheitserfahrungen und späterem Verhalten gibt, desto weniger müssen wir bei der Analyse der Familie auf die Altruismusannahme zurückgreifen. Aber das bedeutet nicht, die Analyse wieder eng auf das Eigeninteresse auszurichten, denn Altruismus wird nun zum Teil durch Gefühle der Verpflichtung, durch Zorn und andere Haltungen ersetzt, wie sie in Modellen rationalen Verhaltens üblicherweise nicht berücksichtigt werden.

Wenn man darauf vertrauen kann, daß Kinder einem im Alter helfen – vielleicht aus einem Schuldgefühl heraus oder aus ähnlichen Motiven –, dann werden sogar Eltern, die an sich wenig liebevoll sind, mehr in das Humankapital ihrer Kinder investieren und weniger für ihr eigenes Alter sparen. (Siehe den Beweis in Abschnitt C des Anhangs.) Andererseits zeigt Gleichung A12 des Anhangs, daß altruistische Eltern kleine Zuwächse ihres eigenen Konsums im Alter gleich großen Zuwächsen im Konsum ihrer Kinder stets vorziehen, *wenn* sie in ihren Kindern ein Schuldbewußtsein erzeugt haben. Das bedeutet, daß solche Eltern in das Humankapital ihrer Kinder immer unterinvestieren. Daran zeigt sich unmittelbar, warum die Erzeugung von Schuldbewußtsein kostspielig und nicht völlig effizient ist.

Altruistische Familienoberhäupter, die nicht vorhaben, eine Erbschaft zu hinterlassen, werden bestrebt sein, in ihren Familien für eine „herzliche" Atmosphäre zu sorgen, damit die Familienmitglieder bereit sind, denjenigen, die in finanzielle oder andere Schwierigkeiten geraten, zu Hilfe zu kommen. Dieser Schlußfolgerung kommt große Bedeutung für die Diskussion sogenannter Familienwerte zu, ein Thema, das während des letzten Präsidentschaftswahlkampfes in den USA Aktualität erlangte. Eltern tragen dazu bei, die Werthaltungen der Kinder zu bestimmen – einschließlich deren Gefühlen von Pflicht und Schuldigkeit und Liebe –, aber was Eltern diesbezüglich unternehmen, kann erheblich durch politische Maßnahmen und durch Veränderungen in den wirtschaftlichen und sozialen Bedingungen beeinflußt werden.

Man denke z.B. an eine staatliche Maßnahme, die Ressourcen zu den Alten hin umverteilt (vielleicht insbesondere zu ärmeren Familien, die keine Erbschaften hinterlassen), wodurch die Abhängigkeit der Alten von den Kindern geringer wird. Der vorhin entwickelten Analyse zufolge unternehmen Eltern, die im Alter nicht auf die Unterstützung ihrer Kinder angewiesen sind, weniger Anstrengungen, in ihren Kindern Loyalitäts- oder Schuldgefühle oder irgendwelche freundlichen Gefühle den Eltern gegenüber zu erzeugen. Das bedeutet, daß politische Einrichtungen wie die Sozialversicherung, die eine wesentliche Hilfe für die Elterngeneration sind, ein emotionales Abdriften von Familienmitgliedern begünstigen, und zwar nicht zufällig, sondern als Maximierungsreaktion auf eine solche Politik.

Des weiteren gehören zu den Veränderungen in der modernen Welt, die die Werthaltungen der Familie verändert haben, die gestiegene räumliche Mobilität, der größere Wohlstand im Gefolge von Wirtschaftswachstum, leistungsfähigere Kapital- und Versicherungsmärkte, höhere Scheidungsraten, geringere Familiengröße und öffentliche Gesundheitsvorsorge. Diese Entwicklungen haben im allgemeinen die Leute besser gestellt, sie haben aber auch den familiären Zusammenhalt – zwischen Ehepartnern sowie zwischen Eltern und Kindern und entfernteren Verwandten – gelockert, zum Teil durch eine Verringerung der Anreize, in die *Schaffung* engerer Familienbande zu investieren.

VI. Schlußbemerkungen

Ein wichtiger Schritt zur Erweiterung der traditionellen Analyse individuellen Rationalverhaltens ist der Einbau einer reichhaltigeren Klasse von Einstellungen, Präferenzen und Kalkulationen in die Theorie. Dieser Schritt ist in allen meinen Beispielen deutlich erkennbar: Die Analyse der Diskriminierung berücksichtigt bei den Präferenzen eine Abneigung – ein Vorurteil – gegen Mitglieder einer bestimmten Gruppe, wie z.B. Schwarze oder Frauen. Was die Frage anbelangt, ob ein Individuum rechtswidrige Handlungen begeht oder nicht, wird die Annahme getroffen, daß potentielle Verbrecher sich so verhalten, als ob sie einem Entscheidungskalkül folgten, das die Vorteile und Risiken berücksichtigt, einschließlich der Wahrscheinlichkeit, gefaßt zu werden, und der Schwere der Strafe. In der Humankapitaltheorie bewerten Menschen rational die Kosten und Nutzen von Aktivitäten wie Schulbildung, Berufsausbildung, Gesundheitsausgaben, Migration und Gewohnheitsbildung – von Aktivitäten also, durch die sie sich selbst von Grund auf verändern. Die ökonomische Sicht der Familie nimmt an, daß selbst intime Entscheidungen wie die über Eheschließung, Scheidung oder Kinderzahl durch Abwägung der Vorteile und Nachteile alternativer Handlungsweisen getroffen werden. Die Gewichte werden durch Präferenzen bestimmt, die entscheidend von Altruismus und von Gefühlen der Pflicht und Schuldigkeit gegenüber Familienmitgliedern abhängen.

Da die ökonomische Sicht bzw. die Rational-choice-Perspektive menschlichen Verhaltens auf einer Theorie individueller Entscheidungen aufbaut, konzentriert sich die Kritik an dieser Theorie üblicherweise auf bestimmte Annahmen darüber, wie diese Entscheidungen gefällt werden. Unter anderem leugnen Kritiker die Zeitkonsistenz individuellen Verhaltens, und sie bezweifeln, daß Verhalten zukunftsorientiert ist, und zwar insbesondere in Situationen, die sich wesentlich von denen unterscheiden, die Wirtschaftswissenschaftler für gewöhnlich untersuchen – also etwa in Situationen, in denen es um kriminelles, Sucht-, Familien- oder politisches Verhalten geht. Hier ist nicht der Ort, um auf diese Kritik im einzelnen einzugehen; daher stelle ich lediglich fest, daß bislang kein Ansatz von vergleichbarer Allgemeinheit entwickelt worden ist, der eine ernstzunehmende Alternative zur Theorie individueller Rationalentscheidungen bietet.

Ich habe absichtlich ganz bestimmte Themen für meine Forschung gewählt – wie etwa das Suchtverhalten –, um die Grenzen der Rational-choice-Theorie zu ermitteln. Von William Blake stammt das Wort (auf das mich Jon Elster aufmerksam machte): „Was genug ist, weiß man erst, wenn man sieht, was mehr als genug ist.“ Meine Arbeit hat vielleicht manchmal zu viel Rationalität vorausgesetzt, aber ich sehe in ihr einen Kontrapunkt gegen die Fülle von Forschungsarbeiten, die dem Menschen nicht genug Rationalität zutrauen.

Die ökonomische Sicht des Verhaltens baut zwar auf einer Theorie individueller Entscheidung auf, aber es geht ihr nicht in erster Linie um Einzelpersonen. Sie verwendet die Entscheidungstheorie auf der Mikro-Ebene als ein leistungsfähiges Instrument zur Gewinnung von Schlußfolgerungen auf der Gruppen- oder Makro-Ebene. Im ökonomischen Ansatz wird die rationale Individualentscheidung verbunden mit Annahmen über technologische Restriktionen und andere Begrenzungen des Möglichkeitenraums, mit einem Gleichgewichtskonzept für Markt- und Nicht-Markt-Situationen sowie mit Gesetzen, Normen und Traditionen, um auf diese Weise letztlich zu Erkenntnissen über das Verhalten von Gruppen zu gelangen. Hauptsächlich deshalb, weil der Ansatz Schlußfolgerungen auf der Makro-Ebene ableitet, ist er von Interesse für Politiker und für diejenigen, die die Unterschiede zwischen Ländern und Kulturen erforschen.

Keine der in dieser Vorlesung erwähnten Theorien ist auf größte Allgemeinheit angelegt; im Gegenteil, jede versucht, zu konkreten Schlüssen über Verhalten zu kommen, das sich mit Umfrage- und anderen Daten testen läßt. Diskussionen darüber, ob Strafe von Verbrechen abschreckt, ob die niedrigen Einkommen von Frauen im Vergleich zu denen der Männer hauptsächlich auf Diskriminierung oder auf geringeres Humankapital zurückgehen, ob das Abgehen vom Schuldprinzip im Scheidungsrecht die Scheidungsraten hochtreibt – alle diese Diskussionen werfen Fragen auf über die empirische Relevanz von Prognosen, die auf einer Theorie individueller Rationalität basieren.

Eine enge Verbindung zwischen Theoriebildung und empirischer Überprüfung trägt dazu bei, das Sterilwerden sowohl der theoretischen Analyse als auch der empirischen Forschung zu verhindern. Empirisch orientierte Theorien fördern die Aufdeckung neuer Quellen und Arten von Daten: Beispielsweise hat die Humankapitaltheorie den Gebrauch von Umfrageergebnissen und insbesondere Paneluntersuchungen angeregt. Gleichzeitig erzwingen überraschende empirische Ergebnisse Veränderungen der Theorie: So wurden Modelle des Altruismus und der Familienpräferenzen reicher ausgestattet, um dem empirischen Befund gerecht zu werden, daß in westlichen Ländern Eltern in der Regel verschiedenen Kindern gleich viel hinterlassen.

Mich hat es beeindruckt, wie viele Ökonomen sich lieber mit sozialen Problemen befassen wollen als mit denen, die den traditionellen Kern der Wirtschaftswissenschaft ausmachen. Gleichzeitig aber reizt Spezialisten aus Gebieten, die sich mit sozialen Problemen beschäftigen, oft die Art und Weise, wie Ökonomen Verhalten modellieren, und zwar wegen der analytischen Leistungsfähigkeit der Annahme individueller Rationalität. Erfolgreiche Schulen theoretisch und empirisch arbeitender Vertreter des Rational-choice-Ansatzes finden sich in der Soziologie, der Rechts- und der Politikwissenschaft, der Geschichtswissenschaft und, wenn auch etwas weniger, in der Ethnologie und der Psychologie. Das Modell individuell rationalen Verhaltens bietet derzeit die aussichtsreichsten Voraussetzungen für einen einheitlichen Ansatz zur Analyse der sozialen Welt durch Vertreter verschiedenster sozialwissenschaftlicher Disziplinen.

Anhang

A

Zum Zweck einer formalen Analyse nehmen wir an, jede Person lebt drei Perioden lang – Jugend (y), mittleres Alter (m), hohes Alter (o) – und hat ein Kind zu Beginn der Periode m. Die Jugend eines Kindes deckt sich mit dem mittleren Alter der Eltern und das mittlere Alter des Kindes mit dem hohen Alter der Eltern. Der Nutzen, den Eltern aus Altruismus ziehen, soll trennbar sein von dem Nutzen, den sie aus ihrem eigenen Konsum ziehen.

Eine einfache Nutzenfunktion der Eltern (V_p), die diese Annahmen berücksichtigt, ist

$$(1) \qquad V_p = u_{mp} + \beta u_{op} + \beta a V_c ,$$

wobei β der Abzinsungsfaktor ist und das Ausmaß des Altruismus mit a steigt. Für egoistische Eltern gilt: $a = 0$. Ich gestatte Eltern nicht, ihren Kindern gegenüber sadistisch zu sein ($a < 0$); die Analyse läßt sich aber leicht so verallgemeinern, daß sie Sadisten einschließt.

Jede Person arbeitet und verdient ihr Einkommen nur im mittleren Alter. Sie kann dann auch sparen, um sich einen Konsum im Alter (Z_{op}) zu sichern, indem sie Vermögenswerte mit einem Ertrag R_k ansammelt. Eltern beeinflussen die Einkommen ihrer Kinder, indem sie in deren Humankapital investieren. Der Grenzertrag dieser Investitionen (R_h) wird definiert als

$$(2) \qquad R_h = \frac{dE_c}{dh} \ ,$$

wobei E_c die Einkommen der Kinder im mittleren Alter und h die investierte Summe angibt. Der Grenzertrag soll mit zunehmenden Investitionen in die Kinder abnehmen: $dR_h/dh \leq 0$.

Eltern müssen auch entscheiden, ob sie eine Erbschaft – k_c – hinterlassen wollen. Wenn Eltern in verschiedenen Altersstufen konsumieren, ein Erbe hinterlassen oder in das Humankapital ihres Kindes investieren können, so ist ihre Budgetbeschränkung

$$(3) \qquad Z_{mp} + h + \frac{Z_{op}}{R_k} + \frac{k_c}{R_k} = A_p,$$

wobei A der Gegenwartswert der Ressourcen ist.

Eine Bedingung erster Ordnung zur Maximierung des Nutzens der Eltern bestimmt deren optimales Konsumniveau im mittleren und hohen Alter:

$$(4) \qquad u'_{mp} = \beta R_k u'_{op} = \lambda_p,$$

wobei λ_p der Grenznutzen des Vermögens der Eltern ist. Eine andere Bedingung bestimmt, ob sie etwas hinterlassen:

$$(5) \qquad \beta a V_c' \leq \frac{\lambda_p}{R_k} = \beta u'_{op},$$

und die letzte Bedingung schließlich bestimmt die Investitionen in das Humankapital der Kinder:

$$(6) \qquad R_h \beta a V_c' = \lambda_p.$$

Gleichung (6) nimmt an, daß die Bedingung erster Ordnung für eine Investition in Humankapital eine strenge Gleichheitsbedingung ist, daß also immer etwas Humankapital in Kinder investiert wird. Das läßt sich mit einer Bedingung vom Typus Inada rechtfertigen, wonach geringfügige Humankapitalinvestitionen sehr hohe Ertragsraten aufweisen. In reichen Wirtschaften wie Schweden oder den USA haben Investitionen in die Ernährung von Kindern und in ihr schulisches Grundwissen vermutlich einen sehr hohen Ertrag. Solange Eltern nicht völlig selbstsüchtig sind (solange also $a > 0$), bedeutet eine solche Bedingung stets positive Investitionen in Humankapital. Für völlig selbstsüchtige Eltern würde aus Gleichung (6) eine Ungleichung.

Gleichung (4) bestimmt die Ansammlung von Vermögenswerten zur Finanzierung des Konsums im Alter. Ob Eltern etwas hinterlassen oder im Alter von ihren Kindern versorgt werden wollen, bestimmt die Ungleichung in (5). Ist diese eine strenge Ungleichung, so wollen die Eltern versorgt werden und folglich nichts hinterlassen.

Diese Ungleichung läßt sich noch aufschlußreicher formulieren. Wenn auch die Kinder ihren Nutzen maximieren, so besagt das Envelope-Theorem, daß

$$(7) \qquad au'_{mc} < u'_{op}, \text{ wann immer } aV_c' < u'_{op}, \text{ da } V_c' = u'_{mc}.$$

Gleichung (7) ist intuitiv dahingehend zu interpretieren, daß Eltern nichts hinterlassen, wenn der Nutzen, den sie daraus ziehen, daß ihre Kinder in der mittleren Lebensphase einen Dollar mehr konsumieren, geringer ist als der Nutzen, den sie selbst im Alter aus einem Dollar zusätzlichen eigenen Konsums ziehen. Offensichtlich gilt solch eine Ungleichung für völlig selbstsüchtige Eltern, da die linken Seiten der Gleichungen (5) und (7) null sind, wenn *a* null ist. Je schwächer der Altruismus (je kleiner *a*), desto mehr werden Eltern ihre Kinder beanspruchen.

Die Kombination der Gleichungen (5) und (6) ergibt

$$(8) \qquad \frac{\lambda_p}{R_h} \le \frac{\lambda_p}{R_k}, \text{ oder } R_h \ge R_k.$$

Gleichung (8) besagt, daß die Grenzertragsrate des Humankapitals den gleichen Wert annimmt wie die Grenzertragsrate des Sach- und Geldkapitals, wenn Eltern solche Vermögenswerte als Erbschaft hinterlassen, und daß sie einen vergleichsweise höheren Wert annimmt, falls Eltern keine Erbschaft hinterlassen. Eltern können Kindern entweder dadurch helfen, daß sie in deren Humankapital investieren, oder dadurch, daß sie ihnen Vermögenswerte hinterlassen. Da sie für ein gegebenes Niveau der Kosten, die ihnen selbst entstehen, den Vorteil für ihre Kinder maximieren wollen (Eltern sind annahmegemäß nicht sadistisch), helfen sie in der effizientesten Form.

Folglich würden sie, wenn in (8) eine strenge Ungleichung gegeben ist, nichts hinterlassen, denn wenn der Grenzertrag des Humankapitals größer ist als der von Vermögenswerten, so helfen sie ihren Kindern am besten, indem sie nur in Humankapital investieren. Sie hinterlassen nur dann etwas, wenn sie in beiden Fällen einen gleich hohen Grenzertrag erzielen würden (einige dieser Ergebnisse wurden in BECKER und TOMES, 1986, abgeleitet).

B

Um auf einfache Weise den Einfluß von Eltern auf die Bildung der Präferenzen ihrer Kinder zu untersuchen, nehmen wir an, Eltern können in der Jugend ihrer Kinder die Schritte x und y setzen und damit deren Präferenzen als Erwachsene beeinflussen. Unter der Annahme der Trennbarkeit schreibe ich die Nutzenfunktion der Kinder mittleren Alters als

$$(9) \qquad V_c = u_{mc} + H(y) - G(x, g) + \beta u_{oc} + \ldots$$

Ich nehme an, daß $H' > 0$ und $G_x > 0$, das heißt, daß eine Erhöhung von y den Nutzen der Kinder erhöht, eine Erhöhung von x hingegen ihren Nutzen senkt. Deuten wir, um es anschaulich zu machen, H als „Glücksgefühl" und G als das „Schuldgefühl", das Kinder ihren Eltern gegenüber hegen, so daß bei größerem x die Kinder sich schuldiger fühlen. Dann erhebt sich die Frage: Warum werden nicht-sadistische Eltern in ihren Kindern ein Schuldgefühl erzeugen wollen?

Aufschluß darüber gibt die Variable g. Sie mißt den Beitrag der Kinder zur Altersversorgung der Eltern; nehmen wir an, daß Kinder weniger Schuldgefühle haben, wenn sie größere Beiträge leisten ($G_g < 0$). Wenn $G_{gx} > 0$, vermehrt ein größeres x nicht nur die Schuldgefühle der Kinder, sondern veranlaßt sie gleichzeitig auch, den Eltern mehr zu geben.

Die Budgetbeschränkung der Eltern wird

$$(10) \qquad Z_{mp} + h + x + y + \frac{Z_{op}}{R_k} + \frac{k_c}{R_k} = A_p + \frac{g}{R_k} \;.$$

Die Bedingung erster Ordnung für das optimale y ist

$$(11) \qquad \beta a H' \leq \lambda_p .$$

Da $H' > 0$, ist leicht einzusehen, warum ein altruistischer Elternteil vielleicht versucht, die Präferenzen der Kinder durch y zu beeinflussen, denn eine Erhöhung von y macht die Kinder glücklicher.

Interessanter ist die Bedingung erster Ordnung für x, denn selbst altruistische Eltern werden vielleicht Schuldgefühle in ihren Kindern erzeugen wollen, wenn das ihre Altersversorgung genügend verbessert. Die Bedingung erster Ordnung läßt sich schreiben als

$$(12) \qquad \frac{dV_p}{dx} = \frac{dg}{dx}\,\beta(u'_{op} - au'_{mc}) - \beta a\,\frac{dG}{dx} \leq \lambda_p ,$$

wobei dG/dx die induzierte Veränderung von g enthält. Der zweite Term im mittleren Ausdruck ist für altruistische Eltern negativ, weil ein größeres x die

Schuldgefühle der Kinder erhöht, was den Nutzen dieser Eltern mindert ($a > 0$). Aber das Schuldgefühl bewegt Kinder auch dazu, die Altersversorgung, wie in dg/dx ausgedrückt, zu verbessern. Das Ausmaß dieser Reaktion bestimmt, ob es sich für Eltern lohnt, die Schuldgefühle ihrer Kinder zu vergrößern.

Vermehrte Altersversorgung seitens der Kinder hat zwei einander teilweise aufhebende Wirkungen auf die Wohlfahrt altruistischer Eltern. Einerseits erhöht sie deren Konsum und Nutzen im Alter, wie durch u'_{op} ausgedrückt. Andererseits senkt sie den Konsum der Kinder und dadurch den Nutzen altruistischer Eltern, wie in $-au'_{mc}$ ausgedrückt. Das heißt, daß altruistische Eltern, die etwas hinterlassen, nie versuchen, die Schuldgefühle ihrer Kinder zu vergrößern, denn für diese Eltern ist $u'_{op} = au'_{mc}$. Da $dG/dx > 0$, müssen sie schlechter gestellt sein, wenn ihre Kinder mehr Schuldgefühle haben.

Gleichungen (5) und (12) besagen, daß

$$\frac{dg}{dx} - \frac{aG_x}{u'_{op}} = R_x \leq R_k \,. \tag{13}$$

Für altruistische Eltern gibt die Grenzertragsrate R_x für die Vergrößerung kindlicher Schuldgefühle einen Saldo an, in dem die elterliche Bewertung der Nutzeneinbußen, die ihre Kinder durch solche Schuldgefühle erleiden, berücksichtigt ist. Selbstsüchtige Eltern ($a = 0$) ignorieren diese Einbußen und vergleichen lediglich die Wirkungen von x und k auf ihren Konsum im Alter.

C

Wir kombinieren die Bedingungen erster Ordnung in (5) und (6) und erhalten

$$\frac{u'_{op}}{au'_{mc}} = \frac{R_h}{R_k} \,. \tag{14}$$

Beide Seiten dieser Gleichung sind größer als 1, wenn Eltern nichts hinterlassen. Da größere Unterstützung im Alter durch die Kinder die linke Seite durch Verkleinerung des Zählers und Vergrößerung des Nenners insgesamt verkleinert, muß auch die rechte Seite kleiner werden, wenn ein nutzenmaximierendes Gleichgewicht erhalten bleiben soll. Da aber R_k durch die Marktbedingungen gegeben ist, kann die rechte Seite nur kleiner werden, wenn R_h kleiner wird, was größere Investitionen in die Kinder bedeutet, wenn die Eltern eine größere Altersunterstützung von diesen erwarten. Sogar völlig selbstsüchtige Eltern ($a = 0$) könnten in Kinder investieren, wenn damit die erwartete Altersunterstützung durch schuldbewußte Kinder nur genügend erhöht wird.

Literatur

ARROW, K. J. (1972), „Models of Job Discrimination" in A. H. Pascal, Hrsg., *Racial Discrimination in Economic Life*, Lexington, MA.

–, (1973), „The Theory of Discrimination" in O. Ashenfelter und A. Rees, Hrsg., *Discrimination in Labor Markets*, Princeton.

–, und KURZ, M. (1970), *Public Investment, the Rate of Return, and Optimal Fiscal Policy*, Baltimore.

BARRO, R. J. (1974), „Are Government Bonds Net Wealth?", *Journal of Political Economy*, 82, 1095–1117.

–, und SALA-I-MARTIN, X. (1992), „Convergence", *Journal of Political Economy*, 100, 223–51.

BECCARIA, C. (1797/1986), *On Crimes and Punishment*, Indianapolis (Übersetzung von *Dei delitti e delle pene*).

BECKER, G. S. (1957/71), *The Economics of Discrimination*, Chicago, 2. Auflage 1971 (deutscher Auszug in 1976/1982, 16–32).

–, (1962), „Investment in Human Capital: A Theoretical Analysis", *Journal of Political Economy*, 70, 9–49.

–, (1964), *Human Capital*, New York, 2. Auflage 1975.

–, (1965), „A Theory of the Allocation of Time", *Economic Journal*, 75, 493–517 (deutsch in 1976/1982, 97–130).

–, (1968), „Crime and Punishment: An Economic Approach", *Journal of Political Economy*, 76, 169–217 (deutsch in 1976/1982, 39–96).

–, (1974), „A Theory of Social Interaction", *Journal of Political Economy*, 82, 1063–93 (deutsch in 1976/1982, 282–317).

–, (1981), *A Treatise on the Family*, Cambridge, MA, erweiterte Auflage 1991.

–, und CHISWICK, B. R. (1966), „Education and the Distribution of Earnings", *American Economic Review, PP*, 56, 358–69.

–, (1976), *The Economic Approach to Human Behavior*, Chicago (deutsch: *Der ökonomische Ansatz zur Erklärung menschlichen Verhaltens*, Tübingen 1982).

–, LANDES E. M. und MICHAEL, R. T. (1977), „An Economic Analysis of Marital Instability", *Journal of Political Economy*, 85, 1141–87.

–, und MURPHY, K. M. (1988), „A Theory of Rational Addiction", *Journal of Political Economy*, 96, 675–700.

–, MURPHY, K. M. und TAMURA, R. (1990), „Human Capital, Fertility, and Economic Growth", *Journal of Political Economy*, 98, S12–S37.

–, und STIGLER, G. J. (1974), „Law Enforcement, Malfeasance, and Compensation of Enforcers", *Journal of Legal Studies*, 3, 1–18; abgedruckt in G. J. Stigler, Hrsg., *Chicago Studies in Political Economy*, Chicago 1988.

–, und TOMES, N. (1986), „Human Capital and the Rise and Fall of Families", *Journal of Labor Economics*, 4, 1–39.

BENTHAM, J. (1780/1931), *Theory of Legislation*, New York.

BERGSTROM, T. C. (1989), „A Fresh Look at the Rotten Kid Theorem – and Other Household Mysteries", *Journal of Political Economy*, 97, 1138–59.

BOSERUP, E. (1987), „Inequality between the Sexes" in J. Eatwell, M. Milgate und P. Newman, Hrsg., *The New Palgrave: A Dictionary of Economics*, New York.

CAIN, B. E., FEREJOHN, J. und FIORINA, M. (1987), *The Personal Vote: Constituency Service and Electoral Independence*, Cambridge, MA.

Cain, G. G. (1986), „The Economic Analysis of Labor Market Discrimination: A Survey" in O. Ashenfelter und R. Layard, Hrsg., *Handbook of Labor Economics*, Band 1, New York.

Cass, D. (1965), „Optimum Growth in an Aggregative Model of Capital Accumulation", *Review of Economic Studies*, 32, 233–40.

Denison, E. F. (1962), *Sources of Economic Growth in the United States*, Washington.

Edgeworth, F. Y. (1922), „Equal Pay to Men and Women for Equal Work", *Economic Journal*, 32, 431–57.

Ehrlich, I. (1973), „Participation in Illegitimate Activities: A Theoretical and Empirical Investigation", *Journal of Political Economy*, 81, 521–65.

–, (1975), „The Deterrent Effect of Capital Punishment: A Question of Life and Death", *American Economic Review*, 65, 397–417.

Farrell, C. und Mandel, M. (1992), „Uncommon Sense", *Business Week*, 26. Oktober, 36–37.

Fawcett, M. G. (1918), „Equal Pay for Equal Work", *Economic Journal*, 28, 1–6.

Goldin, C. (1990), *Understanding the Gender Gap: An Economic History of American Women*, New York (NBER Series on Long-Term Factors in Economic Development).

Grossman, S. J. und Hart, O. D. (1983), „An Analysis of the Principal-Agent Problem", *Econometrica*, 51, 7–45.

Hernandez, D. (1992), *When Households Continue, Discontinue, and Form*, Washington, DC.

Hutt, W. H. (1964), *The Economics of the Colour Bar: A Study of the Economic Origins and Consequences of Racial Segregation in South Africa*, London.

Kandel, E. und Lazear, E. P. (1992), „Peer Pressure and Partnerships", *Journal of Political Economy*, 100, 801–17.

Landes, W. M. und Posner, R. A. (1975), „The Private Enforcement of Law", *Journal of Legal Studies*, 4, 1–46.

Lindbeck. A. und Weibull, J.W. (1988), „Altruism and Time Consistency: The Economics of Fait Accompli", *Journal of Political Economy*, 96, 1165–82.

Linder, S. B. (1970), *The Harried Leisure Class*, New York.

Loury, G. C. (1992), „Incentive Effects of Affirmative Action", *Annals of the American Academy of Political and Social Science*, 523, 19–29.

Lucas, R. E., Jr. (1988), „On the Mechanics of Economic Development", *Journal of Monetary Economics*, 22, 3–42.

Lundahl, M. (1992), *Apartheid in Theory and Practice: An Economic Analysis*, Boulder, CO.

McElroy, M. B. und Horney, M. J. (1981), „Nash-bargained Household Decisions: Toward a Generalization of the Theory of Demand", *International Economic Review*, 22, 333–49.

Meltzer, D. (1992), „Mortality Decline, the Demographic Transition and Economic Growth", Ph. D. Dissertation, University of Chicago.

Menninger, K. (1966), *The Crime of Punishment*, New York.

Mincer, J. (1962), „Labor Force Participation of Married Women" in *Aspects of Labor Economics*, Universities–National Bureau Committee for Economic Research, Nr.14, Princeton.

Mincer, J. (1974), *Schooling, Experience, and Earnings*, New York.

Murphy, K. M. und Welch, F. (1992), „The Structure of Wages", *Quarterly Journal of Economics*, 107, 285–326.

Myrdal, G. (1944), *An American Dilemma: The Negro Problem and Modern Democracy*, 2 Bände, New York.

National Research Council (U.S.), Panel of Research on Deterrent and Incapacitative Effects (1978), *Deterrence and Incapacitation: Estimating the Effects of Criminal Sanctions on Crime Rates*, hrsg.von A. Blumstein, J. Cohen und D. Nagin, Washington, DC.

OI, W. Y. (1962), „Labor as a Quasi-fixed Factor", *Journal of Political Economy*, 70, 538–55.

O'NEILL, J. (1985), „The Trend in the Male – Female Wage Gap in the United States", *Journal of Labor Economics*, 3, S91–S116.

PHELPS, E. S. (1972), „The Statistical Theory of Racism and Sexism", *American Economic Review*, 62, 659–61.

POLINSKY, A. M. und SHAVELL, S. (1984), „The Optimal Use of Fines and Imprisonment", *Journal of Public Economics*, 24, 89–99.

POSNER, R. A. (1986), *Economic Analysis of Law*, Boston, 3. Auflage.

PSACHAROPOULOS, G. (1985), „Returns to Education: A Further International Update and Implications", *Journal of Human Resources*, 20, 583–604.

ROMER, P. M. (1986), „Increasing Returns and Long-Run Growth", *Journal of Political Economy*, 94, 1002–37.

SCHULTZ, T. W. (1963), *The Economic Value of Education*, New York.

SOFFER, O. (1990), „Before Beringia: Late Pleistocene Bio-social Transformations and the Colonization of Northern Eurasia", Akademie der Wissenschaften der UdSSR, Hrsg., *Chronostratigraphy of the Paleolithic in North Central East Asia and America*, Nowosibirsk.

STIGLER, G. J., (1970), „The Optimum Enforcement of Laws", *Journal of Political Economy*, 78, 526–36.

U.S. Sentencing Commission (1992), *Federal Sentencing Guidelines Manual*, Washington, DC.

WILLIAMSON, O. E. (1985), *The Economic Institutions of Capitalism: Firms, Markets, Relational Contracting*, New York (deutsch: *Die ökonomischen Institutionen des Kapitalismus*, Tübingen 1990).

De Gustibus Non Est Disputandum

von George J. Stigler und Gary S. Becker*

(1977)

Die Lebensweisheit, über Geschmack solle man nicht streiten, wird für gewöhnlich als Ratschlag gedeutet, einen Disput dann zu beenden, wenn man ihn auf Unterschiede der Geschmacksneigungen reduziert hat – vermutlich, weil dann für rationale Argumente kein Raum mehr bleibt. Geschmacksneigungen sind die nicht in Frage zu stellenden Verhaltensaxiome eines Menschen: Man mag ihm zu Recht (und zu seinem Nutzen) Ineffizienz bei der Befriedigung seiner Bedürfnisse vorwerfen, die Bedürfnisse selbst aber sind *Daten*. Geschmacksverirrungen – beispielsweise eine Neigung zu Brandstiftung – kann man mit Zwang und Strafe bekämpfen, doch mit Argumenten ist, zumindest bei einem Erwachsenen, gegen Geschmacksverirrungen nichts auszurichten.

Unser Titel scheint uns aber noch eine andere, bessere Auslegung zu erlauben: nämlich die, daß Geschmacksneigungen sich weder sprunghaft ändern noch interpersonell erhebliche Unterschiede aufweisen. Mit dieser Auslegung streitet man nicht über Geschmack, und zwar aus demselben Grund, aus dem man nicht über die Rocky Mountains streitet – es gibt sie, es wird sie auch im nächsten Jahr geben, und sie sind für alle Menschen gleich.

Der Unterschied zwischen diesen beiden Auffassungen von Präferenzen ist grundlegend. Nach traditioneller Auffassung ist eine Erklärung ökonomischer Phänomene, die sich bis zu Präferenzunterschieden zwischen Personen oder Zeiträumen vorarbeitet, zugleich das Ende der Argumentation: *An diesem Punkt* wird abgebrochen und das Problem denjenigen überlassen, die Präferenzen erforschen und erklären (Psychologen? Anthropologen? Phrenologen? Soziobiologen?). Nach der Auslegung, die wir vorziehen, gelangt man nie in diese Sackgasse: Der Ökonom sucht auch weiterhin nach Preis- oder Einkommensunterschieden, um alle Verhaltensunterschiede oder -änderungen damit zu erklären.

---

* Für hilfreiche Kommentare danken wir Michael Bozdarich, Gilbert Ghez, James Heckman, Peter Pashigian, Sam Peltzman, Donald Wittman und Teilnehmern des Workshop on Industrial Organization.

Die Entscheidung zwischen diesen beiden Auffassungen von der Rolle der Präferenzen in der ökonomischen Theorie muß letztlich aufgrund eines Vergleiches ihrer jeweiligen analytischen Ergiebigkeit erfolgen. Nach der konventionellen Auffassung, derzufolge Präferenzen oft unbeständig und letztlich unergründlich sind, beendet man die Diskussion, sobald die Eigenschaften der Präferenzen wichtig werden – und widmet seine Kräfte fortan anderen Problemen. Macht man sich hingegen unsere Auffassung zu eigen, so sucht man – oft lange und vergeblich – nach jenen subtilen Einflußkanälen, durch die Preise und Einkommen zur Erklärung von Unterschieden zwischen verschiedenen Menschen und zwischen verschiedenen Zeiten beitragen. Liefert der zweite Ansatz die brauchbareren Ergebnisse, so ist er die richtige Wahl. Die Begründung der Hypothese, daß es fruchtbar sein kann, Präferenzen als über die Zeit stabil und interindividuell gleichartig zu behandeln, ist die Hauptaufgabe des vorliegenden Aufsatzes.

Beachtung verdient die Ambition unseres Vorhabens: Wir stellen die Hypothese auf, daß menschliche Verhaltensmuster, die sich durch weite Verbreitung und/oder Dauerhaftigkeit auszeichnen, durch ein verallgemeinertes Kalkül nutzenmaximierenden Verhaltens zu erklären sind, ohne daß es der einschränkenden Annahme „konstanter Präferenzen" bedürfte. Es ist eine These, die sich nicht unmittelbar beweisen läßt, weil es sich hier um eine Behauptung über die Welt, nicht um einen Satz der Logik handelt. Außerdem könnte man praktisch in fast beliebiger Zahl Beispiele anführen, die sich gegenwärtig einer Erklärung mittels dieser Hypothese entziehen: Warum haben wir Inflation? Warum gibt es wenige Juden in der Landwirtschaft?[1] Warum gibt es in der Neuzeit so wenige Gesellschaften, in denen ein Mann mehrere Frauen heiraten darf? Warum sind Blutbanken nicht verantwortlich für die Qualität ihres Produkts? Könnten wir diese Fragen zur allgemeinen Zufriedenheit beantworten, so wäre es ein leichtes, gleich ein Dutzend weitere zu stellen.

Wir behaupten hier nicht, daß wir in der Lage sind, die Theorie der Nutzenmaximierung auf alle wichtigen Erscheinungen in erhellender Weise anzuwenden – nicht einmal unsere gesamte Ökonomengeneration ist dazu in der Lage. Wir behaupten vielmehr, daß der traditionelle Ansatz des Ökonomen eine Anleitung für die Behandlung derartiger Probleme bietet – und daß es keinen anderen Ansatz von auch nur annähernd vergleichbarer Allgemeinheit und Aussagekraft gibt.

Um unsere These zu stützen, könnten wir Beispiele von Verhaltensphänomenen anführen, die unseres Erachtens fruchtbar anhand der Annahme sta-

---

[1] Unser verstorbener Freund Reuben Kessel hatte dafür eine reizvolle Erklärung: Da Juden so oft verfolgt wurden und in andere Länder fliehen mußten, investierten sie nicht in immobilen Grund und Boden, sondern in mobiles Humankapital in Geschäftstüchtigkeit, Bildung usw. –, das sie überallhin mitnehmen konnten. Aber natürlich könnte jemand die grundsätzlichere Gegenfrage stellen: Aber warum gerade Juden und nicht Christen oder Muslime?

biler, wohlgeformter Präferenzfunktionen erklärt werden. Letztlich ist dies in der Tat die einzige überzeugende Methode zur Stützung unserer Annahme, und es ist legitim, zu diesem Zweck auf die erfolgreiche ökonomische Theorie in ihrer Gesamtheit zu verweisen. Im folgenden wollen wir diesen „Leistungsnachweis" durch eine besondere und eingeschränkte Interpretation erbringen. Wir ziehen Kategorien von Verhalten heran, das allgemein als Ausdruck veränderter Präferenzen gilt oder von dem angenommen wird, es sei nur durch solche Änderungen erklärbar, und zeigen einerseits, daß diese Verhaltenskategorien mit unserer Annahme stabiler Präferenzen vereinbar sind, und andererseits, daß die Umformulierung zu neuen Einsichten führt.

I. Die neue Theorie des Konsumverhaltens

Die analytische Leistungsfähigkeit, die stabile Präferenzen und Nutzenmaximierung bei der Erklärung einer großen Bandbreite von Verhalten entfalten, wird durch eine jüngst erfolgte Neuformulierung der Konsumtheorie bedeutend vergrößert.[2] Diese Neuformulierung verwandelt die Familie von einem passiven Maximierer des Nutzens aus Marktkäufen zu einem aktiven Maximierer, der auch in großem Umfang mit Produktions- und Investitionsaktivitäten befaßt ist. In der traditionellen Theorie maximieren Haushalte eine Nutzenfunktion der Güter und Leistungen, die sie auf dem Markt kaufen, während sie in der neuen Version eine Nutzenfunktion von Objekten ihrer Wahl, im folgenden als Zielgüter bezeichnet, maximieren, die sie unter Einsatz von Marktgütern, ihrer eigenen Zeit, ihrer Fertigkeiten, ihrer Ausbildung, ihres sonstigen Humankapitals sowie weiterer Faktoren selbst produzieren. Formal ausgedrückt, versucht ein Haushalt

$$(1) \qquad U = U(Z_1, \dots Z_m)$$

zu maximieren, mit

$$(2) \qquad Z_i = f_i(X_{1i}, \dots X_{ki}, t_{1i}, \dots t_{li}, S_1, \dots S_l, Y_i), \ i = 1 \dots m$$

dabei sind Z_i die gewählten Zielgüter, die in die Nutzenfunktion eingehen, f_i die Produktionsfunktion für das *i*. Gut, X_{ji} die Menge des *j*. Marktgutes bzw. der Marktdienstleistung, die in der Produktion des *i*. Zielgutes eingesetzt wird, t_{ji} der Einsatz an eigener Zeit der Person *j*, S_j das Humankapital der Person *j* und Y_i die Gesamtheit sonstiger Faktoreinsätze.

---

[2] Eine Darstellung dieser neuen Version findet sich bei Robert Michael und Becker. Diese Darstellung betont die Fülle von Verhaltensfolgerungen, die aus der Neuformulierung abgeleitet werden können und mit stabilen Präferenzen vereinbar sind.

Die Z_i haben keine Marktpreise, da sie nicht gekauft oder verkauft werden, sie haben aber „Schatten"-Preise, die durch ihre Produktionskosten bestimmt sind. Sind f_i homogen ersten Grades in X_{ji} und t_{ji}, dann sind Grenz- und Durchschnittskosten identisch, und der Schattenpreis von Z_i ergibt sich als

$$(3) \qquad \pi_i = \sum_{j=1}^{k} \alpha_{ji} \left(\frac{p}{w_1}, \frac{w}{w_1}, S, Y_i\right) p_j + \sum_{j=1}^{l} \beta_{ji} \left(\frac{p}{w_1}, \frac{w}{w_1} S, Y_i\right) w_j$$

wobei p_j die Kosten von X_j angibt, w_j die Kosten von t_j; und α_{ji} und β_{ji} Input-Output-Koeffizienten, die von den Werten für p und w, S und Y_i abhängen. Die zahlreichen und verschiedenartigen Bestimmungsgrößen dieser Schattenpreise sind der anschauliche Beleg für unsere eingangs gemachte Bemerkung über die subtilen Einflußkanäle, durch die Preise zur Erklärung von Unterschieden zwischen verschiedenen Menschen und zwischen verschiedenen Zeiten beitragen.

Das Realeinkommen eines Haushalts ist nicht einfach gleich seinem – mit einem Preisindex für Marktgüter deflationierten – Geldeinkommen, sondern es entspricht seinem Vollen Einkommen (das den Wert der „Zeit" für den Haushalt einschließt)[3], deflationiert mit einem Preisindex π_i der selbst produzierten Zielgüter. Da sowohl das Volle Nominaleinkommen als auch die Zielgüterpreise von einer Vielzahl von Faktoren abhängen, wirkt auch das Realeinkommen durch subtile Einflußkanäle. Wir haben uns vorgenommen, im vorliegenden Aufsatz einige der Kanäle nachzuzeichnen, durch die Preise und Volles Einkommen wirken.

II. Stabilität der Präferenzen und „Sucht"

Es wird häufig behauptet, daß Präferenzen sich im Zuge des Konsums bestimmter „Suchtgüter" ändern. Beispielsweise erhöhen Zigarettenrauchen, Alkoholkonsum, Heroininjektionen oder enger Kontakt mit bestimmten Personen über eine längere Zeitspanne hinweg oft den Wunsch nach diesen Gütern oder Personen (bzw. schaffen ein Verlangen nach ihnen) und bewirken somit, daß deren Konsum mit der Zeit steigt. Nutzentheoretisch ausgedrückt, soll ihr Grenznutzen mit der Zeit zunehmen, weil der Geschmack sich zu ihnen hin verlagert. Dieses Argument hat Alfred Marshall klar formuliert, als er die Präferenz für „gute" Musik erörterte:

---

[3] Das Volle Einkommen ist das maximale Geldeinkommen, das ein Haushalt durch entsprechende Allokation seiner Zeit und anderer Ressourcen erzielen könnte.

> Dieses Gesetz [des abnehmenden Grenznutzens] beruht jedoch auf einer stillschweigenden Voraussetzung, die deutlich gemacht werden sollte. Es setzt voraus, daß wir keine Zeit vorsehen, in der sich der Charakter oder der Geschmack der Menschen selbst verändern kann. Es ist daher keine Ausnahme vom Gesetz, daß der Musikgeschmack eines Menschen umso ausgeprägter werden dürfte, je mehr gute Musik er hört. (MARSHALL, 1961, 94)

Wir glauben, daß sich die Erscheinung, die Marshall zu erklären versuchte, nämlich, daß das Hören guter Musik (bei manchen Menschen!) die weitere Nachfrage nach guter Musik erhöht, durch die Annahme konstanter Präferenzen so erklärt werden kann, daß neue Einsichten entstehen, wogegen die Annahme einer Geschmacksveränderung eine nichtssagende „Erklärung" war. Das Wesentliche an unserer Erklärung ist die Akkumulation sogenannten „Konsumkapitals" durch den Konsumenten, und wir unterscheiden eine „bekömmliche" Sucht, z.B. nach Marshalls guter Musik, von einer „schädlichen" Sucht, z.B. nach Heroin.

Betrachten wir zuerst die bekömmliche Sucht und eine unveränderliche Nutzenfunktion, die von zwei produzierten Zielgütern abhängt:

$$(4) \qquad U = U(M, Z).$$

wobei M das Ausmaß des zunächst aktiv produzierten und anschließend konsumierten Musikgenusses angibt und Z Produktion und Konsum anderer Zielgüter. Die Produktionsfunktion für Musikgenuß hängt ab von der der Musik gewidmeten Zeit (t_m) sowie von der Schulung und anderem Humankapital (S_m), das dem Musikgenuß förderlich ist (andere Einsätze werden nicht berücksichtigt):

$$(5) \qquad M = M_m(t_m, S_m).$$

Wir nehmen an, daß

$$\frac{\partial M_m}{\partial t_m} > 0, \frac{\partial M_m}{\partial S_m} > 0$$

und auch, daß

$$\frac{\partial^2 M_m}{\partial t_m \partial S_m} > 0.$$

Eine Vermehrung dieses Musikkapitals erhöht die Produktivität der Zeit, die dem Musikhören oder in anderer Weise der Musik gewidmet wird.

Um die Folgen des Satzes „je mehr gute Musik jemand hört, ..." für den Musikkonsum zu analysieren, müssen wir Produktion und Konsum von Musikgenuß mit Zeitindices versehen. Das Ausmaß des Genusses, der im Zeitpunkt j produziert wird, M_j, hängt ab von der Zeit, die der Musik gewidmet wird, und dem musikbezogenen Humankapital in j, also von t_{m_j} bzw. S_{m_j}. Die zuletzt genannte Größe wird zum Teil durch „Training-on-the-job" oder „Learning-by-doing" erzeugt, also durch eine Ansammlung musikalischer Genußerlebnisse:

$$S_{m_j} = h(M_{j-1}, M_{j-2}, \ldots , E_j). \tag{6}$$

Definitionsgemäß sei Sucht vorteilhaft, wenn

$$\frac{\partial S_{m_j}}{\partial M_{j-v}} > 0, \text{ alle } v \text{ in (6).}$$

Der Ausdruck E_j mißt, wie Bildung und anderes Humankapital zum Musikgenuß beitragen, wobei

$$\frac{\partial S_{m_j}}{\partial E_j} > 0$$

und wahrscheinlich

$$\frac{\partial^2 S_{m_j}}{\partial M_{j-v}\, \partial E_j} > 0.$$

Der Einfachheit halber nehmen wir eine Nutzenfunktion an, die eine diskontierte Summe von Funktionen wie die in Gleichung (4) ist, wobei die Zielgüter M und Z mit einem Zeitindex versehen sind und der Diskontierungsfaktor durch die Zeitpräferenz bestimmt wird.[4] Die optimale Allokation der Konsumaktivitäten bestimmt sich aus der Gleichheit des Verhältnisses ihrer Grenznutzen und des Verhältnisses ihrer Schattenpreise:

$$\frac{MU_{m_j}}{MU_{z_j}} = \frac{\partial U}{\partial M_j} \Big/ \frac{\partial U}{\partial Z_j} = \frac{\pi_{m_j}}{\pi_{z_j}} \tag{7}$$

Der Schattenpreis gibt die Grenzkosten an, die bei der Produktion einer zusätzlichen Einheit eines Zielgutes anfallen. Die Grenzkosten nehmen im Fall des Musikgenusses M eine komplizierte Form an, weil die Produktion von Musikgenuß in jedem Zeitpunkt j eine positive Wirkung auf das spätere Musik-Humankapital ausübt. Diese Wirkung auf das spätere Kapital ist ein aus der Produktion von Musikgenuß im Zeitpunkt j resultierender Investitions-

---

[4] Eine konsequente Anwendung der Annahme stabiler Präferenzen bedeutet, daß der Diskontierungsfaktor null ist; mit anderen Worten: das Fehlen einer Zeitpräferenz (siehe die kurze Erörterung in Abschnitt VI).

ertrag, der die Produktionskosten im Zeitpunkt j vermindert. Es läßt sich zeigen, daß die Grenzkosten im Zeitpunkt j gleich sind[5]

$$(8) \qquad \pi_{m_j} = \frac{w\partial t_{m_j}}{\partial M_j} - w\sum_{i=1}^{n-j} \frac{\partial M_{j+i}}{\partial S_{m_{j+i}}} \Big/ \frac{\partial M_{j+i}}{\partial t_{m_{j+i}}} \cdot \frac{dS_{m_{j+i}}}{dM_j} \cdot \frac{1}{(i+r)^i}$$

$$= \frac{w\partial t_{m_j}}{\partial M_j} - A_j = \frac{w}{MPt_{m_j}} - A_j,$$

[5] Die Nutzenfunktion

$$V = \sum_{j=1}^{n} a^j U(M_j, Z_j)$$

wird maximiert unter den Nebenbedingungen

$$M_j = M(t_{m_j}, S_{m_j}),\ Z_j = Z(x_j, t_{z_j})$$

$$S_{m_j} = h(M_{j-1}, M_{j-2}, \ldots, E_j)$$

$$\Sigma \frac{px_j}{(1+r)^j} = \Sigma \frac{wt_{wj} + b_j}{(i+r)^j}$$

und $t_{w_j} + t_{m_j} + t_{z_j} = t,$

wobei t_{w_j} die Zahl der in Periode j geleisteten Arbeitsstunden und b_j das Einkommen aus Sachvermögen in dieser Periode ist. Durch Substitution erhält man die Nebenbedingung für das volle Vermögen:

$$\Sigma \frac{px_j + w(t_{m_j} + t_{z_j})}{(1+r)^j} = \Sigma \frac{wt + b_j}{(1+r)^j} = W.$$

Die Ableitung von V nach M_j und Z_j ergibt unter Berücksichtigung der Nebenbedingungen für die Produktionsfunktionen und für das volle Vermögen die Bedingungen erster Ordnung:

$$a^j \frac{\partial U}{\partial Z_j} = \frac{\lambda}{(1+r)^j} \left(\frac{pdx_j}{dZ_j} + \frac{wdt_{z_j}}{dZ_j}\right) = \frac{\lambda}{(1+r)^j} \pi_{z_j}$$

$$a^j \frac{\partial U}{\partial M_j} = \frac{\lambda}{(1+r)^j} \cdot \left(\frac{w\partial t_{m_j}}{\partial M_j} + \sum_{i=1}^{n-j} \frac{wdt_{m_{j+1}}}{dM_j} \cdot \frac{1}{(1+r)^i}\right) = \frac{\lambda}{(1+r)^j} \pi_{m_j}.$$

Da jedoch

$$\frac{dM_{j+i}}{dM_j} = 0 = \frac{\partial M_{j+i}}{\partial S_{m_{j+i}}} \frac{dS_{m_{j+i}}}{dM_j} + \frac{\partial M_{j+i}}{\partial t_{m_{j+i}}} \frac{dt_{m_{j+i}}}{dM_j},$$

folgt

$$\frac{dt_{m_{j+i}}}{dM_j} = -\frac{\partial M_{j+i}}{\partial S_{m_{j+i}}} \Big/ \frac{\partial M_{j+i}}{\partial t_{m_{j+i}}} \cdot \frac{dS_{m_{j+i}}}{dM_j}.$$

Durch Einsetzen in die Definition von π_{m_j} folgt unmittelbar Gleichung (8).

wobei w der Lohnsatz (der für alle Altersstufen gleich angenommen wird), r der Zinssatz und n die Lebensdauer ist, und der Suchteffekt A_j die Einsparung an zukünftigen Zeiteinsätzen angibt, die als Wirkung der Produktion von M im Zeitpunkt j auf späteres Musik-Kapital eintritt.

Liegt keine Sucht vor, so gilt $A_j = 0$, und Gleichung (8) reduziert sich auf die bekannte Grenzkostenformel. Davon abgesehen, ist A_j positiv, solange die von Musik ausgehende Sucht bekömmlich ist, und wird mit steigendem j tendenziell kleiner, wobei es gegen null konvergiert, wenn j gegen n konvergiert. Der Ausdruck w/MP_{t_m} sinkt mit zunehmendem Alter für einen gegebenen Zeiteinsatz, solange das Musik-Kapital mit zunehmendem Alter wächst. Der Ausdruck A_j muß sich für jüngere Altersstufen mit zunehmendem Alter nicht ändern, weil die prozentuelle Abnahme der Zahl der verbleibenden Jahre in diesen Altersstufen gering ist. Daher würde in den unteren Altersstufen p_m mit dem Alter tendenziell abnehmen, weil die Wirkung auf das Grenzprodukt des Zeiteinsatzes die Wirkung auf A tendenziell dominiert. Obwohl p_m in anderen Altersstufen nicht notwendigerweise immer abnehmen muß, nehmen wir vorerst an, daß p_m mit zunehmendem Alter gleichmäßig abnimmt.

Für den Fall, daß p_z nicht vom Alter abhängt, würde der relative Preis des Musikgenusses mit zunehmendem Alter sinken; und infolge von Gleichung (7) würde dann der relative Konsum von Musikgenuß mit zunehmendem Alter zunehmen. Nach dieser Deutung lassen Musikerlebnisse den (relativen) Konsum musikalischen Genusses im Zeitverlauf ansteigen, aber nicht deshalb, weil sich zwischenzeitlich der Geschmack zugunsten der Musik verlagert, sondern deshalb, weil der Schattenpreis des Musikhörens fällt, wenn Musikerlebnisse die Fähigkeit und die Erfahrungsgrundlage zum Erleben musikalischen Genusses verbessern.

Alternativ kann man dasselbe Resultat auch so formulieren: Der Grenznutzen der Zeit, die für Musik aufgewendet wird, erhöht sich durch ein Anwachsen des Bestandes an Musik-Kapital.[6] Folglich kann man sagen, daß der Konsum musikalischen Genusses durch das Hören von Musik steigt, weil der Grenznutzen der für Musik verwendeten Zeit mit dem Musikhören steigt, auch wenn die Präferenzen an sich unverändert geblieben sind.

Die Wirkung des Musikhörens auf die Akkumulation von Musik-Kapital kann ohne weiteres vom Bildungsstand und anderen Humankapitalbeständen abhängen, wie das in Gleichung (6) ausgedrückt ist. Das würde erklären, warum gebildete Personen im Vergleich zu anderen mehr „gute" Musik konsumieren (gute Musik ist Musik, die gebildeten Leuten gefällt!).

---

[6] Der Grenznutzen der im Zeitpunkt j für Musik aufgewendeten Zeit schließt den Nutzen aus dem Anwachsen des zukünftigen Bestandes an Musik-Kapital ein, das aus einer Erhöhung der im Zeitpunkt j aufgewendeten Zeit resultiert. Ein Argument ähnlich dem, das wir hier für den Preis musikalischen Genusses entwickelt haben, zeigt, daß der Grenznutzen der Zeit mit zunehmendem Alter tendenziell steigt, wenigstens auf den unteren Altersstufen.

Sucht senkt den Preis musikalischen Genusses in jüngerem Alter ohne einen vergleichbaren Effekt auf die Produktivität der Zeit, die in diesem Alter für Musik verwendet wird. Daher dürfte Sucht die in den unteren Altersstufen für Musik aufgewendete Zeit erhöhen; ein Teil dieser Zeit dürfte als Investition betrachtet werden, die das zukünftige Musik-Kapital vermehrt. Obwohl der Preis musikalischen Genusses mit zunehmendem Alter tendenziell fällt und der Musikkonsum tendenziell steigt, muß mit zunehmendem Alter nicht auch die für Musik aufgewendete Zeit zunehmen, denn die Vergrößerung des Musik-Kapitals bedeutet, daß der Musikkonsum selbst dann zunehmen kann, wenn die für Musik verwendete Zeit mit zunehmendem Alter reduziert wird. Die aufgewendete Zeit dürfte umso eher zunehmen, je elastischer die Kurve der Nachfrage nach musikalischem Genuß ist. Wir können dieses Ergebnis in einer Form ausdrücken, die viele Leser in Erstaunen setzen wird, nämlich: Der Einsatz von Zeit (oder anderen Faktoren) zur Produktion von Musikgenuß löst umso eher Suchtverhalten aus (d.h. nimmt mit zunehmendem Musikhören zu), je elastischer – und nicht: je weniger elastisch – die Kurve der Nachfrage nach musikalischem Genuß ist.

Es ist möglich, daß mit zunehmendem Alter der Bestand an Musik-Kapital schrumpft und der Preis des Musikgenusses steigt, weil der Anreiz, in zukünftiges Kapital zu investieren, mit der schwindenden Zahl weiterer Jahre abnimmt, wogegen die Investition, die zur bloßen Erhaltung des Kapitals erforderlich ist, mit jeder Vergrößerung des Kapitalbestandes größer wird. Wenn der Preis tatsächlich steigt, dann wird bei elastischer Nachfrage nach Musik die zum Musikhören verwendete Zeit reduziert. Folgerichtig zeigt unsere Analyse, daß das beobachtbare Phänomen suchtartiger Musikbegeisterung auf niedrigeren Altersstufen stärker ausgeprägt sein dürfte als im höheren Alter.

Was hier für die Musik gilt, gilt auch für andere Zielgüter, die in bekömmlicher Weise süchtig machen. Auf niedrigen Altersstufen fallen ihre Preise, und ihr Konsum steigt, weil mit zunehmendem Konsum und zunehmendem Alter Konsumkapital angesammelt wird. Zeit und Marktgüter, die zur Produktion eines Sucht-Zielgutes eingesetzt werden, müssen trotz steigenden Konsums nicht unbedingt vermehrt eingesetzt werden; die Wahrscheinlichkeit, daß sie vermehrt eingesetzt werden, steigt mit der Elastizität der Nachfragekurve für das Zielgut. Selbst wenn der Einsatz von Zeit und Marktgütern auf den unteren Altersstufen zunimmt, kann er zusammen mit dem Bestand an Konsumkapital auf den höheren Altersstufen allmählich zurückgehen.

Unter Verwendung derselben Argumente wie für die bekömmliche Sucht können wir zeigen, daß alle diese Ergebnisse sich für den Fall einer schädlichen Sucht umkehren;[7] diese definieren wir durch ein negatives Vorzeichen der Ableitungen in Gleichung (6):

---

[7] In gewisser Weise ist unsere Analyse bekömmlicher und schädlicher Sucht ein

$$(9) \qquad \frac{\partial S_j}{\partial H_{j-v}} < 0, \text{ alle } v \text{ in } (6),$$

wobei H ein schädliches Sucht-Zielgut ist. In jedem beliebigen Alter vermindert eine Steigerung des Konsums den danach noch verfügbaren Bestand an Konsumkapital, und das erhöht für jedes Alter den Schattenpreis.[8] Der Schattenpreis dürfte mit zunehmendem Alter und zunehmenden Mengeneinheiten steigen, zumindest auf den unteren Altersstufen, und damit einen Rückgang des Konsums bewirken, der umso stärker ausfällt, je höher die Altersstufe ist und je mehr Zielgut-Einheiten produziert wurden. Je höher diese Produktion ausfällt, desto stärker schrumpft das Konsumkapital; deshalb müssen die Einsätze an Marktgütern und Zeit nicht unbedingt fallen, wenn die Produktion steigt; im Gegenteil, die Einsätze steigen in der Regel mit der Produktion, wenn die Nachfragekurve für das Zielgut unelastisch ist.

Um diese Schlußfolgerungen anschaulich zu machen, stellen wir uns das Zielgut „Euphorie" vor, das durch Einsatz von Heroin (oder Alkohol oder Amphetaminen) erzeugt wird. Eine Steigerung des Konsums gegenwärtiger Euphorie erhöht die Kosten der Erzeugung von Euphorie in der Zukunft durch Verringerung des zukünftigen Bestandes an „Euphorie-Kapital". Die Auswirkung vergangener Euphorieerlebnisse auf die Kosten der Erzeugung zukünftiger Euphorie vermindert mit fortgesetztem Erleben den Konsum von Euphorie. Ist jedoch die Nachfragekurve für Euphorie genügend unelastisch, dann wird der Verbrauch von Heroin mit fortgesetzten Euphorieerlebnissen zunehmen, während gleichzeitig die Euphorie zurückgeht.

Man beachte, daß die von den jüngeren Altersgruppen verwendete Heroinmenge wegen der negativen Auswirkung auf das spätere Euphorie-Kapital reduziert wird. Ja, es könnte sogar sein, daß überhaupt kein Heroin verwendet wird, und zwar ausschließlich deshalb, weil die schädlichen Suchteffekte antizipiert werden und vom Gebrauch abschrecken. Man beachte des weiteren: Wird trotz vollständiger Antizipation der später auftretenden schädlichen Folgen Heroin konsumiert, so ist der Nutzen für den einzelnen größer, als er es wäre, wenn dieser am Konsum von Heroin gehindert würde. Natürlich wäre sein Nutzen noch größer, wenn Verfahren entwickelt würden (Methadon?), um die schädlichen Suchteffekte der Euphorie zu reduzieren.[9]

Sonderfall von Michael Grossmans Analyse vorteilhafter und schädlicher Gemeinschaftsproduktion.

[8] Statt Gleichung (8) gilt

$$\pi_{h_j} = \frac{w}{MP_{t_j}} + A_j,$$

wobei $A_j \geq 0$.

[9] Das heißt, wenn neue Verfahren die Ableitungen in Gleichung (9) verkleinern und vielleicht sogar deren Vorzeichen verändern. Um Mißverständnisse zu vermei-

Was am interessantesten ist: Man beachte die Möglichkeit, daß der Gebrauch von Heroin mit zunehmenden Konsumerlebnissen zunehmen, gleichzeitig aber das Ausmaß der Euphorie abnehmen kann – wenn die Nachfragekurve für Euphorie und somit für Heroin genügend unelastisch ist. Das heißt, Heroinsucht – Zunahme des Gebrauchs infolge von Konsumerlebnissen – ist das *Ergebnis* einer unelastischen Nachfrage nach Heroin, und *nicht*, wie üblicherweise behauptet wird, die *Ursache* einer unelastischen Nachfrage. In derselben Weise sind auch Musikhören oder Tennisspielen Suchtverhalten, wenn die Nachfragekurven für Musikgenuß oder Tennisvergnügen genügend elastisch sind; die Sucht ist wiederum das Ergebnis, nicht die Ursache, der spezifischen Elastizität. Wenn, um es anders auszudrücken, das Vorliegen einer Sucht vermutet wird (teils, weil der Einsatz von Gütern oder Zeit mit zunehmendem Alter ansteigt), es aber nicht klar ist, ob es sich um eine bekömmliche oder um eine schädliche Sucht handelt, so könnte man zwischen diesen Fällen mittels der Nachfrageelastizität unterscheiden: Eine hohe Elastizität läßt auf bekömmliche und eine geringe Elastizität auf schädliche Sucht schließen.[10]

Wir müssen nicht annehmen, daß das Erlebnis der Euphorie die Präferenzen verändert, um zu verstehen, warum der Konsum von Heroin mit zunehmenden Konsumerlebnissen zunimmt oder warum die konsumierte Menge unempfindlich ist gegen Preisänderungen. Selbst bei konstanten Präferenzen würde die konsumierte Menge mit zunehmenden Erlebnissen zunehmen, und Heroin ist ein Suchtgut genau deswegen, *weil* es auf Preisänderungen nicht reagiert.

Ein exogener Preisanstieg für Suchtgüter oder Zeit – etwa in Form einer Verbrauchsteuer, wie der Tabaksteuer oder der Getränkesteuer, oder in Form von Verkaufsbeschränkungen, wie Freiheitsstrafen für Heroinhändler – würde auf den Konsum Süchtiger eine relativ schwache Wirkung ausüben, wenn es sich um schädliche Suchtgüter handelt, und eine relativ starke, wenn es sich um bekömmliche handelt. Das heißt: Verbrauchsteuern und Gefängnisstrafen entziehen Süchtigen vor allem Ressourcen, wenn es um schädliche Suchtgüter geht, und sie reduzieren vor allem den Konsum der Süchtigen, wenn es um bekömmliche Suchtgüter geht.

---

den, sei ausdrücklich festgehalten, daß „schädlich“ nur heißt, daß die Ableitungen in (9) negativ sind. Weder ist impliziert, daß Sucht andere schädigt, noch, wie bereits angedeutet, daß es für Süchtige nicht ratsam sei, solche Güter zu konsumieren.

[10] Die Nachfrageelastizität läßt sich anhand der Wirkungen von Veränderungen der Faktorpreise schätzen. Wäre z.B. die Produktionsfunktion eines Zielgutes homogen ersten Grades, und stiegen alle zukünftigen ebenso wie die gegenwärtigen Faktorpreise mit demselben bekannten Prozentsatz, so ließe sich die Nachfrageelastizität für das Zielgut aus der Abnahme der Faktoreinsätze ermitteln. Daher ist die Unterscheidung zwischen bekömmlicher und schädlicher Sucht operational: Diese unabhängig voneinander geschätzten Zielgüterelastizitäten könnten wie im Text herangezogen werden, um festzustellen, ob eine Sucht schädlich oder bekömmlich ist.

Die Ausdehnung des Kapitalbegriffes auf Investitionen in die Fähigkeit, effizienter zu konsumieren, hat zahlreiche andere Anwendungsmöglichkeiten. Beispielsweise bietet sich ein fruchtbares Feld, Konsumkapital in der Theorie der Arbeitsteilung zwischen Familienmitgliedern anzuwenden.

III. Stabilität der Präferenzen und Sitte und Tradition

Eine „traditionelle" Einschränkung des Geltungsbereiches der ökonomischen Theorie ist der behauptete mächtige Einfluß von Sitte und Tradition auf menschliches Verhalten. Im Zusammenhang mit dem Verhalten von Herrschern findet sich folgende treffliche Feststellung bei J. St. Mill:

> Es ist nicht wahr, daß die Handlungen selbst durchschnittlicher Herrscher zur Gänze oder auch nur annähernd zur Gänze durch ihr persönliches Interesse bestimmt werden oder auch nur durch ihre eigene Auffassung ihres persönlichen Interesses. … Ich beharre nur auf dem, was für alle Herrscher gilt, nämlich: daß Art und Ablauf ihrer Handlungen zu einem guten Teil (und zwar unabhängig von persönlichen Berechnungen) durch die üblichen Empfindungen und Gefühle, die allgemeinen Denk- und Handlungsweisen beeinflußt sind, die in dem Gemeinwesen, dessen Mitglieder sie sind, vorherrschen; sowie durch die Gefühle, Gewohnheiten und Denkweisen, die für diejenige Schicht, der sie in diesem angehören, typisch sind. … Stark beeinflußt werden sie auch durch die Maximen und Traditionen, die von anderen Herrschern, ihren Vorgängern, auf sie überkommen sind; Maximen und Traditionen, von denen man weiß, daß sie über lange Zeiträume hinweg die vorherrschenden waren, selbst entgegen den privaten Interessen der jeweiligen Herrscher. (MILL, 1972, 484)

Worin das spezifisch politische Verhalten liegt, das Theorien vom „persönlichen Interesse" widerspricht, geht aus Mills Feststellung nicht klar hervor und wird auch in ähnlichen Feststellungen anderer Autoren mit Bezug auf Unternehmen oder Haushalte nicht viel klarer. Offensichtlich ist stabiles Verhalten, z.B. von Haushalten, bei stabilen Preisen und Einkommen – oder allgemeiner: in einer stabilen Umgebung – kein Widerspruch, denn unter solchen Bedingungen sagen Theorien des persönlichen Interesses die gleiche Verhaltensstabilität voraus wie Sitte und Tradition. Andererseits würde ein Verhalten, das trotz Preis- und Einkommensänderungen stabil bleibt, dem in der vorliegenden Arbeit verwendeten Ansatz widersprechen, der Nutzenmaximierung bei stabilen Präferenzen annimmt.

Nichtsdestoweniger glauben wir, daß im Vergleich zu Ansätzen, die auf Sitte und Tradition abstellen, unser Ansatz besser erklärt, wann Verhalten stabil ist, und daß er gleichzeitig erklären kann, wie und wann Verhalten sich ändert. Mills „Gewohnheiten und Denkweisen" oder seine „überkommenen Maximen und Traditionen" ergeben sich in unserer Analyse aus der Investition von Zeit und anderen Ressourcen in die Akkumulation von Wissen über die Umwelt und in die Ansammlung von Fertigkeiten, um mit dieser Umwelt zurechtzukommen.

Entscheidungen zu treffen, ist kostspielig, und zwar nicht nur deshalb, weil es sich um eine Tätigkeit handelt, die manche Leute unangenehm finden. Um eine Entscheidung zu treffen, braucht man Information, und die Information muß analysiert werden. Die Kosten der Informationssuche und der Anwendung der Information auf eine neue Situation sind so hoch, daß Gewohnheitsverhalten oft eine effizientere Art und Weise der Bewältigung geringfügiger oder vorübergehender Veränderungen der Umwelt ist, als es eine vollständige, scheinbar nutzenmaximierende Entscheidung wäre. Hier handelt es sich darum, genau das zu vermeiden, was J. M. Clark die irrationale Leidenschaft für leidenschaftslose Rationalität genannt hat.

Ein einfaches Beispiel der Einsparung von Information durch gewohnheitsmäßigen Einkauf an einer einzigen Quelle zeigt die Logik solcher Überlegungen. Ein Konsument kauft in jeder Zeiteinheit eine Einheit des Gutes X. Er bezahlt zur Zeit t einen Preis $\hat{p}_t$. Er steht vor folgenden Entscheidungsmöglichkeiten:

1. zur Zeit eines Kaufaktes nach dem niedrigstmöglichen Preis $\hat{p}_{t,}$ der mit den Suchkosten vereinbar ist, zu suchen. Dann ist p_t eine Funktion der Suchaktivität s (die für jeden Kaufakt gleich angenommen wird):

$$\hat{p}_t = f(s), f'(s) < 0, \qquad (10)$$

wobei $C(s)$ die Gesamtkosten von s sind.

2. weniger oft (aber für gewöhnlich gründlicher) zu suchen und sich zwischen den einzelnen Suchakten an das Ergebnis der letzten Suche hinsichtlich der Entscheidung für einen Lieferanten zu halten. Dann wird der Preis p_t umso höher sein (relativ zum durchschnittlichen Marktpreis), je mehr Zeit seit der letzten Suche (zur Zeit t_0) vergangen ist:

$$p_t = g(t - t_0), \; g' > 0.$$

Wenn wir von den Zinsen absehen, wird die zweitgenannte Kaufmethode im Lauf der Periode T Gesamtkosten haben, die bestimmt werden

1) durch K Suchakte (alle gleich intensiv) zu Kosten $K\,C(s)$;

2) dadurch, daß jede Suche eine Zeit T/K dauert, in der $r = T/K$ Käufe getätigt werden, zu Kosten $r\bar{p}$, wobei $\bar{p}$ der Durchschnittspreis ist. Wir nehmen an, daß die Ergebnisse der Suche sich mit der Rate δ „entwerten" (bzw. die Preise dementsprechend steigen). Ein Konsument minimiert seine kombinierten Kosten für das Gut und für die Suche über den gesamten Zeitraum; die Minimierungsbedingung ist[11]

---

[11] Der Preis des i. Kaufes in einer der K Suchperioden ist $p_i = \hat{p}(1 + \delta)^{i-1}$. Daher gilt:

$$\bar{p} = \frac{1}{r} \sum_{i=1}^{r} \hat{p}(1 + \delta)^{i-1} = \hat{p}\frac{(1 + \delta)^r - 1}{r\delta}.$$

$$(11) \qquad r = \sqrt{\frac{2C}{\delta \hat{p}}} \; .$$

In diesem einfachen Modell mit r Käufen zwischen zwei aufeinanderfolgenden Suchakten ist r umso größer, je größer die Suchkosten pro für das Gut verwendete Geldeinheit sind ($C/\hat{p}$) und je kleiner die Rate der Preissteigerung (δ). Würde für jeden einzelnen Konsumakt eine vollständige Suche unternommen, so könnten die Gesamtkosten nicht geringer sein als die Kosten, die sich bei einer optimal gewählten Suchhäufigkeit ergeben; sie könnten hingegen sehr viel höher ausfallen.

Kommt es zu einer vorübergehenden Änderung der Umwelt, etwa bei den Preisen oder beim Einkommen, so würde es im allgemeinen nicht lohnen, das in Wissen oder Fertigkeiten angelegte Kapital zu desinvestieren oder andere Arten von Kapital zu akkumulieren. Infolgedessen wird das Verhalten angesichts vorübergehender Veränderungen relativ stabil sein.

Eine ähnliche Situation liegt vor, wenn eine unerwartete Veränderung der Umwelt nicht sofort eine größere Reaktion hervorruft, denn es braucht Zeit, um das entsprechende Wissen bzw. die entsprechenden Fertigkeiten zu akkumulieren. Daher können stabile Präferenzen in Verbindung mit „spezifischem" Wissen und „spezifischen" Fertigkeiten die geringfügigen oder „unelastischen" Reaktionen erklären, die für kurzfristige Angebots- und Nachfragekurven so typisch sind.

Eine bleibende Veränderung der Umwelt, etwa infolge wirtschaftlicher Entwicklung, bewirkt im Verhalten junger Leute für gewöhnlich eine größere Veränderung als im Verhalten alter Leute. Das wird üblicherweise damit erklärt, daß junge Leute durch die „Verführungen" der neuen (westlichen?) Umwelt leichter von ihren Sitten und Traditionen abzubringen sind. Unserer Auslegung zufolge reagieren junge und alte Menschen verschieden, selbst wenn sie dieselben Präferenzen und Motive haben. Um ihr Verhalten dra-

---

Die zu minimierenden Gesamtkosten sind

$$TC = Kr\bar{p} + KC(s) = K\hat{p}\,\frac{(1+\delta)^r - 1}{\delta} + KC.$$

Mittels einer Approximation zweiter Ordnung an $(1+\delta)^r$ erhalten wir

$$TC = T\left\{\hat{p}\left[1 + \frac{(r-1)\delta}{2}\right] + \frac{C}{r}\right\}.$$

Minimierung nach r ergibt

$$\frac{\partial TC}{\partial r} = 0 = T\left(\frac{\hat{p}\,\delta}{2} - \frac{C}{r^2}\right)$$

oder

$$r = \sqrt{\frac{2C}{\delta \hat{p}}} \; .$$

stisch zu verändern, müssen ältere Menschen entweder ihr Kapital desinvestieren, das an die alte Umwelt angepaßt war, oder in Kapital investieren, das an die neue Umwelt angepaßt ist. Ihr Anreiz hierzu mag aber ganz schwach sein, weil ihnen nur relativ wenige Jahre bleiben, um sich die Erträge der neuen Investitionen anzueignen, und weil Humankapital in vielen Fällen nur langsam desinvestiert werden kann.

Andererseits sind junge Leute nicht in dieser Weise durch die Akkumulation von Kapital, das an die alte Umwelt angepaßt ist, gebunden. Infolgedessen brauchen sie gar nicht andere Präferenzen oder Motive zu haben bzw. brauchen sie nicht von vornherein flexibler zu sein, um durch eine Veränderung der Umwelt stärker betroffen zu werden: Sie haben schlicht und einfach einen größeren Anreiz, in Wissen bzw. Fertigkeiten, die an die neue Umwelt angepaßt sind, zu investieren.

Man beachte, daß diese Analyse derjenigen ähnlich ist, die im vorhergehenden Abschnitt zur Erklärung von Suchtverhalten herangezogen wurde: Nutzenmaximierung bei stabilen Präferenzen, unter dem Einfluß der Akkumulation spezifischen Wissens und spezifischer Fähigkeiten. Man braucht nicht eine Art von Theorie zur Erklärung von Suchtverhalten und eine andere zur Erklärung von Gewohnheitsverhalten. Ein und dieselbe, mit stabilen Präferenzen arbeitende, Theorie kann beide Arten von Verhalten erklären und sowohl Gewohnheitsverhalten als auch die Abweichungen hiervon erfassen.

IV. Stabilität der Präferenzen und Werbung

Die vielleicht wichtigste Klasse von Fällen, in denen „Geschmacksveränderungen" zur Erklärung wirtschaftlicher Phänomene herangezogen werden, ist diejenige, in der es um Werbung geht. Wer Werbung betreibt, „überredet" den Konsumenten, seinem Produkt den Vorzug zu geben, und oft wird zwischen „persuasiver" und „informativer" Werbung unterschieden.[12] J. K. Galbraith ist der berühmteste unter jenen Ökonomen, die behaupten, Werbung präge den Geschmack der Konsumenten:

> Sie [die moderne Werbe- und Verkaufstechnik] läßt sich auf keinen Fall mit dem Begriff unabhängig entstandener Bedürfnisse vereinbaren, da ihre Hauptaufgabe darin liegt, Bedürfnisse zu schaffen – Bedarf zu wecken, der vorher noch nicht existiert hat. Das erfolgt entweder durch den Produzenten selbst oder über seinen Auftrag durch Werbefirmen. …

---

[12] Die Unterscheidung zwischen persuasiver und informativer Werbung kann sich – sofern es sie überhaupt gibt – nur auf Zweck oder Wirkung beziehen, nicht aber auf den Inhalt. Eine schlichte, richtig festgestellte Tatsache („Ich biete Ihnen diese echte Ein-Dollar-Note für zehn Cent an") kann höchst persuasiv sein, und noch die abwegigste Behauptung („Hätte Napoleon unser Maschinengewehr kaufen können, so hätte er Wellington besiegt") enthält eine gewisse Information (hier: 1814 gab es keine Maschinengewehre).

In der Strategie des modernen Industrieunternehmens spielen die Produktionskosten einer Ware keine größere Rolle mehr als die Ausgaben für die Weckung einer Nachfrage nach dem Produkt. (GALBRAITH, 1959, 171)

Dieser Ansicht diametral entgegengesetzt, werden wir nachzuweisen suchen, daß es weder notwendig noch sinnvoll ist, der Werbung die Funktion einer Präferenzenänderung zuzuschreiben.

Ein Konsument kann indirekt Nutzen aus einem Marktgut ziehen, doch der Nutzen hängt nicht nur von der Menge des Gutes ab, sondern auch von der Information des Konsumenten über die tatsächlichen oder behaupteten Gütereigenschaften. Wenn er nicht weiß, ob die Beeren giftig sind, so sind sie kein Nahrungsmittel; wenn er nicht weiß, daß sie Vitamin C enthalten, so werden sie nicht als Vorbeugung gegen Skorbut gegessen. Die Menge der Information ist eine komplexe Vorstellung: Ihr Genauigkeitsgrad, ihre Mehrdimensionalität, ihre unterschiedlich rasche Veraltung im Lauf der Zeit – all das sind Eigenschaften, die eine direkte Messung von Information äußerst schwierig gestalten.

Wie läßt sich diese so schwer faßbare Variable bei gleichzeitiger Stabilhaltung der Präferenzen in die Nachfragetheorie einbauen? Wir gehen so vor, daß wir weiterhin – wie in den früheren Abschnitten – annehmen, die Objekte der Konsumentscheidung seien letztlich die Zielgüter, die jeder Haushalt mit Marktgütern, eigener Zeit, *Wissen* und vielleicht noch anderen Einsätzen erzeugt. Zusätzlich nehmen wir an, daß das Wissen, gleichgültig ob es tatsächlich oder nur in der Einbildung besteht, durch die Werbung von Produzenten und möglicherweise auch durch die eigene Suche der Haushalte erzeugt wird.

Unser Ansatz läßt sich anhand einer detaillierten Analyse des einfachen Falles darstellen, in dem die Ausbringungsmenge x und die Werbeaktivitäten A eines bestimmten Unternehmens Produktionsfaktoren für ein Zielgut sind, das die Haushalte produzieren und konsumieren – was für einen gegebenen Haushalt heißt:

(12) $$Z = f(x, A, E, y);$$

dabei ist $\partial Z / \partial x > 0$, $\partial Z / \partial A > 0$, E das Humankapital des Haushaltes, das auf diese Grenzprodukte Einfluß nimmt, und y sind andere Variablen, darunter möglicherweise auch die Werbung anderer Unternehmen. Noch einfacher ist

(13) $$Z = g(A, E, y)x,$$

wobei $\partial g / \partial A = g' > 0$ und $\partial^2 g / \partial A^2 < 0$. Bei konstant gehaltenen A, E und y soll die von einem beliebigen Haushalt produzierte und konsumierte Menge des Zielgutes proportional sein zu den Mengeneinheiten des Marktgutes, die dieser Haushalt verwendet.[13] Wäre die Werbung, die einen beliebigen Haushalt erreicht, unabhängig von seinem eigenen Verhalten, so würde der Schattenpreis von Z, die Grenzkosten von x, einfach jene Ausgabe für x sein, die zur Veränderung von Z um eine Einheit erforderlich ist. Aufgrund von Gleichung (13) wäre das

$$(14) \qquad \pi_z = \frac{p_x}{g},$$

wobei p_x der Preis von x ist.

Eine Erhöhung der Werbeaktivitäten kann den Schattenpreis des Zielgutes (durch Erhöhung von g) senken und dadurch die Nachfrage des Haushalts nach dem Zielgut erhöhen sowie folglich seine Nachfrage nach den Marktgütern des Unternehmens verändern, weil der Haushalt – richtigeroder fälschlicherweise – glauben gemacht wird, daß er mit einem gegebenen Einsatz des beworbenen Produkts eine höhere Produktion seines Zielgutes erreicht. Infolgedessen beeinflußt in dieser Formulierung die Werbung den Konsum nicht durch die Veränderung der Präferenzen, sondern durch die Veränderung von Preisen. Das heißt, es ist die Bewegung entlang einer stabilen Nachfragekurve für Zielgüter, die hier als Ursache der augenscheinlich instabilen Nachfragekurven für Marktgüter und andere Einsätze angesehen wird.

Es geht um mehr als eine bloß terminologische Frage: Unsere Formulierung erlaubt ganz andere Folgerungen als die konventionellen Ansätze. Um diese Folgerungen zu entwickeln, stellen wir uns ein Unternehmen vor, das das optimale Ausmaß an Werbeaktivität gleichzeitig mit der optimalen Ausbringungsmenge festlegt. Wir nehmen zunächst an, das indirekt von diesem Unternehmen erzeugte Zielgut (Gleichung 12) sei für Konsumenten ein vollkommenes Substitut für Zielgüter, die von vielen anderen Unternehmen indirekt erzeugt werden. Daher ist das Unternehmen auf dem Markt für das (Ziel-)Gut vollkommener Konkurrenz ausgesetzt und könnte bei einem gegebenen Schattenpreis (indirekt) eine unbegrenzte Menge dieses Zielgutes verkaufen. Man vergewissere sich, daß ein Unternehmen auf dem Markt für dieses Gut viele vollkommene Substitute haben kann, selbst wenn nur wenige andere Unternehmen dasselbe physische Produkt erzeugen. Beispielsweise kann ein Unternehmen der einzige Designer von Schmuck sein, der zum gesellschaftlichen Prestige von Konsumenten beiträgt, und sich trotzdem in vollkommener Konkurrenz zu vielen anderen prestigeträchtigen Produkten befinden: großen Autos, teuren Pelzen, modischer Kleidung, raffinierten Parties, einem angesehenen Beruf usw.

Für gegebene Werbeaktivitäten besteht eine 1:1-Beziehung zwischen dem Preis des Zielgutes und dem Preis des vom Unternehmen angebotenen Marktgutes (siehe Gleichung 14). Ist π_z durch den Wettbewerbsmarkt gege-

---

[13] Anders ausgedrückt: Z ist homogen vom ersten Grad nur in x.

ben, so ist folglich auch p_x gegeben, und das Unternehmen bestimmt seine optimale Ausbringung auf die übliche Weise, indem es die Grenzkosten dem gegebenen Produktpreis gleichsetzt. Nun besteht aber eine solche 1:1-Beziehung zwischen π_z und p_x nicht mehr, wenn auch das Ausmaß der Werbung eine Variable ist; folglich könnte selbst ein Unternehmen, das mit gegebenen Zielgut-Preisen auf einem vollkommenen Konkurrenzmarkt konfrontiert ist, sein Produkt zu unterschiedlichen Preisen verkaufen, indem es das Ausmaß seiner Werbung verändert. Da eine Vermehrung der Werbung die Produktion des Zielgutes erhöhen würde, das Konsumenten aus einer gegebenen Menge des Produkts dieses Unternehmens beziehen, würde der Preis des Marktgutes dann relativ zum gegebenen Preis des Zielgutes erhöht.

Das optimale Niveau von Werbeaktivitäten, Produktpreis und Ausbringungsmenge läßt sich bestimmen, indem man das Einkommen des Unternehmens maximiert:

(15) $$I = p_x X - TC(X) - Ap_a,$$

wobei *X* die Gesamtausbringung des Unternehmens ist, *TC* die Produktionskosten ohne Werbungskosten, und p_a die (konstanten) Kosten einer Einheit Werbung. Durch Einsetzen aus Gleichung (14) läßt sich *I* schreiben als

(15′) $$I = \pi_z^0 g(A)X - TC(X) - Ap_a,$$

wobei π_z^0 der gegebene Marktpreis des Endgutes ist, die Werbewirksamkeitsfunktion (*g*) für alle Konsumenten gleich angenommen wird,[14] und die Variablen *E* und *y* in *g* unterdrückt werden. Die Maximumbedingungen erster Ordnung hinsichtlich *X* und *A* sind

(16) $$p_x = \pi_z^0 g = MC(X),$$

(17) $$\frac{\partial p_x}{\partial A} X = \pi_z^0 X g' = p_a.$$

Gleichung (16) ist die übliche Gleichheit von Preis und Grenzkosten für ein Konkurrenzunternehmen, die auch gilt, wenn es Werbung gibt und diese eine Entscheidungsvariable ist. Nicht eben überraschend besagt Gleichung (17), daß Grenzertrag und Grenzkosten der Werbung gleich sind, wobei der Grenzertrag durch das Niveau der Ausbringung bestimmt wird und durch

---

[14] Daher gilt:

$$p_x X = \pi_z^0 g \sum_{i=1}^{n} x_i,$$

wobei *n* die Zahl der Haushalte ist.

die „induzierte" Erhöhung des Produktpreises infolge einer Vermehrung der Werbung. Obwohl der Preis des Zielgutes fix ist, erhöht eine Vermehrung der Werbung den Produktpreis des Unternehmens um einen Betrag, der proportional ist zur (wenigstens in den Augen der Konsumenten bestehenden, durch g' gemessenen) erhöhten Fähigkeit seines Marktgutes, zur Produktion des Zielgutes beizutragen.

Nach der konventionellen Analyse ist es Unternehmen auf vollkommenen Konkurrenzmärkten unmöglich, ihren Gewinn durch Werbung zu steigern; sie haben keinen Anreiz zu werben, weil sie annahmegemäß nicht in der Lage sind, ihre Produkte den vollkommen informierten Konsumenten gegenüber zu differenzieren. Nach unserer Analyse hingegen sind Konsumenten unvollkommen informiert (was Fehlinformation einschließt), und wenn jemand geschickt wirbt, so kann er durchaus sein Produkt von anderen, augenscheinlich ähnlichen Produkten differenzieren. Anders ausgedrückt: Wer Werbung betreibt, kann den Wert seiner Ausbringung für Konsumenten erhöhen, ohne im selben Ausmaß den Wert der Ausbringung selbst vollkommener Konkurrenten auf dem Markt für das *Zielgut* zu erhöhen. Um es einfacher zu machen, nehmen wir an, daß der Wert der Ausbringung von Konkurrenten unverändert bleibt, in dem Sinn, daß der Preis des Zielgutes (allgemeiner ausgedrückt: die Nachfragekurve für das Zielgut) für ein beliebiges Unternehmen von dessen Werbung nicht beeinflußt wird. Man beachte, daß Unternehmen, die auf vollkommenen Konkurrenzmärkten für das Zielgut ihre Produkte durch Werbung differenzieren, den Zustand vollkommener Konkurrenz auf diesen Märkten nicht beeinträchtigen. Man beachte außerdem: Wenn verschiedene Unternehmen auf demselben vollkommenen Konkurrenzmarkt für ein Zielgut das gleiche physische Produkt erzeugen und die gleichen Grenzkosten und Werbewirksamkeitsfunktionen aufweisen, so werden sie dieselbe Ausbringung erzeugen, denselben Produktpreis verlangen und die gleichen Werbeaktivitäten unternehmen. Sind jedoch entweder ihre Grenzkosten oder ihre Werbewirksamkeit verschieden, so werden sie unterschiedliche Produktpreise verlangen, in unterschiedlichem Ausmaß werben und trotzdem vollkommene Konkurrenten sein (freilich nicht untereinander!).

Nicht nur können Unternehmen auf vollkommenen Konkurrenzmärkten für das Zielgut – d.h. Unternehmen mit unendlich elastischen Nachfragekurven für das Zielgut – einen Anreiz haben zu werben, sondern der Anreiz kann sogar umso größer sein, je intensiver die Konkurrenz auf dem Zielgutmarkt ist. Betrachten wir den Fall einer endlichen Nachfrageelastizität für das Zielgut.

Die notwendigen Bedingungen für die Maximierung des Einkommens, die in Gleichung (15′) angegeben sind, wenn π_z als Funktion von Z variiert, sind

$$(18) \qquad \frac{\partial I}{\partial X} = \pi_z g + X \frac{\partial \pi_z}{\partial Z} \frac{\partial Z}{\partial X} g - MC(X) = 0,$$

oder, da $Z = gX$ und $\partial Z / \partial X = g$,

$$(18') \qquad \pi_z g \left(1 + \frac{1}{\epsilon_{\pi_z}}\right) = p_x \left(1 + \frac{1}{\epsilon_{\pi_z}}\right) = MC(X).$$

wobei ϵ_{π_z} die Elastizität der Nachfragekurve für das Zielgut ist. Des weiteren gilt

$$(19) \qquad \frac{\partial I}{\partial A} = X \frac{\partial p_x}{\partial A} - p_a = \pi_z \frac{\partial Z}{\partial A} + \frac{\partial \pi_z}{\partial Z} \cdot \frac{\partial Z}{\partial A} \cdot Z - p_a = 0$$

oder

$$(19') \qquad X \frac{\partial p_x}{\partial A} = \pi_z g' X \left(1 + \frac{1}{\epsilon_{\pi_z}}\right) = p_a.$$

Gleichung (18′) ist einfach die übliche Maximierungsbedingung für einen Monopolisten, die weiterhin gilt, auch wenn es Werbung gibt.[15] Gleichung (19′) zeigt deutlich, daß – gegeben $\pi_z g' X$ – der Grenzertrag aus zusätzlicher Werbung umso größer ist, je größer die Elastizität der Nachfragekurve für das Zielgut ist; daher ist das optimale Ausmaß an Werbung positiv mit der Elastizität für das Zielgut korreliert.

Dieses wichtige Ergebnis läßt sich durch Betrachtung von Abbildung 1 intuitiv gewinnen. Die Kurve *DD* ist die Zielgutnachfragekurve für das Unternehmen, wobei π_z entlang der vertikalen und die Ausbringung *Z* des Zielgutes entlang der horizontalen Achse gemessen wird. Die Gesamtausbringung *X* des Unternehmens wird gleich gehalten, so daß *Z* nur infolge von Schwankungen im Ausmaß der Werbung variiert. Im Punkt e^0 ist das Ausmaß der Werbung A_0, der Produktpreis p_x^0, und Ausbringungsmenge bzw. Preis des Endgutes sind Z_0 bzw. π_z^0. Ein Anstieg der Werbeaktivitäten auf A_1 erhöht *Z* auf Z_1 (die Erhöhung von *Z* wird durch die gegebene Funktion g' bestimmt). Die durch die Erhöhung von *Z* induzierte Verringerung von π_z ist mit der Elastizität der Nachfragekurve für das Zielgut negativ korreliert: Sie wäre z.B. geringer, wenn die Nachfragekurve $D'D'$ wäre und nicht *DD*. Da der Anstieg von p_x in einer inversen Beziehung zum

---

[15] Wird das Niveau der Werbung konstant gehalten, so ist *Z* proportional zu *X*, daher ist

$$\epsilon_{\pi_z} = \frac{dZ}{Z} \Big/ \frac{d\pi_z}{\pi_z} = \epsilon_{p_x} = \frac{dX}{X} \Big/ \frac{dp_x}{p_x}.$$

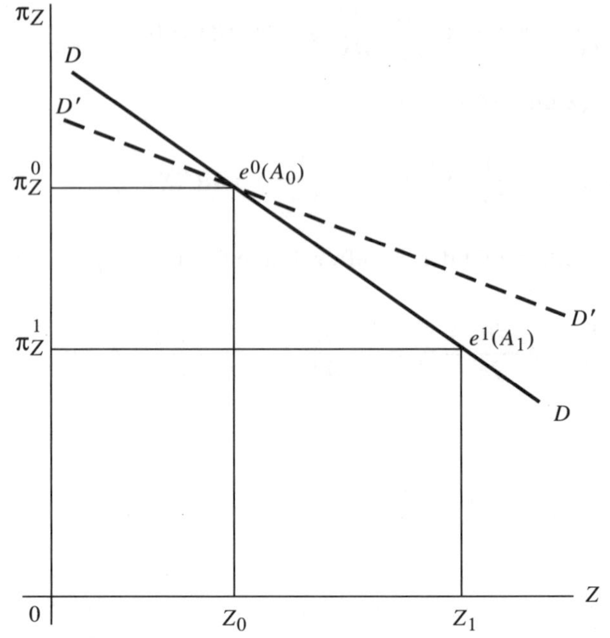

Abbildung 1

Rückgang von π_z steht,[16] ist die Erhöhung von p_x und somit der Grenzertrag der Erhöhung von A direkt von der Elastizität der Nachfragekurve für das Zielgut abhängig.[17]

Dasselbe Ergebnis wird durch ein konventionelleres Diagramm in Abbildung 2 veranschaulicht: Produktausbringung und Preis des Unternehmens sind auf den horizontalen und vertikalen Achsen aufgetragen. Die Nachfra-

---

[16] Da $\pi_z g = p_x$, ist

$$\frac{\partial p_x}{\partial A} = \pi_z g' + g \frac{\partial \pi_z}{\partial A} > 0.$$

Der erste Ausdruck auf der rechten Seite ist positiv und der zweite negativ. Sind g, g' und π_z gegeben, so steht $\partial p_x / \partial A$ in einer linearen und negativen Beziehung zu $\partial \pi_z / \partial A$.

[17] Denken wir jedoch an unsere Annahme, daß selbst Unternehmen auf vollkommenen Konkurrenzmärkten ihre Produkte voll differenzieren können. Steht die Fähigkeit eines Unternehmens zur Produktdifferenzierung in einer inversen Beziehung zur Elastizität der Zielgut-Nachfrage, d.h. zum Ausmaß der Konkurrenz auf dem Markt für das Zielgut, so muß die Erhöhung seines Produktpreises, die durch seine Werbung bewirkt wird, nicht positiv mit der Elastizität seiner Nachfragekurve für das Zielgut korrelieren.

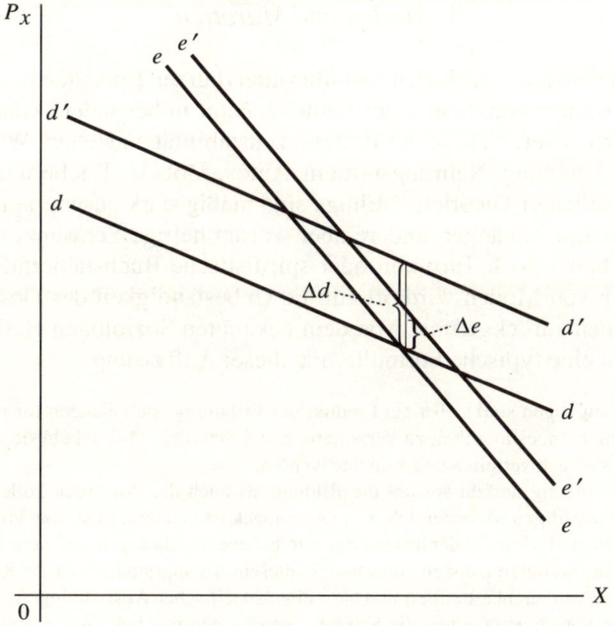

Abbildung 2

gekurve für sein Produkt ist bei einer gegebenen Menge Werbung durch *dd* angegeben. Wir haben oben (siehe Anmerkung 15) bewiesen, daß bei konstanter Werbung die Elastizität der Marktgut-Nachfrage dieselbe ist wie die Elastizität der Zielgut-Nachfrage. Eine Zunahme der Werbung „verschiebt" die Produktnachfragekurve nach oben zu *d′ d′*, und der Grenzertrag der zusätzlichen Werbung ist direkt vom Ausmaß dieser Verschiebung abhängig; das heißt, von der Erhöhung des Produktpreises für jede gegebene Produktausbringung. Unser wesentliches Ergebnis ist, daß die Verschiebung selbst positiv mit der Elastizität der Nachfragekurve korreliert. Beispielsweise ist bei derselben Vermehrung der Werbung die Verschiebung von *dd* nach *d′ d′* größer als die von *ee* nach *e′ e′*, weil *dd* elastischer ist als *ee*.

Diese Bedeutung der Information für die Konsumnachfrage läßt sich in verschiedenen Richtungen erweitern. Beispielsweise wirkt sich die Schulbildung einer Person auf ihre Nachfrage nach Wissen aus; also kann man der Frage nachgehen, ob die Nachfrage nach Werbung systematisch mit der Schulbildung schwankt. Der Informationsbestand des einzelnen ist eine Funktion seines Alters, der Länge seiner Ansässigkeit in einer Gemeinde und anderer Variablen; also läßt die Theorie den Schluß zu, daß es systematische Kaufmuster für stark und für wenig beworbene Güter gibt.

V. Moden und Marotten

Das Vorhandensein von Moden und Marotten (kurzen Episoden oder Zyklen in den Konsumgewohnheiten der Leute) scheint in besonders krassem Widerspruch zu unserer These der Präferenzenstabilität zu stehen. Wir kennen Moden bei Kleidung, Nahrungsmitteln, Autos, Möbeln, Büchern und sogar wissenschaftlichen Theorien.[18] Einige sind mäßig stark ausgeprägt oder haben nur wenige Anhänger, andere aber weisen heftige Schwankungen auf: Wer kauft heute noch Turnüren oder spiritistische Buchstabiertafeln? Das Auf und Ab von Moden wird oft auf die Unbeständigkeit des Geschmacks der Menschen zurückgeführt. Von dem bekannten Soziologen Herbert Blumer stammt eine typische Formulierung dieser Auffassung:

> Geschmacksneigungen sind selbst ein Produkt der Erfahrung, sie gelangen für gewöhnlich aus anfänglicher Unbestimmtheit zu Verfeinerung und Stabilität, aber sobald sie ausgebildet sind, können sie auch verfallen und zunichte werden.
>
> Mode als Vorgang umfaßt sowohl die Bildung als auch den Ausdruck kollektiven Geschmacks im jeweiligen Modebereich. Der Geschmack ist zunächst eine lose Mischung vager Neigungen und Unzufriedenheiten, die durch neue Erfahrungen auf dem Gebiet der Mode und in der weiteren Umwelt entstehen. In diesem Anfangsstadium ist der Kollektivgeschmack ungeformt, nicht artikuliert und harrt einer spezifischen Ausrichtung. In Gestalt von Modellen und Vorschlägen geben die Schöpfer von Moden mögliche Anhaltspunkte dafür, wie der im Entstehen begriffene Geschmack objektiven Ausdruck und endgültige Form annehmen kann. (Blumer, 1968, 344)

Wie wir die Mode mit unserer These in Einklang bringen können, liegt auf der Hand: Wir halten uns wiederum an das inzwischen bekannte Argument, daß Menschen Zielgüter konsumieren und dabei nur indirekt Marktgüter konsumieren, so daß Moden für Marktgüter kompatibel sind mit der Stabilität der Nutzenfunktion für Zielgüter. Das Problem besteht hier wie anderswo darin zu zeigen, daß wir mit dieser Formulierung unser Verständnis der interessierenden Verhaltensphänomene vertiefen können; es folgen einige vorläufige Bemerkungen in dieser Richtung.

Das Zielgut, das Modegüter offensichtlich erzeugen, ist gesellschaftliches Ansehen: weil man bewiesen hat, daß man beim Ausfindigmachen und der Aneignung dessen, was mit der Zeit weithin akzeptiert werden wird, smart die Nase vorn hat – oder wenigstens nicht untätig geblieben ist. Das klingt nach einer Zirkeldefinition dieses Zielgutes, das wir als *Schick* be-

---

[18] „Mode“ muß sich allerdings nicht notwendigerweise nur auf kürzerfristige Präferenzen beziehen. Adam Smith war der Meinung, daß der Einfluß der Mode „auf Kleidung und Möbel nicht absoluter ist als auf Architektur, Dichtkunst und Musik“ (Smith, 1759/1976, 195).

zeichnen könnten; neue Dinge werden scheinbar einfach deswegen gewählt, weil sie neu sind. Diese Kreisbewegung ist aber um nichts merkwürdiger als die, die im buchstäblichen Sinn in einem Rennen stattfindet – die Bewerber laufen ja offensichtlich nicht rund um die Bahn, um an ein neues Ziel zu gelangen. Außerdem empfiehlt sich ein Gut mit Schick dadurch, daß es früheren Gütern überlegen ist, und Schick wird nicht absichtlich in weniger funktionellen Gütern gesucht. Im Gegenteil: Sollte sich herausstellen, daß das modische Erzeugnis nicht-modischen Produkten unterlegen ist, so würde es seinen Reiz bald verlieren.

Schick wird außerdem nicht einfach durch Veränderung erreicht: Die Neuheit muß von besonderer Art sein und eine subtile Vorausschau dessen erfordern, was als Novität akzeptiert werden wird; und jemand, der damit Erfahrung hat, kann dies besser vorausschauen als jemand ohne Erfahrung. Schick ist gesellschaftliche Rivalität und ist wie jede Rivalität sowohl Anreiz zur Individualität als auch Ursache von Konformität.

Die Gebiete, auf denen Moderivalitäten ausgetragen werden, zeichnen sich dadurch aus, daß sie öffentlich sichtbar und relativ kurzlebig sind. Auf ein nicht sichtbares Produkt (wie Kolben im Kfz-Motor) ist ein Kriterium wie „modisch“ nicht anwendbar, und Moden bei Produkten von großer Lebensdauer wären teuer. Deshalb konzentriert sich Mode im allgemeinen auf die billigeren Arten von Kleidung und Lektüre, und deshalb gibt es bei Möbeln mehr Moden als im Hausbau.

Einer Mode kann man mit der Geldbörse oder durch den Einsatz von Zeit folgen. Jemand kann belesen sein (das heißt, die neuen Bücher gelesen haben, die allgemein als wichtig gelten), wenn aber seine Zeit einen hohen Marktwert hat, so wird viel eher der Ehepartner das belesene Familienmitglied sein. (Somit ist das Verhältnis der Belesenheit der Frau zu der des Mannes proportional zu seinen Einkommensmöglichkeiten und umgekehrt proportional zu ihren.)

Die Nachfrage nach Mode läßt sich formalisieren mittels der Annahme, daß das Ansehen, zu dem es jemand bringen kann, von seiner gesellschaftlichen Umgebung und von seinen eigenen Anstrengungen abhängt. Er kann mit der Mode gehen, kann anerkannten karitativen Einrichtungen spenden, sich hochgeachtete Beschäftigungen suchen und andere Dinge treiben, die auf seine Stellung Einfluß haben. Unter Rückgriff auf neuere Arbeiten über soziale Interaktion können wir die gesellschaftliche Stellung der Person *i* definieren als

(20) $$R_i = D_i + h_i ,$$

wobei D_i der Beitrag der gesellschaftlichen Umgebung zu ihrer Stellung und h_i ihr eigener Beitrag hierzu ist. Jeder einzelne maximiert eine Nutzenfunktion von R und anderen Zielgütern unter einer Budgetbeschränkung, die von seinem eigenen Einkommen und der exogen gegebenen sozialen Umwelt abhängt.[19] Mit diesem Verfahren wurde eine Reihe allgemeiner Ergebnisse gewonnen (siehe BECKER 1974), und einige davon werden hier erwähnt, um zu zeigen, daß die Nachfrage nach Modegütern (und anderen Bestimmungsfaktoren gesellschaftlichen Ansehens) sich systematisch analysieren läßt, ohne Präferenzenänderungen anzunehmen.

Eine Erhöhung des eigenen Einkommens von *i* bei konstanten Preisen erhöht dessen Nachfrage nach gesellschaftlichem Ansehen und anderen Zielgütern. Bliebe seine soziale Umgebung unverändert, so würde die gesamte Erhöhung seines Ansehens durch eine Vermehrung seiner eigenen Beiträge zu Mode- und anderen prestigeträchtigen Gütern erzeugt. Daher würde selbst eine durchschnittliche Einkommenselastizität der Nachfrage nach Ansehen eine hohe Einkommenselastizität der Nachfrage nach modischen (und anderen prestigeträchtigen) Gütern implizieren, was mit der allgemeinen Auffassung im Einklang steht, daß Mode ein Luxusgut ist.[20]

Wenn jedoch andere Personen ihre Beiträge zu ihrem eigenen Ansehen erhöhen, so kann dies das Ansehen von *i* mindern, indem es dessen soziale Umgebung verschlechtert. Denn Ansehen ist knapp und wird weitgehend zwischen den einzelnen nur umverteilt: Damit sich das Ansehen einer Person erhöht, muß sich im allgemeinen das anderer vermindern. Deshalb sind Leute oft „gezwungen", mit neuen Moden zu gehen. Wenn die einen dadurch an Ansehen gewinnen, daß sie sich z.B. an neue Moden halten, verschlechtern sie die soziale Umgebung für andere. Diese sehen sich veranlaßt, ihre eigenen Bemühungen um Ansehen zu verstärken, einschließlich der Nachfrage nach diesen neuen Moden, weil eine exogene Verschlechterung ihrer sozialen Umgebung sie nötigt, ihre eigenen Aufwendungen für ihr Ansehen zu erhöhen.

Daher bewirkt eine Erhöhung aller Einkommen eine noch größere Steigerung von *i'*s Aufwand für sein Ansehen als eine Erhöhung nur seines eigenen Einkommens. Denn eine Einkommenserhöhung der anderen verschlechtert für *i* dessen soziale Umgebung, weil die anderen selbst mehr für ihr eigenes Ansehen ausgeben; diese Verschlechterung seiner Umgebung bewirkt eine weitere Steigerung von *i'*s Aufwand für sein Ansehen. Infolgedessen erwarten wir, daß reiche Länder wie die USA modebewußter sind als arme Länder wie Indien, und zwar selbst dann, wenn der Geschmack in reichen und in armen Ländern der gleiche ist.

---

[19] Die Budgetbeschränkung für *i* läßt sich schreiben als

$$\Pi_{R_i} R + \Pi_z Z = I_i + \Pi_{R_i} D_i = S_i\,,$$

wobei Z andere Zielgüter sind, Π_{R_i} seine Grenzkosten der Veränderung von R, I_i sein eigenes Volles Einkommen und S_i sein „gesellschaftliches Einkommen".

[20] Marshall hielt das Streben nach gesellschaftlichem Ansehen für die mächtigste aller Leidenschaften und eine Hauptursache der Nachfrage nach Luxusausgaben (siehe MARSHALL, 1961, 87 f., 106) .

VI. Schluß

Wir haben vier Klassen von Verhaltensphönomenen betrachtet, die mit der Stabilität von Präferenzen allgemein als unvereinbar gelten: Sucht, Gewohnheitsverhalten, Werbung und Moden – und für jeden dieser Fälle haben wir eine alternative Erklärung angeboten. Diese alternative Erklärung zeigte nicht nur, daß die einzelnen Erscheinungen mit stabilen Präferenzen vereinbar sind, sondern versuchte darüber hinaus zu zeigen, daß die Hypothese stabiler Präferenzen nützlichere Prognosen über beobachtbares Verhalten liefert.

Natürlich ist diese kurze Liste von Kategorien bei weitem nicht vollständig: Wir sind z.B. nicht auf die Literatur zu Risikoscheu und Risikoneigung eingegangen – eine der ergiebigsten Quellen für Ad-hoc-Annahmen über Präferenzen. Ebensowenig haben wir die umfangreiche Literatur zu Zeitpräferenzen behandelt, in der oft behauptet wird, daß Menschen „künftige Bedürfnisse „systematisch unterschätzen".[21] So wird behauptet, daß die Präferenz für einen Konsum im Jahre 1984 kontinuierlich stärker wird, je mehr sich die Gegenwart dem Jahr 1984 nähert. Trotz der Bedeutung, die der Zeitpräferenz oft beigemessen wird, ist uns kein signifikantes Verhalten bekannt, das durch diese Annahme erklärt worden wäre. Hätten wir mehr Platz zur Verfügung, so würden wir im Gegenteil behaupten, daß die Annahme der Zeitpräferenz es sogar schwieriger macht, Schwankungen in der Allokation von Ressourcen über den Lebenszyklus, die säkulare Steigerung der Realeinkommen und andere Erscheinungen zu erklären.

Außerdem sind wir nicht darauf eingegangen, daß systematische Präferenzenunterschiede durch Vermögen oder andere Faktoren bedingt sein könnten. Allerdings stellen wir die Behauptung auf, daß es kein signifikantes Verhaltensmuster gibt, das bisher durch die Annahme systematischer Präferenzenunterschiede in erhellender Weise erklärt worden wäre. Vielmehr handelt es sich bei der Annahme von Präferenzenunterschieden ebenso wie bei der Annahme von Präferenzänderungen um eine bequeme Krücke, an die man sich klammert, sobald die Analyse steckengeblieben ist. Diese Annahmen vermitteln den Eindruck, reiflich überlegt zu sein, sind aber in Wirklichkeit nur Ad- hoc-Argumente, die ein Versagen der Analyse kaschieren.

---

[21] Das Zitat ist dem folgenden Absatz aus BÖHM-BAWERK (1889/1991, 266) entnommen: „Es ist *zweitens* eine der folgenschwersten Erfahrungsthatsachen, daß wir künftigen Lust- und Leidempfindungen, bloß deshalb weil sie künftige sind und in dem Maße als sie einer entlegeneren Zukunft angehören, eine geringere Würdigung entgegenbringen, und daher auch Gütern, die jenen zu dienen bestimmt ist [sic], einen Werth beimessen, der hinter der wahren Intensität ihres künftigen Grenznutzens zurückbleibt. *Wir unterschätzen systematisch unsere künftigen Bedürfnisse und die Mittel, die zu ihrer Befriedigung dienen.*"

Wir haben „instabile Präferenzen" zum Teil durch Variablen in der Produktionsfunktion des Haushalts für seine Zielgüter berücksichtigt. Der große Vorteil jedoch, der sich daraus ergibt, daß man nur auf Veränderungen in den Argumenten abstellt, die in die Produktionsfunktion des Haushalts eingehen, ist der, daß *alle* Verhaltensänderungen durch Preise und Einkommen erklärt werden, also durch eben jene Variablen, die der ökonomischen Analyse ihre Einheitlichkeit und Erklärungskraft verleihen. Sucht, Werbung usw. wirken sich nicht auf die Präferenzen aus, was dann unendliche Freiheitsgrade zur Folge hat, sondern sie wirken sich auf Preise und Einkommen aus und unterliegen daher Beschränkungen, wie sie durch das Theorem negativ geneigter Nachfragekurven und andere Erkenntnisse gegeben sind. Wie wohl kaum gesagt werden muß, würden wir es begrüßen, wenn man erklären könnte, warum manche Menschen dem Alkohol verfallen und andere der Musik von Mozart – egal, ob solch eine Erklärung aus unserem Ansatz entwickelt oder ein Beitrag aus einer anderen Verhaltenswissenschaft wäre.

Auch bei allergrößter Anstrengung könnten wir, wie eingangs erwähnt, die möglichen Tests der Hypothese stabiler und einheitlicher Präferenzen bei weitem nicht erschöpfend durchführen. Unsere Aufgabe hat zwei ganz ungleiche Seiten. Unsere Hypothese ist trivial, denn sie behauptet nur, daß wir so weit wie möglich ökonomische Standardlogik anwenden sollten. Aber eben diese Hypothese ist zugleich auch eine enorme Herausforderung, denn sie hält uns an, von undurchschaubaren und komplizierten Problemen nicht mit dem leichtfertigen Hinweis abzulassen, daß die weitere Erklärung vielleicht eines Tages von einer unserer Nachbardisziplinen in den Verhaltenswissenschaften geliefert werden wird.

Literatur

BECKER, G. S. (1974), „A Theory of Social Interaction", *Journal of Political Economy*, 82, 1063–93 (deutsch in *Der ökonomische Ansatz zur Erklärung menschlichen Verhaltens,* Tübingen 1982, 282–317).

BLUMER, H. C. (1968), „Fashion" in *International Encyclopedia of the Social Sciences*, New York.

BÖHM-BAWERK, E. v. (1889/1991), *Capital und Capitalzins*, Band 2: *Positive Theorie des Capitals*, Innsbruck 1889 (Faksimile-Ausgabe: Düsseldorf 1991).

GALBRAITH, J. K. (1959), *Gesellschaft im Überfluß*, München 1959.

GROSSMAN, M. (1971), „The Economics of Joint Production in the Household", R. 7145, Center Math.Stud.Bus.Econ., Universität Chicago.

MARSHALL, A. (1961), *Principles of Economics*, 9. Auflage (Variorum Edition), hrsg. v. C. W. Guillebaud, London.

MICHAEL, R. T. und BECKER, G. S. (1973), „On the New Theory of Consumer Behavior", *Swedish Journal of Economics*, 75, 378–96 (deutsch in *Der ökonomische Ansatz zur Erklärung menschlichen Verhaltens,* Tübingen 1982, 145–166).

MILL, J. ST. (1972), *A System of Logic*, 8. Auflage, London.

SMITH, A. (1759/1976), *The Theory of Moral Sentiments* (Glasgow Edition, hrsg. v. D. D. Raphael und A. L. Macfie, Band I), Oxford.

Gewohnheit, Sucht und Tradition

(1992)

*I. Einleitung**

Die meisten Diskussionen über Verhalten im Zeitverlauf gehen davon aus, daß die Entscheidungen von heute nicht unmittelbar von den Entscheidungen der Vergangenheit abhängen. J. R. Hicks mißbilligte diese Annahme ganz entschieden:

> Es ist ein Unsinn, daß aufeinanderfolgende Konsumakte voneinander unabhängig sind; der Normalfall ist der, daß zwischen beiden eine starke Komplementarität besteht. (HICKS, 1965, 261)

Ironischerweise findet sich dieser Satz am Ende einer ausführlichen Monographie über Wirtschaftswachstum, die durchgehend mit der Unabhängigkeitsannahme arbeitet.

Die Annahme der Unabhängigkeit ist kein „Unsinn", denn sie vereinfacht in nützlicher Weise viele Probleme, bei denen Abhängigkeiten im Zeitverlauf nicht ausschlaggebende Faktoren sind. Doch hat diese Annahme Ökonomen davon abgehalten, sich mit anderen Fragen von erheblicher Tragweite zu befassen – einschließlich Suchtverhalten, Arbeitsgewohnheiten, Ausbildung von Präferenzen, den Gründen, warum Kinder ihre alten Eltern unterstützen, Präferenzlösungen des Problems zukünftiger (Selbst-)Verpflichtungen sowie Entstehung und Stabilität von Institutionen. Um diese Art von Fragen geht es in meinem Aufsatz.

In den letzten zwei Jahrzehnten findet sich in der Literatur statt der Unabhängigkeitsannahme immer häufiger die Annahme, der gegenwärtige Konsum werde durch früheren Konsum beeinflußt. Die bedeutendsten Arbeiten sind die von BOYER (1978), HOUTHAKKER und TAYLOR (1966), KYDLAND

---

* Eine frühere Fassung wurde als Nancy Schwartz Lecture an der Northwestern University am 15. Mai 1991 vorgetragen. Nützliche Kommentare machten Joseph Hotz, Kevin Murphy, Richard Posner und Sherwin Rosen, dankenswerte Hilfe leisteten David Meltzer und M.Rebecca Kilburn. Dank schulde ich für die Unterstützung durch eine Subvention der Lynde and Harry Bradley Foundation an das Center for the Study of the Economy and the State, durch das National Institute of Child Health and Development (Grant 5 R 37 HD22054) sowie durch die National Science Foundation (Grant SES-9010748).

und PRESCOTT (1982), PHLIPS (1974), POLLAK (1970), RYDER und HEAL (1973), SPINNEWYN (1981), v. WEIZSÄCKER (1971) und verschiedenen Kollegen und Studenten in Chicago: Iannaccone, Murphy, Hansen, Stigler, Constantinides, Heaton und Hotz. Ich will hier weder einen Überblick noch eine Zusammenfassung dieser Beiträge geben, nicht einmal auf sie verweisen, sondern mich auf die Fragen konzentrieren, die mich interessieren.

II. Gewohnheiten

Gewisse Einflüsse vergangenen Konsums auf gegenwärtiges Verhalten liegen auf der Hand. Wenn ich gerade von einer reichlichen Mahlzeit aufgestanden bin, so will ich in absehbarer Zeit kein zweites Essen – nicht einmal einen persischen Leckerbissen, den meine Frau bereitet hat. Im Grunde sind alle Güter Substitute, wenn die Zeitintervalle genügend klein und die konsumierten Mengen genügend groß sind. Selbst Leute, die auf Kartoffelchips „stehen“ oder hochgradig drogenabhängig sind, wollen für den Augenblick nicht mehr von diesen Gütern, wenn sie in der letzten Stunde große Mengen davon zu sich genommen haben.

Liegen aber die verglichenen Zeiträume nicht sehr nahe beisammen, so gilt für viele Güter, daß größerer bisheriger Konsum größeren, und nicht kleineren, nachfolgenden Konsum anregt. Dem üblichen Wortgebrauch folgend, definiere ich *Gewohnheits*verhalten als Verhalten, das eine positive Beziehung zwischen vergangenem und gegenwärtigem Konsum zeigt; Ökonomen nennen die entsprechenden Güter Komplemente. Gängige Beispiele sind u.a. Rauchen, Heroinkonsum, das Essen von Eis oder Kellogg's Cornflakes, Jogging, der Besuch des Gottesdienstes, Lügen und oft auch Intimitäten mit Freund oder Freundin.

Eine erschöpfende Diskussion muß sowohl die kurzfristigen Substitutionen im Konsum als auch die längerfristigen Komplementaritäten behandeln. MURPHY und ich (1988) legten ein Modell von Zyklen in der Nahrungsaufnahme (auch der übermäßigen) vor, das sowohl Substitutionen als auch Komplementaritäten im Nahrungsmittelkonsum über die Zeit enthält, und HEATON (1991) fand in den Zeitreihen für den aggregierten Konsum in den USA beide Arten von Beziehungen vor. Die vorliegende Arbeit konzentriert sich auf die Komplementaritätsbeziehungen, weil sie ursächlich für das Gewohnheitsverhalten sind, das ich herausarbeiten will.

Natürlich gibt es riesige Unterschiede im Ausmaß der Gewöhnung an dieselbe Tätigkeit: Die meisten Leute können regelmäßig trinken oder arbeiten, ohne daß sie je Alkoholiker oder „Workaholics“ werden. Auch schwankt die Wahrscheinlichkeit der Gewöhnung an irgendeine Tätigkeit mit den Umständen und dem Alter. Soldaten, die in Vietnam drogenabhängig wurden, legten diese Gewohnheit bald nach ihrer Rückkehr ins Zivilleben ab, während vormalige Raucher und Alkoholiker ihre Gewohnheiten oft wieder aufnehmen, wenn sie arbeitslos werden oder ihre Ehe scheitert.

Gewohnheiten sind *schädlich* oder „schlecht“, wenn größerer gegenwärtiger Konsum den zukünftigen Nutzen senkt, wie etwa bei den schädlichen Auswirkungen schweren Rauchens oder Trinkens auf die zukünftige Gesundheit. Analog sind Gewohnheiten *bekömmlich*, wenn größerer gegenwärtiger Konsum den zukünftigen Nutzen erhöht; regelmäßiges Schwimmen oder regelmäßiger Besuch des Gottesdienstes wären Beispiele hierfür. Es ist nur natürlich, daß schlechte Gewohnheiten mehr beachtet werden als gute; aber wie wir sehen werden, bedeutet Rationalverhalten auch, daß die zu beobachtenden ausgeprägten Gewohnheiten eher schädlicher als bekömmlicher Art sind.

Wenn größerer Konsum eines Gutes in der Vergangenheit den Grenznutzen von dessen gegenwärtigem Konsum erhöhte, so würden „kurzsichtige“ Personen, die die zukünftigen Folgen ihrer Handlungen nicht bedenken, ihren gegenwärtigen Konsum erhöhen. Aber größerer gegenwärtiger Nutzen ist keine Garantie dafür, daß rationale zukunftsorientierte Personen mehr als in der Vergangenheit konsumieren. Rationale Konsumenten bedenken nämlich auch, wie größerer Konsum heute den Grenznutzen bzw. das Grenzleid in der Zukunft beeinflußt.

Murphy und ich geben eine notwendige und hinreichende Bedingung dafür an, daß ein rationaler zukunftsorientierter Konsument eine Gewohnheit entwickelt (MURPHY und BECKER, 1988); frühere Ableitungen finden sich bei RYDER und HEAL (1973) und IANNACCONE (1986). Es ist tatsächlich notwendig, daß größerer bisheriger Konsum den Grenznutzen des gegenwärtigen Konsums erhöht – das entspricht dem, was in der Suchtliteratur „Verstärkung“ heißt. Aber es sind auch einige andere Parameter wichtig, einschließlich des Diskontierungsfaktors zukünftigen Nutzens und der Abnahme- oder Abschwächungsrate des Beitrages früheren Konsums zum Gegenwartsnutzen. Je größer der Faktor, mit dem entweder die Zukunft oder die Vergangenheit diskontiert wird, umso wahrscheinlicher ist es, daß ein Gut mit einem gegebenen Maß an Verstärkung ein Gewohnheitsgut ist, und umso stärker ist die Gewohnheit (siehe Abschnitt 1 des Anhangs). Dieser Schluß leuchtet intuitiv ein, denn je größer diese Diskontierungsfaktoren sind, umso weniger wirkt sich vermehrter gegenwärtiger Konsum auf den zukünftigen Nutzen aus. Dann ist die Verstärkung der dominierende Effekt.

Eine *Sucht* wird einfach als starke Gewohnheit definiert. Formal wird eine Gewohnheit zur Sucht, wenn die Auswirkungen früheren Konsums auf den gegenwärtigen Konsum genügend stark sind, um destabilisierend zu sein (siehe Abschnitt 1 des Anhangs). Daher kann ein Schock, den jemand erleidet, z.B. der Verlust des Arbeitsplatzes, eine Zeitlang zu immer größeren Steigerungen der während dieser Zeit konsumierten Mengen von Suchtgütern führen. Die Nachfrage nach Suchtgütern ist in der Regel gespalten: Entweder konsumieren Leute viel davon, oder sie enthalten sich, weil sie voraussehen, daß sie „süchtig“ werden, wenn sie einmal mit dem Konsum anfangen. Ein anschauliches Beispiel für diese Spaltung ist das Rauchen:

Denn 70 Prozent der Erwachsenen in den USA rauchen nicht; aber diejenigen, die rauchen, konsumieren im allgemeinen mindestens eine halbe Pakkung Zigaretten pro Tag.

Eine Gewohnheit kann zur Sucht werden, indem man sich eben dieser Gewohnheit überläßt. Manche Gewohnheiten, wie Drogenkonsum und starkes Trinken, können die Aufmerksamkeit vermindern, die der Betroffene ihren Auswirkungen in der Zukunft schenkt – es gibt keinen Grund, anzunehmen, Diskontierungsfaktoren lägen für die Zukunft einfach ein für allemal fest (für eine Analyse endogener Diskontierungsfaktoren siehe BECKER, 1990). Da eine Erhöhung des Diskontierungsfaktors die Zuwendung zu allen Gewohnheiten verstärkt, würde es zu weiteren induzierten Steigerungen der Diskontierungsfaktoren kommen. Das Ergebnis kann ein explosionsartiger Umschlag bestimmter Gewohnheiten in hochgradiges Suchtverhalten sein.

Die aus der Theorie gefolgerte Vermutung, Suchtverhalten werde zum Teil durch hohe Abschwächungsraten des bisherigen Konsums verursacht, paßt in gewisser Weise zu dem medizinischen Belegmaterial. Denn der Schaden an jemandes Lunge, Leber und anderen Organen geht ziemlich rasch zurück, sobald er mit dem starken Trinken oder Rauchen aufhört – es sei denn, die Grenze der Reversibilität ist bereits überschritten.

Da Personen, die Zukunft und Vergangenheit stark „diskontieren", den zukünftigen Folgen ihrer Aktivitäten wenig Bedeutung beimessen, lassen sie sich weniger leicht von „schädlichen", d.h. den zukünftigen Nutzen vermindernden, Aktivitäten abhalten, selbst wenn es sich dabei nicht um Gewohnheiten handelt. Und sie würden sich auch weniger zu bekömmlichen, d.h. den Nutzen in der Zukunft erhöhenden, Aktivitäten hingezogen fühlen, selbst wenn diese nicht gewohnheitsbildend sind, wie z.B. eine Einschränkung der Cholesterinzufuhr. Da aber hohe Diskontierungsraten auf Zukunft und Vergangenheit auch starke Gewohnheiten und Suchtverhalten begünstigen, werden sich Leute mit hohen Raten *besonders* hingezogen fühlen zu schädlichen Aktivitäten, die süchtig machen oder zumindest in hohem Maße gewohnheitsbildend sind.

Daher erwarten wir, daß Suchtverhalten mit schädlichen Aktivitäten in Zusammenhang steht. Das kann erklären, warum Suchtverhalten für gewöhnlich physische Belastungen erzeugt – das Wohlbefinden nimmt mit der Zeit ab. Es kann auch erklären, warum Drogensucht und Kriminalität in der Regel zusammengehen und warum religiöse Menschen eher gesetzestreu sind, auch wenn Drogen und Religion nicht die Neigung zu krimineller Betätigung beeinflussen und auch wenn Verbrechen und Religion nicht süchtig machen.

Die Analyse zukunftsorientierten nutzenmaximierenden Verhaltens nimmt nie und nirgends an, die Menschen wüßten genau, ob sie sich an eine Substanz oder Aktivität gewöhnen oder davon süchtig werden, wiewohl Kritiker dieses Ansatzes das gelegentlich behaupten. Es kann jemand ziemlich unsicher sein, ob er zum Alkoholiker wird, wenn er einmal regelmäßig zu trinken anfängt. Ein Halbwüchsiger, der Probleme hat und anfängt, mit Drogen zu experimentieren, erwartet vielleicht – wenn er auch nicht sicher ist –, daß sein Leben wieder einfacher wird, etwa durch einen guten Job oder eine Heirat, noch bevor er süchtig wird. Da diese und andere Entscheidungen unter erheblicher Unsicherheit zustandekommen, werden manche Menschen einfach deshalb süchtig, weil die Wirklichkeit sich als weniger günstig erweist, als vernünftigerweise zu erwarten war – der gute Job, der den Drogenkonsumenten gerettet hätte, fand sich nie. Personen, die aus Unglück süchtig werden, bedauern ihre Abhängigkeit vielleicht, aber das ist genausowenig ein Zeichen irrationalen Verhaltens wie irgendein Wort des Bedauerns, das ein großer Verlierer beim Pferderennen äußert, in dem er so hoch gesetzt hatte.

Ich definiere *Traditions*verhalten als Gewohnheiten, die auf Entscheidungen in der ferneren Vergangenheit reagieren – was gelegentlich Entscheidungen von Eltern und anderen Personen in der Vergangenheit einschließen kann –, weil die Auswirkungen der Vergangenheit sich nur langsam abschwächen. Es ist unwahrscheinlich, daß traditionsbezogene Gewohnheiten zur Sucht werden, weil geringe Abschwächungsraten die Stärke einer Gewohnheit mindern. Solche Gewohnheiten sind besonders wichtig für das Verständnis von Kultur und Institutionen, wie ich später noch zu zeigen versuche.

III. Nachteilige Vergleiche

Ökonomen überlegen für gewöhnlich nicht, warum Präferenzen so sind, wie sie sind, aber es empfiehlt sich, auf die Gewohnheitsbildung einzugehen, denn viele Autoren behaupten, Gewohnheitsverhalten sei nicht völlig rational. Obwohl wir wenig über die Mechanismen der Entstehung von Gewohnheiten wissen, liegt es für mich nicht auf der Hand, daß sie weniger rational sind als andere Präferenzen.

Alkohol, Heroin, Kokain, Nikotin und bestimmte andere Suchtgifte haben auf Konsumenten biologisch-pharmakologisch gut dokumentierte Wirkungen, die deren Wunsch nach dem Suchtgift steigern. Die Gewohnheit hilft, Kosten der Suche nach Information und der Anwendung der Information auf die neue Situation einzusparen (STIGLER und BECKER, 1977; siehe S. 50 ff. des vorliegenden Bandes). Und für die meisten Leute ist es geistig wie körperlich bequem und beruhigend, weiterhin das zu tun, was sie schon in der Vergangenheit taten. Thomas Jefferson hatte sicher recht, als er in einem Brief an einen Bekannten schrieb: „Wer sich einmal zu lügen gestattet, der findet es viel leichter, es auch ein zweites und drittes Mal zu tun, bis es zur Gewohnheit wird" (1785).

Einen weiteren vielversprechenden Hinweis zum Verständnis der Gewohnheitsbildung liefert die Erkenntnis, daß der Nutzen vieler Güter davon abhängt, wie ihr gegenwärtiger Konsum sich zu den in der Vergangenheit konsumierten Mengen verhält. Beispielsweise vermittelt ein bestimmter Lebensstandard jenen Personen weniger Nutzen, die in der Vergangenheit einen höheren gewöhnt waren. Bei alten Menschen löst die Verschlechterung ihrer Gesundheit, nicht einfach eine schwache Gesundheit an sich, Depressionen aus. Und was in einem neu bezogenen Haus als wunderschöne Aussicht erschien, wird einem, nachdem man einige Jahre darin gewohnt hat, vielleicht langweilig und gewöhnlich vorkommen.

Güter, die solche nachteiligen Vergleiche mit der Vergangenheit herausfordern, sind „schädlich" in dem Sinn, wie ich den Ausdruck gebrauche, denn größerer Konsum heute senkt ihren zukünftigen Nutzen, weil er den Vergleichsstandard für die Zukunft anhebt. Für unsere Zwecke interessanter und weniger selbstverständlich ist, daß solche Güter in der Regel Gewohnheitsgüter sind: Je größer der bisherige Konsum, umso mehr regt er zu gegenwärtigem Konsum an, damit dieser besser dem Standard entspricht, der durch das Verhalten in der Vergangenheit geschaffen wurde.

Ein Gut *muß* geradezu ein Gewohnheitsgut sein, wenn sein Nutzen von der Differenz zwischen gegenwärtigem Konsum und einer gewichteten Summe der in der Vergangenheit konsumierten Mengen abhängt. Man beachte, daß in solchen Fällen die Wirkung von Vergleichen mit der Vergangenheit so stark ist, daß ein Gut ein Gewohnheitsgut sein muß, *gleichgültig*, wie hoch der Diskontierungsfaktor des zukünftigen Nutzens oder die Abschwächungsrate des vergangenen Konsums ist. Die Gewohnheit ist umso ausgeprägter, je schwerer der bisherige Konsum ins Gewicht fällt; und sie ist eine Sucht, wenn der Konsum der Vergangenheit schwerer wiegt als der gegenwärtige Konsum (siehe Abschnitt 2 des Anhangs).

Wenn der Nutzen von Vergleichen zwischen gegenwärtigem und vergangenem Konsum abhängt, so ist er am höchsten, unmittelbar nachdem der Konsum auf ein auf Dauer höheres Niveau angestiegen ist, und er nimmt mit der Zeit ab, weil der Betroffene sich an dieses Niveau gewöhnt. Analog ist der Nutzen am geringsten, unmittelbar nachdem der Konsum auf ein auf Dauer niedrigeres Niveau gesunken ist.

Wenn das Lebenshaltungsniveau an sich solche Vergleiche mit der Vergangenheit herausfordert, so wären die Neu-Reichen die glücklichsten Menschen, die Neu-Armen die unglücklichsten, und die langfristig Reichen vielleicht nicht sehr viel glücklicher als die langfristig Armen. Ja, die langfristig Reichen sind überhaupt nur ein klein wenig glücklicher als die langfristig Armen, wenn das Gewicht des Konsums der Vergangenheit fast gleich groß ist wie das Gewicht des gegenwärtigen (siehe Abschnitt 2 des Anhangs sowie Ryder und Heal, 1973). Selbstmorde könnten mehr mit dem Sinken des Lebenshaltungsniveaus – etwa infolge einer Vermögenseinbuße oder durch Krankheit – zu tun haben als mit dem absoluten Niveau desselben.

In Adam Smiths *Theory of Moral Sentiments* (1759/1976) finden sich ein paar erstaunliche Sätze über die Vergänglichkeit des Nutzengewinns aus einem höheren Lebenshaltungsniveau:

> Der Sohn armer Leute, den der Himmel in seinem Zorn mit Ehrgeiz geschlagen hat, ... verfolgt die Vorstellung einer gewissen kunstvollen und eleganten Ruhe, ... die er, wenn er sie am Ende eines langen Lebens schließlich erreicht, in nichts vorzüglicher finden wird als die bescheidene Sicherheit und Zufriedenheit, die er dafür aufgegeben hat. (299f.; den Hinweis verdanke ich George Stigler.)

Rasches Wirtschaftswachstum erhöht die Summe des Glücks unter anderem dadurch, daß es die Zahl der Neu-Reichen vermehrt und die der Neu-Armen vermindert. Sogar eine bloße Verlangsamung der Wachstumsrate könnte trotz weiterhin steigender Einkommen den Nutzen senken, wenn die Gewohnheitskomponente bezüglich des Lebenshaltungsniveaus genügend stark ist.

IV. Preis- und Vermögenseffekte

Es wird oft behauptet, Gewohnheits- und Traditionsverhalten, insbesondere Suchtverhalten, reagiere nicht nennenswert auf Veränderungen in Preisen und Vermögen. Gelegentlich wird hierfür als Erklärung angeboten, daß Gewohnheiten das Verhalten in einer Weise beeinflussen, die nichts mit Berechnung zu tun hat, oder daß Gewohnheiten durch die Vergangenheit ein für allemal geprägt sind (im Sinne eines „Lock-in"-Effekts). Ich werde nur die Reaktionen rationalen Gewohnheitsverhaltens betrachten, denn ich behaupte in der vorliegenden Arbeit, daß Gewohnheitsverhalten nicht eine Abneigung gegen „Kalkulieren" impliziert.

Eine unerwartete Preissenkung bei einem Gewohnheitsgut braucht sich auf dessen Nachfrage nur geringfügig auszuwirken, solange sich der Konsum in der Vergangenheit nie viel verändert hat. Das ist wahrscheinlich die Ausgangsbasis für die Behauptung, daß Gewohnheiten in der Vergangenheit „gefangen" sind. Aber die Größenordnung der Reaktion z.B. auf eine bleibende Preissenkung steigt mit der Zeit an, weil der Konsum fortgesetzt zunimmt, selbst wenn er zunächst nur geringfügig zunahm. Nach der Definition hochgradiger Gewohnheitsgüter erhöht jede Konsumsteigerung bei diesen Gütern deren zukünftigen Konsum um relativ große Mengen. Es ist daher nicht erstaunlich, daß die langfristige Preiselastizität der Nachfrage zwischen zwei Gleichgewichtszuständen für die ausgeprägteren Gewohnheitsgüter *größer* ist, *nicht* kleiner (siehe BECKER und MURPHY, 1988). Außerdem sind kurzfristige Nachfrageveränderungen irreführend, weil die kurzfristigen Preiselastizitäten im Verhältnis zu den langfristigen bei stärkerer Gewohnheitsbindung kleiner sind (siehe BECKER, GROSSMAN und MURPHY, 1991).

GROSSMAN, MURPHY und ich (1990) verwendeten dieses Modell rationaler Gewohnheiten vor einigen Jahren zur empirischen Untersuchung der Zigarettennachfrage in den USA. Wir stellten fest, daß die Zigarettennachfrage ziemlich stark gewohnheitsgeprägt ist – ein nicht eben erstaunliches Ergebnis. Die Reaktionen auf Preisveränderungen sind nicht geringfügig: Eine bleibende Preissenkung bei Zigaretten um 10 Prozent erhöht das Rauchen nach einem Jahr um 4 Prozent und nach einigen Jahren um 8 Prozent. Erstaunlicher ist vielleicht, daß man zeigen kann, daß Raucher nicht kurzsichtig sind: Sie versuchen durchaus, die Zukunft zu antizipieren, wie sich an den Auswirkungen erwarteter zukünftiger Preise auf den gegenwärtigen Konsum feststellen läßt.

In den USA bestehen erhebliche Meinungsverschiedenheiten darüber, ob Drogenkonsum legalisiert werden sollte, Meinungsverschiedenheiten, die quer durch die politischen Lager – liberal oder konservativ – gehen. Alle sind sich einig, daß die Legalisierung den Endverbraucherpreis von Drogen sehr stark senken würde; die Differenzen entstehen zum großen Teil durch die verschiedenen Ansichten darüber, wie sich eine Legalisierung auf die Drogennachfrage auswirken würde. Da viele Drogen ausgeprägte Gewohnheits- und sogar Suchtgüter sind, müßte nach der Theorie der rationalen Sucht die Drogennachfrage unmittelbar nach der Legalisierung nicht stark ansteigen, langfristig hingegen erheblich – insbesondere bei den Armen (siehe BECKER, GROSSMAN und MURPHY, 1991) –, es sei denn, die Legalisierung hätte auch andere Wirkungen als nur die einer Preissenkung.

Ein weiterer wichtiger Effekt betrifft den Druck der Bezugsgruppe, insbesondere der gleichaltrigen, aufgrund dessen (manche) Halbwüchsige zu rauchen, stark zu trinken und mit Drogen zu experimentieren anfangen. Obwohl mir keine überzeugenden Gründe bekannt sind, warum ausgeprägtes Gewohnheits- und Suchtverhalten *im allgemeinen* dem Gruppendruck stärker ausgesetzt ist als anderes Verhalten, läßt sich sehr einfach zeigen, daß Gewohnheitsverhalten *anfälliger* ist, in dem Sinne, daß ein gegebenes Maß an Druck der Bezugsgruppe sich auf Gewohnheitsverhalten besonders stark auswirkt. Starker Druck der Bezugsgruppe kann mäßiges Gewohnheitsverhalten in eines verwandeln, das als ausgeprägte Gewohnheit oder sogar Sucht in Erscheinung tritt.

Betrachten wir eine Preissenkung bei einem Gewohnheitsgut, das solchem Druck ausgesetzt ist. Jeder Konsument würde seine Nachfrage erhöhen, teils weil der Preis geringer ist, teils weil andere Konsumenten ihre Nachfrage erhöht haben. Die Nachfrage erhöht sich im Lauf der Zeit durch die Gewohnheit und ebenso durch den Druck, mehr zu konsumieren, wenn die anderen in der Gruppe das auch tun. Dieses Zusammenwirken von Druck und Gewohnheit bedeutet, daß der Druck der Bezugsgruppe dann einen größeren Effekt auf die Nachfrageelastizität hat, wenn die Gewohnheit stärker ausgeprägt ist; analog wirkt eine stärker ausgeprägte Gewohnheit sich stärker auf die langfristige Elastizität aus, wenn der Druck der Bezugsgruppe größer ist (siehe Abschnitt 3 des Anhangs). Infolgedessen kann es auch nur so aussehen, als sei deren Druck bei Gewohnheitsverhalten stärker, da eben dieser Druck sich auf die Nachfrage dann stärker auswirkt, wenn die Gewohnheiten stärker ausgeprägt sind.

Die Bedeutung des Drucks der Bezugsgruppe auf dem Markt für Drogen stützt ganz allgemein die Schlußfolgerung, ihre Legalisierung werde den Drogenkonsum stark erhöhen. Eine Einschränkung ergäbe sich, wenn der Druck, Drogen zu konsumieren, mit der Legalisierung geringer würde. Eine andere wäre gegeben, wenn das Zusammenwirken von Gruppendruck und Gewohnheiten auf den Nachfragekurven Abschnitte mit positiver Steigung erzeugte (siehe Abschnitt 3 des Anhangs) und somit der Drogenmarkt multiple Gleichgewichte aufwiese. Dann könnte die Legalisierung sowohl den Preis als auch den Drogenkonsum senken, indem sie den Markt zu einem ganz anderen Gleichgewicht verschiebt. Allerdings gibt es bislang keine Anzeichen dafür, daß der Drogenmarkt durch solche multiplen Gleichgewichte ausgezeichnet ist.

Ökonometrische Untersuchungen ergeben für gewöhnlich, daß hohe Einkommensteuern und andere Arten der Besteuerung der Arbeitsleistung sich nicht stark auf die Zahl der Arbeitsstunden auswirken. Die mehr als 50 Jahre anhaltenden geringen Arbeitsanreize in den kommunistischen Regimes in Osteuropa und anderswo freilich wirkten sich auf die Arbeitsleistung in diesen Ländern verheerend aus. Auch in Ländern wie Schweden, die im letzten Vierteljahrhundert die effektive Besteuerung der Arbeitsleistung stark erhöhten, ist der Leistungswille dadurch offensichtlich stark zurückgegangen.

Die ökonometrischen Ergebnisse lassen sich mit diesen anderen Beobachtungen in Einklang bringen, wenn man berücksichtigt, daß Arbeit eine Tradition/Gewohnheit ist, die sehr langsam entsteht, teilweise vielleicht unter dem Einfluß der Beispiele von Eltern und anderen Personen. Wie Victor Hugo bemerkte, ist „nichts gefährlicher als die Untätigkeit. Man gewöhnt sich rasch an sie, entwöhnt sich schwer von ihr" (1929, 485). Wie lange es dauert, bis hohe Steuern und andere politische Maßnahmen allmählich entstandene Arbeitsgewohnheiten zerstören, können ökonometrische Untersuchungen nicht ohne weiteres erfassen, nicht einmal solche, die Panel-Daten für einige Jahre heranziehen, um irgendwelche Wirkungen von Arbeitsgewohnheiten zu entdecken (siehe z.B. Bover, 1991).

Ein Land kann sich den langsamen Abbau guter Arbeitsgewohnheiten zunutzemachen, indem es die Arbeitsleistung *vorübergehend* hoch besteuert. Aber die traurige Kehrseite der Geschichte ist die, daß Osteuropa und die Sowjetunion große Schwierigkeiten haben werden, die guten Arbeitsgewohnheiten wieder aufzubauen, die in den vielen Jahrzehnten der Fehlplanung und schwachen Arbeitsanreize zerstört wurden.

Der Bezug von Sozialhilfe kann eine schlechte Gewohnheit schaffen, wenn Kinder und Eltern ihre Initiative verlieren, weil sie von den Almosen der öffentlichen Hand abhängig werden. Vielleicht weigern sich viele Familien, Sozialhilfe zu beziehen, selbst wenn sie – wie in den USA – darauf Anspruch hätten, deshalb, weil die Kosten der Abhängigkeit den Wert der Zahlungen übersteigen. Obwohl eine drastische Kürzung der Sozialhilfezahlungen die Zahl derjenigen, die den Bezug verweigern, erheblich zu vergrößern vermöchte, könnte sie sich *zunächst* nur geringfügig auf die Zahl der Familien auswirken, die sie weiterhin beziehen, weil eben diese sich an die Sozialhilfe gewöhnt haben (siehe SANDERS, 1991).

Das Dauereinkommensmodell erklärt die oft geringfügige Reaktion des Gesamtkonsums auf Einkommensschocks mit Hilfe der Annahme, daß viele Schocks eine große transitorische Komponente aufweisen. Einige Kritiker haben jedoch argumentiert, der aggregierte Konsum in den USA sei zu stabil (das Problem der Überstabilität), um sich durch das Dauereinkommen erklären zu lassen, denn aggregierte Schocks haben angeblich eine kleine transitorische Komponente. Selbst wenn sie mit den aggregierten Schocks recht haben – und die Meinungen darüber gehen erheblich auseinander –, ist das Problem ja nicht das Konzept des Dauereinkommens, das grundsätzlich sicher richtig ist, sondern die Annahme, die Präferenzen seien über die Zeit trennbar. Wenn der laufende Konsum vom vergangenen Konsum abhängt, dann ist es möglich, daß selbst ein bleibender Einkommensschock zunächst nur eine geringfügige Auswirkung auf den Konsum hat.

Gewohnheitsbedingte Reaktionen auf bleibende Schocks können den größten Teil jenes Verhaltens erklären, das seit Friedmans Untersuchung (FRIEDMAN, 1957) für gewöhnlich mit nicht-gewohnheitsmäßigen Reaktionen auf transitorische Schocks erklärt wird. Beispielsweise zeigte Friedman, daß höhere Einkommensgruppen einen größeren Bruchteil ihrer Einkommen sparen als niedrigere Einkommensgruppen, und sei es nur deshalb, weil diese Gruppen relativ viele Personen umfassen, die positive transitorische Einkommensschocks zu verzeichnen haben. Allerdings sparen Gruppen mit höheren Einkommen auch viel, weil sie relativ viele Personen umfassen, die *neu*reich sind. Ich glaube, eine befriedigende Erklärung des aggregierten Konsumverhaltens muß beides heranziehen: die Wirkungen von Gewohnheiten ebenso wie die Unterscheidung zwischen Dauereinkommen und transitorischen Einkommen (siehe HEATON, 1991, und FERSON und CONSTANTINIDES, 1991).

V. Die Bildung von Präferenzen

Der Mensch wird nicht als *tabula rasa* – als leere Tafel – geboren, sondern mit begrenzten Erfahrungen, die durch Kindheits- und spätere Erlebnisse angereichert werden. Diese Erfahrungen beeinflussen die Wünsche und Entscheidungen Halbwüchsiger und Erwachsener zum Teil dadurch, daß sie Gewohnheiten, Süchte und Traditionen schaffen. Die Gewohnheiten, die man als Kind oder junger Erwachsener angenommen hat, beeinflussen das Verhalten für gewöhnlich auch noch dann, wenn die Umgebung sich radikal ändert. Erwachsene Inder z.B., die in die USA einwandern, bleiben oft weiterhin bei derselben Küche wie in Indien und tragen weiterhin dieselbe Art von Kleidung. Eine Frau, die als Kind sexuell mißbraucht wurde, wird sich vielleicht bis an ihr Lebensende vor Männern ängstigen und eine Abneigung gegen sie haben, selbst gegen solche, die ihr rücksichts- und achtungsvoll begegnen. Ein Mensch kann bis zu seinem Tode hauptsächlich deswegen Alkoholiker bleiben, weil er als Halbwüchsiger stark zu trinken begann.

Kindheitserfahrungen können das Verhalten eines Menschen sein ganzes Leben lang erheblich beeinflussen, weil es vielleicht nicht lohnt, mit der Veränderung der Umgebung Gewohnheiten einschneidend zu ändern. Dann dauern in der Kindheit angenommene Gewohnheiten fort, selbst wenn diese sich gar nicht entwickelt hätten, sofern die Umwelt des Heranwachsenden dieselbe gewesen wäre wie die des Erwachsenen.

Die Freudsche Betonung der entscheidenden Einflüsse der frühen Kindheit auf das spätere Verhalten wäre mit nutzenmaximierendem zukunftsorientiertem Verhalten vereinbar, wenn Verhalten hochgradig gewohnheitsgeprägt wäre. Denn dann könnten die Erlebnisse des Kindes sich sehr stark auf Präferenzen und Entscheidungen des Erwachsenen auswirken.

Kinder verbringen ihre ersten Jahre in der Obhut von Eltern und nahen Verwandten, die bestimmen, was sie essen, lesen, sehen und hören. Der enorme Einfluß, den das auf die Präferenzen der Kinder hat, erklärt die große Ähnlichkeit zwischen Eltern und Kindern in vielen Einstellungen und Entscheidungen, einschließlich religiöser und politischer Bindungen, der Neigungen zu rauchen, zu frühstücken oder sich scheiden zu lassen und der Vorliebe für chinesische, persische oder Südstaatenküche.

In einem Nutzenmaximierungsmodell läßt sich der Einfluß der Eltern auf die Kinder naheliegenderweise durch die Annahme modellieren, die Präferenzen von Kindern und Erwachsenen entwickelten sich aus der frühkindlichen Phase und späteren Erfahrungen unter dem Einfluß von Gewohnheitsverhalten, einschließlich Sucht- und Traditionsverhalten. Einige meiner Feststellungen werden sich in der Tat weit über das Gewohnheitsverhalten hinaus auf andere rekursive Einflüsse der frühen Kindheit und anderer Erfahrungen der Vergangenheit auf gegenwärtige und zukünftige Präferenzen beziehen.

Altruistische Eltern maximieren ihren eigenen Nutzen zum Teil dadurch, daß sie den ihrer Kinder maximieren. Sie würden die Entwicklung der Präferenzen der Kinder gern in Richtung einer Nutzensteigerung für die Kinder lenken. Beispielsweise können Eltern das Rauchen selbst dann aufgeben, wenn sie sehr gern rauchen, weil ihr Rauchen die Wahrscheinlichkeit erhöht, daß die Kinder rauchen werden. Oder sie gehen mit ihren Kindern in die Kirche, auch wenn sie nicht fromm sind, weil sie es für gut halten, Kinder mit Religion bekanntzumachen. Viele Eltern hören tatsächlich auf, in die Kirche zu gehen, nachdem die Kinder von zu Hause weggezogen sind.

Egoistischen Eltern liegt nichts am Wohlergehen der Kinder, aber auch sie sind häufig an der Entwicklung von deren Präferenzen interessiert. Sie wünschen sich vielleicht, im Alter oder im Krankheitsfall versorgt zu werden, können aber mit ihren Kindern keinen Vertrag über Hilfeleistungen schließen. Allerdings können sie versuchen, auf die Ausbildung der Präferenzen ihrer Kinder Einfluß zu nehmen, um so die Wahrscheinlichkeit zu erhöhen, daß ihre Kinder ihnen freiwillig helfen werden.

Die Präferenzen, die Kinder in jugendlichem Alter ausbilden, können sie *im voraus* dazu *verpflichten*, viel später einmal zu helfen, wenn sie bereits erwachsen und ihre Eltern alt sind. Eltern können dazu beitragen, daß Kinder altruistisch werden oder als Erwachsene Schuldgefühle haben, wenn sie nicht helfen. Die Neigung zu Schuldgefühlen kann die lebenszeitliche Nutzenmenge von Kindern verringern – egoistischen Eltern ist das gleichgültig –, aber Helfen aufgrund von Schuldgefühlen kann den Nutzen erwachsener Kinder, *bedingt durch eigene frühere Erlebnisse,* steigern.

Daher werden nicht einmal egoistische Eltern Kinder unbedingt vernachlässsigen oder mißhandeln, sondern vielleicht erhebliche Mengen an Zeit, Geld und Gefühlen für ihre Kinder aufwenden, um die Entwicklung der Präferenzen ihrer Kinder zu ihrem eigenen Vorteil zu beeinflussen. Das klingt berechnend und selbstsüchtig. Ist es auch. Und doch kann die Möglichkeit, Kinder zu „verpflichten", ihren Eltern im Bedarfsfall zu helfen, egoistische Eltern dazu bewegen, ihre Kinder viel besser zu behandeln, als sie es tun würden, wenn Präferenzen und Verhalten von Erwachsenen sich nicht aus den Erfahrungen und der Behandlung in der Kindheit entwickelten. Das bedeutet auch, daß egoistische Eltern dann rücksichtslos werden, wenn sie nicht auf ihre Kinder angewiesen sind, beispielsweise deshalb, weil der Staat sich dazu verpflichtet hat, alten Menschen in Not zu helfen.

Kinder tragen ins Erwachsenenalter ein Gepäck von Erfahrungen hinein, an deren Gestaltung sie nur begrenzt aktiv beteiligt waren. Daher kann ein rationaler Mensch sinnvoll feststellen, daß er seine Präferenzen nicht „mag" in dem Sinne, daß ihm das vererbte Gepäck nicht gefällt: Schuldgefühle, sexuelle Ängste, den Hang zu rauchen oder viel zu trinken, usw. Er kann seinen Vorrat an Erfahrungen mit der Zeit verändern, aber wieviel ein rationaler Mensch ändern will, hängt ab von seiner subjektiven Lebenserwartung, der Stärke des Einflusses der Vergangenheit auf die Entscheidungen der Gegenwart und noch anderen Faktoren. Wir alle sind in gewissem Ausmaß Gefangene von Erfahrungen, die wir lieber nicht gemacht hätten.

Wir Ökonomen sind so darauf getrimmt, die Rationalentscheidung mit trennbaren Präferenzen gleichzusetzen, daß wir oft ein völlig rationales Verhalten, das das Ergebnis vergangener Erfahrungen ist, als „irrational" bezeichnen. Es fällt uns schwer, Menschen zu verstehen, die gut für ihre alten Eltern sorgen, obwohl weder soziale Normen noch Altruismus sie dazu zwingen – ich habe zu zeigen versucht, warum solches Verhalten nutzenmaximierend sein kann, sobald die Bedeutung von Schuldgefühlen und andere Folgen vergangener Erfahrungen berücksichtigt werden.

Ein augenfälliges Beispiel hierfür ist die Literatur über „Ausstattungs"-Effekte (siehe KAHNEMAN, KNETSCH und THALER, 1990). Eine Familie weigert sich etwa, für eine halbe Million Dollar das Haus zu verkaufen, in dem sie seit 20 Jahren wohnt, obwohl sie andererseits nicht bereit wäre, auch nur annähernd diese Summe für ein ansonsten gleichwertiges Haus zu bezahlen. Entscheidend ist hier natürlich das Wörtchen „ansonsten": Denn 20 Jahre im selben Haus haben eben dieses bestimmte Haus mit Erinnerungen und Bindungen ausgestattet und nicht ein anscheinend „gleichwertiges" Haus, das nicht wirklich gleichwertig ist.

Ein schwierigeres Beispiel des Ausstattungseffekts betrifft jemanden wie meinen Kollegen Sherwin Rosen, der eine Flasche jungen Wein einlagert, die er für ein paar Dollar gekauft hat. Durch einen glücklichen Zufall ist die Flasche, wie sich herausstellt, nach zehn Jahren einige hundert Dollar wert. Aber Sherwin lehnt es ab, sie zu verkaufen, obwohl er nicht im Traum daran denken würde, diesen Preis für eine ansonsten gleichwertige Flasche zu bezahlen. Ist das nicht irrational? Oder ist es – so wie bei der Familie, die sich weigert, ihr Haus zu verkaufen – ein Fall, in dem das Erlebnis des „Konsums" einer bestimmten Flasche lange Zeit hindurch den Wert eben dieser Flasche erhöhte, nicht aber den einer ansonsten gleichwertigen Flasche?

Andere „rationale" Erklärungen der Weigerung sind möglich; z.B. kann es Sherwin Vergnügen machen, damit anzugeben, daß er so geschäftstüchtig war, solch eine Flasche zu erwerben. Und eine Interpretation, die mit den Wirkungen des Besitzes der Flasche durch zehn Jahre hindurch auf die gegenwärtige Nachfrage nach ihr arbeitet, mag gezwungen erscheinen, denn die Flasche wurde während des Jahrzehnts nicht „konsumiert". Aber in solch einer Reaktion zeigt sich andererseits wieder die eng gefaßte Vorstellung des Ökonomen von „Konsum". Menschen konsumieren Gemälde, alte Teppiche oder Münzen, einfach indem sie sie gelegentlich betrachten, und sie bewerten derlei Objekte mit der Zeit vielleicht höher, weil sie sie liebgewonnen haben.

VI. (Selbst-)Verpflichtung, Institutionen und Kultur

Die Spieltheorie hat die entscheidende Bedeutung der (Selbst-)Verpflichtung in den strategischen Interaktionen über die Zeit zwischen zwei oder mehr Spielern herausgearbeitet. Die Gleichgewichte, die zustandekommen, sind oft hochgradig empfindlich in bezug darauf, ob Spieler ihr zukünftiges Verhalten verpflichtend festlegen können. Trotzdem kann es schwer sein, eine (Selbst-)Verpflichtung zu erzwingen, da Leute Versprechen nicht halten oder sich aus Vertragsverpflichtungen wieder lösen können. Dennoch glaube ich, die Schwierigkeit, bindende Verpflichtungen zu erreichen, wird übertrieben – wegen der üblichen Annahme der Unabhängigkeit der Präferenzen von der Vergangenheit, wodurch die nutzenmaximierenden Entscheidungen eines Menschen in jedem beliebigen Zeitpunkt nicht unmittelbar von früher getroffenen Entscheidungen abhängen.

Denn Gewohnheiten, Suchtverhalten, Traditionen und andere Präferenzen, die unmittelbar von früher getroffenen Entscheidungen abhängen, bestimmen zum Teil in vorhersehbarer Weise das zukünftige Verhalten und legen es insoweit verpflichtend fest. Gewohnheiten und dergleichen können tatsächlich einen sehr guten Ersatz für langfristige Verträge und andere Instrumente ausdrücklicher Verpflichtung abgeben.

Denken wir etwa an ein Unternehmen, das Konsumenten heute einen niedrigeren Preis verrechnen würde, wenn sie sich verpflichten, eine gewisse Zeit lang zukünftig mehr von dem Gut zu kaufen. Leider ist es nicht möglich, einen Vertrag abzufassen, der zukünftige Käufe sicherstellt. Aber es muß gar kein Vertrag erforderlich sein, wenn das Gut ein Gewohnheitsgut ist, denn daran gewöhnte Konsumenten sind automatisch gebunden, in Zukunft mehr zu kaufen, wenn sie jetzt mehr kaufen.

Ein Unternehmen finanziert beispielsweise Investitionen in die allgemeinen Fertigkeiten eines Arbeitnehmers mit, wenn dieser im Unternehmen bleibt. Ein schriftlicher Vertrag, der den Arbeitnehmer zum Bleiben verpflichtet, ist nicht durchsetzbar, aber das Unternehmen weiß vielleicht, daß ein Arbeitnehmer, der schon eine Weile da ist, wahrscheinlich auch bleiben wird, weil die Tätigkeit an seinem Arbeitsplatz ihm zur Gewohnheit geworden ist.

Ich habe schon gezeigt, wie Eltern einigermaßen darauf vertrauen können, daß ihre Kinder ihnen helfen werden, wenn sie erwachsen und die Eltern alt sind, weil die Eltern die Präferenzen ihrer Kinder als Erwachsene mitprägen, indem sie auf deren Kindheitserfahrungen in bestimmender Weise einwirken.

Solche Einflüsse von gewohnheitsmäßigen und anderen rekursiven Präferenzbeziehungen auf das Verhalten werden in die optimalen Strategien von Spielern in sequentiellen Spielen eingebaut. Beispielsweise kann eine Mutter weniger sparen, um für ihr Alter vorzusorgen, wenn ihre Kinder so „abgerichtet“ sind, daß sie helfen. Ein Chef nützt vielleicht die Bindung seiner Arbeiter an ihre Arbeitsplätze aus; oder es kann die Gesellschaft Verbrechen heute schwerer bestrafen, weil sie sich damit mehr Unterstützung der Allgemeinheit für Strafen in der Zukunft sichert.

An anderer Stelle haben GROSSMAN, MURPHY und ich (1990) die optimale Preisbildungsstrategie eines Monopolisten untersucht, der ein Gewohnheitsgut verkauft. Wir zeigen, daß gewinnmaximierende Preise unter den Preisen liegen, bei denen der laufende Grenzertrag gleich ist den Grenzkosten, da ein niedrigerer Preis heute die Konsumenten faktisch „verpflichtet“, ihren zukünftigen Konsum zu erhöhen (eine vollständigere Analyse der optimalen Preisbildung siehe bei FETHKE und JAGANNATHAN, 1991). Daher werden die optimalen Preise höher sein, wenn die Konsumenten daran gehindert werden, ihren zukünftigen Konsum zu erhöhen.

Diese Analyse kann die Erhöhung der Preis-Kosten-Spanne und somit die „Gewinne" der Zigarettenindustrie in den letzten Jahren erklären. Die steigende Zahl von Gesetzen, die das Rauchen einschränken, ist ein entscheidendes, handgreifliches Hindernis für zukünftige Steigerungen der Nachfrage nach Zigaretten. Die Produzenten sind genötigt, die Zigarettenpreise und damit die laufenden „Gewinne" zu erhöhen, obwohl sie durch die gesetzlichen Rauchverbote offensichtlich geschädigt werden.

Diese Beispiele für Auswirkungen von Präferenzen auf Verpflichtungen sind eher simpler Art, doch werden manche Leser Zweifel hegen. Diese Leser freilich werden noch viel größere Zweifel bei den folgenden Beispielen haben, in denen die Analyse von Gewohnheiten und Traditionen auf Institutionen und Kultur ausgedehnt wird. Ich gelangte zu dieser Art von Argumentation bei der Lektüre der Kritik von James Madison – in den *Federalist Papers* – an Jeffersons Vorschlag temporärer Verfassungen, die von jeder neuen Generation neu geschrieben werden. Madison behauptete nicht bloß, daß eine Verfassung Grundrechte schützt und die Handlungen zukünftiger Generationen festlegen hilft, sondern er ging weiter: Als grundlegend erkannte er die Frage, ob die Menschen bereit sind, die Bestimmungen einer Verfassung einzuhalten: Die Welt ist voll von wunderschönen Verfassungen, die mißachtet oder umgangen werden.

Madison vertrat im Grunde die Ansicht, eine Verfassung werde mit umso größerer Wahrscheinlichkeit aus Gewohnheit und Tradition befolgt, je länger sie bestehe. Die häufigen Veränderungen, die Jefferson empfahl, würden eine Verfassung – ich kann nichts Besseres tun, als Madison wörtlich zu zitieren –

> … jener Würde berauben, welche die Zeit allen Dingen verleiht und ohne die wahrscheinlich auch das weiseste und freieste Regime der nötigen Stabilität ermangeln würde, … sind die Vorbilder, die der Mensch braucht, um in seinen Überzeugungen bestärkt zu werden, nicht nur zahlreich, sondern auch von ehrwürdigem Alter, so verdoppelt sich, wie man aus Erfahrung weiß, ihre Wirkung … (*The Federalist*, Nr. 49, 1787, vgl. HAMILTON u.a., 1958, 290)

Madison, der darin offensichtlich Hume (1748) folgte, und andere behaupteten, Präferenzen würden nicht einfach dadurch gebildet, was jemand in der Vergangenheit tat, was seine Eltern taten und was seine gegenwärtigen Bezugspersonen tun, sondern auch durch das Verhalten früherer Generationen von „Bezugspersonen". Dieser weitgehende Einfluß der Vergangenheit auf Werthaltungen und Verhalten der Gegenwart trägt dazu bei, ältere Institutionen und Kulturen zu stabilisieren. Wie Madison in seiner Ablehnung von Jeffersons Vorschlag häufiger Reformen argumentierte, hängt die Stärke der Unterstützung für eine Institution letztlich davon ab, ob die Zeit dafür ausreicht, die Unterstützung über mehrere Generationen zu kumulieren.

Zuweilen wird die Unterstützung einer Institution oder eines Moralprinzips – wie der Glaube an Ehrlichkeit – als „gedankenlose" Anhänglichkeit an eine Kultur oder Ethik bezeichnet. Bei WORDSWORTH (1822) findet sich die Zeile, „habit rules the unreflecting herd". Aber das ist nicht „gedankenloser" als andere Präferenzen, die durch das Geschehen der Vergangenheit geprägt werden.

Der Gehorsam gegenüber Institutionen läßt sich in sozialen Entscheidungsprozessen nützlich einsetzen. Das Militär versucht, die Gewohnheit des Gehorsams gegenüber Kampfbefehlen zu prägen, indem besonderer Wert gelegt wird auf militärische Traditionen, starre Regeln und Kameradschaftsdrill. Junge Leute, die zu hohen Beitragszahlungen an die Sozialversicherung verpflichtet werden, brauchen sich nicht zu sorgen, daß die nachfolgende Generation sich weigern wird, sie im Alter zu unterstützen, auch wenn eine solche Weigerung in deren Interesse zu sein scheint. Im Gegenteil, die Unterstützung, die diese Generation den Alten angedeihen läßt, kann durchaus die Tradition bzw. Gewohnheit verstärken, die dafür sorgen wird, daß die ihnen nachfolgende Generation für die Alten sorgt.

Ich gebe freimütig zu, daß ich nicht weiß, wie weit man mit dieser Ansicht gehen kann. Der Verweis auf Institutionen, die von Traditionen bzw. Gewohnheiten und Gruppendruck beeinflußt sind, mag als Trick erscheinen, den man ad hoc erfunden hat, um schwierige (Selbst-)Verpflichtungs- und Kollektiventscheidungsprobleme zu lösen. Aber dieser Ansatz ergibt sich aus einem Interesse an näherliegenden Problemen, wie Trunksucht, Drogenkonsum und Markenfetischismus. Und die Entwicklung von Präferenzen aus früheren Erfahrungen scheint viel einleuchtender, selbst wenn sie auf Institutionen und Kultur ausgedehnt wird, als die in der Wirtschaftswissenschaft vorherrschende umgekehrte Annahme, Präferenzen seien von der Vergangenheit unabhängig.

Der eine oder andere Leser ist vielleicht darüber erstaunt, daß ein Koautor von „De gustibus non est disputandum", das so sehr die Stabilität von Präferenzen betont, sich für die Entstehung von Präferenzen begeistert. Aber was dort angenommen wird, sind stabile *Meta*präferenzen. Metapräferenzen beziehen die Entscheidungen der Vergangenheit und die Entscheidungen Dritter als Argumente in der gegenwärtigen Nutzenfunktion einer Person ein. Tatsächlich waren Suchtverhalten und soziale Interaktion zwei der Hauptbeispiele, die STIGLER und ich (1977) untersuchten.

Das Ergebnis unserer Arbeit war nicht die Aussage, daß Präferenzen verschiedener Personen im Zeitraum t in derselben Weise von deren Konsum im Zeitraum t abhängen. Die Aussage war vielmehr die, daß allgemeine Regeln die Art und Weise bestimmen, wie verschiedene Variable und Erfahrungen in die Metapräferenzen eingehen, die die meisten Menschen meistens motivieren. Und daß zukunftsorientierte rationale Akteure ihren Nutzen nach ihren Metapräferenzen maximieren und nicht allein nach ihren gegenwärtigen Präferenzen, weil sie erkennnen, daß die Entscheidungen von heute ihren zukünftigen Nutzen beeinflussen.

VII. Schluß

Meine Schlußbemerkungen kann ich kurz fassen. Ich habe zu zeigen versucht, daß die Vergangenheit durch ihren Einfluß auf die Bildung gegenwärtiger Präferenzen und Entscheidungen einen langen Schatten auf die Gegenwart wirft. Diese Bindeglieder zwischen Vergangenheit und Gegenwart stellen nicht nur eine technische Verallgemeinerung der Annahme der Unabhängigkeit von Präferenzen dar, mit deren Hilfe sich ein paar mehr „Schlenker" in den Daten erklären lassen.

Die systematische Analyse von Gewohnheits-, Sucht- und Traditionalverhalten und anderen Arten der Einflußnahme der Vergangenheit auf gegenwärtige Präferenzen hat weitreichende Folgen für die Analyse vieler Arten ökonomischer und sozialer Erscheinungen. Dazu gehören auf jeden Fall die Nachfrage nach Markenartikeln, die Einflüsse von Einkommensschocks auf den Gesamtkonsum und die kurz- und langfristigen Veränderungen im Rauchen infolge einer höheren Besteuerung von Zigaretten. Dazu gehört auch die genauere Erforschung a) der Frage, wie die Legalisierung von Drogen sich auf deren Konsum auswirkt, b) der langfristigen Auswirkungen von Einkommens- und anderen Steuern auf Arbeitsleistung und -gewohnheiten und c) der Frage, warum die Neu-Reichen und die Neu-Armen so verschieden sind von denen, die seit langem reich oder arm sind.

Mit einer noch kühneren Vision und sehr viel Glück könnte die Verbindung zwischen vergangenen und gegenwärtigen Entscheidungen auch erklären, warum und wie Eltern die Bildung der Präferenzen ihrer Kinder beeinflussen, wie Menschen sich zu zukünftigen Entscheidungen verpflichten und wie Institutionen und Kulturen geschaffen und erhalten werden.

Literatur

Becker, G. S. (1990), „Optimal Discounting of the Future", Working Paper, Department of Economics, University of Chicago, April.

–, Grossman, M. und Murphy, K. M. (1990), „An Empirical Analysis of Cigarette Addiction", NBER Working Paper, Nr. 3322, April.

–, Grossman, M. und Murphy, K. M. (1991), „Rational Addiction and the Effect of Price on Consumption", *American Economic Review, PP*, 81, 237–41.

–, und Murphy, K. M. (1988), „A Theory of Rational Addiction", *Journal of Political Economy*, 96, 675–700.

Bover, O. (1991), „Relaxing Intertemporal Separability: A Rational Habits Model of Labor Supply Estimated from Panel Data", *Journal of Labor Economics*, 9, 85–100.

Boyer, M. (1978), „A Habit Forming Optimal Growth Model", *International Economic Review*, 19, 585–609.

Ferson, W. E. und Constantinides, G. M. (1991), „Habit Persistence and Durability in Aggregate Consumption: Empirical Tests", *Journal of Financial Economics*, 29, 199–240.

FETHKE, G. und JAGANNATHAN, R. (1991), „Monopoly Pricing with Habit Formation", Working Paper Series 91–10, University of Iowa, Iowa City, April.
FRIEDMAN, M. (1957), *A Theory of the Consumption Function,* Princeton.
HAMILTON, A., MADISON, J. und JAY, J. (1958), *Der Föderalist*, hrsg.v.F. Ermacora, Wien.
HEATON, J. (1991), „An Empirical Investigation of Asset Pricing with Temporally Dependent Preference Specifications", Massachusetts Institute of Technology, Februar.
HICKS, J. R. (1965), *Capital and Growth*, Oxford.
HOUTHAKKER, H. S. und TAYLOR, L. D. (1966), *Consumer Demand in the United States 1929–1970*, Cambridge, MA.
HUGO, V. (1862/1929), *Die Elenden*, Berlin o.J. (1929), IV. Teil, 1. Buch, 1. Kapitel.
HUME, D. (1748), *An Enquiry Concerning Human Understanding*.
IANNACCONE, L. R. (1986), „Addiction and Satiation", *Economics Letters*, 21, 95–99.
JEFFERSON, T. (1785), Brief an Peter Carr, 19. August.
KAHNEMAN, D., KNETSCH, J. und THALER, R. (1990), Experimental Tests of the Endowment Effect and the Coase Theorem", *Journal of Political Economy*, 98, 1325–48.
KYDLAND, F. E. und PRESCOTT, E. C. (1982), „Time To Build and Aggregate Fluctuations", *Econometrica*, 50, 1345–70.
PHLIPS, L. (1974), *Applied Consumption Analysis*, Amsterdam.
POLLAK, R. A. (1970), „Habit Formation and Dynamic Demand Functions", *Journal of Political Economy*, 78, 745–63.
RYDER, H. E., JR., und HEAL, G. M. (1973), „Optimum Growth with Intertemporally Dependent Preferences", *Review of Economic Studies*, 40, 1–33.
SANDERS, S. (1991), „A Dynamic Model of Welfare Participation", Ph. D. Thesis, Department of Economics, University of Chicago.
SMITH, A. (1759/1976), *The Theory of Moral Sentiments* , hrsg.v. D. D. Raphael und A. L. Macfie (Glasgow Edition), Oxford.
SPINNEWYN, F. (1981), „Rational Habit Formation", *European Economic Review*, 15, 91–109.
STIGLER, G. J. und BECKER, G. S. (1977), „De Gustibus Non Est Disputandum", *American Economic Review*, 67, 76–90, in diesem Band, 50–76.
WEIZSÄCKER, C. C. v. (1971), „Notes on Endogenous Changes of Tastes", *Journal of Economic Theory*, 3, 345–372.
WORDSWORTH, W. (1822), *Ecclesiastical Sonnets*, Teil II, Sonett 28: „Reflections".

Anhang

1. Sei die Nutzenfunktion zur Zeit t

(1.1) $U(t) = U(y(t), c(t), S(t)),$

dabei ist y ein Nichtgewohnheitsgut, c ein Gewohnheitsgut und $S = c(t) - \delta S(t)$, wobei δ die Abschwächungsrate des vergangenen Konsums von c ist. Die Gesamtnutzenfunktion zur Zeit $t = 0$ is der diskontierte Wert von $U(t)$, wobei σ der Diskontierungsfaktor ist. Ich nehme an, der Gesamtnutzen wird unter der Nebenbedingung einer Vermögensbeschränkung maximiert, wobei die Höhe des Vermögens gegeben ist.

Ein Gut ist ein *Gewohnheitsgut*, wenn

$$(1.2) \qquad \frac{dc(t)}{dS(t)} > 0,$$

wenn der Grenznutzen des Vermögens konstant gehalten wird. Das heißt: wenn eine „kompensierte" Erhöhung des Konsums der Vergangenheit den gegenwärtigen Konsum erhöht. Da im langfristigen Gleichgewicht $c = \delta S$, ist es natürlich, eine *Sucht* als eine Gewohnheit zu definieren, die so stark ist, daß

$$(1.3) \qquad \frac{dc(t)}{dS(t)} > \delta.$$

Das heißt: Ein langfristiges Gleichgewicht ist instabil, wenn c nahe diesem Gleichgewicht den Charakter eines Suchtgutes aufweist.

Becker und Murphy (1988) zeigen, daß folgende Bedingung notwendig und hinreichend ist, damit ein Gut nahe einem langfristigen Gleichgewicht ein Gewohnheitsgut ist:

$$(1.4) \qquad (\sigma + 2\delta)\, U_{cs} > -\, U_{ss}\,,$$

wobei $U_{cs} = \partial^2 U / \partial c \partial S$ und $U_{ss} = \partial^2 U / \partial S^2$.

2. Sei der Nutzen aus dem Gewohnheitsgut c zur Zeit t trennbar von den anderen Gütern (y) und ausgedrückt als

$$(2.1) \qquad V(t) = V[c(t) - \alpha\delta\, S(t)],$$

wobei α eine Konstante > 0 ist. Da δ die Abschwächungsrate des Einflusses des vergangenen Konsums von c ist, ist $\delta S(t) = \bar{c}(t)$ ein gewogener Durchschnitt des vergangenen Konsums. Dann sind

$$V_{cc} = V''$$
$$V_{cs} = -\alpha\delta V''$$
$$V_{ss} = (\alpha\delta)^2 V'',$$

und

$$2\delta V_{cs} = -\,2\alpha\delta^2 V'' > -\,V_{ss} = -\,\alpha^2\delta^2 V'' \text{ für alle } \alpha < 2.$$

Daher genügt für alle σ und $\delta > 0$ die modifizierte Stone-Geary-Nutzenfunktion in Gleichung (2.1) der Bedingung in Gleichung (1.4) für den Gewohnheitscharakter von c. Es läßt sich zeigen, daß die Gewohnheit umso stärker ist, je größer α ist; sie ist eine Sucht, wenn $\alpha > 1$.

Gleichung (2.1) besagt, daß in einem Gleichgewichtszustand, in dem $c = \delta S = \bar{c}$,

$$V = V[\bar{c}(1 - \alpha)]$$

(2.2) und

$$V_c = V'(1 - \alpha).$$

Daher wirkt sich eine Erhöhung von c zwischen Gleichgewichtszuständen weniger auf den Nutzen aus, wenn die Gewohnheit (α) stärker ist (gegeben der Wert von V').

Die Gleichgewichtskonsumwirkung einer bleibenden Veränderung des Preises von c, die so kompensiert ist, daß der Grenznutzen des Vermögens (λ) konstant bleibt, ist

$$\text{(2.3)} \qquad \frac{dc}{dp_c} \cong \frac{\lambda}{V''(1 - \alpha)^2}, \quad \text{wenn } \sigma \cong 0.$$

(Dies ist ein Spezialfall von Gleichung (18) in BECKER und MURPHY, 1988). Offensichtlich ist die Wirkung auf c größer, wenn α – die Stärke der Gewohnheit – größer ist.

3. Ich erweitere jetzt die Nutzenfunktion in Gleichung (2.1), indem ich den Druck der Bezugsgruppe berücksichtige:

$$\text{(3.1)} \qquad V(t) = [c(t) - \alpha\delta S(t) - \gamma\,\bar{C}(t)],$$

wobei $\gamma > 0$ die Stärke des Druckes mißt und $\bar{C} = \sum \frac{c_j}{N} = c$, wenn alle N Konsumenten identisch sind. Der Druck der Bezugsgruppe verändert die Wirkungen einer Veränderung des Preises von c auf dessen Gleichgewichtskonsum in

$$\text{(3.2)} \qquad \frac{dc}{dp_c} \cong \frac{\lambda}{V''(1 - \alpha)(1 - \alpha - \gamma)}, \quad \text{wenn } \sigma \cong 0.$$

Ein Beweis läßt sich direkt führen. Die Bedingung erster Ordnung für jeden Konsumenten nahe einem Gleichgewichtszustand ist

$$V_c + \frac{V_s}{\sigma + \delta} = \lambda p_c .$$

Wenn wir nach p_c differenzieren, wobei wir λ konstant halten und annehmen, $c = \delta S$ und $\bar{C} = c$, so erhalten wir

$$\left\{V_{cc} + \frac{V_{cs}}{\delta} + V_{c\bar{c}} + \left(\frac{V_{ss}}{\delta} + V_{sc} + V_{s\bar{c}}\right)\frac{1}{\sigma + \delta}\right\} \cdot \frac{dc}{dp_c} = \lambda.$$

Wir substituieren $V'' = V_{cc}$, $-\alpha\delta V'' = V_{cs}$, $\alpha^2\delta^2 V'' = V_{ss}$, $-\gamma V'' = V_{c\bar{c}}$ und $\alpha\gamma\delta V'' = V_{s\bar{c}}$ und setzen $\sigma = 0$; so erhalten wir

$$V''(1 - 2\alpha - \gamma + \alpha^2 + \alpha\gamma)\frac{dc}{dp_c} = \lambda\,,$$

was Gleichung (3.2) entspricht.

Offensichtlich ist $[d/d(\gamma)]\ [(dc)/(dp_c)]$ absolut größer, wenn α größer ist. Außerdem wird die Nachfragekurve instabil $[(dc)/(dp_c) > 0]$, wenn $\alpha + \gamma > 1$.

Teil II

Familie und Gesellschaft

Eine ökonomische Analyse der Familie

(1985)

Einleitung

Die Einladung, die Geary-Vorlesung zu halten, bereitet mir große Freude. R. C. Geary erbrachte eindrucksvolle Leistungen auf vielen Gebieten. Als Statistiker ist er besonders bekannt durch seine Arbeit über die Verwendung von Instrumentvariablen für die Korrektur von Meßfehlern und durch seine Analyse nicht-normalverteilter Meßfehler. In der Wirtschaftswissenschaft beschäftigten ihn die Nutzentheorie und die Analyse von Input-Output-Modellen: In einer Anmerkung von zwei Seiten zur sogenannten Stone-Geary-Nutzenfunktion arbeitete er die wichtigen Eigenschaften dieser Funktion heraus. In der Soziologie befaßte er sich hauptsächlich mit der Analyse der Bevölkerungsentwicklung. Sowohl in der Ökonomik wie in der Soziologie überschneiden sich meine Interessen mit den seinen. Ich hoffe, daß er einer Vorlesung über die ökonomische Analyse der Familie keine zu große Skepsis entgegengebracht hätte.

Familien sind ein Hauptfaktor der Produktion und Verteilung von Gütern und Leistungen in praktisch jeder bekannten Gesellschaft – einschließlich antiker, primitiver, in Entwicklung begriffener und entwickelter Gesellschaften. Besonders wichtig sind sie für Erzeugung, Versorgung und Erziehung von Kindern, in der Beschaffung von Nahrungsmitteln, beim Schutz vor Krankheit und anderen Risiken sowie für die Sicherung der Reputation ihrer Mitglieder. Darüber hinaus legen Eltern oft ein Maß an Selbstaufopferung für ihre Kinder und füreinander an den Tag, das Männer wie Frauen als heldenmütig erweist.

Natürlich haben Familien sich im Laufe der überlieferten Geschichte radikal geändert. Die verzweigten Verwandtschaftsbeziehungen in primitiven Gesellschaften, wie sie die Ethnologen aufzeichnen, bilden einen Gegensatz zu der Vorherrschaft der Kernfamilie in modernen Gesellschaften, in denen oft nicht einmal Cousins einander kennen, geschweige denn, daß sie in Produktion und Verteilung zusammenwirken. Die in armen Gesellschaften zu findende Verpflichtung, für betagte Eltern bzw. deren Unterhalt zu sorgen, fehlt weitgehend in modernen Gesellschaften, in denen die Alten entweder allein oder in Altersheimen leben.

Dessenungeachtet ist die Familie in der ökonomischen Analyse viel weniger präsent als in der Wirklichkeit. Obwohl die bedeutendsten Ökonomen stets behauptet haben, die Familie sei eine der Grundlagen des Wirtschaftslebens, finden sich weder in Marshalls *Principles of Economics*, J. St. Mills *Principles of Political Economy*, Smiths *Wealth of Nations* noch irgendeinem anderen der großen Werke der Wirtschaftstheorie mehr als beiläufige Bemerkungen darüber, wie Familien funktionieren.

In der Tat ist es so, daß bis vor wenigen Jahrzehnten Ökonomen die Familie im wesentlichen ignorierten, vielleicht deshalb, weil im 19. und im frühen 20. Jahrhundert Familienentscheidungen ziemlich einfach waren. Frauen waren in erster Linie an einer Heirat interessiert, und verheiratete Frauen traten nicht auf dem Markt als Arbeitskräfte auf. Das bedeutete eine fast vollständige geschlechtsspezifische Arbeitsteilung zwischen Ehemann und Ehefrau: Die Männer gingen dem Einkommenserwerb nach, und die Frauen machten die Hausarbeit. Außerdem waren in westlichen Gesellschaften bis ins 20. Jahrhundert hinein Scheidungen ganz unüblich. Die wirtschaftliche Bedeutung von Familien veränderte sich offensichtlich nicht so sehr, daß die Ökonomen früherer Zeiten sich ernstlich darum gekümmert hätten.

Einzelne Ökonomen haben sich mit dem Heiratsalter beschäftigt. Malthus' Theorie des Bevölkerungswandels beruhte auf dem Zusammenhang zwischen Fertilität, Einkommenshöhe und Heiratsalter. Er sprach sich für ein höheres Heiratsalter aus und somit für weniger Möglichkeiten, Kinder in die Welt zu setzen, wenn die wirtschaftlichen Umstände ungünstiger sind. Arme Leute in Westeuropa heirateten im allgemeinen ziemlich spät: Sie waren – in Westeuropa insgesamt – in früheren Jahrhunderten fast 30 und – in Irland – im späten 19. und im frühen 20. Jahrhundert über 30 Jahre alt (WALSH, 1985).

Die ökonomische Bedeutung der Familie hat sich in den letzten 50 Jahren rasch gewandelt. In den USA sind inzwischen mehr als die Hälfte aller verheirateten Frauen und in Schweden und der Sowjetunion über 80 Prozent erwerbstätig. Die Fertilität ging seit Ende des Zweiten Weltkrieges in fast allen westlichen Ländern zurück und liegt heute in vielen von ihnen unter der Reproduktionsrate. Sogar Irland, das traditionell eine viel höhere Geburtenrate aufweist als andere westliche Länder, verzeichnete in den letzten fünf Jahren einen Rückgang der Geburtenhäufigkeit um mehr als 20 Prozent (CENTRAL STATISTICS OFFICE, 1985). Die Scheidungsraten sind im Westen in raschem Anstieg begriffen. Etwa zwei Fünftel aller Personen, die in den USA zum ersten Mal heiraten, können mit einer Scheidung rechnen. Lebensgemeinschaften und ledige Mütter sind üblich geworden. Kinder aus einer ersten und aus einer zweiten Ehe leben häufig im selben Haushalt. Investitionen in Kinder fallen stark ins Gewicht, da Familien Ausgaben für deren Erziehung und Berufsausbildung tätigen und insgesamt weniger Kinder haben, um deren Wohl sie sich dann mehr kümmern. Der Staat hat den Familien einen guten Teil der Unterstützung der alten Menschen abgenommen, was sich erheblich auf die privaten Ersparnisse und die Kontakte zwischen den Familienangehörigen auswirkt.

Infolgedessen haben Ökonomen endlich mit der systematischen Erforschung des Familienverhaltens begonnen. Inzwischen gibt es tatsächlich keinen Aspekt des Familienlebens mehr, dem nicht mit dem Rationalkalkül zu Leibe gerückt würde. Behandelt werden entlegenere Themen wie die Frage, warum welche Empfängsnisverhütungsmethoden anderen vorgezogen werden, oder warum die Polygamie im Mittleren Osten weniger üblich geworden ist, genauso wie eher traditionelle Themen wie Heiratsalter, Familiengröße, Investitionen in das Humankapital von Kindern und Ausgaben für den Unterhalt betagter Eltern. Im folgenden werden anhand einzelner Aspekte die Grundzüge der „ökonomischen Perspektive" des Familienverhaltens dargestellt.

Fertilität

Fangen wir mit dem Malthusschen Problem an: Was bestimmt die Kinderzahl oder Fertilität einer typischen Familie? Jeder Diskussion muß unbedingt die von Malthus für selbstverständlich gehaltene Feststellung vorausgeschickt werden, daß Männer und Frauen ihre eigenen Kinder denen anderer Leute deutlich vorziehen. Der Wunsch nach eigenen Kindern bedeutet, daß die Kinderzahl in einer Familie durch die „Produktionsbedingungen" beeinflußt ist. Dazu zählen die Kenntnis der Methoden zur Geburtenkontrolle sowie Alter, Ernährung, Gesundheitszustand und andere Variable, die auf die Fähigkeit einwirken, Kinder in die Welt zu setzen.

Einfach ausgedrückt, wird die Nachfrage nach Kindern im Wege der Nutzenmaximierung einer Familie bestimmt, wobei der Nutzen von der Zahl der Kinder und einer Summe anderer Güter abhängt. Der Hauptsatz der Konsumtheorie besagt: Erhöht sich bei konstantem Realeinkommen der relative Preis für ein Gut, so wird es weniger nachgefragt. Läßt man die Einschränkung hinsichtlich des Einkommens weg, so verringert insbesondere eine Erhöhung des relativen Preises von Kindern die in einer Familie gewünschte Kinderzahl. Der Nettopreis bzw. die Nettokosten von Kindern sinken, wenn es reichlich Gelegenheit für Kinderarbeit gibt. Mit anderen Worten: Kinder sind in der traditionellen Landwirtschaft wertvoller als in Städten oder in der modernen Landwirtschaft; das erklärt, warum die Fertilität in traditionellen Agrargesellschaften höher war (JAFFE, 1940; GARDNER, 1973).

Erzeugung und Erziehung von Kindern erfordern bislang in der Regel einen erheblichen Zeitaufwand der Mütter, zuweilen auch anderer naher weiblicher Verwandten. Infolgedessen senkt eine Erhöhung des Wertes der mütterlichen Zeit die Nachfrage nach Kindern, weil sie die relativen Kosten von Kindern erhöht. Viele empirische Untersuchungen sowohl primitiver wie in Entwicklung begriffener und bereits entwickelter Gesellschaften haben ergeben, daß die Kinderzahl mit verschiedenen Meßgrößen für den Wert der mütterlichen Zeit negativ korreliert (LOCAY, 1957; MINCER, 1962; MAKHIJA, 1977).

Frauen mit Kindern haben einen Anreiz, Beschäftigungen zu ergreifen, die zur Kinderbetreuung komplementär sind, wie eine Mitarbeit zu Hause im Familienunternehmen oder Lohnnäherei und -weberei in Heimarbeit. Ebenso haben Frauen, die solchen komplementären Tätigkeiten nachgehen, einen Anreiz, Kinder zu bekommen, weil Kinder unter diesen Umständen nicht so viel von ihrer Zeit beanspruchen. Das erklärt beispielsweise, warum Frauen von Milchbauern mehr Kinder haben als Frauen von Getreidebauern: Die Milchwirtschaft hindert sie an Tätigkeiten fern vom Hof, und Arbeit auf dem Hof ist eher komplementär zu Kindern als Arbeit außerhalb des Hofes (SANDER, 1986). Eine neuere Untersuchung für Japan zeigt, daß Frauen, die im eigenen Haushalt einer Lohnarbeit nachgehen oder im Familienunternehmen tätig sind, ungefähr so viele Kinder haben wie Frauen, die nicht arbeiten (OSAWA, 1985).

In den letzten hundert Jahren ist die Geburtenhäufigkeit in allen westlichen Ländern erheblich zurückgegangen. In den USA kommen auf verheiratete Frauen heute im Durchschnitt etwas mehr als zwei Lebendgeburten – im Vergleich zu rund fünfeinhalb Lebendgeburten im Jahre 1880 (US BUREAU OF THE CENSUS, 1977). In Westdeutschland ist die Geburtenrate auf 1,4 gesunken, so daß deutsche Familien sich also bei weitem nicht reproduzieren. Die wirtschaftliche Entwicklung erhöhte die relativen Kosten von Kindern in verschiedener Weise. Die Landwirtschaft schrumpfte, der Wert der für die Kinderversorgung aufgewendeten Zeit erhöhte sich, und die Kinderarbeit verlor in fortgeschrittenen Wirtschaften an Nutzen. Als in den technisch fortgeschrittenen Wirtschaften des 20. Jahrhunderts das Humankapital wichtiger wurde, gingen die Eltern von einer höheren Kinderzahl ab und zu höheren Ausgaben pro Kind über (BECKER, 1981, Kapitel 5).

„Qualität" der Kinder

Der ökonomische Ansatz trägt in einer wichtigen Hinsicht zum Verständnis der Fertilität bei: indem nämlich die „Qualität" der Kinder berücksichtigt wird. Unter „Qualität" verstehen wir Merkmale von Kindern, die in die Nutzenfunktion der Eltern eingehen. Qualität wird empirisch gemessen anhand von Bildung, Gesundheitszustand, Erwerbseinkommen oder Vermögen von Kindern. Obwohl der glückliche Zufall, Erbanlagen, öffentliche Ausgaben und andere von der Familie nicht beeinflußbare Faktoren die Kinderqualität mitbestimmen, hängt diese auch von Entscheidungen der Eltern und anderer Verwandten ab.

Qualität und Zahl der Kinder stehen in Wechselwirkung zueinander, nicht weil sie in der Nutzenfunktion der Eltern besonders nahe Substitute wären, sondern weil der wahre (oder Schatten-)Preis der Zahl zum Teil durch die

Qualität bestimmt ist, und umgekehrt. Die relativen Kosten eines Kindes hängen von der Höhe des Betrages ab, der für das Kind aufgewendet wird; mit anderen Worten, sie hängen von einer Bestimmungsgröße der Qualität des Kindes ab. In ähnlicher Weise hängen die Kosten der Qualitätsverbesserung von der Zahl der Kinder ab, denn eine Erhöhung der Kinderzahl vergrößert die Summe der Beträge, die zur Verbesserung der Qualität jedes Kindes ausgegeben werden müssen. Die Auswirkung der Qualität der Kinder auf die Kosten jedes Kindes und die Auswirkung der Kinderzahl auf die Kosten der Qualitätssteigerung zeigen, daß Zahl und Qualität der Kinder in ihrer Reaktion auf Veränderungen der Kosten von Kindern und des Familieneinkommens in Wechselwirkung stehen.

Um diese Wechselwirkung zu veranschaulichen, stellen wir uns einen Anstieg der Kosten der Kinderzahl vor, der die Nachfrage nach Kindern verringert. Eine Verringerung der Zahl senkt jedoch den Preis der Qualität und regt damit die Nachfrage nach Qualität an. Die Qualitätssteigerung erhöht ihrerseits den Schattenpreis der Kinderzahl noch weiter, was wiederum die Zahl der Kinder weiter verringert, usw., bis ein neues Gleichgewicht erreicht wird. Daher könnte eine mäßige Kostensteigerung die Zahl der Kinder sehr vermindern und deren Qualität sehr verbessern, *selbst wenn in der Nutzenfunktion Zahl und Qualität keine guten Substitute sind.*

Die Wechselwirkung zwischen Zahl und Qualität kann erklären, warum deutliche Rückgänge der Fertilität für gewöhnlich mit deutlichen Verbesserungen der Bildung, des Gesundheitszustandes und anderer Indikatoren der Qualität von Kindern einhergehen (BECKER, 1981, Kapitel 5). Sie erklären auch, warum Zahl und Qualität innerhalb von Familien oft negativ korreliert sind: Belegmaterial aus vielen Ländern zeigt, daß die Zahl der absolvierten Schuljahre sowie der Gesundheitszustand von Kindern negativ mit der Zahl der Geschwister zusammenhängen (DETRAY, 1973; BLAHA, 1981).

Durch den Einfluß der Eltern auf die Qualität ihrer Kinder ergibt sich ein Zusammenhang zwischen familiärer Herkunft und Leistung der Kinder und damit auch ein Zusammenhang zwischen Herkunft und Ungleichheit der Entfaltungsmöglichkeiten sowie zwischen Herkunft und intergenerationeller Mobilität. In der Diskussion über intergenerationelle Mobilität führten Vertreter anderer Sozialwissenschaften das Wort, neuerdings aber setzen Ökonomen die Konzepte der Humankapitalinvestitionen und materiellen Hinterlassenschaften ein, um die Übertragung von Einkommen und Vermögen zwischen Eltern und Kindern zu modellieren (CONLISK, 1974; LOURY, 1981; BECKER und TOMES, 1986). Ihre Modelle zeigen, daß der Zusammenhang z.B. zwischen den Erwerbseinkommen der Eltern und denen der Kinder nicht nur vom jeweils von den Eltern übernommenen biologischen und kulturellen „Erbgut“ abhängt, sondern auch von den Wechselwirkungen zwischen Erbgut, öffentlichen Ausgaben für Kinder und Investitionen der Eltern in die Bildung und anderes Humankapital ihrer Kinder.

Verschiedene empirische Untersuchungen für westliche Länder stellen fest, daß sich die Erwerbseinkommen der Eltern und der Kinder vergleichsweise schnell auf den Mittelwert beider Generationen zu bewegen. Die Enkel von Personen mit sehr hohen Einkommen und die von Personen mit sehr niedrigen Einkommen können ungefähr dieselben Einkommen erwarten (BECKER und TOMES, 1986).

Altruismus in der Familie

Wie bei Ökonomen üblich, kümmere ich mich nicht um das Zustandekommen von Präferenzen, und ich habe auch nicht angegeben, wie die Qualität von Kindern gemessen wird. Eine analytisch brauchbare und plausible Annahme ist die, daß Eltern ihren Kindern gegenüber altruistisch sind. Dabei heißt „altruistisch", daß der Nutzen der Eltern vom Nutzen der Kinder abhängt.

Ökonomen erklären Markttransaktionen für gewöhnlich anhand der Annahme, der einzelne sei eigennützig. Um den berühmten Satz von Smith zu zitieren: „Nicht von dem Wohlwollen des Fleischers, Brauers oder Bäckers erwarten wir unsere Mahlzeit, sondern von ihrer Bedachtnahme auf ihr eigenes Interesse. Wir wenden uns nicht an ihre Humanität, sondern an ihre Eigenliebe, und sprechen ihnen nie von unseren Bedürfnissen, sondern von ihren Vorteilen."

Die Annahme des Eigennutzes in Markttransaktionen hat sich als sehr brauchbar erwiesen, hilft uns aber nicht weiter, wenn wir Familien verstehen wollen. Im Gegenteil, Familienhaushalte unterscheiden sich von Unternehmen und anderen Organisationen hauptsächlich dadurch, daß die Allokation innerhalb von Familien großteils durch Altruismus und dementsprechende Verpflichtungen bestimmt wird, während die Allokation in Unternehmen großteils durch implizite oder explizite Verträge zwischen eigennützigen Mitgliedern bestimmt wird. Da Familien mit dem Staat um die Verfügung über Ressourcen konkurrieren, suchen totalitäre Regierungen sich der Loyalität ihrer Bürger oft dadurch zu versichern, daß sie gegen Familientraditionen und die starken Bindungen innerhalb von Familien zu Felde ziehen.

Die schon erwähnte Präferenz für eigene Kinder spricht für besondere Gefühle gegenüber den eigenen Kindern. Die Opfer von Eltern, die ihren Kindern helfen wollen, aber auch das umgekehrte Phänomen, sowie die Liebe, die Ehepartner in vielen Fällen verbindet, deuten auf die hochgradig persönlichen Beziehungen in Familien hin, die in anderen Organisationen üblicherweise nicht zu finden sind (BEN-PORATH, 1980; POLLAK, 1985).

Obwohl Altruismus ein wesentlicher Integrationsfaktor in Familien ist, wird er erst neuerdings Gegenstand systematischer Analyse, und viele seiner Effekte stehen noch gar nicht fest. Ein bemerkenswertes Ergebnis, das sogenannte „Rotten-kid-Theorem", erklärt die Koordination der Entscheidungen von Familienmitgliedern, wenn Altruismus zwar vorhanden, aber in seinem

Umfang begrenzt ist. Insbesondere haben die Mitglieder einer Familie dann, wenn eines von ihnen den anderen gegenüber genügend altruistisch ist, um auf jedes von ihnen Zeit oder Geld zu verwenden, einen Anreiz, die Wohlfahrt der Familie insgesamt zu betrachten, *selbst wenn sie völlig eigennützig sind*.

Um uns das vor Augen zu führen, stellen wir uns eine Mutter vor, die ihren zwei Kindern, Tom und Jane, gegenüber altruistisch ist und jedem, sagen wir, 200 Dollar schenkt. Nehmen wir an, Tom kann etwas tun, was ihm 50 Dollar einbringt, für Jane jedoch einen Schaden von 100 Dollar bedeutet; ein eigennütziger Tom würde dann wohl entsprechend handeln wollen, sofern es nicht herauskäme, daß er für die Veränderung der Lage von Jane verantwortlich ist (und er daher auch nicht bestraft würde). Allerdings fiele der Nutzen des Familienoberhaupts durch Toms Handeln geringer aus, weil das Familieneinkommen um 50 Dollar vermindert würde. Ist Altruismus ein „superiores Gut“, so wird das Familienoberhaupt den Nutzen beider Begünstigten verringern, wenn sein eigener Nutzen geringer wird. Sollte Tom also entsprechend handeln, so würde die Mutter ihr Geschenk an ihn von 200 Dollar auf weniger als 150 Dollar kürzen und ihr Geschenk an Jane auf unter 300 Dollar erhöhen. Im Endergebnis wäre Tom als Folge seines Handelns schlechter gestellt.

Infolgedessen wird ein eigennütziger Tom, der die Reaktion seiner Mutter richtig vorhersieht, die entsprechende Handlung unterlassen, auch wenn die Mutter vielleicht gar nicht versucht, ihn zu „bestrafen“, da sie gar nicht wissen muß, daß Tom die Ursache für Janes Einbuße und seinen eigenen Gewinn ist. Dieses Theorem setzt lediglich voraus, daß das Familienoberhaupt die Ergebnisse sowohl für Tom wie für Jane kennt und „das letzte Wort“ hat (der Ausdruck stammt von HIRSHLEIFER, 1977).

Unter bestimmten Umständen ergänzt daher eine unsichtbare Hand des Altruismus Adam Smiths unsichtbare Hand des Eigennutzes. Die automatischen Reaktionen eines Altruisten veranlassen dann selbst eigennützige Begünstigte, so zu handeln, als ob sie altruistisch wären, und Zielen zu dienen, die nicht in ihrer Absicht liegen. In derselben Weise läßt auch ein wohlfunktionierender Markt eigennützige Teilnehmer so handeln, als ob sie altruistisch wären, und zum allgemeinen Wohl beitragen, obwohl das nicht zu ihren eigennützigen Präferenzen gehört.

Wenngleich dieses Theorem auch dann anwendbar ist, wenn Kinder und andere Begünstigte einander beneiden, schließt es Konflikte in Familien mit Altruismus nicht aus. Bei selbstsüchtigen Kindern ist z.B. mit Rivalität unter Geschwistern dann zu rechnen, wenn sie größere Geschenke von ihren Eltern erwarten. Jedes einzelne Kind will dann die Eltern von seinen besonderen Verdiensten überzeugen. Konflikte entstehen auch, wenn verschiedene Familienmitglieder denselben Begünstigten gegenüber, nicht aber untereinander altruistisch sind. Wenn z.B. Eltern Kindern gegenüber, aber nicht gegeneinander altruistisch sind, so ist es für jeden Elternteil vorteilhaft, wenn der andere mehr für die Kinder ausgibt. Eltern, die zusammenleben, können sich ohne weiteres über die Aufteilung der Belastung einigen, für geschiedene Eltern jedoch kann hier durchaus ein größerer Konflikt entstehen. Elternteile ohne Sorgerecht (für gewöhnlich Väter) sind in ihren Unterhaltszahlungen für die Kinder oft säumig, teilweise um die Unterhaltspflicht auf den sorgeberechtigten Elternteil abzuschieben (vgl. die Ausführungen in WEISS und WILLIS, 1985).

Die Annahme des Altruismus vermittelt uns viele Einsichten in Familienverhalten. So ist in altruistischen Familien eine effiziente Arbeitsteilung ohne den üblichen Prinzipal-Agent-Konflikt möglich, weil egoistische ebenso wie altruistische Angehörige die Interessen anderer Angehöriger berücksichtigen. Oder: Entgegen anderslautender Meinung sind in altruistischen Familien Hinterlassenschaften an Kinder keine vollkommenen Substitute für Geschenke unter Lebenden. Hinterlassenschaften übertragen nicht nur Ressourcen auf Kinder, sondern bilden für die Kinder auch einen Anreiz, die Interessen ihrer betagten Eltern zu berücksichtigen, weil in diesem Fall die Eltern „das letzte Wort" haben (BECKER, 1981, Kapitel 5; auch BERNHEIM, SCHLEIFFER und SUMMERS, 1985).

Geschlechtsspezifische Arbeitsteilung

Praktisch in allen Gesellschaften gibt es eine strenge Arbeitsteilung zwischen Mann und Frau. Historisch ist die Frau in erster Linie für die Kindererziehung verantwortlich, der Mann in erster Linie für Jagd und Kampf. Selbst dort, wo sowohl Männer als auch Frauen in Landwirtschaft, Handel oder anderen Tätigkeiten für den Markt beschäftigt waren, hatten sie im allgemeinen unterschiedliche Aufgaben (BOSERUP, 1970).

In Familien kann man eine weitgehende Arbeitsteilung erwarten, nicht nur, weil der Altruismus den Anreiz zu bummeln und zu schwindeln mindert (vgl. den letzten Abschnitt), sondern auch wegen der zunehmenden Erträge von Investitionen in spezifisches Humankapital, z.B. in Fertigkeiten, die bei der Kindererziehung oder bei marktorientierter Tätigkeit besonders nützlich sind. Spezifisches Humankapital fördert die Spezialisierung, weil die Investitionskosten teilweise (oder völlig) unabhängig von der für den Einsatz des Kapitals aufgewendeten Zeit sind. Beispielsweise erzielt jemand einen höheren Ertrag seiner medizinischen Ausbildung, wenn er mehr Zeit auf seine medizinische Praxis verwendet. Ebenso ist eine Familie effizienter, wenn die Angehörigen ihre Zeit unterschiedlichen Tätigkeiten widmen und jeder hauptsächlich in das spezifische Kapital, das seiner Tätigkeit entspricht, investiert (BECKER, 1981, 1985; zur Anwendung dieses Arguments außerhalb von Familien vgl. ROSEN, 1981, und insbesondere MURPHY, 1986).

Aus der Vorteilhaftigkeit der Arbeitsteilung innerhalb der Familie allein folgt noch nicht, daß die Frau die Kindererziehung und andere häusliche

Aufgaben übernimmt. Vielmehr bewirkt der Ertrag spezialisierter Investitionen die traditionelle Arbeitsteilung der Geschlechter, wenn die Frau einen komparativen Vorteil bei Schwangerschaft und Kindererziehung hat oder wenn die Frau hinsichtlich marktorientierter Tätigkeit diskriminiert ist. Eine geschlechtsspezifische Arbeitsteilung trennt die Tätigkeiten der Männer von denen der Frauen, und durch diese Trennung läßt sich Diskriminierung wirksam vermeiden (BECKER, 1971). Daher können bereits geringfügige Unterschiede der komparativen Vorteile oder eine geringfügige Diskriminierung der Frau eine strenge Arbeitsteilung zwischen den Geschlechtern bewirken.

Bis in die neueste Zeit war diese Arbeitsteilung der Geschlechter in westlichen Ländern extrem ausgeprägt; z.B. waren im Jahre 1890 weniger als fünf Prozent der verheirateten Frauen in den USA erwerbstätig. 1981 hingegen waren über 50 Prozent sogar der verheirateten Frauen mit Kindern unter sechs Jahren erwerbstätig (SMITH und WARD, 1985). Allerdings unterscheiden sich die Beschäftigungen der unselbständig erwerbstätigen Männer und Frauen immer noch merklich, und es sind immer noch die Frauen, die den größten Teil der Kindererziehung und anderer häuslicher Tätigkeiten erledigen (siehe das *Journal of Labor Economics*, Januar 1985).

Die starke Zunahme der Erwerbstätigkeit verheirateter Frauen im 20. Jahrhundert ist hauptsächlich auf die wirtschaftliche Entwicklung zurückzuführen, die eine Umgestaltung der westlichen Wirtschaften bewirkte. Der Übergang zu bezahlter Arbeit wird durch den Anstieg der Verdienstmöglichkeiten für Frauen begünstigt (MINCER, 1962). Außerdem ermöglichte die Zunahme der Büroarbeit bzw. der Arbeitsplätze im Dienstleistungssektor den Frauen eine größere Flexibilität bei der Kombination von bezahlter Arbeit und Kindererziehung (GOLDIN, 1984). Noch dazu erleichterte der starke Rückgang der Familiengröße (siehe Abschnitt 2) entschieden die Erwerbstätigkeit der verheirateten Frau. Natürlich verminderte diese Berufstätigkeit gleichzeitig die Zahl der Schwangerschaften.

Ehescheidung

Da die Frau sich auf die Kindererziehung spezialisiert hat, bedeutet eine Scheidung bzw. der Tod ihres Partners für sie eine ökonomische Gefährdung. Diese Gefährdung erkennen alle Gesellschaften an, indem sie den Abschluß eines langfristigen Vertrages, genannt „Ehe“, zwischen Mann und Frau verlangen, wenn diese im Rahmen der Gesetze eine Familie bilden und Kinder haben wollen. In christlichen Gesellschaften konnten diese Verträge oft nicht gelöst werden, es sei denn durch Ehebruch, Verlassen des Ehepartners oder Tod. Im Islam und in Asien konnten sie auch aus anderen Gründen gelöst werden, doch waren dort die Ehemänner verpflichtet, ihren Frauen eine Entschädigung zu zahlen, wenn sie sich grundlos scheiden ließen.

Scheidungen haben in westlichen Ländern im Laufe unseres Jahrhunderts erstaunlich rasch zugenommen. Vor 1850 war in England die Ehescheidung grundsätzlich nicht gestattet (HOLLINGSWORTH, 1965), wogegen heute fast 30 Prozent der Ehen in einer Scheidung enden – noch höher ist dieser Prozentsatz in den USA, Schweden und einigen anderen westlichen Ländern (siehe United Nations, 1977). Wie läßt sich dieser enorme Anstieg der Scheidungen in relativ so kurzer Zeit erklären?

Aus der Perspektive nutzenmaximierenden Rationalverhaltens folgt, daß jemand eine Scheidung dann wünscht, wenn der erwartete Nutzen aus dem Weiterbestand der Ehe geringer ist als der erwartete Nutzen einer Scheidung, wobei dieser zweitgenannte Nutzen auch durch die Aussichten auf eine Wiederverehelichung bestimmt wird. Tatsächlich geht die Mehrzahl aller geschiedenen Personen in westlichen Ländern über kurz oder lang eine neue Ehe ein (BECKER, LANDES und MICHAEL, 1977). Dieses einfache Kriterium ist nicht rein tautologisch, denn mit seiner Hilfe lassen sich verschiedene Bestimmungsfaktoren der Vorteilhaftigkeit des Fortbestandes einer Ehe erfassen.

Manche Menschen erleben eine Enttäuschung, weil ihre Partner sich als weniger begehrenswert erweisen, als ursprünglich angenommen. Daß neue Information eine wichtige Ursache von Scheidungen ist, besagt der große Anteil von Ehescheidungen innerhalb der ersten Ehejahre. Obwohl wahrscheinlich bei den meisten Scheidungen eine Enttäuschung mitspielt, läßt sich der starke Anstieg der Scheidungsraten in den letzten 20 Jahren dennoch nicht durch die plötzliche Verschlechterung im Informationsprozeß erklären. Wir halten uns besser an die Faktoren, die die Vorteile der Aufrechterhaltung einer unvollkommenen Ehe beseitigt haben.

Der Rückgang der Fertilität begünstigt die Ehescheidung, denn die Vorteile des Verheiratetbleibens sind größer, wenn kleine Kinder betroffen sind. Umgekehrt ging die Fertilität zum Teil deshalb zurück, weil Scheidungen wahrscheinlicher wurden: Ehepaare werden eine geringere Neigung verspüren, sich Kinder anzuschaffen, wenn sie mit einer Scheidung rechnen (entsprechendes Belegmaterial siehe ebenda). Weiters stiegen die Scheidungsraten infolge der vermehrten Erwerbstätigkeit verheirateter Frauen. Damit verringerte sich die geschlechtsspezifische Arbeitsteilung, und die Frauen wurden finanziell unabhängiger. Gleichzeitig nimmt die Erwerbstätigkeit der verheirateten Frauen zu, wenn Scheidungen wahrscheinlicher werden, denn dann sind verheiratete Frauen bemüht, sich Fertigkeiten anzueignen, die ihre Einkommen erhöhen, wenn sie nach einer Scheidung selbst für ihren Unterhalt sorgen müssen.

Folgerungen für die Politik

Als nützlich erweist sich die ökonomische Analyse der Familie auch bei der Ermittlung der Effekte von Sozialversicherung, Budgetdefiziten, Subventionen im Erziehungs- und Bildungswesen und anderen politischen Maßnahmen. Betrachten wir einige Beispiele.

In den meisten westlichen Ländern steigen die Transferzahlungen, mit denen arme Familien rechnen können – also die Sozialhilfe –, mit der Zahl der Kinder in der Familie. Solch ein System erhöht die Zahl der Kinder in armen Familien dadurch, daß es deren Kosten senkt. Da Sozialtransferzahlungen für gewöhnlich umso höher sind, je ärmer die Familie ist, erhöhen sie auch die Ressourcen mittelloser lediger Frauen relativ zu denen verheirateter Frauen. Das hält tendenziell von Eheschließungen ab und begünstigt Trennungen und Scheidungen. Insofern begünstigt die Sozialhilfe Geburten von Kindern lediger Mütter. Einer neueren Untersuchung für die USA zufolge haben die Sozialtransferzahlungen den Anteil außerehelicher Geburten bei mittellosen weißen und schwarzen Frauen signifikant erhöht (BERNSTROM, MIKHAIL und SWAN, 1986).

Natürlich wirkt sich jede politische Maßnahme irgendwie nachteilig auf Anreize aus. Ein politisches Programm kann aber immer noch wünschenswert sein, wenn die Vorteile im Vergleich zu den negativen Anreizeffekten groß sind. Oft wird angenommen, daß Sozialtransferzahlungen Bildung, Gesundheit und anderes Humankapital armer Kinder verbessern. Das klingt plausibel, denn ein Teil dieser Zahlungen wird wahrscheinlich für die Kinder ausgegeben.

Dennoch können Sozialtransferzahlungen Familieneinkommen senken, wenn sie nämlich von Eheschließungen abhalten. Denken wir außerdem an die Analyse der Zusammenhänge zwischen Qualität und Zahl der Kinder. Eine größere Zahl von Kindern in armen Familien erhöht die Kosten der Verbesserung der Qualität dieser Kinder. Die Zuwendung, die jedem einzelnen Kind zuteil wird, könnte sehr wohl abnehmen, wenn die Zahl der Kinder, die Zuwendung brauchen, größer wird. Aus dem Zusammenhang zwischen Qualität und Zahl folgt daher, daß der positive Effekt der Sozialtransferzahlungen hinsichtlich der Kinderzahl sich negativ auf das Wohl jedes einzelnen Kindes auswirken wird. Selbst wenn das Familieneinkommen steigt, könnten paradoxerweise Sozialtransferzahlungen das Wohl jedes einzelnen Kindes in Familien, die Sozialhilfeempfänger sind, vermindern.

Die Auswirkungen von Sozialtransferzahlungen auf Kinder sind empirisch wenig erforscht. Insbesondere ist mir kein Material bekannt, das für die USA deutliche positive Effekte von Sozialhilfezahlungen auf das Wohl der Kinder in mittellosen Familien belegen würde.

Sozialversicherungszahlungen an alte Menschen sind in allen westlichen Ländern in den letzten 50 Jahren rasch gestiegen. Ökonomen machen sich

Gedanken über die Auswirkungen dieser Zahlungen auf das private Sparen. Junge Leute müssen heutzutage nicht mehr so viel sparen, um für ihr Alter vorzusorgen, weil sie mit einem Einkommen aus der Sozialversicherung rechnen (vgl. das Argument bei FELDSTEIN, 1974). Allerdings berücksichtigt diese Analyse nicht, daß junge Leute, die zum Zwecke der Unterstützung der älteren Generation besteuert werden, deren Kinder oder Enkel sind. Es ist also die Sozialversicherung eine mittelbare Form der Unterstützung der älteren Generationen einer Familie durch die jüngeren.

Im Endeffekt ist die Sozialversicherung regelrecht eine von Kindern zu entrichtende Steuer, die für den Unterhalt ihrer Eltern verwendet wird. Altruistische Eltern aber würden bestrebt sein, die Wirkung der Steuer auf ihre Kinder durch Vergrößerung von Geschenken und Hinterlassenschaften an diese auszugleichen. BARRO (1974) und andere haben in einfachen Modellen gezeigt, daß Ausgleichszahlungen alter Eltern an ihre Kinder die Steuern für die Jungen vollständig aufwiegen. In diesem Fall führt die Sozialversicherung nicht zu einem Rückgang der privaten Spartätigkeit. Empirische Untersuchungen konnten denn auch nicht immer einen deutlich negativen Effekt der Sozialversicherung auf die privaten Ersparnisse feststellen (vgl. die Belege bei BARRO, 1978, und MUNNELL, 1974).

Die ökonomische Analyse der Familie liefert weitere Erkenntnisse über die Wirkungen der Sozialversicherung. Eine Besteuerung der Jungen zum Zweck der Finanzierung von Transferzahlungen an die ältere Generation senkt die Nettolöhne der Kinder, was für altruistische Eltern die vollen Kosten von Kindern erhöht. Ein Kostenanstieg läßt die Nachfrage nach Kindern zurückgehen. Durch die Wechselwirkungen zwischen Qualität und Zahl der Kinder steigen überdies die Ausgaben für jedes einzelne Kind, wenn die Zahl der Kinder kleiner wird.

Eine genauere Analyse der Sozialversicherung erbringt daher noch erstaunlichere Resultate als das „ricardianische Äquivalenztheorem“ einfacher Modelle. Sozialversicherung senkt die Geburtenziffern und erhöht die Ersparnisse und die Kapitalsummen pro Kopf, die nachfolgenden Generationen vererbt werden. Vielleicht hat der rasche Anstieg der Sozialversicherungszahlungen in westlichen Ländern in den letzten 50 Jahren die niedrigen Geburtenziffern während dieser Zeit mitverursacht (ausführlicher behandelt ist diese Frage bei BECKER und BARRO, 1985).

In den letzten Jahrzehnten wurden in westlichen Ländern die Scheidungsgesetze erheblich gelockert. So ist in den meisten Staaten der USA für eine Ehescheidung inzwischen weder Einvernehmlichkeit noch Verschulden eines Ehepartners erforderlich. Einzelstaaten gestatten vielmehr die einseitige Scheidung oder Scheidung aufgrund behaupteter Zerrüttung der Ehe, so daß Männer wie Frauen eine Scheidung ohne Einwilligung des Ehepartners und ohne einen Nachweis schuldhaften Verhaltens erwirken können. Viele sehen in dieser Liberalisierung der Scheidungsgesetze eine wichtige Ursache der hohen gegenwärtigen Scheidungsquoten.

Bei tiefergreifender Analyse jedoch drängen sich erhebliche Zweifel an dieser Schlußfolgerung auf. Selbst radikale Änderungen der Scheidungsgesetze erhöhen die Wahrscheinlichkeit einer Scheidung nicht signifikant. Zum Beweis dieser Behauptung stellen wir uns vor, Tom würde im Fall einer Scheidung das „Vermögensäquivalent" von 80.000 Dollar und seine Ehefrau Jane, sagen wir, 50.000 Dollar erwarten. Nehmen wir weiters an, daß ihr gemeinsames „Vermögen" bei Aufrechterhaltung der Ehe 150.000 Dollar beträgt und davon zunächst jedem der beiden die Hälfte zugesprochen wird. Ist Einvernehmlichkeit der Scheidung erforderlich, so würde Jane nicht einwilligen, denn eine Scheidung würde ihr Vermögen um 25.000 Dollar vermindern. Nun könnte man meinen, daß Tom sich scheiden läßt, wenn die Möglichkeit einer einseitigen Scheidung gegeben ist, weil die Scheidung sein Vermögen um 5.000 Dollar erhöhen würde. Kann aber an der Halbierung des ehelichen Vermögens etwas geändert werden, so könnte Jane ihren Anteil auf, sagen wir, 40 Prozent, vermindern, was Toms Vermögen bei aufrechterhaltener Ehe auf 90.000 Dollar erhöhen würde. Dann sind beide Partner besser gestellt, wenn sie verheiratet bleiben, und würden sich nicht scheiden lassen. Gleichgültig, ob der Grundsatz der Einvernehmlichkeit oder das Zerrüttungsprinzip gilt: Hier kommt es nicht zur Scheidung.

Dieses Beispiel läßt sich zu dem Schluß verallgemeinern, daß Scheidungsraten weitgehend unabhängig von den Scheidungsgesetzen sind (vorausgesetzt wird die Möglichkeit einer Scheidung). Skeptiker könnten einwenden, dieser Schluß mache sich gut nur im Elfenbeinturm der Theorie, wo gekränkte Ehefrauen und -männer nicht rachsüchtig sind. Um herauszufinden, ob die Wirklichkeit dem Elfenbeinturm entspricht, stellte ich eine einfache Untersuchung über die Veränderung der Scheidungsraten in Kalifornien an, nachdem dieser Staat als erster die gesetzliche Möglichkeit der einseitigen Scheidung eingeführt hatte. Ich konnte keinen nachhaltigen Anstieg der Scheidungsrate infolge dieses Gesetzes feststellen (BECKER, 1981, Kapitel 10). Auch ELIZABETH PETERS (1986) kann in ihrer systematischen und empirischen Analyse für alle Staaten der USA keinen positiven Effekt der einschlägigen Gesetze über einseitige Scheidung auf die Scheidungsraten feststellen.

Allerdings hat der Trend zur gesetzlichen Einführung der einseitigen Scheidung die ökonomische Position geschiedener Frauen verschlechtert. Das Erfordernis der Einvernehmlichkeit zwingt den Ehemann, der eine Scheidung wünscht, dazu, seine Ehefrau zu „bestechen", um deren Einwilligung zu erhalten. Im Unterschied hierzu braucht er ihr nichts anzubieten, wenn er sich einseitig scheiden lassen kann. Da Männer an Scheidungen mehr interessiert sind als Frauen, würde die Ersetzung der einvernehmlichen durch die einseitige Scheidung geschiedene Frauen benachteiligen. Die Untersuchung von Peters ebenso wie eine Untersuchung der Scheidungen in Kalifornien durch die Soziologin LENORE WEITZMAN (1985) bestätigten auch diese Folgerung aus der Theorie.

Schlußbemerkungen

Familien tätigen nicht nur Ausgaben, sie sind auch wichtige Produzenten. Ihre vornehmste Aufgabe ist die Schaffung zukünftiger Generationen durch die Erzeugung und Erziehung von Kindern, wenngleich sie auch dabei mitwirken, ihre Angehörigen vor Krankheit, den Unbilden des Alters, vor Arbeitslosigkeit und anderen Risiken des Lebens zu schützen.

Familien entledigen sich dieser Aufgaben mit Hilfe von Altruismus, Gefühlen der Zusammengehörigkeit und Verhaltensnormen statt mit Hilfe von Verträgen, wie sie in Unternehmen zu finden sind. Altruismus und Zusammengehörigkeitsgefühl sind Begriffe, die in der Analyse von Markttransaktionen keine breite Verwendung gefunden haben, und wir beginnen eben erst, ihre Tragweite zu erfassen. Freilich müssen die Zusammenhänge unbedingt viel vollständiger erfaßt werden, bevor sich Verhalten und Entwicklung von Familien eingehend analysieren lassen.

Unternehmen und Familien stehen bei der Organisation von Produktion und Verteilung von Gütern und Leistungen in Wettbewerb miteinander. Diese Aktivitäten wechseln zwischen ihnen hin und her, je nachdem wie Skalenerträge, Prinzipal-Agent-Probleme und andere Momente es diktieren. Familienunternehmen, die die Produktion für den Markt mit der Produktion für ihre Angehörigen verbinden, herrschen in der Landwirtschaft und vielen Sparten des Einzelhandels vor. Vermutlich sind solche Mischformen der Organisation wichtig, wenn Altruismus und Zusammengehörigkeitsgefühl für die Organisation der Produktion für den Markt wirkungsvoller sind als Verträge (BECKER, 1981, Kapitel 8; POLLAK, 1985) und wenn Erzeugung und Erziehung von Kindern sich zur Produktion für den Markt komplementär verhalten.

Obwohl die Familie der westlichen Welt sich während der letzten 30 Jahre drastisch verändert hat, wären Nachrufe auf sie entschieden verfrüht. Noch immer erzeugen und erziehen Familien Kinder und bleiben für ihre Angehörigen bei Krankheit, Arbeitslosigkeit und vielen anderen Risiken ein wichtiger Schutzfaktor. Die soziale Rolle der Familie wird sich in der Zukunft weiter verändern. Doch bin ich zuversichtlich, daß sie weiterhin vorrangig für Kinder verantwortlich sein wird und daß weiterhin Altruismus und Zusammengehörigkeitsgefühl Eltern und Kinder verbinden werden.

Literatur

BARRO, R. J. (1974), „Are Government Bonds Net Wealth?", *Journal of Political Economy*, 82 (6).

–, (1978), *The Impact of Social Security on Private Saving: Evidence from the U.S.Time Series*, Washington, DC.

BECKER, G. S. (1971), *The Economics of Discrimination*, 2. Auflage, Chicago

(deutscher Auszug in *Der ökonomische Ansatz zur Erklärung menschlichen Verhaltens,* Tübingen 1982).
–, (1981), *A Treatise on the Family*, Cambridge, MA.
–, (1985), „Human Capital, Effort, and the Sexual Division of Labor", *Journal of Labor Economics*, 3.
–, und BARRO, R. J. (1985), „A Reformulation of the Economic Theory of Fertility", Discussion Paper 85–11, Economics Research Center/NORC.
–, LANDES, E. M. und MICHAEL, R. T. (1977), „An Economic Analysis of Marital Instabiliy", *Journal of Political Economy*, 85.
–, und TOMES, N. (1986), „Human Capital and the Rise and Fall of Families", *Journal of Labor Economics*, 4 (3, part 2).
BERNHEIM, B. D., SCHLEIFFER, A. und SUMMERS, L. H. (1985), „The Strategic Bequest Motive", *Journal of Political Economy*, 93, 1045–76.
BERNSTROM, M. S. und SWAN, P. L. (1986), „The Production of Children as Claims on the State: A Comprehensive Labor Market Approach to Illegitimacy in the United States, 1960–1980", Working Paper E-86–1, Domestic Studies Program, Hoover Institution.
BEN-PORATH, Y. (1980), „The F-Connection: Families, Friends, and Firms and the Organization of Exchange", *Population and Development Review*, 6.
BLAKE, J. (1981), „Family Size and the Quality of Children", *Demography*, 18.
BOSERUP, E. (1970), *Women's Role in Economic Development*, London.
CENTRAL STATISTICS OFFICE (1985), *Population and Labour Force Projections 1986–1991*, Dublin.
CONLISK, J. (1974), „Can Equalization of Opportunity Reduce Social Mobility?", *American Economic Review*, 64.
DETRAY, D. N. (1973), „Child Quality and the Demand for Children", *Journal of Political Economy*, 81 (2, part 2).
FELDSTEIN, M. (1974), „Social Security, Induced Retirement, and Aggregate Capital Accumulation", *Journal of Political Economy*, 82.
GARNER, B. (1973), „Economics of the Size of North Carolina Rural Families", *Journal of Political Economy*, 81 (2, part 2).
GOLDIN, C. (1984), „The Historical Evolution of Female Earnings Functions and Occupations", *Explorations in Economic History*, 21 (1).
HAJNAL, H. J. (1953), „Age at Marriage and Proportions Marrying", *Population Studies*, 8.
HIRSCHLEIFER, J. (1977), „Shakespeare vs. Becker on Altruism: The Importance of Having the Last Word", *Journal of Economic Literature*, 15 (2).
HOLLINGSWORTH, T. H. (1965), „The Demography of British Peerage", *Population Studies*, 18.
JAFFE, A. J. (1940), „Differential Fertility in the White Population in Early America", *Journal of Heredity*, 31 (9).
LOCAY, L. (1957), „Population Density of the North American Indians", Ph.D. Dissertation, University of Chicago.
LOURY, G. C. (1981), „Intergenerational Transfers and the Distribution of Earnings", *Econometrica*, 49 (4).
MAKHIJA, I. (1977), „The Economic Contribution of Children and Its Effects on Fertility and Schooling: Rural India", Ph.D. Dissertation, University of Chicago.
MINCER, J. (1962), „Labor Force Participation of Married Women" in *Aspects of Labor Economics*, Universities–National Bureau Committee for Economic Research, Nr. 14, Princeton.
MUNNELL, A. H. (1974), *The Effect of Social Security on Personal Saving*, Cambridge, MA.

MURPHY, K. M. (1986), „Equilibrium Specialization", Ph.D. Dissertation, University of Chicago.

OSAWA, M. (1985), „Economic Determinants of the Fertility Decision of Japanese Women in the Post-WWII Period", Referat auf der Jahrestagung der PAA (April), Boston.

PETERS, E. H. (1986), „Informational Constraints and Private Contracting: The Case of Marriage and Divorce", *American Economic Review*, 76.

POLLAK, R. A. (1985), „A Transaction Cost Approach to Families and Households", University of Pennsylvania.

ROSEN, S. (1981), „Division of Labor and the Production of Comparative Advantage", Discussion Paper 81–10, Economics Research Center/NORC.

SANDER, W. (1986), „Farm Family Fertility in the United States", *Quarterly Journal of Economics*, 101.

SMITH, J. P. und WARD, M. P. (1985), „Time Series Growth in the Female Labor Force", *Journal of Labor Economics*, 3, Suppl.

UNITED NATIONS (1977), *Demographic Yearbook*, New York.

US BUREAU OF THE CENSUS (1977), *Current Population Reports*, Series P-20, Nr. 308; Fertility of American Women, Juni 1976, Washington, DC.

WALSH, B. (1985), „Marriage in the Twentieth Century" in A. Cosgrove, Hrsg., *Marriage in Ireland*, Dublin.

WEISS, Y. und WILLIS, R. (1985), „Children as Collective Goods and Divorce Settlements", *Journal of Labor Economics*, 3.

WEITZMAN, L. (1985), *The Divorce Revolution: The Unexpected Social and Economic Consequences for Women and Children in America*, New York–London.

Familienökonomik und Makro-Verhalten*

(1988)

Ich finde es verlockend, das Publikum, das hier durch eine Presidential address festgehalten ist, dazu zu benützen, mich über den beklagenswerten Zustand der Wirtschaftswissenschaft zu verbreiten. Wahrscheinlich werden Sie zu dem Schluß kommen, ich sei dieser Verlockung erlegen. Ich bin mir aber bewußt, daß das Glück, mit dem ich Präsident unserer Vereinigung wurde, mir nicht automatisch die Weisheit verleiht, um die gesamte Wirtschaftswissenschaft zu beherrschen. Ich werde mein Möglichstes tun, bei meinem Leisten zu bleiben. Und seit vielen Jahren widme ich einen guten Teil meiner Forschungstätigkeit den Humankapitalinvestitionen und der Untersuchung von Familienverhalten.

Moderne Ökonomen haben das Verhalten von Familien bis in die 50er Jahre hinein vernachlässigt. Seither hat man die ökonomische Analyse herangezogen, um zu erklären, wer wen heiratet, ob und wann man sich scheiden läßt, wie Kinderzahl und Investitionen in das Humankapital pro Kind, wie Ausmaß und Zeitprofil der Erwerbstätigkeit verheirateter Frauen zustandekommen, wann betagte Eltern der Unterstützung durch ihre Kinder bedürfen, und viele andere Familienentscheidungen. Ich glaube (muß ich Sie an meine Voreingenommenheit erinnern?), den Schluß ziehen zu dürfen, daß der ökonomische Ansatz wichtige Erkenntnisse zur Erklärung des starken Rückganges der Geburtenraten während der letzten 100 Jahre, der raschen Zunahme der Erwerbstätigkeit verheirateter Frauen seit den 50er Jahren, des explosiven Anstiegs der Scheidungsraten während der letzten zwei Jahrzehnte und anderer wesentlicher Veränderungen in der Familie liefert. Heute ist die Familienökonomik ein angesehenes, im Wachsen begriffenes Gebiet.

Aber vielleicht weil die Familienökonomik ein neues Gebiet ist, ist die Literatur, die deren Bedeutung für andere Teilbereiche der Ökonomik behan-

---

* Presidential address, gehalten auf der einhundertsten Konferenz der American Economic Association am 29. Dezember 1987 in Chicago, IL. Wertvolle Kommentare zu dieser Arbeit machten Robert Barro, Edward Prescott, Sherwin Rosen, George Stigler und Robert Townsend. Finanzielle Unterstützung erhielt ich von der National Science Foundation (Grant SES-8520258) sowie vom National Institute for Child Health and Development (Grant SSP 1 R 37 HD 22054). Als Forschungsassistent war mir Michael Gibbs in nützlicher Weise behilflich.

delt, erst wenig umfangreich. Die Familie ist eine so wichtige Institution, daß Fortschritte in der Erforschung ihres Verhaltens Rechtfertigung genug für jede Wissenschaft wären. Doch die meisten Ökonomen einschließlich der hier versammelten Zuhörer interessieren sich nicht sonderlich für Familienverhalten. Ihr Interesse muß angeregt werden durch einen Nachweis, daß eine Untersuchung des Familienverhaltens die Analyse anderer Probleme erleichtert.

In dieser Ansprache versuche ich, Ihr Interesse wach zu halten, indem ich der Frage nachgehe, welchen Beitrag die Fortschritte in der Familienökonomik zur Makroökonomik leisten. Das ist eine Herausforderung nicht nur, weil Makro-Verhalten ein zentraler Teil der Ökonomik ist, sondern auch, weil sein Zusammenhang mit der Familie lose und nebensächlich scheinen mag. Unter Makroökonomik verstehe ich die Analyse volkswirtschaftsweiten Verhaltens. Einen guten Teil meiner Zeit verwende ich auf langfristiges Wirtschaftswachstum, aber ich werde auch kurze und lange Zyklen wirtschaftlicher Tätigkeit erörtern ebenso wie die Interaktion zwischen überlappenden Generationen im Wege der Sozialversicherung, die Transmission von Ungleichheit, und was dergleichen mehr ist.

Natürlich kann ein Referat selbst eines Makro-Experten diesen Themen nicht gerecht werden, und ich maße mir gar nicht an, solch ein Experte zu sein. Meine Absicht ist es, Ihnen zu der Erkenntnis zu verhelfen, daß viele Schlußfolgerungen in diesem und vermutlich in anderen Makro-Bereichen sich von Grund auf ändern, wenn Familienentscheidungen die Aufmerksamkeit bekommen, die sie verdienen. Ich bitte um Nachsicht für den technischen Charakter mancher meiner Ausführungen, der in einer Presidential address fehl am Platz scheinen mag.

I. Das malthusische und das neoklassische Modell

Will man den Zusammenhang zwischen Wirtschaftswachstum und Familie betrachten, so fängt man natürlich bei der berühmten Untersuchung von Thomas Malthus an. Man spricht für gewöhnlich von der malthusischen Theorie des Bevölkerungswachstums, doch wäre es passend, sie als malthusische Theorie der Löhne und des Durchschnittseinkommens zu bezeichnen. Malthus' erste Monographie mit dem Untertitel „Mit Bemerkungen über die Spekulationen von Mr. Godwin, M. Condorcet und anderen Schriftstellern" beginnt mit einem Einwand gegen die Schlußfolgerung dieser Autoren, daß die wirtschaftliche Situation der Menschheit sich im Zeitverlauf verbessern werde. Im Zuge seiner Widerlegung ihrer Argumente entwickelt Malthus seine berühmte Theorie des Bevölkerungswachstums und gelangt zu viel pessimistischeren Ergebnissen hinsichtlich der langfristigen wirtschaftlichen Aussichten der Durchschnittsfamilie.

Sie werden sich erinnern, daß das Modell von Malthus abnehmende Erträge der Vermehrung der Bevölkerung – genau genommen, abnehmende

Erträge der Erhöhung der Beschäftigtenzahlen – annimmt, wenn Boden und anderes Kapital fix vorgegeben sind. Der analytische Kern seines Modells (was er im einzelnen tatsächlich sagte, ist hier ohne Belang) ist mit konstanten Erträgen von Arbeit und Kapital vereinbar, solange der Kapitalbestand, einschließlich des nutzbaren Bodens, auf Veränderung von Lohn- und Zinssätzen nicht reagiert.

Die Reaktionen von Fertilität und Sterblichkeit auf Einkommensänderungen bestimmen das malthusische Bevölkerungsangebot. Die Bevölkerung wächst langsamer, wenn die Löhne niedrig sind, weil die Menschen im Durchschnitt später heiraten und dadurch weniger Kinder haben (d.i. die präventive Hemmung des Bevölkerungswachstums) und auch weil Todesfälle zunehmen, wenn die Familien ärmer sind (d.i. die positive Hemmung). Historische Untersuchungen zeigten, daß ökonomische Faktoren sich wenigstens in Europa erheblich stärker auf das Heiratsalter auswirkten als auf die Sterblichkeitsziffern (siehe RONALD D. LEE, 1987b, 450 f.). Daher werde ich die positive Auswirkung beiseitelassen und nur die präventive Hemmung infolge von Veränderungen der Kinderzahl behandeln.

Der langfristige Gleichgewichtslohnsatz findet sich in dem Punkt der positiv geneigten Bevölkerungsangebotskurve, in dem die Durchschnittsfamilie zwei Kinder hat. Die Produktionsfunktion der Volkswirtschaft bestimmt dann jenes Bevölkerungsniveau, das mit diesem langfristigen Lohnsatz in Einklang steht. Es spricht nichts dafür, daß dieser Gleichgewichtslohn auf dem Subsistenzniveau liegt, und zwar besonders dann nicht, wenn die positive Hemmung durch die Sterblichkeitsraten nicht ins Gewicht fällt. In diesem Modell bestimmen Heirats- und Kinderwünsche, nicht vage Subsistenzvorstellungen, die langfristigen Löhne.

Im malthusischen Modell ist der langfristige Lohn stabil, wenn Schocks das System aus dem Gleichgewicht bringen. Rafft z.B. eine ansteckende Krankheit einen großen Teil der Bevölkerung hinweg, wie im 14. Jahrhundert die Pest an die 25 Prozent der Bevölkerung einiger europäischer Länder, so erhöht der Bevölkerungsrückgang die Grenzproduktivität der Arbeit. Der dadurch bewirkte Anstieg der Löhne regt zu früherer Heirat und größerer Kinderzahl an. Die Bevölkerung beginnt zu wachsen, und ihre Vermehrung senkt mit der Zeit die Lohnsätze wieder auf ein Gleichgewicht. Letztlich führt dieser dynamische Prozeß sowohl den Lohnsatz wie die Bevölkerungshöhe auf ihr langfristiges Niveau zurück.

Vergrößert sich die Fläche nutzbaren Bodens, so steigen die Löhne, und das hat höhere Geburtenziffern zur Folge. Wiederum senkt das Bevölkerungswachstum die Lohnsätze, bis schließlich wieder der langfristige Lohn erreicht ist. Die Bevölkerung hingegen ist auf Dauer größer geworden, weil sich die Bodenfläche vergrößert hat.

Dieses Beispiel führt uns vor Augen, daß der Gleichgewichtslohn im malthusischen System weniger empfindlich auf Schocks reagiert als die Bevölkerungsgröße. Ja, wenn die Präferenzen im Zeitverlauf stabil sind – Malthus' Modell nimmt ebenso wie STIGLER und ich (1977) an: *de gustibus non est disputandum* – und wenn die Technologie sich nicht weiter verbessert, so bleibt der Gleichgewichtslohnsatz in jenem Punkt der stabilen Angebotskurve fixiert, in dem das typische Ehepaar zwei überlebende Kinder hat. Malthus' Modell leistet durchaus einen gewissen Beitrag zur Erklärung sehr langfristiger Veränderungen europäischer Lohnsätze vor dem 19. Jahrhundert (bei LEE, 1987b, findet sich eine gute Analyse des Belegmaterials). Offensichtlich heiratete man jünger, wenn die Löhne über dem Gleichgewichtsniveau lagen, und später, wenn sie darunter lagen.

Es entbehrt nicht der Ironie, daß Malthus' erster Versuch über die Bevölkerung zu Ende des 18. Jahrhunderts, nämlich 1798, publiziert wurde. Zwar akzeptierten viele der führenden Ökonomen des 19. Jahrhunderts seine Lehren (siehe J. ST. MILL, 1848, Buch I, Kapitel X), doch nach deren Publikation verhielt sich die Praxis gar nicht nett zur Theorie. Die Geburtenhäufigkeit ging letztlich drastisch zurück, statt zu steigen – ungeachtet des fortgesetzten Anstiegs der Lohnsätze und Pro-Kopf-Einkommen über weite Strekken des 19. und des 20. Jahrhunderts in den USA, Westeuropa und Japan.

Der Widerspruch zwischen Theorie und praktischem Geschehen macht verständlich, warum die meisten Ökonomen während der ersten Hälfte unseres Jahrhunderts wenig Interesse zeigten, langfristige Einkommens- und Bevölkerungstrends zu erklären. Aber das Thema ist zu wichtig, um der Vergessenheit anheimgegeben zu bleiben, und Robert Solow, David Cass und andere entwickelten in den 50er und frühen 60er Jahren das neoklassische Wachstumsmodell. Dieses Modell weist gegenüber dem Modell von Malthus zwei wesentliche Fortschritte auf. Jeder einzelne maximiert einen Nutzen, der vom gegenwärtigen und vom zukünftigen Konsum abhängt. Wichtiger ist die Erkenntnis, daß Veränderungen des Kapitalbestandes auf die Ertragsraten von Investitionen reagieren. Leider geht das neoklassische Modell gleichzeitig einen großen Schritt hinter Malthus zurück, indem es annimmt, die Fertilität und andere Dimensionen des Bevölkerungswachstums seien unabhängig von Löhnen, Einkommen und Preisen.

Ich darf die wesentlichen Eigenschaften des einfachen neoklassischen Modells als bekannt voraussetzen. Nicht allgemein bekannt ist vielleicht, daß trotz der unterschiedlichen Annahmen das neoklassische und das malthusische Modell in ihrer analytischen Struktur einander ziemlich nahe kommen und viele ihrer Schlußfolgerungen ähnlich sind. Wenn Technologie und Präferenzen sich im Zeitverlauf nicht ändern, so weisen beide Modelle stabile langfristige Gleichgewichte der Pro-Kopf-Einkommen auf. Im neoklassischen Mechanismus kommt das Gleichgewicht durch Veränderungen der Investitionsrate zustande, im malthusischen Mechanismus hingegen durch Veränderung der Wachstumsrate der Bevölkerung. Wenn beispielsweise die Kapitalintensität ihr stabiles langfristiges Gleichgewicht übersteigt, so liegt die interne Verzinsung des Kapitals unter und der Lohnsatz über dem jeweiligen Gleichgewichtsniveau. Im neoklassischen Modell dämpft das die Investitionen, wodurch (bei exogenem Bevölkerungswachstum) im Lauf der Zeit die Kapitalintensität sinkt. Im malthusischen Modell begünstigt es das Bevölkerungswachstum, wodurch ebenfalls (bei exogenen Kapitalinvestitionen) im Lauf der Zeit die Kapitalintensität sinkt. Wie wir sahen, wirkt sich ein Bevölkerungsschock im Modell von Malthus langfristig nicht auf Bevölkerungsgröße oder Pro-Kopf-Einkommen aus. Ähnlich wirkt sich im neoklassischen Modell ein Kapitalbestandsschock (z.B. die kriegsbedingte Zerstörung von Kapital) langfristig nicht auf den volkswirtschaftlichen Kapitalbestand oder das Pro-Kopf-Einkommen aus.

Das anhaltende Wachstum der Pro-Kopf-Einkommen während der letzten 200 Jahre ist im neoklassischen Modell um nichts leichter zu erklären als im Modell von Malthus. Natürlich postuliert das neoklassische Modell exogenen technischen Fortschritt, um das fortgesetzte Wachstum der Pro-Kopf-Einkommen zu „erklären", aber damit, daß man zu „exogenem" Fortschritt greifen muß, gibt man ja zu, es nicht im Rahmen des Modells erklären zu können. Außerdem kann das Modell von Malthus ebensogut exogenen Fortschritt postulieren, um anhaltendes Wachstum zu „erklären".

II. Familie und Wirtschaftswachstum

Nach kurzer Zeit verlor das neoklassische Modell seinen Zauber für die ökonomische Fachwelt, vermutlich weil es, so wie andere auch, zum Verständnis des Fortschritts nichts beitragen konnte. Die Aufregung, die in Hunderten von Aufsätzen, die dieses Modell in den 50er und 60er Jahren erweiterten und ausfeilten, zum Ausdruck kommt, wich in den letzten 15 Jahren einem Desinteresse an der Wachstumsanalyse, das ein wenig an die Situation während der ersten Hälfte unseres Jahrhunderts erinnert.

Zum Glück verfügen wir über ein relevanteres Wachstumsmodell, sobald wir die besten Eigenschaften des neoklassischen und des malthusischen Modells kombinieren und einen zusätzlichen Schwerpunkt auf Investitionen in Wissen und Fertigkeiten setzen. Die Neoklassiker betonen mit Recht Nutzenmaximierung und endogene Kapitalakkumulation. Die Malthusianer heben zu Recht hervor, daß die Fertilität und andere Determinanten des Bevölkerungswachstums auf Veränderungen wirtschaftlicher Daten reagieren und daß diese Reaktionen den wirtschaftlichen Wandel erheblich beeinflussen können.

Ich will ein modifiziertes neoklassisches Modell skizzieren, in dem Eltern sowohl die Zahl der Kinder als auch das (Human- oder Sach-)Kapital bestimmen, das sie jedem Kind hinterlassen. Elterlicher Altruismus oder „Liebe" zu den Kindern ist ein leistungsfähiger Analyserahmen für die Untersuchung sowohl der Zahl als auch der sogenannten Qualität der Kinder. Altruismus bedeutet, daß der Nutzen der Eltern vom Nutzen jedes Kindes abhängig ist. Die Annahme des Altruismus ist für die überwiegende Mehrheit von Familien realistisch, obwohl die Beziehungen zwischen Eltern und Kindern auch von anderen Motiven bestimmt sind. Vermutlich korreliert der Altruismus pro Kind negativ mit der Kinderzahl, so daß ein zusätzliches Kind den Nutzen pro Kind für die Eltern in derselben Weise senkt, wie (bitte verzeihen Sie die Analogie) ein zusätzliches Auto den Nutzen pro Auto senkt.

Solcher Altruismus läßt sich der neoklassischen Nutzenfunktion leicht einfügen, indem man den Nutzen der Eltern von deren eigenem Konsum über den Lebenszyklus und, hiervon getrennt, vom Ausmaß ihres Altruismus pro Kind, der Kinderzahl und dem Nutzen jedes Kindes abhängig macht. Diese Formulierung weist die wichtige Eigenschaft auf, daß die Präferenz für den Konsum der Eltern relativ zum Konsum der Kinder (die sogenannte Zeitpräferenz) nicht exogen ist, sondern mit der Zahl der Kinder steigt.

Die Mittel, die Eltern mit ererbtem Kapital und mit ihren Arbeitseinkommen zur Verfügung stehen, werden entweder für den eigenen Konsum, für die Kosten der Kindererziehung oder für Transfers von Human- und anderem Kapital zu den Kindern verwendet. Da die Kindererziehung zeitintensiv ist, sind die Kosten hierfür positiv vom Wert der elterlichen Zeit abhängig. Das Pro-Kopf-Einkommen würde von der Eltern- zur Kindergeneration steigen, wenn das (Sach- und Human-)Kapital, das den Kindern vererbt wird, größer ist als der (Sach- und Human-)Kapitalbestand, den die Eltern geerbt haben.

Eltern bestimmen die Optimalwerte ihres eigenen Konsums, die Kinderzahl und das jedem Kind übertragene Kapital, wobei sie die Kosten der Kindererziehung und die Abhängigkeit ihres eigenen Nutzens vom Nutzen der Kinder berücksichtigen. Diese Analyse hat viele Implikationen für das Fertilitätsverhalten, die Robert Barro und ich an anderer Stelle untersucht haben (siehe Barro und Becker, 1987 und 1988). Hier konzentriere ich mich auf einige wenige, die die Schlußfolgerungen aus dem neoklassischen Modell für Kapitalakkumulation und Wachstum verändern.

Wenn die Kinderzahl, die die typische Familie sich wünscht, positiv mit dem Einkommen der Eltern korreliert (die Annahme von Malthus) oder zumindest nicht deutlich negativ, so weist dieses Modell auch stabile langfristige Gleichgewichte der Kapitalintensität und der Pro-Kopf-Einkommen auf. Aber diese Gleichgewichte hängen von Variablen ab, welche die Nachfrage nach Kindern verändern.

Nehmen wir als Beispiel die Auswirkungen eines länger dauernden, wenn auch vorübergehenden, Einkommens- und Produktivitätsrückgangs – bewirkt etwa durch die Auflösungserscheinungen, die mit einer anhaltenden Depression einhergehen. Im neoklassischen Modell hat solch ein Rückgang keine langfristige Wirkung auf das Pro-Kopf-Einkommen oder das aggregierte Einkommen. In unserem modifizierten Modell kann ein längerdauernder Produktivitätsrückgang das *aggregierte* Einkommen auf Dauer senken, weil die Geburtenziffern sinken können, wenn Produktivität, Löhne und Zinssätze fallen. Man denke an den drastischen Rückgang der Geburtenziffern während der Weltwirtschaftskrise.

Vor etwas mehr als einem Jahrzehnt zeigte BARRO (1974), daß eine Dosis Familienökonomik die traditionellen Schlußfolgerungen über die Auswirkungen von Budgetdefiziten auf die privaten Ersparnisse radikal verändert: Beispielsweise bedeuten Defizite zur Finanzierung von Sozialversicherungszahlungen die Besteuerung zukünftiger Generationen zur Unterstützung der Alten. Altruistische Eltern, die ihren Kindern etwas hinterlassen, versuchen keine Einkommensumverteilung zwischen den Generationen; daher würden sie ihre Hinterlassenschaften erhöhen, um den Effekt zukünftiger Steuern auf ihre Kinder auszugleichen. Sind diese Familien in der Überzahl, so wirken sich Sozialversicherungszahlungen und andere durch Besteuerung nachfolgender Generationen finanzierte öffentliche Ausgaben auf die privaten Ersparnisse nicht nennenswert aus. Das ist das Theorem der „ricardianischen Äquivalenz“.

Eine größere Dosis Familienökonomik erbringt in mancher Hinsicht radikalere Schlußfolgerungen, läßt aber auch konventionellere Schlüsse hinsichtlich der Beziehung zwischen Sozialversicherung und Ersparnissen zu. Verschiedenste Kommentare zur ricardianischen Äquivalenz betonen, daß manche Familien nichts hinterlassen; auf diese Familien werde ich in Abschnitt IV eingehen. Entwicklungsökonomen wissen schon seit langem, daß Eltern Kinder schätzen, von denen sie im Alter unterstützt werden. Ein Sozialversicherungssystem, das die Unterstützung der Eltern von Seiten ihrer Kinder durch öffentliche Unterstützung ersetzt, erhöht für die Eltern (nicht für die Gesellschaft) die Nettokosten von Kindern, da diese für ihre alt gewordenen Eltern nicht mehr so nützlich sind. Infolgedessen verringert ein Sozialversicherungssystem tendenziell die Nachfrage nach Kindern. Die Sozialversicherung senkt die Nachfrage nach Kindern aber auch für solche Eltern, die keine Unterstützung beziehen, sondern Vermögen hinterlassen. Auch für diese Eltern steigen die Nettokosten der Kinder, wenn sie ihre Hinterlassenschaften erhöhen, um die Auswirkungen der Sozialversicherungsabgaben auf ihre Kinder auszugleichen.

Aus schon erwähnten Gründen vergrößert eine geringere Nachfrage nach Kindern das Kapital, das jedem Kind hinterlassen wird. Daher dürften Sozialversicherung und andere öffentliche Transfers zwischen Generationen die privaten Ersparnisse *pro Kind erhöhen* und infolgedessen Lohnsätze und Kapitalintensität in der nachfolgenden Generation erhöhen. Dennoch könnte – so wie in einer konventionellen Lebenszyklusanalyse ohne Hinterlassenschaften – die Summe der privaten Ersparnisse der gegenwärtigen Generationen sinken, sofern der Rückgang der Fertilität größer ist als die Vermehrung der Ersparnisse für jedes Kind.

Betrachten wir als nächstes ein Beispiel aus der Steuerinzidenz. Eine Steuer auf Einkommen aus Kapitalvermögen senkt zunächst die Erträge nach Steuern und wirkt sich nachteilig auf die Investitionstätigkeit aus. Im neoklassischen Modell vermindert sich dann über die Zeit das Kapital, bis die Ertragsrate nach Steuern wiederum der gegebenen Zeitpräferenzrate gleich ist. Um es finanzwissenschaftlich auszudrücken: Eine Kapitalsteuer würde langfristig vollständig überwälzt werden.

Eine Schwierigkeit mit dieser Schlußfolgerung ergibt sich aus der neoklassischen Annahme exogen vorgegebener Fertilität, die für sehr langfristige Veränderungen der Inzidenz besonders ungeeignet ist. Die Fertilität dürfte nämlich mit dem infolge der Besteuerung sinkenden Kapital ebenfalls abnehmen, sofern sie mit dem Pro-Kopf-Einkommen positiv korreliert. Ein Rückgang der Fertilität vermindert die Präferenz für gegenwärtigen Konsum und erhöht den Investitionsbedarf pro Kind – infolge der Wechselwirkung zwischen Zahl und Qualität der Kinder. Dann muß auch die Gleichgewichtsertragsrate nach Steuern sinken, und die Steuer auf das Kapital wird sogar langfristig nur teilweise überwälzt.

Radikaler fällt der Schluß aus, wenn die Fertilität (aus gleich zu besprechenden Gründen) negativ mit dem Pro-Kopf-Einkommen korreliert. Dann steigt die Fertilität, wenn der Kapitalbestand geringer wird. Da der Anstieg der Fertilität die Investition pro Kind senkt, müßte die Gleichgewichtsertragsrate nach Steuern steigen. Das heißt, wir haben das Paradox, daß eine Steuer auf Kapital letztlich zu mehr als 100 Prozent überwälzt wird! Ich darf den Theoretikern versichern, daß dieses merkwürdige Ergebnis die Bedingungen zweiter Ordnung nicht verletzt.

Besagt eine inverse Beziehung zwischen Fertilität und Pro-Kopf-Einkommen, daß Kinder ein (um den unglücklichen Ausdruck der Ökonomen zu gebrauchen) „inferiores“ Gut sind? Die Antwort lautet „nein“, weil die Kosten der Kindererziehung sich bei einem Anstieg der Kapitalintensität und des Pro-Kopf-Einkommens erhöhen, denn die Lohnsätze und der Wert der Zeit, die Eltern für Kinder verwenden, steigen mit der Kapitalintensität. Die Fertilität würde sinken, wenn der positive Effekt einer Einkommenssteigerung auf die Fertilität schwächer ist als der negative Effekt infolge der Kostensteigerung. In reichen Ländern ist es oft so, daß der Substitutionseffekt den Einkommenseffekt überwiegt, denn in diesen Ländern erfordert die Versorgung der Kinder einen erheblichen Aufwand der Eltern an Kraft und Zeit.

Korreliert die Fertilität negativ mit dem Pro-Kopf-Einkommen, so würde eine Erhöhung der Kapitalintensität über das langfristige dynamische Gleichgewichtsniveau hinaus die Fertilität senken und damit größere Investitionen pro Kind begünstigen. Die Kapitalintensität würde im Zeitverlauf weiterhin steigen, wenn dieser positive Effekt auf die Investitionen den negativen Effekt einer geringeren Ertragsrate überwiegt. Infolgedessen kann eine negative Beziehung zwischen Fertilität und Pro-Kopf-Einkommen einen ansonsten stabilen dynamischen Gleichgewichtszustand destabilisieren (siehe die formale Analyse bei ROBERT TAMURA, 1986).

Bevölkerungswissenschaftler wissen schon seit langem, daß die Fertilität im Zuge der wirtschaftlichen Entwicklung eines Landes allmählich zurückgeht. Weniger bekannt ist, daß eine negative Beziehung zwischen Fertilität und Einkommen ein langfristiges dynamisches Gleichgewicht einer Volkswirtschaft destabilisieren und eine längere Periode steigender Pro-Kopf-Einkommen zur Folge haben kann (man vergleiche allerdings die früheren Arbeiten von R. R. NELSON, 1956, ROBERT M. SOLOW, 1956, 90 f., S. C. TSIANG, 1964, und anderen über die „Fallen" eines niedrigen Entwicklungsstandes). Aber obwohl ein Rückgang der Fertilität in den Anfangsstadien wirtschaftlicher Entwicklung ein wichtiger Impuls ist, kann er allein ein über ein Jahrhundert oder länger anhaltendes Wachstum nicht erklären. Spielen keine anderen Faktoren mit, so gelangt eine wachsende Wirtschaft mit neoklassischen Produktionsfunktionen, aber ohne andauernden technischen Fortschritt, schließlich zu einem stabilen langfristigen Gleichgewicht mit geringer Fertilität und hohen Pro-Kopf-Einkommen.

Ein aussichtsreicher Ansatz zur Erklärung anhaltenden Wachstums, der die Fertilitätsbetrachtung ergänzt, betont die besonderen Eigenschaften der Erziehung und anderer Formen des Lernens. Wichtig ist in diesem Zusammenhang die Tatsache, daß Investitionen in Bildung und anderes Humankapital umso produktiver sind, je größer die bisherigen Investitionen sind. Das heißt, Akkumulation von Wissen und Fertigkeiten in der Vergangenheit erleichtert die Aneignung zusätzlichen Wissens. Die Bildungspädagogik macht sich diese Tatsache bei der Gestaltung des Unterrichts von Kindern in Mathematik und anderen Fächern zunutze (siehe BENJAMIN S. BLOOM, 1976). Solch eine Produktionstechnologie bedeutet, daß Ertragsraten von Humankapitalinvestitionen mit dem Anwachsen des Humankapitalbestandes nicht sinken müssen, ja sogar steigen können.

Zur Zeit von Malthus mag es sinnvoll gewesen sein, Humankapitalinvestitionen zu vernachlässigen, aber die neoklassische Wachstumstheorie hat kaum eine Ausrede für derlei Vernachlässigung. Moderne Volkswirtschaften wenden enorme Summen für Erziehung und Ausbildung von Kindern auf, und die Investitionen der Eltern in Kinder sind eine weit wichtigere Quelle des Kapitalbestandes einer Wirtschaft als Hinterlassenschaften oder die Akkumulation von Sachkapital im Lebenszyklus. DALE JORGENSON und BARBARA FRAUMENI (1987) schätzen, daß das Humankapital mehr als 70 Prozent des gesamten Kapitalbestandes der USA ausmacht. Dieser Schätzwert könnte zu niedrig sein, denn er berücksichtigt nicht den Beitrag des Humankapitals zur Ausbringung des Haushaltssektors (die Autoren versuchen, die Ausbringung der Haushalte zu schätzen). 70 Prozent könnte aber auch höher sein als der wahre Anteil, denn es wird nicht berücksichtigt, wie hoch der Ausbringungsbeitrag des Faktors Arbeit wäre, wenn gar keine Humankapitalinvestitionen vorgenommen würden. Ich würde meinen, daß der wahre Anteil des Humankapitals am gesamten volkswirtschaftlichen Kapital bis zu 90 Prozent oder aber auch nur 50 Prozent ausmachen kann. Natürlich wäre selbst dieser kleinere Prozentsatz ein großer Beitrag. Die Nichtberücksichtigung des Humankapitals in Vermögens- und Einkommensrechnungen verzerrt Vergleiche von Sparneigungen oder Vermögensakkumulationen ganz erheblich.

Erst in letzter Zeit beginnen Wachstumsmodelle das Potential zu erfassen, das die „Learning-by-having"-Komponente des Humankapitals für die Erzeugung anhaltenden Wachstums der Pro-Kopf-Einkommen bedeutet (siehe PAUL ROMER, 1986, ROBERT E. LUCAS, Jr., 1988, und ROBERT G. KING und SERGIO REBELO, 1986; unter den bahnbrechenden früheren Arbeiten sind zu nennen: KENNETH J. ARROW, 1962, YORAM BEN-PORATH, 1967, HIROFUMI UZAWA, 1965, und SHERWIN ROSEN, 1976). Kevin M. Murphy und ich sind dabei, eine Analyse zu entwickeln, die eine solche Humankapitaltechnologie mit ungelernter Arbeit, Sachkapital und endogener, durch Altruismus bewirkter Fertilität verbindet. (In GARY S. BECKER, 1971, 204, 207 f., findet sich ein früherer Versuch einer Kombination von Humankapital, ungelernter Arbeit und Sachkapital.) Unser Modell weist ein „malthusisches" Gleichgewicht auf, bei dem das Pro-Kopf-Einkommen konstant und niedrig und die Fertilität hoch ist. Wenn jedoch dieses Gleichgewicht genügend große technologische und andere Schocks erfährt – dazu mag einiges Glück vonnöten sein –, so erlebt die Volkswirtschaft einen Aufschwung hin zu einem anhaltenden Wachstumsgleichgewicht mit einem Rückgang der Fertilität und erhöhten Investitionen pro Kind. Folglich nimmt – aufgrund des anwachsenden Humankapitals – auch das Wissen kontinuierlich zu.

Die Familienökonomik ist für die Analyse entscheidend wichtig, da Entscheidungen über Kinderzahl und Investitionen in das Humankapital jedes Kindes mit darüber bestimmen, ob die Wirtschaft zu einem „guten" Gleichgewicht (d.h. einem Wachstumsgleichgewicht) oder einem „schlechten" (d.h. malthusischen) Gleichgewicht gelangt. Natürlich haben wir nicht die vollständige Lösung für das Problem des Wirtschaftswachstums gefunden – wirtschaftspolitische Maßnahmen, Konglomerationseffekte und andere Faktoren sind sicherlich von Bedeutung –, aber ich glaube, daß unser Beitrag einen beachtlichen Teil dieser Lösung ausmacht.

III. Kurze und lange Zyklen

Lassen Sie mich nun kurz auf die Beziehung zwischen Familienverhalten und Zyklen des Sozialprodukts und anderer Variablen eingehen. Seit Jahrhunderten weiß man, daß Eheschließungen, Geburten und anderes Familienverhalten auf Schwankungen der Preise und der gesamtwirtschaftlichen Produktion reagieren. In einer frühen Anwendung der Regressionsanalyse auf die Sozialwissenschaft wies G. UDNY YULE (1906) nach, daß Eheschließungs- und Geburtenziffern in England im 19. Jahrhundert sich gleichsinnig mit dem Konjunkturzyklus bewegten. Spätere Untersuchungen zeigten, daß Geburten (und zwar nachfolgende ebenso wie Erstgeburten), Scheidungsquoten und möglicherweise auch die Erwerbstätigkeit von Zweitverdienern in vielen Ländern allesamt prozyklisch schwankten (siehe z.B. BECKER, 1960, und MORRIS SILVER, 1965). Antizyklisch entwickelten sich in den USA die Geburtenziffern offensichtlich erst, als viele verheiratete Frauen erwerbstätig wurden. Kinder sind in Rezessionen billiger, weil dann der Wert der Zeit, die arbeitende Mütter für ihre Kinder aufwenden, gering ist (siehe WILLIAM P. BUTZ und MICHAEL P. WARD, 1979). Investitionen in Bildung und in anderes Humankapital erfolgen auch deshalb viel weniger prozyklisch als Investitionen in Sachkapital, weil der entgangene Wert der in der Schule verbrachten Zeit in schlechten Zeiten geringer ist (LINDA N. EDWARDS, 1975).

Natürlich sieht keines der miteinander wetteifernden makroökonomischen Konjunkturmodelle – handle es sich nun um keynesianische, monetaristische, neoklassische oder um Real-business-cycle-Modelle – im Familienverhalten eine Ursache von Konjunkturschwankungen. Immerhin aber war das rückläufige Bevölkerungswachstum eine Hauptursache der säkularen Stagnation, vor der sich ALVIN H. HANSEN (1939) in seiner Ansprache als Präsident unserer Vereinigung vor fast 50 Jahren fürchtete. Das Familienverhalten kann selbst bei der Erzeugung gewöhnlicher Konjunkturschwankungen mehr als eine unerhebliche Rolle spielen. Beispielsweise kann eine Erhöhung des Arbeitsangebots durch verheiratete Frauen oder Heranwachsende, denen Hausarbeit oder Schule weniger attraktiv werden, zyklische Reaktionen des Sozialprodukts und anderer Variablen bewirken. Zyklische Schwankungen, die durch Verlagerungen im Arbeitsangebot hervorgerufen werden, bewirken eine negative Beziehung zwischen Lohnsätzen und Sozialprodukt über den Konjunkturzyklus. Das würde besser verständlich machen, warum der positive Zusammenhang zwischen den zyklischen Schwankungen der Reallöhne und den zyklischen Schwankungen des Sozialprodukts weniger stark ausfällt, als es aus denjenigen Konjunkturmodellen folgt, die die Nachfrageseite betonen.

Obwohl Familienverhalten an der Entstehung von gewöhnlichen Konjunkturzyklen nur am Rande beteiligt sein dürfte, ist es wahrscheinlich von entscheidender Bedeutung für lange Zyklen der Wirtschaftstätigkeit. Malthus behauptete, daß Familienentscheidungen langfristige Schwankungen in der Wirtschaft verursachen, und zwar durch die verzögerten Wirkungen zunächst der Eheschließungen auf die Geburten und dann der Geburten auf das Arbeitskräftepotential (siehe MAW LIN LEE und DAVID LOSCHKY, 1987). Die moderne Bevölkerungswissenschaft generiert lange Zyklen der Bevölkerungswachstumsraten über die Beziehung zwischen Geburtenhäufigkeit und Altersverteilung und vielleicht auch über die Beziehung zwischen Fertilität und Kohortengröße (siehe z.B. JAMES C. FRAUENTHAL und KENNETH E. SWICK, 1983, sowie RONALD LEE, 1987a). In unserem modifizierten malthusisch-neoklassischen Modell verursachen Familienentscheidungen lange Zyklen nicht nur des Bevölkerungswachstums, sondern auch des Kapitals, des Sozialprodukts und anderer Variablen, wenn die Elastizität des Ausmaßes an Altruismus pro Kind in bezug auf die Kinderzahl mit der Vergrößerung der Familie abnimmt – was eine sinnvolle Annahme ist. Fertilität und Pro-Kopf-Einkommen schwanken dann in generationenlangen Zyklen, wann immer die Wirtschaft aus ihrem langfristigen Gleichgewicht gebracht wird (einen Beweis siehe bei JESS BENHABIB und KAZUO NISHIMURA, 1986).

In den 20er Jahren behauptete der russische Ökonom Nikolaus D. Kondratieff, daß kapitalistische Wirtschaften langfristige, etwa 50 Jahre umfassende Schwankungen der Produktion und der Preise aufweisen (siehe KONDRATIEFF, 1935). SIMON KUZNETS (1958) argumentierte später, daß langfristige Schwankungen nur rund 20 Jahre dauern. Wenn lange Zyklen vom Kondratieff- oder Kuznets-Typus existieren – wir werden Datenmaterial für weitere 200 Jahre brauchen, um festzustellen, ob sie existieren oder nur ein statistisches Hirngespinst sind –, so werden sie fast mit Sicherheit von der Fertilität und anderen Familienentscheidungen abhängen, deren Ausführung aus biologischen Gründen lange Zeit in Anspruch nimmt.

IV. Überlappende Generationen

Die wesentlichen Risiken, vor denen Alte, Kranke und Arbeitslose stehen, sind sicherlich in reichen Ländern wie Deutschland und den USA nicht größer als in armen Ländern wie China und Indien; sie erhöhen sich auch nicht mit dem Entwicklungsstand eines Landes. Doch das erste umfassende Sozialversicherungsprogramm wurde in Deutschland gerade vor 100 Jahren eingeführt. China, Indien und viele andere Länder haben erst bescheidene Programme dieser Art, die viele ihrer alten Menschen ausschließen. Für uns sind von der öffentlichen Hand finanzierte Schulen eine Selbstverständlichkeit, aber Bedeutung erlangten diese erst in der zweiten Hälfte des 19. Jahrhunderts. Öffentliche und private Programme einer Absicherung gegen die Folgen von Krankheit und Arbeitslosigkeit sind noch jüngeren Datums und noch weniger verbreitet als Sozialversicherung und öffentliche Schulen.

Im Laufe der Geschichte wurden die Risiken der Alten, Jungen, Kranken und Arbeitslosen in erster Linie von der Familie getragen und nicht durch staatliche Transfers, private Wohltätigkeit oder private Versicherungen abgedeckt. Für alte oder kranke Eltern sorgten für gewöhnlich die Kinder, die Arbeitslosen suchten zeitweilige Unterstützung bei ihren Familien, und Eltern wendeten viel Zeit, Geld und Mühe für Versorgung und Erziehung ihrer Kinder auf. Trotz des raschen Anstiegs der Sozialversicherungsleistungen in den letzten paar Jahrzehnten leben noch fast 20 Prozent der Frauen über 65 in den USA bei ihren Kindern.

Der Altruismus und die Liebe von Eltern, Kindern, Ehepartnern und anderen Verwandten helfen, Familienmitglieder vor den Bedrohungen der Kindheit und des Alters und anderen Risiken zu schützen. Wenn Altruismus nicht ausreicht – und das ist häufig der Fall –, so entsteht oft das, was Soziologen als soziale Normen bezeichnen, Normen, die auf Kinder, Eltern, Ehepartner und andere Verwandte Druck ausüben, in Not befindlichen Angehörigen zu helfen. Außerdem benützen Familienmitglieder ihre regelmäßigen Interaktionen dazu, die Schuldgefühle zu verstärken, die ein Angehöriger verspürt, wenn er nicht hilft.

Die formale Analyse der Interaktion zwischen überlappenden Generationen nahm ihren Anfang mit Samuelsons brillantem Aufsatz aus dem Jahre 1958. Dieser zog eine riesige Literatur nach sich, die bis in die Gegenwart hereinreicht. Obwohl Samuelson wichtige Bemerkungen über Generationenverträge, Altruismus und Familienpflichten machte, nimmt sein Modell ebenso wie der größte Teil der nachfolgenden Literatur an, daß jeder Akteur in die Analyse als junger Erwachsener ohne persönliche Beziehungen zu älteren Kohorten eingeht. Ein ausführlicher Überblick über Modelle überlappender Generationen im *New Palgrave Dictionary* (siehe JOHN GEANAKOPLOS, 1987) hat zu den Familienbeziehungen zwischen Angehörigen überlappender Generationen nichts zu sagen. Ich behaupte, daß die Ausblendung der Kindheit und der engen Beziehungen zwischen Eltern, Kindern, Ehepartnern und anderen Familienangehörigen diese Untersuchungen zuweilen dazu verführte, sich auf unbedeutende Probleme zu konzentrieren, und die Aufmerksamkeit von einigen wichtigen Folgen der Überlappung von Generationen ablenkte (die Ausführungen der nächsten Absätze sind teilweise BECKER und MURPHY, 1988, entnommen; siehe in diesem Band S. 197 ff.).

Ein Beispiel für die Beschäftigung mit unwichtigen Problemen ist das Interesse an den Schwierigkeiten alter Menschen, die über geringe dauerhafte Vermögenswerte verfügen, mit denen ihr Konsum im Alter finanziert werden kann. In einem Corpus einflußreicher Arbeiten zur Geldnachfrage wird die soziale Rolle des Geldes sogar mit dessen Dauerhaftigkeit begründet, die es alten Menschen ermögliche, ihren Konsum durch den Verkauf von Geld, das sie in ihrer Jugend akkumuliert hatten, an die nächste Generation zu finanzieren (siehe z.B. THOMAS SARGENT, 1987, Kapitel 7, und NEIL WALLACE, 1980). Doch wenn Ethnologen einfache Gesellschaften erforschen, die kein Geld oder andere dauerhafte Vermögenswerte kennen, so stellen sie fest, daß alte Menschen ihren Konsum hauptsächlich dadurch finanzieren, daß sie sich auf die Unterstützung durch ihre Kinder und andere Verwandte verlassen. In der Tat sind Kinder eine wichtige Ressource und Geldbestände eine unwichtige Ressource für alte Menschen, und zwar praktisch in allen Gesellschaften, einfachen wie komplizierten.

Die Theoretiker des Allgemeinen Gleichgewichts interessieren sich für das Kontinuum von Gleichgewichten, für Ineffizienz und andere Probleme, die in Modellen auftauchen, wo überlappende Generationen unbegrenzt in die Zukunft fortdauern (siehe z.B. GEANAKOPLOS, 1987, oder TIMOTHY J. KEHOE, 1987). Wenn diese Probleme auch nicht völlig verschwinden würden, so wären sie meines Erachtens doch viel weniger wichtig, wenn Modelle überlappender Generationen die informellen Transaktionen und Hilfeleistungen berücksichtigten, auf die Eltern, Kinder und andere Angehörige derselben Familie zurückgreifen können.

Seit Platons *Staat* sorgen sich Philosophen darum, ob Eltern ausreichend in Gesundheit, Fertigkeiten und Moral ihrer Kinder investieren. Modelle überlappender Generationen lassen die Kindheit für gewöhnlich aus dem Spiel und konzentrieren sich auf die Ersparnisse junger Erwachsener und deren Transaktionen mit alten Erwachsenen. Die Behandlung der Kinder durch die Eltern ist nicht nur an und für sich wichtig, sondern wirkt sich auch nachhaltig auf die Beziehungen zwischen älteren und jüngeren Erwachsenen aus (von ALLAN DRAZEN, 1978, stammt eine der wenigen frühen Untersuchungen, die die Bedeutung von Investitionen in Kinder für Modelle überlappender Generationen erfassen).

Ich kann hier nicht mehr tun, als das bloße Gerüst einer Analyse vorzuführen, wie Familien auf die Bedürfnisse sowohl des Alters wie der Kindheit reagieren. Die Analyse ist ganz einfach, wenn altruistische Eltern ihren Kindern etwas hinterlassen. Die Kombination von Altruismus und Hinterlassenschaften schließt jegliche Schwierigkeit bei der Finanzierung der vermögensmaximierenden Investitionen in Gesundheit, Ausbildung und anderes Humankapital der Kinder aus. Denn wenn die Grenzertragsrate zusätzlichen Humankapitals die Rendite von Finanzkapital übersteigt, so profitieren sowohl Eltern wie Kinder von zusätzlichem Humankapital. Eltern können weniger sparen, um den negativen Effekt größerer Ausgaben für das Humankapital ihrer Kinder auf ihren eigenen Konsum wettzumachen, und sie können Hinterlassenschaften verkleinern, um den Effekt geringerer Ersparnisse auf ihren Konsum im Alter auszugleichen.

Teilweise schirmen Hinterlassenschaften Eltern auch von vielen Risiken des Alters ab. Die Möglichkeit, auf Hinterlassenschaften zurückzugreifen, kommt einer leibrentenartigen Absicherung gegen ein ungewöhnlich langes Leben und andere Risiken des Alters gleich. Beispielsweise verkleinern Eltern, die länger leben als erwartet, ihre Hinterlassenschaften, um ihren Konsum in den zusätzlichen Lebensjahren finanzieren zu helfen. Wenn Hinterlassenschaften nicht einen großen Teil des Vermögens der Kinder ausmachen, so können sie den alten Eltern ausgezeichnet als Absicherung gegen verschiedene Risiken dienen, und trotzdem haben Veränderungen in den Hinterlassenschaften keinen großen Einfluß auf die Wohlfahrt der Kinder. Im Endeffekt tragen Kinder zum Lebensunterhalt ihrer Eltern im Alter bei, wenn auch nicht völlig freiwillig.

Weniger einfach ist die Analyse, wenn Eltern nichts hinterlassen – vielleicht weil sie nicht sehr altruistisch sind oder weil sie erwarten, daß ihre Kinder besser gestellt sind als sie selbst. Solche Familien investieren tendenziell zu wenig in ihre Kinder und sichern ihre Eltern zu wenig gegen die Risiken des Alters ab, weil keine Hinterlassenschaften zur Finanzierung von Investitionen bzw. Unterstützungen im Alter verfügbar sind.

Soziale Normen, Schuldgefühle und ähnliche Mechanismen können das Ausmaß an Unterinvestition und unzulänglicher Absicherung erheblich verringern. Sie können sogar egoistische Eltern dazu bewegen, in Kinder zu investieren, und egoistische Kinder dazu, sich um kranke oder mittellose Eltern zu kümmern. Ökonomen vernachlässigen Begriffe wie Normen und Schuldgefühl, weil niemand wirklich weiß, wie sie entstehen. Außerdem neigen Soziologen (ich sollte vielleicht sagen „wir Soziologen", denn offiziell bin ich jetzt auch Soziologe) nur zu sehr dazu, Normen als eine Art „Generalschlüssel" zur Erklärung von Verhalten heranzuziehen, das sich anders schwer erklären läßt. Dennoch ist kaum zu bezweifeln, daß Normen und andere unsichtbare Mechanismen die Beziehungen zwischen Familienmitgliedern in vielen Gesellschaften stark beeinflussen, wenn sie auch vermutlich die Generationen nicht so gut miteinander verbinden, wie das Hinterlassenschaften tun.

Eltern in reicheren Ländern haben größere Mittel, die sie für Kinder und für die Absicherung gegen die Risiken des Alters verwenden können. Warum sind dann die öffentlichen Ausgaben sowohl für Kinder wie für alte Menschen während der letzten 100 Jahre in den westlichen Wirtschaften so rasch gestiegen, als diese reicher wurden? Ein Grund ist der, daß in der Anonymität der Städte der Industrieländer, in denen alte Eltern oft weit entfernt von ihren erwachsenen Kindern leben, soziale Normen weniger wirksam sind. Ein analytisch eher nachvollziehbarer Grund sind die hohen Renditen von Investitionen in die Gesundheit und Ausbildung von Kindern in modernen Industriegesellschaften. Ich erinnere Sie an meine Bemerkungen zur Rolle des Humankapitals in der Wirtschaftsentwicklung. Eltern sind gern bereit, im Zuge wirtschaftlicher Entwicklung erforderlich werdende, gewinnbringende Investitionen in Kinder vorzunehmen, solange sie auf Geschenke und Hinterlassenschaften, die sie ihren Kindern sonst geben würden, zurückgreifen können. Aber Geschenke und Hinterlassenschaften würden in vielen Familien, die große Investitionen in ihre Kinder vornehmen, auf null schrumpfen. Diese Familien würden zu wenig in ihre Kinder investieren, insbesondere wenn der Druck der Normen gering ist. Der mit fortschreitender wirtschaftlicher Entwicklung einhergehende Anstieg der öffentlichen Ausgaben für das Schulwesen und andere Investitionen in Kinder erscheint somit vornehmlich als eine Reaktion darauf, daß mit zunehmender Wirtschaftsentwicklung die Erträge aus Humankapital ansteigen.

Da Familien, die kein Vermögen zu hinterlassen haben, den Risiken des Alters besonders ausgesetzt sind, ist leicht einzusehen, warum öffentliche Ausgaben für Sozialversicherung und medizinische Versorgung alter Menschen in Industrieländern ebenfalls rasch angestiegen sind. Vielleicht werden Sie aber erstaunt sein, zu erfahren, daß die öffentlichen Ausgaben für die alten Menschen nicht auf Kosten der jungen gegangen sind. Seit 1940 hat sich in den USA das Verhältnis der Ausgaben pro Jugendlichen unter 22 Jahren zu den Ausgaben pro Erwachsenen über 65 kaum geändert. Unsere Analyse, die Humankapitalinvestitionen und Altersunterstützung verbindet, erklärt, warum die Ausgaben für Alt und Jung im Gleichschritt anstiegen. Hingegen kann die gängige Vorstellung eines Generationenkonflikts – daß nämlich öffentliche Ausgaben für die Alten rasch anstiegen, weil die Alten mit steigender Zahl politisch mächtiger wurden – nicht erklären, warum sich die Ausgaben für Kinder genauso rasch erhöhten.

Die Vorstellung überlappender Generationen bietet sich auch an zur Erforschung der Ungleichheit und der Übertragung von Reichtum und Armut von einer Generation auf die nächste. Familien tragen dazu bei, die Ungleichheit zu erhalten, weil Kinder Fähigkeiten und andere „Ausstattungen" von den Eltern erben. Außerdem sind Eltern die Hauptquelle des Geld- und Sachvermögens wie des Humankapitals ihrer Kinder. Dieser übermächtige Einfluß der Familie veranlaßte meinen verehrten Lehrer Frank H. Knight zu der Behauptung: „Wo die Familie die soziale Einheit ist, wirkt die Vererbung von Vermögen und Kultur, von Bildungsvorteilen und wirtschaftlichen Aufstiegschancen in Richtung einer progressiven Verstärkung der Ungleichheit ..." (KNIGHT, 1935, 50).

Fähigkeiten und andere Ausstattungen nehmen in erfolgreichen Familien, in denen die Eltern viel verdienen, von den Eltern zu den Kindern hin ab, und sie nehmen zu den Kindern hin zu in erfolglosen Familien, in denen die Eltern wenig verdienen. Daher tendieren Kinder aus ärmeren Familien dazu, mehr als ihre Eltern, aber weniger als der Durchschnitt ihrer Generation zu verdienen, und Kinder aus reicheren Familien neigen dazu, weniger als ihre Eltern, aber mehr als der Durchschnitt ihrer Generation zu verdienen.

Arbeitseinkommen hängen nicht nur von der Anfangsausstattung ab, sondern auch von Humankapitalinvestitionen. Unsere frühere Analyse besagt, daß reichere Familien nicht dazu neigen, zu wenig in das Humankapital ihrer Kinder zu investieren, weil diese Familien Geschenke und Erbschaften hinterlassen. Ärmere Familien neigen dazu, in ihre Kinder zu wenig zu investieren, weil sie zumeist keine Geschenke und Erbschaften hinterlassen. Die Armen investieren auch deshalb zu wenig in jedes Kind, weil sie vergleichsweise größere Familien haben und weniger stabile Ehen führen. Daher kann man sagen, daß das Verhältnis zwischen den Einkommen der Väter und der Söhne in reicheren Familien vor allem vom Verhältnis zwischen den Ausstattungen abhängt, während es in ärmeren Familien auch vom Ausmaß der Unterinvestition in die Kinder abhängt. Anders ausgedrückt: Ohne ausgleichende staatliche Subventionierung der Investitionen in das Humankapital ärmerer Kinder würden niedrige Einkommen sich von einer Generation zur nächsten beharrlicher halten als höhere Einkommen – die sogenannte „Kultur der Armut" würde von einer Generation zur nächsten die „Kultur des Privilegs" überwiegen.

In jedem Land, dessen Datenmaterial ich eingesehen habe – darunter die USA und mehrere europäische Länder (siehe Tabelle 1 in BECKER und NIGEL TOMES, 1986), einige asiatische Länder und ein paar lateinamerikanische Länder (JAMES J. HECKMAN und JOSEPH V. HOTZ, 1986, untersuchten das Belegmaterial für Panama) – , entwickeln sich die Einkommen deutlich hin zum Mittelwert zwischen Vätern und Söhnen. Wahrscheinlich gehen viel weniger als 40 Prozent der Einkommensvorteile oder -nachteile der Väter auf die Söhne über, und wenige Einkommensvorteile oder -nachteile überdauern drei Generationen. Offensichtlich werden Fähigkeiten und andere Ausstattungen, die Einkommen schaffen können, von Eltern auf Kinder nur schwach übertragen. Diese Tendenz, in drei Generationen „von Hemdsärmeln zu Hemdsärmeln" zu kommen, zeigte sich lange vor dem Einsetzen von Industrialisierung und staatlicher Bildungs- und sonstiger Humankapitalförderung. Ibn Khaldun, der arabische Historiker und Philosoph des 14. Jahrhunderts, sagte (ich verdanke diesen Hinweis meiner Frau, Guity Nashat): „Ansehen ist ein Zufall, der Menschen trifft. Es entsteht, und unweigerlich vergeht es. ... Es geht in einer einzelnen Familie innerhalb von vier aufeinanderfolgenden Generationen zu Ende" (1958, 279). „... in der Regel überdauert keine Dynastie eine Zeitspanne von drei Generationen" (ebenda, 343).

In allen diesen Ländern werden niedrige Einkommen ebenso wie hohe Einkommen vom Vater auf den Sohn nicht „stark" übertragen, und Knights Behauptung, das Familienleben bewirke zunehmende Ungleichheit, paßt nicht zum empirischen Befund. Dennoch scheinen Daten sowohl für die USA als auch für England die Schlußfolgerung aus unserer Theorie zu bestätigen, daß niedrige Arbeitseinkommen über die Generationen hinweg sich beharrlicher halten als hohe Arbeitseinkommen (siehe W. STANLEY SIEBERT, 1987). Natürlich verringern sich die *Einkommen* der Reichen von einer Generation zur anderen langsamer als ihre *Arbeitseinkommen*, denn reiche Kinder erhalten Geschenke und Hinterlassenschaften von den Eltern (siehe BECKER und TOMES, 1986, Tabelle 2).

V. Schlußbemerkungen

Die Familie reizte mich, weil sie offensichtlich in allen Ländern wichtig ist, ganz unabhängig von Wirtschaftssystem oder Entwicklungsstand. Einen guten Teil ihrer Lebenszeit verbringen die Menschen in einer Abhängigkeitsbeziehung – gegenüber Eltern, wenn sie Kinder sind, und gegenüber erwachsenen Kindern, wenn sie alt sind. Die Heirat ist für die meisten Menschen ein entscheidender Schritt; Kinder absorbieren Zeit, Kräfte und Geld ihrer Eltern; Scheidungen verursachen oft wirtschaftliche Probleme und psychische Depressionen; usw. Ökonomische Untersuchungen der Familie vermehren sich stetig und beeinflussen durchaus die Art und Weise, wie andere Sozialwissenschaftler diese grundlegende Institution sehen.

Die ökonomische Analyse von Familienverhalten regte die Entwicklung von Verfahren und Ansätzen an, die sich schon in vielen Teilen der Mikroökonomik auswirken, insbesondere in der Agrar- und der Arbeitsmarktökonomik, aber auch in der Industrieökonomik und der Nutzentheorie. Die Behandlung der Ehe als Zuordnung von Männern und Frauen zu kleinen „Partnerschaften" im Wege eines einigermaßen effizienten Heiratsmarktes beeinflußte die Analyse, wie Arbeitnehmer und Manager sich auf verschiedene Unternehmen verteilen. Die Auffassung der Ehescheidung als einer von Ehemann und Ehefrau gemeinsam gefällten Entscheidung, die sich überwiegend auf im Zusammenleben gewonnene Information stützt, bewirkte, daß manche Arbeiten über die Beendigung von Beschäftigungsverhältnissen die analytische Unterscheidung von Kündigung und Entlassung aufgaben und statt dessen die aus Erfahrungen am Arbeitsplatz gewonnene Information über Arbeitsbedingungen und Produktivität in den Vordergrund stellten.

Im wesentlichen ging es aber in meinem Vortrag nicht um die Bedeutung der Familie als solcher, auch wenn die Wohlfahrt der Familie das Hauptziel einer funktionierenden Wirtschaftsordnung ist. Es ging auch nicht darum, daß Analyseverfahren, die zum Verständnis von Familienentscheidungen entwickelt wurden, in anderen Bereichen der ökonomischen Theorie gute Dienste leisten. Die wesentliche Aussage ist die, daß Familienverhalten aktiv, nicht passiv, und endogen, nicht exogen ist. Familien haben große Auswirkungen auf die Wirtschaft, und die Entwicklung der Wirtschaft verändert die Struktur und das Entscheidungsverhalten von Familien erheblich. Die Zusammenhänge zwischen Familie und Volkswirtschaft veranschaulichte ich anhand einer Erörterung von Wachstums- und anderen makroökonomischen Fragen. Eine stärkere Berücksichtigung der Wechselwirkung zwischen wirtschaftlichem Wandel und Familienverhalten wird die Einbeziehung des Familienlebens in den „mainstream" der ökonomischen Theorie beschleunigen.

Literatur

ARROW, K. J. (1962), „The Economic Implications of Learning by Doing", *Review of Economic Studies*, 29, 155–73.

BARRO, R. J. (1974), „Are Government Bonds Net Wealth?", *Journal of Political Economy*, 82, 1095–117.

–, und BECKER, G. S. (1987), „Fertility Choice in a Model of Economic Growth", unveröffentliches Manuskript, Harvard University, Cambridge, MA.

BECKER, G. S. (1960), „An Economic Analysis of Fertility" in *Demographic and Economic Change in Developed Countries*, NBER, Princeton (deutsch in *Der ökonomische Ansatz zur Erklärung menschlichen Verhaltens,* Tübingen 1982, 188–214).

–, (1971), *Economic Theory*, New York.

–, (1981), *A Treatise on the Family*, Cambridge, MA.

–, und BARRO, R. J. (1988), „A Reformulation of the Economic Theory of Fertility", *Quarterly Journal of Economics*, 103, 1–25.

–, und MURPHY, K. M., (1988), „The Family and the State", *Journal of Law and Economics*, 31, 1–18 (deutsch im vorliegenden Band, 197–216).

–, und Tomes, N. (1986), „Human Capital and the Rise and Fall of Families“, *Journal of Labor Economics*, 4, S1–S39.

Ben-Porath, Y. (1967), „The Production of Human Capital and the Life Cycle of Earnings“, *Journal of Political Economy,* Band 75, 352–65.

Benhabib, J. und Nishimura, K. (1986), „Endogenous Fluctuations in the Barro-Becker Theory of Fertility“, unveröffentlichtes Manuskript, New York University.

Bloom, B. S. (1976), *Human Characteristics and School Learning*, New York.

Butz, W. P. und Ward, M. P. (1979), „The Emergence of Countercyclical U.S. Fertility“, *American Economic Review*, 69, 318–28.

Cass, D. (1965), „Optimal Growth in an Aggregative Model of Capital Accumulation“, *Review of Economic Studies*, 32, 233–40.

Drazen, A. (1978), „Government Debt, Human Capital, and Bequests in a Life-Cycle Model“, *Journal of Political Economy*, 86, 505–16.

Edwards, L. N. (1975), „The Economics of Schooling Decisions: Teenage Enrollment Rates“, *Journal of Human Resources*, 10, 155–73.

Frauenthal, J. C. und Swick, K. E. (1983), „Unit Cycle Oscillations of the Human Population“, *Demography*, 20, 385–98.

Geanakoplos, J. (1987), „Overlapping Generations Model of General Equilibrium“ in J. Eatwell, M. Milgate, P. Newman, Hrsg., *The New Palgrave Dictionary of Economics*, Band 3, London.

Hansen, A. H. (1939), „Economic Progress and Declining Population Growth“, *American Economic Review*, 29, 1–15.

Heckman, J. J. und Hotz, J. V. (1986), „The Sources of Inequality for Males in Panama's Labor Market“, *Journal of Human Resources*, 21, 507–42.

Jorgensen, D. W. und Fraumeni, B. M. (1987), „The Accumulation of Human and Non-Human Capital, 1948–84“, Harvard University, Cambridge, MA.

Kehoe, T. J. (1987), „Intertemporal General Equilibrium Models“, Economic Theory Workshop, University of Chicago.

Khaldun, Ibn (1958), *The Muqaddimah*, Band 1, übersetzt von Franz Rosenthal, New York.

King, R. G. und Rebelo, S. (1986), „Business Cycles with Endogenous Growth“, unveröffentliches Manuskript, University of Rochester.

Knight, F. H. (1935), „The Ethics of Competition“ in ds., *The Ethics of Competition and Other Essays*, Chicago.

Kondratieff, N. D. (1935), „The Long Waves in Economic Life“, *Review of Economics and Statistics*, 17, 105–15.

Kuznets, S. (1958), „Long Swings in the Growth of Population and in Related Economic Variables“, *Proceedings of the American Philosophical Society*, 102, 25–52.

Lee, M. L. und Loschky, D. (1987), „Malthusian Population Oscillations“, *Economic Journal*, 97, 737–39.

Lee, R. D. (1987a), „Population Cycles“ in J. Eatwell, M. Milgate, P. Newman, Hrsg., *The New Palgrave Dictionary of Economics*, Band 2, London.

–, (1987b), „Population Dynamics of Humans and Other Animals“, *Demography*, 24, 443–67.

Lucas, R. E., Jr. (1988), „On the Mechanics of Economic Development“, *Journal of Monetary Economics*, 22, 3–42.

Malthus, Th. R. (1798/1933), *An Essay on the Principle of Population*, London.

Michael, R. T., Fuchs, V. und Scott, S. R. (1980), „Changes in the Propensity to Live Alone: 1950–1976“, *Demography*, 17, 39–56.

Mill, J. St., (1848), *Principles of Economics*, London.

NELSON, R. R. (1956), „A Theory of the Low-Level Equilibrium Trap“, *American Economic Review*, 46, 894–908.

ROMER, P. (1986), „Increasing Returns and Long-Run Growth“, *Journal of Political Economy*, 84, 1000–37.

ROSEN, S. (1976), „A Theory of Life Earnings“, *Journal of Political Economy*, 84, S45–S68.

SAMUELSON, P. A. (1958), „An Exact Consumption-Loan Model of Interest With or Without the Social Contrivance of Money“, *Journal of Political Economy*, 66, 467–82.

SARGENT, TH. (1987), *Dynamic Macroeconomic Theory*, Cambridge, MA.

SIEBERT, W. S. (1987), „Inequality of Opportunity: An Analysis Based on the Microeconomics of the Family“ in R. Drago und R. Perlman, Hrsg., *Microeconomic Issues in Labor Economics: New Approaches*, Brighton.

SILVER, M. (1965), „Births, Marriages, and Business Cycles in the United States“, *Journal of Political Economy*, 73, 237–55.

SOLOW, R. M. (1956), „A Contribution to the Theory of Economic Growth“, *Quarterly Journal of Economics*, 70, 65–94.

STIGLER, G. J. und BECKER, G. S. (1977), „De Gustibus Non Est Disputandum“, *American Economic Review*, 67, 76–90 (deutsch im vorliegenden Band, 50–76).

TAMURA, R. (1986), „The Existence of Multiple Steady States in One Sector Growth Models with Intergenerational Altruism“, unveröffentlichtes Manuskript, University of Chicago.

TSIANG, S. C. (1964), „A Model of Economic Growth in Rostovian Stages“, *Econometrica*, 32, 619–48.

UZAWA, H. (1965), „Optimal Technical Change in an Aggregative Model of Economic Growth“, *International Economic Review*, 6, 18–31.

WALLACE, N. (1980), „The Overlapping-Generations Model of Fiat Money“ in J.H. Kareken und N. Wallace, Hrsg., *Models of Monetary Economics*, Minneapolis.

YULE, G. U. (1906), „On the Changes in the Marriage- and Birth-Rates in England and Wales During the Past Half Century: With an Inquiry as to Their Probable Causes“, *Journal of the Royal Statistical Society*, 69, 88–132.

Fertilität und Wirtschaft*

(1992)

Zusammenfassung: Ich setze die Nachfrage nach Kindern in Beziehung zum Einkommen der Eltern und den Kosten der Kindererziehung – insbesondere zum Wert der Zeit, die der Betreuung der Kinder gewidmet wird, und zu den politischen Maßnahmen, welche die Kosten von Kindern verändern. Außerdem wird im vorliegenden Aufsatz die Nachfrage nach Kindern mit den Investitionen in deren Humankapital und anderen Dimensionen der sogenannten „Qualität" von Kindern in Verbindung gebracht. Die Fertilität hängt, wie ich zeige, auch ab von der Kinder- und Erwachsenensterblichkeit, der Unsicherheit über das Geschlecht der Kinder (sofern eine Präferenz für Jungen oder für Mädchen oder für Abwechslung besteht), der Unsicherheit darüber, wie lange es braucht, um eine Empfängnis zu bewirken, und anderen Faktoren.

Da aufeinanderfolgende Generationen aus biologischer Notwendigkeit einander überschneiden (überlappen) müssen, ist es nicht erstaunlich, daß die Fertilität einer Generation die Fertilität nachfolgender Generationen beeinflußt. Modelle überlappender Generationen sind der geeignete analytische Rahmen, um Fertilitätsentscheidungen mit Bevölkerungswachstum und makroökonomischen Veränderungen in Zusammenhang zu bringen.

Der moderne Ansatz der Fertilitätsbetrachtung deckt ganz andere Verbindungen zwischen Bevölkerungswachstum und Wirtschaftswachstum auf als das malthusische Wachstumsmodell einerseits oder die üblichen neoklassischen Wachstumsmodelle andererseits. Insbesondere eignet er sich für die Untersuchung der Frage, wie Gesellschaften ein Stagnationsgleichgewicht à la Malthus vermeiden und ihre Entwicklung zu modernen Wirtschaften beginnen, in denen die Pro-Kopf-Einkommen, das Humankapital und das Sachkapital allesamt kontinuierlich wachsen, die Geburtenhäufigkeit auf ein ziemlich niedriges Niveau sinkt und verheiratete Frauen in großer Zahl einer Erwerbstätigkeit nachgehen.

---

* Dieser Aufsatz wurde für das Nobel-Jubiläums-Symposion, das von 5. bis 7. Dezember 1991 in Lund in Schweden stattfand, geschrieben. Nützliche Kommentare dazu gaben James Heckman, Robert Willis und meine Diskutanten auf dem Symposion, Alessandro Cigno und Richard Easterlin, ab; hilfreiche Unterstützung erfuhr ich durch Becky Kilburn. Dank schulde ich dem National Institute für Child Health and Human Development für das Stipendium R 37-HD22054 und der National Science Foundation für das Stipendium SES-90–10748.

1. Einleitung

Malthus' berühmte Untersuchung über die Bevölkerung trägt den Untertitel: „Mit Bemerkungen über die Spekulationen von Mr. Godwin, M. Condorcet und anderen Schriftstellern". Sie beginnt mit einem Einwand gegen deren Behauptung, der Wohlstand der Menschheit werde mit der Zeit weiterhin zunehmen, und entwickelt zur Entkräftung von deren Argumenten eine Theorie des Bevölkerungswandels. Nach Malthus wächst die Bevölkerung langsamer, wenn die Durchschnittseinkommen zurückgehen, weil die Menschen dann typischerweise später heiraten und weniger Kinder haben – die präventive Hemmung – und weil die Sterblichkeit steigt, wenn die Familien ärmer sind – die pessimistische positive Hemmung. Diese Reaktionen von Fertilität und Sterblichkeit erhöhen aufgrund der abnehmenden Erträge einer Vergrößerung des Arbeitskräftepotentials die zukünftigen Einkommen.

Die moderne ökonomische Fertilitätsanalyse ist eine Weiterentwicklung des bahnbrechenden Werkes von Malthus. Der moderne Ansatz ist eine sehr verspätete Reaktion auf das Versagen der malthusischen Analyse bei der Erklärung der Geburtenhäufigkeit des 19. und des 20. Jahrhunderts in Europa, den USA, Japan und anderen entwickelten Ländern. Das Kernproblem besteht darin, daß die Geburtenhäufigkeit nicht anstieg, sondern abnahm, als die Pro-Kopf-Einkommen in diesen Ländern stiegen.

Der vorliegende Aufsatz behandelt die Fertilitätsanalyse vor allem im Zusammenhang mit der Malthusschen Frage: Wie hängen Familienentscheidungen – insbesondere die Fertilität – und langfristiges Wirtschaftswachstum zusammen? Infolge dieser Schwerpunktsetzung befasse ich mich weniger mit einigen bedeutsamen Forschungsergebnissen, die stärker auf die Erklärung mikroökonomischer Unterschiede im Fertilitätsverhalten abstellen.

Ich möchte gleich vorweg festhalten, daß ich nicht versuchen werde, eine umfassende Darstellung aller Bestimmungsfaktoren und Wirkungen von Fertilitätsentscheidungen zu geben, nicht einmal, wenn sich diese auf „ökonomische" Variable oder die Relevanz von Variablen für Problemkreise wie das Wirtschaftswachstum beschränken. Das Schwergewicht wird vor allem auf jene Teilfragen gelegt, die ich selbst bearbeitet oder einigermaßen genau verfolgt habe. Einige wichtige Themen sind völlig weggelassen, und anderen widme ich weniger Aufmerksamkeit, als sie verdienen. Ich glaube aber, daß die behandelten Fragen von größter Bedeutung für das Verständnis des Fortschritts sind, den die ökonomische Fertilitätsanalyse in den letzten paar Jahrzehnten erzielt hat. Gleichzeitig sollte deutlich werden, daß noch viel zu tun bleibt.

2. Einkommens- und Preiseffekte

Malthus' Sicht der Fertilität läßt sich in ihren wesentlichen Zügen sehr einfach darstellen. Nehmen wir an, die typische Familie maximiert ihren Nutzen im Hinblick auf Kinder und andere Güter:

(1) $$U = v(x) + b(n),\ v', b' > 0,\ v'' < 0,\ b'' < 0,$$

wobei n die Zahl der Kinder angibt und x Marktgüter repräsentiert und sowohl für x als auch für n sinkende Grenznutzen angenommen werden. Malthus behauptete, die Zahl der Kinder werde bestimmt durch „die Leidenschaft zwischen den Geschlechtern, „die annähernd ihr gegenwärtiges Ausmaß behalten wird" (MALTHUS, 1798, 8). Diese Annahme über die „Leidenschaft" erklärt, warum Malthus nicht bzw. erst in sehr späten Ausgaben versuchte, die im Lauf der Zeit stattfindenden Änderungen der Geburtenhäufigkeit mit Hilfe von Präferenzänderungen zu erklären.

Er arbeitete vielmehr mit Einkommensveränderungen, da jede Familie durch eine Budgetgleichung beschränkt ist:

(2) $$p_x x + p_n n = I,$$

dabei ist I das Einkommen, und p_x und p_n sind die Preise einer Einheit von x bzw. von n. Die Annahme einer konkaven Nutzenfunktion besagt natürlich:

(3) $$\frac{dn}{dI} > 0,$$

so daß die Fertilität mit Einkommenssteigerungen (-senkungen) zunimmt (abnimmt).

Wie ich schon erwähnte, war dieser Prognose in den zwei Jahrhunderten nach der Veröffentlichung von Malthus' Untersuchung wenig Erfolg beschieden; sogar Malthus selbst versuchte schließlich, in seiner Analyse die sinkende Geburtenhäufigkeit mit Hilfe der Annahme einzubauen, daß sich im Lauf der Zeit die Präferenzen von Kindern weg verlagerten. Auf einfache Art lassen sich seine Schlußfolgerungen modifizieren – ohne den Analyserahmen zu verlassen –, indem man berücksichtigt, daß der Preis von Kindern auch die Nachfrage nach ihnen beeinflußt. Der Hauptsatz der Nachfragetheorie besagt,

(4) $$\frac{dn}{dp_n} < 0\ .$$

Das gilt im vorliegenden Zusammenhang nicht nur bei konstant gehaltenem Realeinkommen, sondern auch im Slutskyschen Sinne, denn die Nachfrage nach Kindern hat einen positiven Einkommenseffekt.

Der Preis von Kindern ist gleich den Nettokosten ihrer Erziehung und hängt offensichtlich von den Kosten für Ernährung, Bekleidung und Wohnung ab. Er hängt weiters ab vom Wert der Zeit, welche Eltern, typischerweise Mütter, für die Kinder aufwenden. Der entgangene Wert der für die Kindererziehung aufgewendeten Zeit macht in modernen Wirtschaften deutlich mehr als die Hälfte der Gesamtkosten aus (siehe ESPENSHADE, 1984). Die Nettokosten von Kindern werden insbesondere in weniger entwickelten Ländern oft erheblich geringer sein, und zwar wegen des Wertes ihrer Beiträge zum Familieneinkommen und ihrer erwarteten Beiträge zur Unterstützung der Eltern im Alter oder im Krankheitsfall. Die Kosten der Kinder für die Eltern werden außerdem beeinflußt durch politische Maßnahmen, die das Vorhandensein von Kindern letztlich besteuern oder subventionieren, z.B. die ausdrückliche Besteuerung von kinderreichen Familien in China.

Die moderne Erweiterung des Malthusschen Modells um den Kostenaspekt ist von großer Bedeutung für das untersuchte Verhalten. (LOCAY 1991) untersuchte Unterschiede sowohl in den Einkommen als auch in den Kosten von Kindern in einer ausgezeichneten Analyse – à la Malthus – des Bevölkerungsgleichgewichts in verschiedenen amerikanischen Indianerstämmen vor deren Kontakt mit Europäern.

Unterschiede in den Kosten von Kindern machen beispielsweise auch verständlich, warum die Geburtenhäufigkeit auf dem Lande unweigerlich größer war als in Städten, obwohl die Einkommen auf dem Land für gewöhnlich geringer waren. Es ist nämlich billiger, Kinder in der Landwirtschaft großzuziehen; insbesondere, wenn kleinere Kinder beim Melken der Kühe, beim Hüten der Tiere und bei anderen bäuerlichen Tätigkeiten mithelfen.

Die Berücksichtigung der Kosten von Kindern zeigt, wie unterschiedliche politische Maßnahmen die Geburtenhäufigkeit beeinflussen. Beispielsweise wirkte sich in den USA die Möglichkeit, pro Kind einen bestimmten Betrag von der Einkommensteuer abzusetzen, auf die Nachfrage nach Kindern aus, weil sie deren Kosten senkte (siehe WHITTINGTON u.a., 1990). Die Zunahme der Geburtenhäufigkeit in Schweden in den letzten Jahren relativ zu Westdeutschland und anderen westeuropäischen Ländern wird mit der großzügigen Subventionierung von Kinderbewahrungseinrichtungen und der ausgedehnten Lohnfortzahlung für die Eltern Neugeborener in Verbindung gebracht (siehe GUSTAFSSON und WILLIS, 1990). Und auch in der ehemaligen DDR dürfte die starke Subventionierung der Kindererziehung die Geburtenraten erhöht haben, wenigstens vorübergehend (siehe VINING, 1984; MONNIER, 1990).

Doch am bedeutsamsten an der Einbeziehung des Kostenaspekts ist wohl, daß Kosten den Rückgang der Geburtenhäufigkeit im Laufe der Wirtschaftsentwicklung erklären helfen. Wirtschaftswachstum erhöht nicht nur die Einkommen, sondern auch die Kosten von Kindern, zum Teil deshalb, weil die Zeit, die für die Kinder aufgewendet wird, mit der Entwicklung einer Wirtschaft wertvoller wird (siehe z.B. LINDERT, 1980). Der induzierte Substitutionseffekt, der sich gegen Kinder auswirkt, könnte einen positiven Einkommenseffekt der Entwicklung überwiegen und somit eine deutlich negative Beziehung zwischen dem Pro-Kopf-Einkommen und der Nachfrage nach Kindern schaffen. Untersuchungen aus mehreren Ländern legen den Schluß nahe, der negative Effekt der Lohnsätze verheirateter Frauen auf deren Geburtenverhalten dominiere den (positiven) Effekt größerer Mittel der Familie (Butz und Ward, 1979; Ermisch, 1988; Heckman und Walker, 1990; Cigno, 1991).

3. *Qualität der Kinder*

Zur Zeit von Malthus hatten in den meisten Familien die Eltern relativ wenig Möglichkeiten, Ausgaben für Kinder zu tätigen, da Schulbildung, Berufsausbildung und medizinische Versorgung allesamt erst ansatzweise vorhanden waren. Doch eine Analyse der Nachfrage nach Kindern, die verschiedene Dimensionen von deren „Qualität" außer acht läßt, mußte im Zuge der wirtschaftlichen Entwicklung und anderer im 19. Jahrhundert einsetzender Veränderungen zunehmend an Relevanz verlieren. Heutzutage wäre es absurd, Schulbildung, Berufsausbildung und Gesundheitsaspekte auszusparen, wenn man untersucht, welches Interesse Eltern an ihren Kindern haben.

Die Nutzenfunktion in (1) läßt sich leicht so verändern, daß die Qualität von Kindern berücksichtigt wird:

(5) $$U = v(x) + b(n, q),$$

wobei ich annehme, daß alle Kinder von gleicher Qualität q sind und die Funktion b sowohl in n wie in q schwach konkav ist. Die Qualität wirkt sich in erheblicher Weise auch auf die Budgetbeschränkung aus, denn die Kosten eines zusätzliches Kindes hängen von dessen Qualität ab, während die vollen Kosten von Kindern höherer Qualität von deren Anzahl abhängen. Eine einfache Änderung der Nebenbedingung in (2) ist

(6) $$p_x x + p_n n + pnq = I,$$

wobei $p_n + pq = \Pi_n$ die vollen Grenzkosten eines zusätzlichen Kindes sind und $pn = \Pi_q$ die vollen Grenzkosten höherer Qualität. Der Ausdruck p_n bezieht sich auf die Kosten von Schwangerschaft und Geburt und andere qualitätsunabhängige fixe Ausgaben, während p Ausgaben für Bildung und für Gesundheit sowie andere variable Kosten umfaßt.

Die Wechselwirkung zwischen Quantität und Qualität von Kindern in der nicht-linearen Budgetgleichung und auch in der Nutzenfunktion hat einige paradoxe Folgen für die Fertilität. Beispielsweise könnte ein Einkommensanstieg die Nachfrage nach Kindern senken – selbst bei Vorliegen eines positiven „reinen“ Einkommenseffekts –, nämlich dann, wenn bei höherem Einkommen die Schulbildung bzw. Berufsausbildung von Kindern deutlich erhöht würde. Und zwar deshalb, weil größere Ausgaben für Bildung die variablen Kosten von Kindern erhöhen und die infolge des Einkommenseffekts erhöhte Nachfrage nach ihnen dominieren könnten.

Technische Einzelheiten dazu sind an anderem Ort nachzulesen (siehe z.B. BECKER, 1960; WILLIS, 1973; BECKER und LEWIS, 1973; CIGNO, 1991, Kapitel 5). Hier geht es mir darum, einige Anwendungen zu skizzieren. Die interne Verzinsung von Bildungs- bzw. Berufsausbildungsausgaben für Kinder ist in Städten relativ hoch, teilweise deshalb, weil die Arbeitsteilung dort viel weiter geht als in ländlichen Gebieten. Das begünstigt eine Verkleinerung der Familien, da Eltern Quantität durch Qualität zu substituieren beginnen. Dieselben Überlegungen helfen erklären, warum wirtschaftliche Entwicklung die Humankapitalinvestitionen erhöht und gleichzeitig Geburtenhäufigkeit und Familiengröße senkt (siehe z.B. WAHL, 1991) – ich werde auf diesen wichtigen Zusammenhang noch zurückkommen. Außerdem ist nicht selten festzustellen, daß in ein und demselben Land kinderreiche Familien tendenziell weniger gut ausgebildete und weniger gesunde Kinder haben als kleine Familien (siehe BLAKE, 1989) und daß in den USA Volksgruppen mit kleineren Familien in der Regel besser ausgebildete Kinder haben (siehe CHISWICK, 1988).

Die Analyse von Malthus setzt Geburtenhäufigkeit (und Sterblichkeit) vermittels der Wirkungen auf die Bevölkerung und das Arbeitskräfteangebot in Beziehung zur Wirtschaft. Das neoklassische Wachstumsmodell betont, daß sich das Bevölkerungswachstum auf die Kapitalintensität bzw. die Kapitalintensivierung auswirkt. Die Qualitäts-Quantitäts-Analyse erfaßt beide dieser Faktoren, setzt aber überdies vermittels Bildung und anderen Humankapitals der Arbeitskräfte die Geburtenhäufigkeit in Beziehung zur Leistung der Volkswirtschaft. Zunehmend wird anerkannt, daß die Akkumulation von Wissen, das zum Großteil in Menschen gespeichert ist, von ausschlaggebender Bedeutung für den wirtschaftlichen Entwicklungsprozeß ist. Wie ich noch zeigen werde, stellt daher der Zusammenhang von Geburtenhäufigkeit und Humankapital ein unentbehrliches Bindeglied zwischen Bevölkerungswandel und Wirtschaftswachstum dar.

Mit Absicht habe ich „Qualität“ nur vage umschrieben, da sich keine einzelne Formulierung für alle Zwecke gleich gut eignet. Es gibt aber ein sehr gehaltvolles und erstaunlich flexibles Modell, das die Qualität von Kindern schlicht und einfach mit deren Nutzen gleichsetzt. Der Nutzen von Kindern hängt offensichtlich von der Menge ihres Humankapitals ab, daneben aber auch noch von vielen anderen Variablen.

Wenn die Qualität (q) gleich dem Nutzen jedes Kindes ist und wenn der Nutzen der Eltern linear vom Nutzen des Kindes abhängt, so läßt sich der elterliche Nutzen schreiben als

(7) $$U_t = v(x_t) + a(n_t)n_t U_{t+1},$$

wobei $n_t U_{t+1}$ der Gesamtnutzen der Kinder ist. Der Nutzen der Eltern und der der Kinder werden durch Zeitsubskripte unterschieden, die überlappende Kohorten oder Generationen bezeichnen.

Diese Nutzenfunktion der Eltern läßt sich nicht nur unter dem Aspekt Quantität–Qualität deuten, sondern auch als Ausdruck des Altruismus gegenüber Kindern. Der Altruismus pro Kind wird durch $a(n)$ angegeben, und man kann sinnvollerweise abnehmenden Grenznutzen von Kindern annehmen – in dem Sinn, daß der Altruismus pro Kind mit steigender Kinderzahl geringer wird ($da/dn < 0$).

Das Ausmaß des Altruismus pro Kind bestimmt auch den intergenerationellen Diskontierungsfaktor in der dynastischen Nutzenfunktion. Das wird ersichtlich, wenn man U_{t+1}, U_{t+2}, usw. durch die in (7) gebrauchte Schreibweise ersetzt und damit eine ausdrückliche Formulierung des dynastischen Nutzens erhält:

(8) $$U_t = v(x_t) + a(n_t)n_t v(x_{t+1}) + a(n_t)a(n_{t+1})n_t n_{t+1} v(x_{t+2}) + \ldots + A_{t+i}N_{t+i}v(x_{t+i}),$$

wobei

(9) $$N_{t+1} = n_t \cdot n_{t+1} \ldots n_{t+i-1}, \text{ und } A_{t+i} = a(n_t) \ldots a(n_{t+i-1}).$$

Dynastischer Nutzen ist die diskontierte Summe der Nutzen jeder Generation von Nachkommen $[N_{t+i}v(x_{t+i})]$, wobei der Diskontierungsfaktor in jeder Generation (A_{t+i}) vom Altruismus und der Fertilität aller Vorfahren abhängt (Einzelheiten hierzu siehe bei BECKER und BARRO, 1988).

JOHN CALDWELL (1976) und andere Autoren (siehe z.B. WILLIS, 1982) betonen, daß sich im Zuge der Entwicklung einer Volkswirtschaft die Richtung der Transfers zwischen den Generationen ändert. Statt daß Kinder zum Unterhalt der Eltern beitragen – teilweise durch Unterstützungszahlungen im Alter –, bewirkt Wirtschaftsentwicklung das Umgekehrte: Eltern beginnen mehr zu hinterlassen und mehr in das Humankapital ihrer Kinder zu investieren. Gleichungen (7) und (8) besagen, der Rückgang der Geburtenhäufigkeit im Zuge der Entwicklung erhöhe das Ausmaß an Altruismus pro Kind und den intergenerationellen Diskontierungsfaktor ($a(n)$ steigt, da $a'(n) < 0$). Das begünstigt größere Transfers von Eltern an Kinder, selbst wenn man von der Sozialversicherung, den Pensionen oder anderen Institutionen absieht. Natürlich bestimmen sich Geburtenhäufigkeit und Transfers gemeinsam; im Abschnitt 7 wird dieser Vorgang anhand eines einfachen Wachstumsmodells untersucht.

Modelle von elterlichem Altruismus wurden ursprünglich entwickelt, um die Transfers zwischen den Generationen innerhalb von Familien und die Organisation von Produktion und Konsum in der Familie zu untersuchen (zwei frühe Arbeiten hierzu sind BARRO, 1974, und BECKER, 1974). Eingehend befaßt man sich nach wie vor mit Fragen der Finanzpolitik, einschließlich der Auswirkungen von Staatsverschuldung und Sozialversicherung auf die privaten Ersparnisse, und mit Fragen der Familienökonomik, einschließlich der Auswirkungen erwarteter Hinterlassenschaften auf das Verhalten von Kindern. Einige dieser Punkte werde ich im nächsten Abschnitt behandeln.

Manche Wissenschaftler, die sich speziell mit Fertilitätsverhalten befassen, lehnen Formulierungen wie die in (7) und (8) ab, weil sie glauben, darin sei nicht diejenige Nachfrage nach Kindern berücksichtigt, die anders als durch Altruismus motiviert ist. Aber diese Gleichungen nehmen nicht notwendigerweise an, daß der Altruismus gegenüber Kindern stark ist – er könnte auch schwach oder gar nicht vorhanden sein ($a(n)$ könnte also gleich null sein). Aus dem Gesagten sollte bereits deutlich geworden sein, daß die Nachfrage nach Kindern nicht nur von der Nutzenfunktion abhängt, sondern auch davon, wie stark Kinder die elterlichen Ressourcen beanspruchen. Selbst egoistische Eltern würden viele Kinder haben, wenn Kinder gewinnbringend wären: wenn sie mehr zum Unterhalt ihrer Eltern beitrügen, als sie selbst an Aufwendungen für ihre Ernährung, an elterlicher Zeit und anderen Gütern und Leistungen benötigen. Insbesondere verträgt sich elterlicher Altruismus voll und ganz mit einer Nachfrage nach Kindern, die hauptsächlich durch deren erwarteten Beitrag zur Unterhaltssicherung der Eltern im Alter motiviert ist.

4. Überlappende Generationen

Die Tatsachen der biologischen Fortpflanzung machen es nötig, die Fertilitätsanalyse im Rahmen eines Modells überlappender Generationen vorzunehmen, in dem Männer und Frauen Kinder erzeugen, die die Erwachsenen zukünftiger Generationen sein werden. Im malthusischen Modell werden die Kinder, die die heutige Generation erzeugt, die Arbeitskräfte der nächsten Generation. Demographische Theoreme über stabile Bevölkerungen und Bevölkerungspyramiden arbeiten mit der systematischen Überlappung verschiedener Generationen (siehe z.B. COALE und DEMENY, 1966), in der Wirtschaftswissenschaft jedoch wurde der Überlappungsansatz erst mit der klassischen Arbeit von SAMUELSON (1958) allgemein üblich.

Inzwischen verwenden Ökonomen Modelle überlappender Generationen, um die Bestimmungsfaktoren von Unterhaltszahlungen im Alter und anderen „Transaktionen" zwischen Alt und Jung, die Nachfrage nach Geld, die Kapitalakkumulation über die Zeit und viele andere Dinge zu erforschen. Die Familienökonomik geht an diese Probleme unter Berücksichtigung der allgemein bekannten, aber nicht allgemein beachteten Tatsache heran, daß Jung und Alt einander nicht fremd auf einem Markt gegenübertreten, sondern die Jungen typischerweise die Kinder der Alten sind (in vielen theoretischen Arbeiten über überlappende Generationen sucht man vergeblich nach einer entsprechenden Feststellung; siehe z.B. Geanakoplos' Artikel über überlappende Generationen im *New Palgrave's Dictionary*, 1987). Altruismus, Loyalität, Schuldgefühle und andere Empfindungen verbinden die Jungen mit den Alten; und die „Transaktionen" zwischen ihnen sind hiervon beeinflußt und oft sogar beherrscht (BECKER, 1991; siehe auch CIGNO, 1991, Kapitel 9).

Am wichtigsten ist im gegebenen Zusammenhang die Tatsache, daß die Anzahl jüngerer Personen, die zu „Transaktionen" mit der Elterngeneration oder zu ihrer Unterstützung verfügbar sind, zum Teil durch Fortpflanzungsentscheidungen bestimmt wird, die ihrerseits von den Beziehungen zwischen den Generationen abhängen. Ob Kinderreichtum ein Vorteil ist, hängt z.B. insbesondere in unterentwickelten Ländern davon ab, ob von den Kindern zu erwarten ist, daß sie für alte oder kranke Eltern sorgen werden. Diese Erwartungen hängen zum Teil davon ab, ob Normen und andere Formen sozialen Druckes erwachsene Kinder dazu zwingen, einzuspringen und zu helfen. Sie hängen außerdem davon ab, ob Eltern in ihren Kindern – durch entsprechende Erziehung – Gefühle der Schuld, der Liebe und andere Haltungen erzeugen können, die Kinder hilfsbereit machen, selbst wenn sie keine materielle Gegenleistung erhalten.

Die Beziehungen zwischen den Generationen bestimmen auch die Geburtenhäufigkeit in entwickelten Ländern mit. Denken wir beispielsweise an Sozialversicherungsabgaben der Jungen, aus denen Zahlungen an die Alten finanziert werden. Solch öffentliche Unterstützung der Alten verringert deren Abhängigkeit von Kindern, und das heißt, daß die Sozialversicherung ganz großen Einfluß darauf hat, ob Eltern bei ihren Kindern leben (siehe MICHAEL u.a., 1980). Die verminderte Unterstützung durch Kinder (selbst wenn Eltern Sozialversicherungszahlungen erhalten) drückt den Wert von Kindern noch weiter und verringert dadurch die Geburtenhäufigkeit. Letztlich jedoch vermindert der so bewirkte Rückgang der Familiengröße die Zahl der erwerbstätigen Erwachsenen pro Pensionsbezieher, und dadurch wird es schwieriger, die staatliche Altersversorgung zu finanzieren, die zunächst die Ursache der Verringerung der Geburtenhäufigkeit war.

Wie diesen Ausführungen zu entnehmen ist (und genau bewiesen werden kann), schaffen Sozialversicherungssysteme eine Diskrepanz zwischen den privaten und den sozialen Vorteilen von Kindern. Denn Eltern berücksichtigen nicht die Vorteile, die ihre Kinder anderen Familien durch die Steuern verschaffen, die sie zur Unterstützung der alten Eltern anderer Leute zahlen. Mit dieser Diskrepanz lassen sich Subventionen an Eltern kinderreicher Familien rechtfertigen.

Noch subtiler läßt sich aus der Analyse folgern, daß Sozialversicherung, Staatsverschuldung und andere intergenerationelle Transfers zur Elterngeneration hin die Geburtenhäufigkeit verringern, selbst wenn alte Eltern von ihren Kindern nicht unterstützt werden, sondern umgekehrt ihren Kindern durch Hinterlassenschaften helfen. Denn altruistische Eltern, die Kindern etwas hinterlassen, vergrößern ihre Geschenke und Hinterlassenschaften, um die Belastung durch Steuern auszugleichen, die der jüngeren Generation zur Finanzierung der Sozialversicherungszahlungen oder des Staatsschuldendienstes auferlegt werden. Aber durch diese Erhöhung der Transfers an Kinder erhöhen sich die effektiven Kosten von Kindern, was seinerseits die Nachfrage nach Kindern senkt (siehe WILLIS, 1980; BECKER und BARRO, 1988; WILDASIN, 1990).

Damit ist die Geschichte aber noch nicht zu Ende; denn die geringere Geburtenhäufigkeit begünstigt im Wege der Wechselwirkung von Qualität und Quantität noch größere Hinterlassenschaften für jedes Kind und/oder größere Investitionen in dessen Humankapital. Endogenisierung der Geburtenhäufigkeit bedeutet also, daß volle „ricardianische Äquivalenz“ nicht einmal in Modellen mit schlichtem Altruismus gegeben ist. Sie stellt aber nicht die konventionellen Ergebnisse bezüglich der Effekte der Sozialversicherung oder der Staatsverschuldung auf die privaten Ersparnisse wieder her. Denn der durch ein großzügigeres Sozialversicherungssystem (oder höhere Staatsverschuldung) bewirkte Rückgang der Geburtenhäufigkeit *erhöht* die privaten Ersparnisse *pro Kopf*, statt sie zu senken, indem er Hinterlassenschaften und Investitionen in nachfolgende Generationen vergrößert.

Zur Betrachtung überlappender Generationen ist aber auch festzuhalten, daß die anfängliche Wirkung der Sozialversicherung und anderer Variablen auf die Geburtenhäufigkeit verschieden sein kann von deren endgültiger Wirkung, da sich das Verhalten im Lauf der Generationen ändert. Zusammenhänge zwischen den Nachfragen verschiedener Generationen nach Kindern hat Richard Easterlin herausgearbeitet (siehe z.B. EASTERLIN, 1968, 1980).

Jede Generation einer dynastischen Familie bestimmt gleichzeitig Kinderzahl, Größe der Hinterlassenschaften und Investitionen in das Humankapital der Kinder. Analog hängen die Fertilität und andere Entscheidungen dieser Kinder von ihrem Humankapital und ererbtem Vermögen ab. Das Verhalten der Eltern und das der Kinder hängen also über die Kapitalsummen, die an aufeinanderfolgende Generationen von Nachkommen übertragen werden, zusammen.

Um die Folgerungen aus diesen Zusammenhängen anschaulich zu machen, stellen wir uns eine bleibende Erhöhung der Sozialversicherungsabgaben oder andere Ereignisse von bleibender Wirkung vor, die zunächst die Geburtenhäufigkeit senken und Hinterlassenschaften bzw. Investitionen in jedes Kind erhöhen. Das größere Vermögen, Humankapital usw. der jüngeren Generation wirkt sich auf deren eigene Fortpflanzungsentscheidungen aus. Wenn der Vermögenseffekt verschiedene mögliche Substitutionseffekte dominiert, so wird die Geburtenhäufigkeit nach anfänglichem Rückgang mit der Zeit wieder steigen. Unter gewissen Umständen wird sie schließlich *vollständig* auf jenes Gleichgewichtsniveau zurückkehren, das vor den Veränderungen gegeben war, die solche Reaktionen auslösten (siehe die Analyse in BECKER und BARRO, 1988). Andere langfristige Ergebnisse sind möglich, aber die in einem Modell überlappender Generationen vorgegebene Fertilitätsdynamik bewirkt oft große Unterschiede zwischen den anfänglichen und den sehr langfristigen Fertilitätseffekten. Ich werde auf die Fertilitätsdynamik im Abschnitt über Wirtschaftswachstum zurückkommen.

5. *Wirkungen der Sterblichkeit auf die Fertilität*

Das malthusische Modell nimmt an, daß sich Veränderungen im Lebensstandard nicht nur in der Geburtenhäufigkeit, sondern auch in der Sterblichkeit bemerkbar machen. Selbst wenn die Sterblichkeit exogen ist, besteht ein Zusammenhang zwischen Fertilität und Sterblichkeit, denn Veränderungen der Sterblichkeit können Veränderungen der Fertilität bewirken. Da im Laufe der wirtschaftlichen Entwicklung beide sinken, ist es insbesondere der Mühe wert, zu untersuchen, ob Rückgänge der Sterblichkeit zur Verminderung der Geburtenhäufigkeit beigetragen haben könnten.

Die moderne Fertilitätsanalyse erkannte schon bald, daß Veränderungen der Kindersterblichkeit sich auf die Geburtenziffern und die Nachfrage nach Kindern auswirken (siehe z.B. BECKER, 1960; O'HARA, 1975). Denn vermutlich interessieren sich Eltern vor allem für die Zahl jener Kinder, die ihre Kindheit überleben. Wenn sie eine bestimmte Zahl überlebender Kinder haben wollen, so wird offensichtlich eine Erhöhung der Überlebenswahrscheinlichkeit entsprechende prozentuale Rückgänge der Geburten bewirken, um die Zahl der Überlebenden konstant zu halten.

Eine differenziertere Analyse berücksichtigt, daß ein Rückgang der Kindersterblichkeit die erwarteten Kosten der Erzeugung jedes überlebenden Kindes senkt, indem er die durchschnittliche Geburtenzahl senkt, die für ein überlebendes Kind erforderlich ist. Da die Nachfrage nach Kindern negativ mit deren Preis korreliert (von Qualitätsaspekten wird hier im Augenblick abgesehen), sollte ein Rückgang der Kindersterblichkeit die Nachfrage nach Überlebenden erhöhen. Das würde heißen: Die Zahl der Geburten geht weniger stark zurück, als es der Erhöhung der Wahrscheinlichkeit, die Kindheit zu überleben, entspricht. Die Zahl der Geburten könnte sogar steigen, wenn die Preiselastizität der Nachfrage nach Kindern genügend groß wäre.

Doch gleichgültig, ob die Fertilität an der Zahl der überlebenden Kinder oder an der Zahl der Geburten gemessen wird, sie ging – im größten Teil unseres Jahrhunderts und über weite Strecken des 19. Jahrhunderts – mit der Kindersterblichkeit zurück. Freilich ist dieser Rückgang möglicherweise zur Gänze auf den Anstieg des Wertes der Zeit, auf Humankapitalinvestitionen und andere von mir erwähnte Veränderungen zurückzuführen. Doch kann auch der Zusammenhang zwischen Fertilität und Mortalität dazu beigetragen haben, da insbesondere auch die Sterblichkeit von Jugendlichen und Erwachsenen im Zuge der Entwicklung stark zurückging. Der Effekt der Veränderungen der Sterblichkeit von Jugendlichen und Erwachsenen auf die Geburtenhäufigkeit wird für gewöhnlich nicht beachtet, doch können sie die Nachfrage nach Kindern durch die Wechselwirkung zwischen Quantität und Qualität von Kindern senken (die folgenden Ausführungen stützen sich weitgehend auf MELTZER, 1991).

Ein Rückgang der Erwachsenensterblichkeit erhöht die Verzinsung von Investitionen in Bildung, Berufsausbildung und anderes Humankapital. Ist der Rückgang stark, so sind die Effekte nicht trivial. Zum Beispiel: Bei der in Mexiko 1963 gegebenen Alters- und Bildungsstruktur der Erwerbseinkünfte würde sich bei Zugrundelegung der Erwachsenensterblichkeit von 1921 eine Grenzertragsrate der Schulbildung (bei 9–11 Schuljahren) von 13 Prozent ergeben, während bei der 1983 gegebenen Erwachsenensterblichkeit eine Ertragsrate von 14,2 Prozent erreicht wird (siehe PRESTON, 1975; MELTZER, 1991, Kapitel 2). Meltzer zeigt außerdem, daß diese Differenz der Ertragsraten von 1,2 Prozentpunkten „groß“ ist, wenn man nach den empirischen Daten für die Elastizität des Angebots an Personen für Sekundar- und Hochschulbildung urteilt.

Infolgedessen würden Rückgänge in der Jugend- und Erwachsenensterblichkeit Eltern zu höheren Investitionen in die Bildung und das sonstige Humankapital ihrer Kinder bewegen. Der Nutzen aus einer größeren Kinderzahl steigt für Eltern auch, wenn die Kinder länger leben. Obwohl das die Nachfrage nach Kindern erhöhen könnte, ergeben nicht unplausible Annahmen über die Reagibilität des elterlichen Altruismus pro Kind in bezug auf die Kinderzahl, daß Rückgänge in der Jugend- und Erwachsenensterblichkeit die Geburtenhäufigkeit verringern, und zwar im Zusammenhang mit den größeren Investitionen pro Kind (siehe MELTZER, 1991, Kapitel 2).

Da Rückgänge der Kindersterblichkeit nicht so große Auswirkungen auf die Ertragsraten der Humankapitalinvestitionen haben, ist es weniger wahrscheinlich, aber immerhin möglich, daß auch sie die Nachfrage nach überlebenden Kindern verringern. Aber sogar wenn ein Rückgang der Kindersterblichkeit die Nachfrage nach überlebenden Kindern erhöht, könnten die mit der wirtschaftlichen Entwicklung einhergehenden deutlichen Rückgänge der Sterblichkeit in den meisten Altersgruppen die Geburtenhäufigkeit insgesamt senken, selbst wenn diese an der jeweiligen Zahl überlebender Kinder und nicht nur an den Geburtenraten gemessen wird. Aus dem empirischen Material, das MELTZER (1991, Kapitel 4) analysierte, geht außerdem hervor, daß eine negative Beziehung zwischen Fertilität und Mortalität nicht nur theoretisch möglich ist, sondern bei den heutigen Wechselwirkungen zwischen Fertilität und Mortalität in Ländern unterschiedlichsten Entwicklungsstandes auch faktisch naheliegt.

Diese Verknüpfungen zwischen Sterblichkeit, Geburtenhäufigkeit und Humankapitalinvestitionen zeigen uns, daß eine Variable „Bevölkerungswachstum“ zu wenig differenziert ist, um in Modellen wirtschaftlichen Wandels Verwendung zu finden. Höhere Wachstumsraten der Bevölkerung infolge geringerer Sterblichkeit wirken sich wahrscheinlich ganz anders auf den wirtschaftlichen Fortschritt aus als ein rapideres Wachstum infolge höherer Geburtenhäufigkeit. Ein Rückgang der Sterblichkeit erhöht das Bevölkerungswachstum – selbst bei induzierter rückläufiger Geburtenhäufigkeit – und begünstigt gleichzeitig wachstumsfördernde Humankapitalinvestitionen. Im Unterschied hierzu erhöht ein exogener Anstieg der Geburtenhäufigkeit zwar auch das Bevölkerungswachstum, wirkt sich aber ungünstig sowohl auf Humankapital- wie Sachkapitalinvestitionen pro Kopf aus. In der oft erbittert geführten Auseinandersetzung darüber, ob rascheres Bevölkerungswachstum wirtschaftlichen Fortschritt beschleunigt oder verzögert (wer etwas mehr über diese Auseinandersetzungen wissen will, greife zu National Research Council, 1986), wird gelegentlich zu wenig beachtet, ob ein Anstieg des Bevölkerungswachstums infolge rückläufiger Sterblichkeit andere Wirkungen hat als ein Wachstumsanstieg infolge erhöhter Geburtenhäufigkeit.

6. Unsicherheit und Geburtenhäufigkeit

Bislang habe ich die enorme Unsicherheit ausgeblendet, die man mit der Entscheidung für Kinder auf sich nimmt: Unsicherheit, ob und wann Geschlechtsverkehr zu einer Empfängnis führt, Unsicherheit über Gesundheit und Begabungen von Kindern, über ihre Anhänglichkeit an die Eltern und deren Unterstützung im Alter, darüber, ob man sie in einer stabilen und glücklichen Ehe aufziehen kann, usw. Ich kann nicht allen Aspekten dieser Unsicherheit gerecht werden, sondern werde nur einige wenige Punkte behandeln, die wichtig sind, und auch anschaulich machen, wie Unsicherheit auf Fortpflanzungsentscheidungen einwirkt.

Eltern verarbeiten die Unsicherheit über die Kindersterblichkeit zum Teil dadurch, daß sie eine Strategie sequentieller Entscheidungen verfolgen: Die Wahrscheinlichkeit, in einem gegebenen Zeitraum ein zusätzliches Kind zu haben, wird abhängig gemacht von den Erfahrungen mit den bereits geborenen Kindern und insbesondere von deren Sterblichkeit. Verschiedene empirische Untersuchungen haben die Größenordnung der „Auffüllungsquoten“ für Sterbefälle geschätzt (siehe z.B. Ben-Porath, 1976; Schultz, 1976; Gomez, 1981; Olsen und Wolpin, 1983; Wolpin, 1984).

Natürlich ist eine Strategie sequentieller Entscheidungen nicht sinnvoll, wenn man auf die tatsächliche Jugend- und Erwachsenensterblichkeit der eigenen Kinder reagieren will. Dennoch dürften Fortpflanzungsentscheidungen von den Erwartungen über die Variabilität der Lebensdauer jugendlicher und erwachsener Kinder abhängig sein. Das ist wichtig, weil die großen Rückgänge der Sterblichkeit im Laufe der Zeit nicht nur die Lebenserwartung von Jugendlichen und Erwachsenen stark erhöht, sondern auch deren Variabilität signifikant herabgesetzt haben.

Bei hoher Sterblichkeit ist das Portefeuille der „Vermögenswerte", auf die sich alt gewordene Eltern im Notfall verlassen können, dann viel weniger diversifiziert, wenn Eltern viel Humankapital in nur ein oder zwei Kinder investiert haben, als wenn sie in viele Kinder jeweils wenig investiert haben. Denn der Tod eines Kindes mit viel Humankapital vernichtet den Versicherungsschutz zum größten Teil. Nach dem Absinken der Sterblichkeit auf ein viel niedrigeres Niveau ist jedoch der Diversifizierungsvorteil kinderreicher Familien deutlich verringert, weil die Variabilität der Lebensdauer ebenfalls viel geringer geworden ist. Das ist ein zweiter Grund, warum ein Rückgang der Jugend- und Erwachsenensterblichkeit die Nachfrage nach Kinderreichtum sinken und das in jedes einzelne Kind investierte Humankapital größer werden läßt.

Wenden wir uns einem anderen Thema zu: Eltern in vielen weniger entwickelten Ländern, insbesondere in Asien und Afrika, haben eine deutliche Präferenz für Söhne (siehe z.B. BEHRMAN u.a., 1986). Diese Schlußfolgerung stützt sich zum Teil auf die Tatsache, daß die Sterblichkeit weiblicher Kinder in diesen Ländern viel größer ist, als bei einigermaßen gleicher Behandlung von Söhnen und Töchtern zu erwarten wäre (siehe UNITED NATIONS, 1991, 27). Es gibt auch Belege dafür, daß Eltern mit größerer Wahrscheinlichkeit dann ein weiteres Kind bekommen, wenn die bisherigen Kinder Mädchen sind (siehe z.B. LEUNG, 1988; DAS, 1987; PARISH und WILLIS, 1990).

Wie sich die Unsicherheit über das Geschlecht von Kindern auf die Fertilität auswirkt, zeigt sich weniger deutlich in einem Erwartungsnutzenmodell als in Modellen, die mit dem unbedingten Wunsch nach einer bestimmten Anzahl von Jungen arbeiten. Nichtsdestotrotz erhöht eine Präferenz für Söhne bei Eltern, die ihren Erwartungsnutzen maximieren, oft die Nachfrage nach Kindern – im Vergleich mit einer Situation, in der sie das Geschlecht ihrer Kinder wählen könnten. LEUNG (1987) schließt aus seiner anspruchsvollen theoretischen Analyse und aus empirischen Schätzungen, daß die chinesische Bevölkerung in Malaysia um volle drei Prozent kleiner wäre, wenn das erste Kind in jeder chinesischen Familie ein Junge wäre.

Ich glaube, der Wunsch nach einem Sohn rührt größtenteils nicht aus irgendeiner unbedingten Präferenz für Söhne her, sondern daher, daß in nicht entwickelten Wirtschaften Söhne für Eltern wertvoller sind. Wirtschaftswachstum und -entwicklung verringern den Wert von Söhnen ganz erheblich, wenn sie das Einkommen von Kindern senken, während die Eltern mehr in deren Humankapital investieren. Wirtschaftliche Entwicklung verringert – infolge vermehrter Ersparnisse der Eltern und Sozialversicherung – auch den Beitrag der Kinder zum Unterhalt ihrer Eltern im Alter. Diesen Überlegungen zufolge müßte in reichen Ländern die „Präferenz" für Söhne viel geringer sein.

Der empirische Befund bestätigt diesen Schluß: In reichen Ländern ist die Sterblichkeit männlicher Kinder größer als die weiblicher, und die Investitionen in Bildung und anderes Humankapital sind gleichmäßiger auf Knaben und Mädchen verteilt (siehe z.B. PARISH und WILLIS, 1990). Nach den Daten über die Entwicklung der Geschlechterparität in den USA zu urteilen, besteht nicht an sich eine Präferenz für eines der beiden Geschlechter, sondern vor allem der Wunsch nach Abwechslung zwischen ihnen (siehe BEN-PORATH und WELCH, 1976).

Wie wirken sich effizientere Empfängnisverhütungsmaßnahmen wie die Pille und umfassende Familienplanungsprogramme, die die Kosten besserer Verhütungsmethoden senken, auf die Geburtenhäufigkeit aus? Offensichtlich können sie sowohl die zeitlichen Abstände zwischen Geburten als auch die Zahl der Kinder beeinflussen. Praktisch alle Diskussionen gehen davon aus, daß wirkungsvollere Empfängnisverhütung durch Verringerung der Anzahl „ungewollter" Geburten die Geburtenhäufigkeit senkt, obwohl sich leicht zeigen läßt, daß sie die Nachfrage nach Kindern umgekehrt sogar erhöhen könnte, weil sie die Kontrolle des Empfängniszeitpunktes verbessert.

Wahrscheinlich glauben die meisten Ökonomen, die sich mit Fertilität beschäftigen, daß der vermehrte Gebrauch von Verhütungsmitteln für gewöhnlich die Folge einer verringerten Nachfrage nach Kinder war, daß Familienplanungsprogramme erfolglos bleiben, solange Kinderreichtum einen großen Wert vorstellt, und – was umstrittener ist – daß Familien, die wenige Kinder haben wollen, sich im allgemeinen sowohl über ihre unvollkommenen Kenntnisse der Verhütungsmöglichkeiten wie über die gesetzlichen Hindernisse für die Anwendung bestimmter Methoden hinwegzusetzen verstehen. Ein einschlägiges Beispiel ist die Republik Irland. Die Geburtenhäufigkeit insgesamt ging dort seit 1980 um mehr als 25 Prozent zurück, obwohl Empfängnisverhütungsmittel nur beschränkt zugänglich und ein guter Teil der Bevölkerung praktizierende Katholiken sind (siehe KENNEDY, 1989). Aufschlußreich sind auch die Daten über den Rückgang der Geburtenhäufigkeit in Rumänien auf das ursprüngliche Niveau, nachdem diese infolge eines staatlichen Abtreibungs- und Pillenverbots zunächst stark gestiegen war (siehe CETERCHI, 1974).

Dennoch werden wahrscheinlich verbesserte Empfängnisverhütungsmethoden wie die Pille und gute Familienplanungsprogramme die Fertilität in manchen Fällen signifikant herabsetzen. Wie die Kosten der Empfängnisverhütung mit der Geburtenhäufigkeit zusammenhängen, ist eine der wichtigeren ungelösten Fragen der Fertilitätsanalyse.

7. Geburtenhäufigkeit und Wirtschaftswachstum

Ich bin darauf eingegangen, wie Kosten von Kindern, Humankapitalinvestitionen, Sterblichkeit und andere Variable die Nachfrage nach Kindern beeinflussen. Gleichzeitig jedoch wirkt sich die Fertilität über Anzahl und Ausbildungsstand der Arbeitskräfte auf die wirtschaftliche Leistung eines Landes aus. Aufgrund der Wechselwirkung zwischen Fertilitäts-„nachfrage" und wirtschaftlichem Wandel lassen sich die demographischen und makroökonomischen Veränderungen über die Zeit näher bestimmen. Man weiß darüber noch nicht genug, um eine einzige und eindeutige Version dieser Erklärung anbieten zu können. Zur Veranschaulichung der fraglichen Vorgänge werde ich einen spezifischen Ansatz heranziehen, den ich in gemeinsam mit anderen Autoren verfaßten Arbeiten verwendet habe.

Barro und Becker (1989) verbinden die dynastische Nutzenfunktion in (7) und (8) mit einem neoklassischen Zweisektoren-Wachstumsmodell. Ein (mit konstanten Skalenerträgen arbeitender) Sektor setzt Arbeit und Kapital zur Produktion von Konsumgütern und neuem Kapital ein, während der andere Sektor Zeit und Güter zur Produktion von Kindern einsetzt. Damit wird der neoklassische Ansatz um endogenes Bevölkerungswachstum infolge von Fortpflanzungsentscheidungen erweitert.

Eine Beschleunigung des technischen Fortschritts erhöht auch in diesem Modell die Gleichgewichtswachstumsrate von Pro-Kopf-Einkommen und Konsum, und das raschere Wachstum des Konsums senkt den Grenznutzen zukünftigen Konsums relativ zum gegenwärtigen. In unserem Ansatz senkt jedoch das beschleunigte Wachstum des Konsums den Nutzen von Kindern, die ja eine der Formen sind, in denen eine dynastische Familie für die Zukunft spart. Infolgedessen gehen sowohl Geburtenhäufigkeit wie Bevölkerungswachstumsrate zurück – sofern sich nicht die Sterblichkeit verändert –, und das heißt, daß auch die Gleichgewichtsrate für das Wachstum des volkswirtschaftlichen Kapitals sinkt. Die unterstellte negative Beziehung zwischen Gleichgewichtswachstum des Pro-Kopf-Einkommens und Geburtenhäufigkeit entspricht dem empirischen Befund über das relative Wachstum von Ländern seit 1960 (siehe Kormendi und McGuire, 1985, aber auch Levine und Renelt, 1991).

Eine Katastrophe, die einen erheblichen Teil der Bevölkerung vernichtet – wie die Pest oder in Afrika die Aids-Seuche – bewirkt zunächst einen Anstieg der Lohnsätze und des Pro-Kopf-Einkommens. Obwohl sogar in diesem modifizierten neoklassischen Modell Lohnsätze, Pro-Kopf-Einkommen und Geburtenhäufigkeit schließlich zu ihren Ausgangsgleichgewichten zurückkehren, bleiben Bevölkerungsgröße und Kapitalbestand auf Dauer niedriger, als sie es ohne die Katastrophe gewesen wären. Sie bleiben selbst dann niedriger, wenn die Fertilität in der Übergangsperiode, der Zeit der höheren Löhne und Einkommen, anstiege, und könnten noch viel niedriger sein, wenn die Fertilität in der Übergangsperiode zurückginge, weil die höheren Löhne die Kosten von Kindern erhöhten.

Die Barro-Becker-Analyse folgt der neoklassischen Wachstumsliteratur in ihrer Zusammenfassung von Human- und Sachkapital – genauer gesagt, in der Außerachtlassung der besonderen Eigenschaften des Humankapitals. BECKER u.a. (1990) fügen dem Barro-Becker-Modell einen dritten, Humankapital produzierenden Sektor hinzu, gehen aber weiterhin davon aus, daß das Sachkapital vom Konsumentensektor produziert wird. Dabei wird angenommen, die Produktion von Humankapital für die jüngere Generation sei abhängig von der Zeit, die die Elterngeneration dem „Unterrichts"-Sektor widmet, und auch vom Humankapital der Elterngeneration. Ich nehme hier an, daß bei dieser Humankapitalproduktion der Humankapitaleinsatz der Elterngeneration konstante Skalenerträge aufweist, obwohl BECKER u.a. (1990) auch abnehmende Erträge dieses Humankapitals in Erwägung ziehen.

Durch die Einführung eines Humankapitalsektors wird die Analyse, die anhand von Abb.1 vollzogen werden kann, zwar komplizierter, aber auch er-

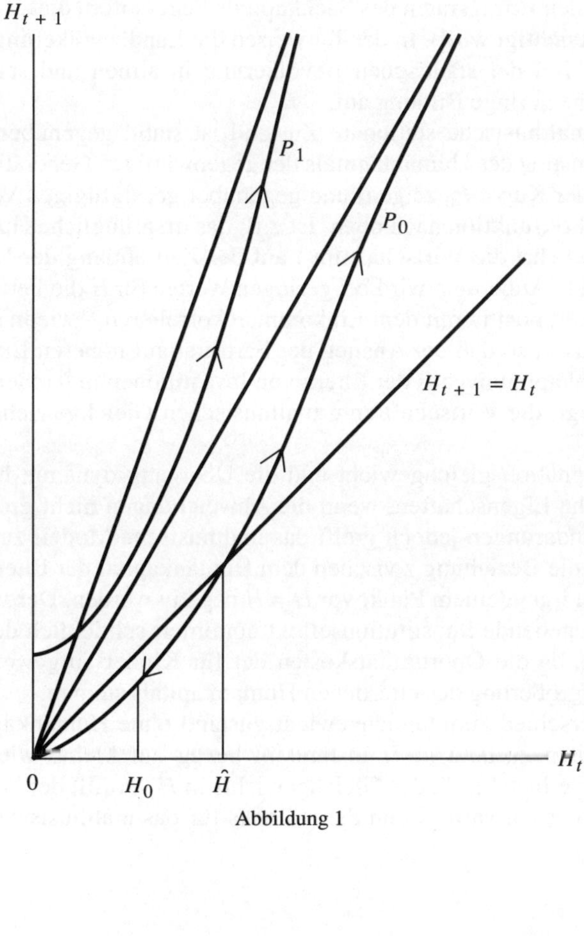

Abbildung 1

heblich bereichert. Die vertikale Achse mißt das Humankapital der jüngeren Generation, die horizontale Achse das Humankapital der Elterngeneration, und das Sachkapital bleibt außer acht (seine Einbeziehung würde eine kompliziertere Zeichnung erfordern, an den wesentlichen Ergebnissen aber nichts ändern). Die Politikfunktion P_0 zeigt die den dynastischen Nutzen maximierenden Niveaus des Humankapitals der Kinder für verschiedene Werte des Humankapitals der Eltern – wobei die Nutzenfunktion in (7) und die Produktionsfunktionen der einzelnen Sektoren als gegeben angenommen werden.

Dynamische Gleichgewichtszustände ergeben sich dort, wo die Politikfunktion die 45°-Gerade durch den Ursprung schneidet. Für die Funktion P_0 gibt es Gleichgewichtszustände in $H = 0$ und $H = \hat{H}$. Der Gleichgewichtszustand im Ursprung hat verschiedene „malthusische" Eigenschaften: Humankapital und Fertigkeiten sind null, Pro-Kopf-Einkommen und Löhne sind stationär und niedrig, und Geburtenhäufigkeit und Sterblichkeit können ziemlich hoch sein. In Humankapital wird wenig investiert, weil die Verzinsung des Humankapitals sowohl unter der endogenen Zeitpräferenzrate als auch unter den Ertragsraten des Sachkapitals liegt (sofern dieses in der Analyse berücksichtigt wird). In der Tat weisen die Landbevölkerung und selbst der größte Teil der städtischen Bevölkerung in armen und stagnierenden Ländern eine geringe Bildung auf.

Dieser malthusische stationäre Zustand ist stabil gegenüber einem begrenzten Anstieg des Humankapitals der gegenwärtigen Generation (wie die Pfeile auf der Kurve P_0 zeigen) und gegenüber geringfügigen Verschiebungen der Politikfunktion nach oben. Ist z.B. das ursprüngliche Humankapital $H_0 < \hat{H}$, so kehrt die Wirtschaft im Lauf der Zeit entlang der Kurve P_0 zu $H = 0$ zurück. Außerdem wird bei geringen Werten für H die Fertilitätswahrscheinlichkeit positiv mit dem Einkommen korrelieren – wie in der Theorie von Malthus –, so daß der Anstieg der Fertilität auf höheren Einkommens- und Humankapitalniveaus der Eltern von Investitionen in Kinder abhält und dazu beiträgt, die Wirtschaft zum malthusischen Gleichgewicht zurückzuführen.

Das Stagnationsgleichgewicht und die Übergangsdynamik haben daher malthusische Eigenschaften, wenn die Abweichungen nicht groß sind. Für große Veränderungen jedoch greift das malthusische Modell zu kurz. Zum einen muß die Beziehung zwischen dem Humankapital der Eltern und ihrer Fertilität an irgendeinem Punkt vor $H = \hat{H}$ negativ werden. Der von höheren Löhnen ausgehende Substitutionseffekt dominiert schließlich den Einkommenseffekt, da die Oportunitätskosten der für Kinder aufgewendeten Zeit mit der Vergrößerung des elterlichen Humankapitals steigen.

Im Unterschied zum Gleichgewichtszustand ohne Humankapital ist der Gleichgewichtszustand in $\hat{H}$ instabil in bezug auf kleine wie auf große Schocks. Die Instabilität des Gleichgewichts in $\hat{H}$ verhilft der Wirtschaft zu einem Sprung vorwärts, wenn die Schocks für das malthusische Gleichgewicht genügend groß werden. Diese Instabilität geht zum Teil auf Wechselwirkungen zwischen der Fertilität und den Investitionen in Kinder zurück.

Beispielsweise vermindert eine geringfügige Vergrößerung von H über $\hat{H}$ hinaus die Fertilität, weil Einkommen und Fertilität negativ korreliert sind, wenn das Humankapital eine Größe überschreitet, die unter $\hat{H}$ liegt. Der Fertilitätsrückgang bei Vergrößerung des Humankapitals begünstigt noch größere Humankapitalinvestitionen, nicht nur durch Senkung der effektiven Kosten der Investitionen in Kinder, sondern auch durch Verringerung der Rate der Zeitpräferenz für die Gegenwart – da $a(n)$ in (8) negativ mit n korreliert. Die erhöhten Humankapitalinvestitionen führen die Wirtschaft weiter von $\hat{H}$ weg, indem sie die Fertilität weiter senken usf.

Um uns die Folgen großer Schocks für das malthusische Gleichgewicht auf andere Weise vor Augen zu führen, stellen wir uns eine Verschiebung der Politikfunktion nach oben vor, so daß diese oberhalb des Ursprungs zu liegen kommt (siehe P_1). Die die Verschiebung auslösende Variable könnte z.B. eine Reihe technischer Fortschritte sein, die die Ertragsraten von Humankapitalinvestitionen signifikant vergrößern. Oder es könnte sich um große Rückgänge der Erwachsenen- und sonstigen Sterblichkeit handeln, die ebenfalls den Anreiz zu Humankapitalinvestitionen erhöhen.

Da die Pfeile zeigen, daß es bei $H = 0$ keinen Gleichgewichtszustand mehr gibt, wenn die Politikfunktion P_1 ist, würde das Humankapital mit der Zeit wachsen, egal, wie klein es anfänglich war. Schließlich wird die Fertilität rückläufig, so daß demographisch eine Übergangsphase einsetzt, in der geringere Fertilität mit jenem Rückgang der Sterblichkeit einhergeht, der die Destabilisierung des malthusischen Gleichgewichts ausgelöst haben kann. Weitere Rückgänge der Sterblichkeit werden darüber hinaus auch dadurch bewirkt, daß mit steigendem Humankapital auch Einkommen und Wissen zunehmen.

Der „demographische Übergang" zu geringer Sterblichkeit und Geburtenhäufigkeit (siehe CALDWELL, 1976; COALE, 1987) ist nicht einfach das Ergebnis einer „Modernisierung", sondern trägt selbst zur Schaffung einer modernen Wirtschaft bei, teils durch die Begünstigung höherer Humankapitalinvestitionen. Investitionen in Humankapital reagieren viel empfindlicher auf die demographische Veränderung als Sachkapitalinvestitionen, denn die Verzinsung des Humankapitals hängt, wie wir gesehen haben, viel enger mit Fertilität und Sterblichkeit zusammen als die Sachkapitalerträge.

Nachdem die Wirtschaft dem malthusischen Gleichgewicht entronnen ist, bewegt sie sich auf einen neuen Gleichgewichtszustand zu, der von der Spezifizierung der verschiedenen Produktionsfunktionen abhängt, insbesondere im Humankapitalsektor. In der Abbildung bewegt sich die Wirtschaft entlang P_1 auf ein dynamisches Wachstumsgleichgewicht zu, in dem sowohl die Pro-Kopf-Einkommen als auch das Kapital pro Kopf – und zwar Sachkapital ebenso wie Humankapital – mit konstanter Geschwindigkeit wachsen. Diese Wachstumsraten und das Gleichgewichtsniveau der Fertilität werden durch die Kosten der Kindererziehung, die Produktivität des Humankapitalsektors und andere Faktoren bestimmt.

Die Unterschiede zwischen solch einem Wachstumsgleichgewicht und dem malthusischen Gleichgewicht scheinen einigen der tatsächlichen Unterschiede zwischen entwickelten und nicht entwickelten Volkswirtschaften zu entsprechen. In entwickelten Ländern ist die Geburtenhäufigkeit viel geringer, und Human- und Sachkapital pro Kopf sind viel höher. Allerdings wäre in entwickelten Ländern das Humankapital relativ wichtiger als das Sachkapital, weil die Ertragsraten des Humankapitals auf die Rückgänge von Sterblichkeit und Geburtenhäufigkeit und auch auf die technischen Fortschritte, die Teil des Entwicklungsprozesses sind, empfindlich reagieren.

Diese Analyse legt nahe, daß die Erkenntnis der Wechselwirkung zwischen Humankapitalinvestitionen, Fortpflanzungsentscheidungen und Veränderungen der Sterblichkeit ausschlaggebend dafür sein kann, daß wir die Unterschiede zwischen unentwickelten Ländern sowie die Übergangsphasen von unentwickelten zu wachsenden Wirtschaften besser verstehen lernen. Die demographischen Variablen sind weniger relevant für die Erklärung, warum das eine reiche Land rascher wächst als das andere reiche Land; grundlegend wichtig hierfür bleiben jedoch die Anreize zu Investitionen in Humankapital und neue Technologien.

Es sind vielleicht große Schocks bei Technologie, Sterblichkeit und Humankapital nötig, damit eine Wirtschaft die malthusische „Falle" vermeiden kann. Aber sobald der Übergang zu einer modernen Wirtschaft einmal weitgehend vollzogen ist, bedarf es nach unserer Analyse entweder einer sehr ungeschickten Politik oder besonders unglücklicher Zufälle, um die Wirtschaft in den Zustand der Stagnation zurückzuversetzen. Der Grund ist der, daß die Ausgangsbedingungen den Ausschlag dafür geben, ob es eine Wirtschaft zu robustem Wachstum bringt oder bei niedrigen Einkommen und geringem Ausbildungsstand stagniert. Anders ausgedrückt: Auch die „Geschichte" eines Landes ist wichtig, denn von ihr hängt es ab, von welchen Anfangsbedingungen die Wirtschaft ausgeht und welche Schocks sie erfährt – was seinerseits entscheidend dafür ist, wohin sie sich entwickelt.

Die moderne Fertilitätsanalyse ist Teil einer umfassenden Analyse von Familienentscheidungen, einschließlich Entscheidungen über Familiengründung und -auflösung. Ich habe mich auf den Zusammenhang zwischen Fortpflanzungsentscheidungen und Investitionen in Fertigkeiten, Gesundheit und anderes Humankapital der Kinder konzentriert. Die Geburtenhäufigkeit steht auch in Wechselwirkung mit der Erwerbsbeteiligung verheirateter Frauen, den Scheidungsraten, der Tatsache, ob Großeltern bei ihren Kindern wohnen, und vielen anderen Aspekten des Familienlebens.

Ökonomische Fertilitätsmodelle tragen nicht nur dazu bei, den Rückgang der Fertilität und das Humankapitalwachstum im Entwicklungsprozeß besser zu verstehen, sondern erlauben auch sinnvolle Folgerungen bezüglich anderer Veränderungen der Familienstruktur. Beispielsweise sollten Fertilitätsrückgänge und Lohnsteigerungen von einer Zunahme der Erwerbsbeteiligung der Frauen und ihrer auf dem Markt verwertbaren Fertigkeiten sowie einer Verringerung des geschlechtsspezifischen Lohndifferentiales begleitet sein. Die größere ökonomische Unabhängigkeit der Frau würde einen Anstieg der Scheidungsraten und eine Zunahme der Haushalte mit weiblichem Haushaltungsvorstand begünstigen.

Solche Veränderungen in der wirtschaftlichen Rolle der Frau wirken auf die Fertilität zurück, da der Kausalzusammenhang ein wechselseitiger ist. Ich sollte freilich warnend hinzufügen, daß zwar die Folgerungen aus dem Evolutionsmodell der Familie „nützlich" sind, daß aber die zeitliche Gestaltung verschiedener Veränderungen in Familienstruktur und -verhalten im Zuge von Wirtschaftswachstum und -entwicklung uns viele noch ungelöste Rätsel aufgibt.

8. Schlußbemerkungen

Ich habe die Nachfrage nach Kindern in Beziehung gesetzt zu den Einkommen der Eltern und den Kosten der Kindererziehung – insbesondere zum Wert der für die Kinder aufgewendeten Zeit und zu politischen Maßnahmen, die die Kosten von Kindern verändern. Der vorliegende Aufsatz geht weiters dem Zusammenhang zwischen Nachfrage nach Kindern, Investitionen in deren Humankapital und anderen Dimensionen der sogenannten Qualität von Kindern nach. Es wurde gezeigt, daß die Geburtenhäufigkeit auch von der Kinder- und Erwachsenensterblichkeit, der Unsicherheit über das Geschlecht von Kindern – wenn eine Präferenz für Jungen, für Mädchen oder für Abwechslung vorliegt –, der Unsicherheit über die Zeitdauer bis zu einer Empfängnis und von anderen Faktoren abhängt.

Da aus biologischen Gründen aufeinanderfolgende Generationen notwendigerweise überlappen, ist es nicht erstaunlich, daß die Fertilität der einen Generation Einfluß auf die der nachfolgenden Generationen hat. Das Modell überlappender Generationen eignet sich gut für die Herstellung eines Zusammenhang zwischen Fortpflanzungsentscheidungen einerseits und Bevölkerungswachstum und gesamtwirtschaftlichen Veränderungen andererseits.

Der moderne Ansatz zur Fertilitätsanalyse deckt ganz andere Wechselwirkungen zwischen Bevölkerungswachstum und Wirtschaftswachstum auf, als das malthusische Modell oder das übliche neoklassische Wachstumsmodell sie unterstellen. Insbesondere liefert er uns ein Instrumentarium für die Analyse, wie Gesellschaften ein malthusisches Stagnationsgleichgewicht vermeiden und ihre Entwicklung zu modernen Wirtschaften beginnen, in denen Pro-Kopf-Einkommen, Human- und Sachkapital allesamt kontinuierlich wachsen, die Geburtenhäufigkeit auf ein ziemlich niedriges Niveau absinkt und verheiratete Frauen in großer Zahl einer Erwerbstätigkeit nachgehen.

Ich bin überzeugt, daß die Fortschritte der Fertilitätsanalyse während der letzten paar Jahrzehnte viel zu unserer Erkenntnis der Zusammenhänge zwischen Fertilität und anderen wichtigen ökonomischen und sozialen Variablen beigetragen haben. Doch ebenso wie in anderen Teilen der Wirtschaftswissenschaften überwiegt unser Unwissen auch hier noch bei weitem die Menge an gesichertem Wissen. Es bleibt viel zu tun. Wenn aber der Fortschritt bei der Erklärung des Fertilitätsverhaltens in den nächsten paar Jahrzehnten so rasch bleibt wie in den letzten, so sollten wir ziemlich bald nach der Jahrtausendwende ganz gut dastehen.

Literatur

BARRO, R. J. (1974), „Are Government Bonds Net Wealth?", *Journal of Political Economy*, 82, 1095–1117.

–, und BECKER G. S. (1989), „Fertility Choice in a Model of Economic Growth", *Econometrica*, 57, 481–501.

BECKER, G. S. (1960), „An Economic Analysis of Fertility" in *Demographic and Economic Change in Developed Countries*, Conference of the Universities–National Bureau Committee for Economic Research, Princeton, 209–240 (deutsch in *Der ökonomische Ansatz zur Erklärung menschlichen Verhaltens*, Tübingen 1982, 188–214).

–, (1974), „A Theory of Social Interactions", *Journal of Political Economy*, 82, 1063–1093 (deutsch in *Der ökonomische Ansatz zur Erklärung menschlichen Verhaltens*, Tübingen 1982, 282–317).

–, (1991), *A Treatise on the Family*, erweiterte Fassung, Cambridge, MA.

–, und BARRO, R. J. (1988), „A Reformulation of the Economic Theory of Fertility", *Quarterly Journal of Economics*, 103, 1–25.

–, und LEWIS, H. G. (1973), „On the Interaction Between Quantity and Quality of Children", *Journal of Political Economy*, 81, S279–S288 (deutsch in *Der ökonomische Ansatz zur Erklärung menschlichen Verhaltens*, Tübingen 1982, 214–225).

–, /MURPHY K. M. und TAMURA, R. F. (1990), „Human Capital, Fertility, and Economic Growth", *Journal of Political Economy*, 98, S12–S37.

BEHRMAN, J., POLLAK, R.und TAUBMAN, P. (1986), „Do Parents Favor Boys?", *International Economic Review*, 27, 33–54.

BEN-PORATH, Y. (1976), „Fertility Response to Child Mortality: Micro Data from Israel", *Journal of Political Economy*, 84, S163–S178.

–, und WELCH, F. (1976), „Do Sex Preferences Really Matter?", *Quarterly Journal of Economics*, 90, 285–307.

BLAKE, J. (1989), *Family Size and Achievement*, Berkeley.

BUTZ, W. P. und WARD, M. P. (1979), „The Emergence of Counter Cyclical US-Fertility", *American Economic Review*, 69, 318–328.

CALDWELL, J. (1976), „Toward a Restatement of Demographic Transition Theory", *Population Development Review*, 2, 321–366.

CETERCHI, I. (1974), *Law and Population Growth in Romania* (Law and Population Book Series Nr.8, United Nations Fund for Population Activities), Bukarest.

CHISWICK, B. R. (1988), „Differences in Education and Earnings Across Racial and

Ethnic Groups: Tastes, Discrimination, and Investments in Child Quality", *Quarterly Journal of Economics*, 103, 571–597.

CIGNO, A. (1991), *Economics of the Family*, Oxford.

COALE, A. J. (1987), „Demographic Transition" in J. Eatwell, M. Milgate und P. Newman, Hrsg., *The New Palgrave: A Dictionary of Economics*, New York.

–, und DEMENY, P. (1966), *Regional Model Life Tables and Stable Populations*, Princeton.

DAS, N. (1987), „Sex Preference and Fertility Behavior: A Study of Recent Indian Data", *Demography*, 24, 517–530.

EASTERLIN R. A. (1968), *Population, Labor Force, and Long Swings in Economic Growth*, New York.

–, (1980), „Toward a More General Economic Model of Fertility Determination: Endogenous Preferences and Natural Fertility" in R.A. Easterlin, Hrsg., *Population and Economic Change in Developing Countries*, Chicago.

ERMISCH, J. (1988), „Economic Influences on Birth Rates", *Nat.Inst. Economic Review*, 7, 71–81.

ESPENSHADE, T. J. (1984), *Investing in Children: New Estimates of Parental Expenditures*, Washington, DC.

GEANAKOPLOS, J. (1987), „Overlapping Generations Model of General Equilibrium" in J. Eatwell, M. Milgate und P. Newman, Hrsg., *The New Palgrave: A Dictionary of Economics*, Band 3, New York.

GOMEZ, M. (1981), „Fertility in Mexico: An Empirical Analysis", Ph.D. Dissertation, University of Chicago.

GUSTAFSSON, S. und WILLIS, R. J. (1990), „Interrelations Between the Labour Market and Demographic Change" in H. Birg und R. Mackensen, Hrsg., *Demographische Wirkungen politischen Handelns*, Frankfurt/M.

HECKMAN, J. J. und WALKER, J. R. (1990), „Economic Models of Fertility Dynamics: A Study of Swedish Fertility", *Research in Population Economics*, 7, 3–91.

KENNEDY, F. (1989), *Family, Economy, and God in Ireland*, Dublin.

KORMENDI, R. C. und MCGUIRE, P. G. (1985), „Macroeconomic Determinants of Growth: Cross Country Evidence", *Journal of Monetary Economics*, 16, 141–163.

LEUNG, S. F. (1987), „A Theoretical and Empirical Analysis of the Effects of Parental Sex Preferences on Fertility", Ph.D.Dissertation, University of Chicago.

LEUNG, S. F. (1988), „On Tests for Sex Preferences", *Journal of Population Economics*, 95, 114.

LEVINE, R. und RENELT, D. (1991), „A Sensitivity Analysis of Cross-Country Growth Regressions", Referat vor dem NBER Workshop on Economic Growth, Stanford, April 1991.

LINDERT, P. H. (1980), „Child Costs and Economic Development" in R.A.Easterlin, Hrsg., *Population and Economic Change in Developing Countries*, Chicago.

LOCAY, L. (1991), „Population Equilibrium in Primitive Societies: An Economic Analysis of the Determinants of Aboriginal Population Density in North America", Manuskript, University of Miami.

MALTHUS, T. R. (1798), *An Essay on the Principle of Population, As It Affects the Future Improvement of Society, With Remarks on the Speculations of Mr.Godwin, M.Condorcet, and Other Writers*, London.

MELTZER, D. (1991), „Mortality Decline, the Demographic Transition and Economic Growth", Manuskript, University of Chicago.

MICHAEL R. T., FUCHS, V. R. und SCOTT, S. R. (1980), „Changes in the Propensity to Live Alone: 1950–1976", *Demography*, 17, 39–56.

MONNIER, A. (1990), „The Effects of Family Policies in the German Democratic Republic: A Re-Evaluation", *Population* (englische Auswahl), 2, 127–140.

NATIONAL RESEARCH COUNCIL (US), Working Group on Population Growth and Economic Development (1986), *Population Growth and Economic Development: Policy Questions*, Washington, DC.

O'HARA, D. J. (1975), „Microeconomic Aspects of the Demographic Transition", *Journal of Political Economy*, 83, 1203–1216.

OLSEN, R. J. und WOLPIN, K. I. (1983), „The Impact of Exogenous Child Mortality on Fertility: A Waiting Time Regression With Dynamic Regressors", *Econometrica*, 51, 731–749.

PARISH, W. L. und WILLIS, R. J. (1990), „Educating Sons and Daughters During Rapid Economic Growth in Taiwan", Referat vor der Jahresversammlung der American Sociological Association, August 1990.

PRESTON, S. H. (1975), „The Changing Relation Between Mortality and Level of Economic Development", *Population Studies*, 29, 231–248.

SAMUELSON, P. A. (1958), „An Exact Consumption Loan Model of Interest With or Without the Social Contrivance of Money", *Journal of Political Economy*, 66, 467–482.

SCHULTZ, T. P. (1976), „Interrelationships Between Mortality and Fertility" in *Population and Development: The Search For Selective Intervention*, Baltimore.

UNITED NATIONS (1991), *Human Development Report*, hrsg.v. United Nations Development Programme, Oxford.

VINING, D. R. Jr. (1984), „Family Salaries and The East German Birth Rate: A Comment", *Population Development Review*, 10, 693–696.

WAHL, J. B. (1991), „Trading Quantity For Quality: Explaining the Decline in American Fertility in the Nineteenth Century", Referat für die Tagung des NBER über *Strategic Factors in Nineteenth Century American Economic History*.

WHITTINGTON, L. A., ALM J. und PETERS, H. E. (1990), „Fertility and the Personal Exemption: Implicit Pronatalist Policy in the United States", *American Economic Review*, 80, 545–556.

WILDASIN, D. E. (1990), „Non-Neutrality of Debt With Endogenous Fertility", *Oxford Economic Papers*, 42, 414–428.

WILLIS, R. J. (1973), „A New Approach to the Economic Theory of Fertility Behavior", *Journal of Political Economy*, 81, S14–S64.

–, (1980), „Old Age Security Hypothesis and Population Growth" in T.K. Burch, Hrsg., *Demographic Behavior: Interdisciplinary Perspectives*, Boulder, CO.

–, (1982), „The Direction of Intergenerational Transfers and Demographic Transition: The Caldwell Hypothesis Reexamined", *Population Development Review*, 8, Suppl., 207–234.

WOLPIN, K. I. (1984), „An Estimable Dynamic Stochastic Model of Fertility and Child Mortality", *Journal of Political Economy*, 92, 852–874.

Teil III
Politik in der Demokratie

Interessengruppen und politisches Verhalten

(1985)

I. Einleitung

Schumpeters klassische Abhandlung *Kapitalismus, Sozialismus und Demokratie* las ich zum ersten Mal als Promotionsstudent, und vor kurzem las ich sie wieder. Ich bin immer noch beeindruckt von seiner positiven Theorie des Wettbewerbs um die politische Führerschaft in Demokratien. Seine Theorie regte mich vor vielen Jahren sogar an, einen Aufsatz über die ökonomische Analyse politischen Verhaltens zu verfassen (BECKER, 1958, und BECKER 1976b, 31–38). Andere Teile des Buches jedoch, insbesondere Teil III mit dem Titel „Kann der Sozialismus funktionieren?“, fand ich beim Wiederlesen enttäuschend. Schumpeter fragt, ob die effiziente Organisation einer sozialistischen Wirtschaft durchführbar sei, und argumentiert richtig, sie sei denkmöglich. Dann behandelt er die weit wichtigere und schwierigere Frage, ob es *wahrscheinlich* sei, daß eine sozialistische Wirtschaft effizient ist. Seine Ausführungen hierzu erscheinen naiv, wenigstens nach 40 Jahren Erfahrung mit den marxistisch-sozialistischen Wirtschaften in der Sowjetunion, in Osteuropa und in China.

Er weiß, daß sozialistische ebenso wie kapitalistische Wirtschaften für Arbeitnehmer und Manager die richtigen Anreize schaffen müssen. Offenbar glaubte er, schwache individuelle Anreize ließen sich durch starke Gruppenanreize kompensieren: „die sozialistische Ordnung wird vermutlich über jene moralische Gefolgschaft verfügen, die dem Kapitalismus immer mehr verweigert wird“ (SCHUMPETER, 1942/1993, 337); „in einer sozialistischen Gesellschaft [wird] mehr Selbstdisziplin und mehr Gruppendisziplin und daher weniger Bedürfnis nach autoritärer Disziplin vorhanden sein … als in der Gesellschaftsordnung des gefesselten Kapitalismus“ (338); es könne „erwartet werden, daß das eingewurzelte Interesse an sozialer Unruhe zum Teil verschwinden wird“ (340), und „*der Sozialismus [mag] das einzige Mittel sein …, um die soziale Disziplin wieder herzustellen*“ (342; Hervorhebung im Original). Er argumentierte auch, daß sozialistische Manager Arbeitnehmer leichter zu disziplinieren vermöchten, weil Arbeitnehmer durch Entlassung *jede* Beschäftigungsmöglichkeit verlieren könnten. Ja, er verstieg sich zu der Behauptung: „Die Intellektuellen werden als Gruppe nicht mehr feindlich eingestellt sein" (343). Für ihn hatten sich die Gewerkschaften im Sozialismus entwickelt „zu Exponenten der sozialen Interessen und zu Werkzeugen der Disziplin und Leistung und gewannen dabei eine Haltung, die so völlig verschieden von der ist, die mit den Gewerkschaften in kapitalistischen Ländern verbunden ist" (345). Das soll eine Beschreibung von Gewerkschaften in der Sowjetunion sein! Und wie steht es mit der „Solidaritäts-Bewegung"?

Freilich, als Schumpeter das niederschrieb, war der Großteil des Tatsachenmaterials über die Sowjetunion im Westen noch nicht ohne weiteres greifbar. Viel weniger zu entschuldigen sind Chinareisende der frühen 1970er Jahre, darunter namhafte Ökonomen, die nach kurzen und sehr selektiven Rundreisen in glühenden Farben den Rückgang von Eigennutz und die Zunahme altruistischer Sorge um das Wohl Chinas zu schildern wußten. Aus dem verfügbaren Tatsachenmaterial geht inzwischen klar hervor, daß von Mao inspirierte Bemühungen, auf den Eigennutz abstellende Anreize auszuschalten, schmählich fehlschlugen und daß Chinas Wirtschaft (und Gesellschaft!) zwischen 1958 und 1977 sehr schlechte Ergebnisse verzeichnete.

Im Gegensatz zu Schumpeter glaube ich, daß eigennützige Interessengruppen von Arbeitern, Managern, Intellektuellen usw. unter dem Sozialismus einen Anreiz haben, eher mehr als weniger aktiv zu sein (in kommunistischen Ländern freilich wurden ihre Aktivitäten gewaltsam unterbunden), weil im Sozialismus der Staat über einen viel größeren Teil der Ressourcen verfügt als im Kapitalismus. Da Schumpeter auf die Bedeutung des Wettbewerbs im politischen Bereich aufmerksam macht, glaube ich trotzdem, er würde die im vorliegenden Aufsatz enthaltene Analyse der Konkurrenz von Interessengruppen um politischen Einfluß gutheißen. Er könnte sogar rückblickend zustimmen, daß auch in sozialistischen Gesellschaften eigennützige Interessengruppen miteinander konkurrieren.

Die ökonomische Analyse politischen Verhaltens geht davon aus, daß tatsächliche politische Entscheidungen durch die Anstrengungen von Einzelpersonen und Gruppen bestimmt werden, die jeweils ihr eigenes Interesse verfolgen. In seinen Anwendungen befaßt sich der ökonomische Ansatz zumeist mit Wählern, Politikern, Bürokraten und politischen Parteien (siehe SCHUMPETER, 1947, DOWNS, 1957, BUCHANAN und TULLOCK, 1962, RIKER, 1962 und NISKANEN, 1971). Zu Beginn unseres Jahrhunderts jedoch ging BENTLEY (1908) in seinem bahnbrechenden Buch von einem „ökonomischen Ansatz" aus, der politische Interessengruppen in den Mittelpunkt stellte,[1] und im Gefolge dieses Buches entstand eine umfangrei-

[1] Bentley formulierte seine Auffassung nachdrücklich: „Druck … ist immer ein Gruppenphänomen. Er zeigt die Vorstöße und den Widerstand zwischen Gruppen an. Das Gleichgewicht dieses Gruppendrucks *ist* der jeweilige Zustand der Gesellschaft. Druck ist ein so weiter Begriff, daß er … von Schlacht und Aufruhr bis zu

che politikwissenschaftliche Literatur über die pluralistische Gesellschaft (siehe z.B. TRUMAN, 1971). Bentley liefert zwar einen vorzüglichen Rahmen für die Analyse von politischem Verhalten, benützt ihn aber nicht, um festzustellen, welche Gruppen wahrscheinlich erheblichen politischen Einfluß gewinnen werden. Der vorliegende Aufsatz verwendet Bentleys Rahmen zur Erstellung eines formalen Modells, das eine Reihe signifikanter Behauptungen über politischen Einfluß generiert.

Einzelpersonen gehören bestimmten – nach Beruf, Wirtschaftszweig, Einkommen, geographischen Kriterien, Alter und anderen Merkmalen definierten – Gruppen an, von denen ich annehme, daß sie politischen Einfluß zur Förderung des Wohles ihrer Mitglieder gebrauchen. Die Konkurrenz dieser Interessengruppen um politischen Einfluß bestimmt die Gleichgewichtsstruktur von Steuern, Subventionen und anderen politischen Vergünstigungen.

Politischer Einfluß wird im politischen Prozeß nicht ein für alle Mal festgelegt, sondern läßt sich durch Aufwand an Zeit und Geld für Wahlkampfzwecke, durch politische Werbung und durch andere Arten der Ausübung politischen Druckes vergrößern. Politisches Gleichgewicht hat die Eigenschaft, daß alle Gruppen ihre Einkommen maximieren, indem sie – bei gegebener Produktivität ihrer Ausgaben und gegebenem Verhalten anderer Gruppen – die jeweils optimale Summe für die Ausübung von politischem Druck ausgeben. Zur Vereinfachung der Analyse soll jede Gruppe so handeln, als ob Veränderungen ihrer eigenen Ausgaben die Ausgaben anderer Gruppen nicht beeinflussen.

Steuern und Subventionen hängen über die Identität von Einnahmen und Ausgaben zusammen: Das gesamte Steueraufkommen, einschließlich versteckter Steuern, z.B. in Form von Inflation, ist gleich dem gesamten für Subventionen verfügbaren Betrag, einschließlich versteckter Subventionen wie Zutrittsbeschränkungen in einem Wirtschaftszweig. Diese Budgetgleichung für den Staat besagt, daß eine Veränderung des Einflusses irgendeiner Gruppe, die sich auf deren Steuern und Subventionen auswirkt, sich auch auf die Subventionen und Steuern und somit den Einfluß anderer Gruppen auswirken muß. Daher sind Gruppen im Wettbewerb um politischen Einfluß nicht ausschließlich entweder Gewinner oder Verlierer, denn sogar hoch besteuerte Gruppen können ihren Einfluß erhöhen und ihre Steuern durch zusätzliche Aufwendungen für politische Aktivitäten senken. Das steht im Gegensatz zu den Alles-oder-nichts-Ergebnissen vieler anderer formaler Modelle politischen Verhaltens, in denen die „Mehrheit" eindeutig gewinnt und die „Minderheit" eindeutig verliert.

---

abstrakter Argumentation und Moralempfinden … reichen kann" (BENTLEY, 1908, 258–60; Hervorhebung im Original).

Die durch verschiedene Steuern und Subventionen bewirkten Verzerrungen in der Verwendung von Ressourcen, für gewöhnlich als Nettowohlfahrtseinbußen bezeichnet, wirken sich erheblich auf die Konkurrenz um Einfluß aus. Nettowohlfahrtseinbußen verstärken die Anreize besteuerter Gruppen, sich um niedrigere Steuern zu bemühen, und schwächen die Anreize subventionierter Gruppen, sich um die Erhöhung der Subventionen zu bemühen. Durch die Anreizwirkung von Kosten auf die politischen Aktivitäten besteuerter Gruppen ist diesen Gruppen im Wettbewerb um Einfluß ein Vorteil „vorgegeben", der durch andere Vorteile derjenigen Gruppen, die große Subventionen erhalten, vermutlich wieder wettgemacht wird (siehe die Ausführungen in Abschnitt IV).

Die vorliegende Analyse beschränkt sich nicht auf Steuern und Subventionen, die Anreize verzerren und die Gesamteffizienz senken. Dieselbe Analyse des Wettbewerbs zwischen Interessengruppen – ohne Einführung sozialer Wohlfahrtsfunktionen oder eines wohlwollenden Staates – gibt Aufschluß über Ausgaben für Verteidigung und andere öffentliche Güter, Steuern auf Umweltverschmutzung und sonstige Staatstätigkeiten, welche die Effizienz steigern, auch wenn manche Gruppen durch sie Einbußen erleiden. Die einheitliche Verwendung desselben Ansatzes ist deshalb möglich, weil diejenigen Gruppen, denen effizienzsteigernde Staatstätigkeiten nützen, den „vorgegebenen" Vorteil gegenüber den hierdurch geschädigten Gruppen haben, während Gruppen, die durch effizienzsenkende Staatstätigkeiten geschädigt werden, den „vorgegebenen" Vorteil in der Konkurrenz um Einfluß haben (siehe Abschnitt IV).

II. Politische Einflußfunktionen

Die Grundannahme der Analyse ist die, daß Steuern, Subventionen, Regulierungen und andere politische Instrumente zur Steigerung der Wohlfahrt einflußreicherer Interessengruppen herangezogen werden. Gruppen konkurrieren im Rahmen von Regeln, die Ausgaben für politische Druckausübung in politischen Einfluß und Zugang zu politischen Ressourcen umsetzen. Diese Regeln können in politischen Verfassungen oder anderen politischen Verfahren niedergelegt sein, wozu auch „Regeln" über die Anwendung von Gewalt zum Zwecke einer Machtergreifung gehören können.

Um die Analyse ohne nennenswerte Einbuße an Allgemeingültigkeit einfacher zu machen, gehe ich davon aus, daß der Nutzen jedes einzelnen durch sein reales Volles Einkommen* gemessen wird und daß die summierten Vol-

* Anmerkung des Herausgebers: Volles Einkommen ist ein theoretisches Konzept. Es gibt an, welchen Betrag ein Haushalt erzielen könnte, wenn er seine gesamten verfügbaren Ressourcen, einschließlich der Zeit, nur zur Einkommenserzielung verwenden würde. Dadurch lassen sich Opportunitätskosten analytisch als entgangenes Volles Einkommen erfassen.

len Einkommen das Gesamteinkommen oder die Gesamtausbringung angeben.[2] Das Volle Einkommen ist ein besseres Nutzenmaß als das Markteinkommen, denn es werden darin auch die Menge der Freizeit und andere Nicht-Marktaktivitäten berücksichtigt. Neid und Altruismus werden durch die Annahme ausgeschlossen, das Volle Einkommen hänge nur von den eigenen Gütern ab.

Wir nehmen zunächst nur zwei *homogene* Gruppen in der Gesellschaft an, s und t. Da identische Personen dasselbe Einkommen haben müssen, können Z_s^0 und Z_t^0 das volle Einkommen jedes Mitgliedes von s und t vor einer staatlichem Umverteilung angeben und Z_s und Z_t deren Einkommen nach einer Umverteilung, so daß

$$(1) \qquad R_s = Z_s - Z_s^0 \text{ und } R_t = Z_t^0 - Z_t$$

die Umverteilungen hin zu jedem s und weg von jedem t sind.

Alle politischen Aktivitäten, die das Einkommen einer Gruppe erhöhen, betrachten wir als Subvention an diese Gruppe, und alle Aktivitäten, die ihr Einkommen vermindern, als Steuer. Die Summe aller Steuern auf t läßt sich schreiben als

$$(2) \qquad S = n_t F(R_t),$$

dabei sind n_t die Zahl der Mitglieder von t und R_t die von jedem Mitglied gezahlten Steuern, und in der Funktion F, dem Ertrag einer Steuer R_t, sind die Nettowohlfahrtseinbußen enthalten, die aus den verzerrenden Wirkungen der Steuern auf Arbeitsstundenzahl, Investitionen und andere von den Steuerzahlern zu bestimmende Größen entstehen. Da diese Kosten mit der Erhöhung des Steuersatzes tendenziell steigen (für eine aufschlußreiche Diskussion dieser Frage siehe HARBERGER, 1971), gilt:

$$(3) \qquad F(R_t) \leq R_t,\ F' \leq 1, \text{ und } F'' \leq 0.$$

Es gilt: $F(R_t) = R_t, F' = 1$, und $F'' = 0$, wenn Steuern das Verhalten nicht verzerren; das heißt, wenn die Steuern als „Pauschalbeträge" erhoben werden. Die Subvention an jedes Mitglied von s bestimmt sich durch

$$(4) \qquad n_s G(R_s) = S = n_t F(R_t),$$

wobei n_s die Zahl der Mitglieder und R_s die Subvention an jedes Mitglied sind, und in G, den Kosten der Bereitstellung von R_s, sind die Nettowohl-

---

[2] Volle Einkommen lassen sich unzweideutig addieren, wenn es ein einziges Haushaltsgut gibt oder wenn die relativen Preise verschiedener Güter für alle Personen gleich sind (vgl. die Ausführungen zum Vollen Einkommen in BECKER, 1981, Kapitel 1–4).

fahrtseinbußen infolge der verzerrenden Effekte der Subvention auf Arbeitsstundenzahl, Investitionen und andere Entscheidungen der Empfänger enthalten. Die Eigenschaften von G sind

$$(5) \qquad G(R_s) \geq R_s,\ G' \geq 1, \text{ und } G'' \geq 0.$$

Es gilt: $G(R_s) = R_s$, $G' = 1$, und $G'' = 0$, wenn die Subventionen das Verhalten nicht verzerren; das heißt, wenn die Subventionen als „Pauschalbeträge" ausgezahlt werden. Gleichung (4) ist zugleich die Budgetgleichung zwischen der Summe der erhobenen Steuern und der Summe der ausgezahlten Subventionen, eine Beziehung, die von großem Einfluß auf den Wettbewerb um politischen Einfluß ist. Man beachte: Die Budgetgleichung sagt nicht, daß die Subventionen ($n_s R_s$) gleich sind den Steuern ($n_t R_t$), denn infolge der Nettowohlfahrtseinbußen werden die Subventionen kleiner sein als die Steuern.

Man hat sich höchst unterschiedlicher Methoden bedient, um Gesetzgebungsorgane und Staatsbeamte auszuwählen, die Macht von Staatsoberhäuptern zu beschränken und für politische Nachfolger zu sorgen. Alle politischen Systeme aber, einschließlich Diktaturen und Demokratien, sind dem Druck bestimmter Interessengruppen ausgesetzt, die bestrebt sind, im Sinne einer Erhöhung ihrer eigenen Wohlfahrt Einfluß auszuüben. Ich werde nicht versuchen, zu modellieren, wie sich in verschiedenen politischen Systemen die Aktivitäten von Interessengruppen in politischen Einfluß umsetzen. Ich behandle vielmehr das Endergebnis einer solchen Umsetzung, sozusagen „Einflußfunktionen", die Subventionen und Steuern zu dem von allen Gruppen ausgeübten Druck und anderen Variablen in Beziehung setzen. Da diese Funktionen nur schwachen Beschränkungen unterliegen, sollten die wesentlichen Schlußfolgerungen aus der Analyse für ganz unterschiedliche politische Systeme gelten, einschließlich nicht-demokratischer Ordnungen, obwohl natürlich oft die Wesensmerkmale des politischen Systems darüber bestimmen, welche Gruppen welchen Einfluß haben.

Hängt eine soziale Wohlfahrtsfunktion von der Einkommensverteilung und dem von verschiedenen Gruppen ausgeübten Druck ab und wird die soziale Wohlfahrt mit Hilfe von praktikablen Steuern und Subventionen maximiert, so werden Gruppen mit größerem „Wert" (wie in der Wohlfahrtsfunktion definiert) subventioniert . Erhöht eine Gruppe ihren Druck, so erhöht das ihren sozialen „Wert"; sie senkt dadurch ihre Steuern bzw. erhöht ihre Subvention.

Einflußfunktionen, die Steuern und Subventionen in Beziehung zu politischem Druck und anderen Variablen setzen, lassen sich als „reduzierte Formen" der sozialen Wohlfahrtsfunktion verstehen. Soweit die Einkommensverteilung als Bestimmungsgrund von Steuern und Subventionen nur von untergeordneter Bedeutung ist, hängen die Einflußfunktionen in erster Linie von dem Druck ab, den aktive Gruppen ausüben – wie in diesem Aufsatz angenommen. Soweit jedoch die traditionelle Wohlfahrtsökonomik relevant ist, wird der Einfluß in erster Linie durch die Einkommensverteilung bestimmt, und Interessengruppen sind weitgehend irrelevant. Eine allgemeinere Analyse, die politischen Einfluß sowohl zur Einkommensverteilung als auch zum Druck aktiver Gruppen in Beziehung setzt, könnte leicht aus den Ausführungen des vorliegenden Aufsatzes weiter entwickelt werden.

Die Summe der von *t* erhobenen Steuern wird durch eine Einflußfunktion bestimmt, die von dem Druck, den *s* und *t* ausüben, und von anderen Variablen abhängt:

$$(6) \qquad n_t F(R_t) = -I^t(p_s, p_t, x).$$

Ähnlich wird die für Subventionen an *s* verfügbare Summe von einer Einflußfunktion bestimmt, die ebenfalls von dem politischen Druck und anderen Variablen abhängt:

$$(7) \qquad n_s G(R_s) = I^s(p_s, p_t, x).$$

Die politische Budgetgleichung (4) besagt offensichtlich, daß diese Einflußfunktionen nicht unabhängig voneinander sein können, weil ein größerer Einfluß von *s*, der die Subventionen an *s* erhöhen würde, durch höhere Steuern von *t* finanziert und somit den Einfluß von *t* vermindern muß. Das heißt:

$$(8) \qquad n_t F(R_t) = -I^t \equiv n_s G(R_s) = I^s;$$

oder

$$I^s + I^t \equiv 0.$$

Die Gleichheit der Summe der Steuereinnahmen und der Subventionsausgaben bedeutet, daß der *aggregierte Einfluß null* ist: Der vergrößerte Einfluß der einen Gruppe vermindert in gleichem Ausmaß den Einfluß der anderen. Daher ist das in diesem Aufsatz modellierte politische Spiel im Hinblick auf den Einfluß ein Nullsummenspiel und infolge der Nettowohlfahrtsverluste ein Negativsummenspiel bezüglich Steuern und Subventionen.

Durch Differenzierung von Gleichung (8) nach einer beliebigen Variablen *y* erhalten wir:

$$(9) \qquad \frac{\partial I^s}{\partial y} \equiv I^s_y \equiv -\frac{\partial I^t}{\partial y} \equiv -I^t_y.$$

Wenn also z.B. erhöhte Druckausübung von *t* dessen eigenen Einfluß erhöht (und folglich dessen Steuerlast verringert), so würde erhöhter Druck von *t* den Einfluß von *s* (und dessen Subvention) verringern.

(10) $I_t^t > 0 \Rightarrow I_t^s < 0.$

Da $I_{ts}^s = I_{st}^s$, gilt außerdem: Erhöht eine Steigerung von p_t das Grenzprodukt von p_s (wenn $I_{st}^s > 0$), so senkt eine Steigerung von p_s den *absoluten* Wert des Grenzeffekts von p_t auf I^s (denn dann gilt: $I_t^s < 0$ und $I_{ts}^s > 0$). Man beachte auch: Wenn irgendwelche Merkmale einer Gruppe – wie Beruf oder Alter der Mitglieder – deren Einfluß erhöhen, so verringern diese Merkmale den Einfluß der anderen Gruppe.

III. Wettbewerb zwischen Interessengruppen

Wenn $R_t > 0$ und $R_s > 0$, gilt *s* als Gewinner und *t* als Verlierer des politischen „Spiels", weil *s* subventioniert und *t* besteuert wird. Die Identität der Gewinner und Verlierer und die Summen der Gewinne und Verluste werden nicht starr durch die Wesensmerkmale des politischen Systems festgelegt, denn sie werden auch durch die politischen Aktivitäten jeder Gruppe beeinflußt. Verlierer müssen ihr Schicksal nicht passiv erleiden, sondern können ihre Verluste und die Gewinne der Gewinner begrenzen durch Lobbytätigkeit, Drohung, Ungehorsam, Migration und andere Arten politischen Drucks zur Erhöhung ihres Einflusses.

Gruppen konkurrieren um politischen Einfluß, indem sie Zeit, Energie und Geld auf die Erzeugung von politischem Druck verwenden. Um diese Konkurrenz zu modellieren, nehme ich an, daß es für jede Gruppe eine Funktion gibt, die deren Druckausübung zu verschiedenen Einsätzen in Beziehung setzt:

(11) $p = p(m, n)$, wobei $m = an$,

und wo *a* die Ressourcen sind, die pro Mitglied für die Erhaltung einer Lobby, die Gewinnung von Stimmen, die Herausgabe von Druckschriften, für Beiträge zur Finanzierung von Werbefeldzügen, die Pflege von Bürokraten und Politikern usw. aufgewendet werden. Annahmegemäß kann bei Erhöhung der Ausgaben (*m*) der Druck nicht geringer werden; im allgemeinen wird er vielmehr erhöht.

Der Gesamteffekt einer Erhöhung der Mitgliederzahl auf das Grenzprodukt politischer Ausgaben bei konstanten Ausgaben pro Mitglied ist

(12) $$\frac{\partial p_m}{\partial n} = \frac{\partial^2 p}{\partial m \partial n} = ap_{mm} + p_{mn}.$$

Das Vorzeichen des ersten Terms hängt davon ab, ob die Skalenerträge der Ausgaben abnehmen oder zunehmen. Der zweite Term ist tendenziell negativ – wegen des Trittbrettfahrens: Jeder einzelne will sich seinen Verpflichtungen entziehen und die Kosten der Druckausübung anderen Mitgliedern aufbürden (siehe die bahnbrechende Arbeit von OLSON 1965/1968). Teilweise in den Griff bekommen läßt sich das Trittbrettfahren durch Beaufsichtigung, Bestrafung von Zuwiderhandelnden durch Ausschluß, Einschüchterung und Geldstrafen und durch Einführung von Regeln für die Aufteilung von Nutzen und Kosten, die den Anreiz, sich zu drücken, verringern (siehe z.B. GROVES und LEDYARD, 1977, und TIDEMAN und TULLOCK, 1976). Im wesentlichen erhöht Trittbrettfahren die Kosten der Ausübung von Druck. Daher sind die Gesamtausgaben für die Anwendung von Druck gleich der Summe der Ausgaben für die unmittelbare politische Aktivität plus den Ausgaben für die Kontrolle des Trittbrettfahrens.

Die Vollen Einkommen jedes Mitgliedes von *s* und *t* nach Abzug der Ausgaben für politische Aktivitäten (einschließlich der Ausgaben für die Kontrolle des Trittbrettfahrens) sind definiert durch

$$(13) \qquad Z_s = Z_s^0 + R_s - a_s, \text{ und } Z_t = Z_t^0 - R_t - a_t.$$

Das Einkommen pro Mitglied einer politisch aktiven Gruppe ($a > 0$) wird maximiert, wenn

$$(14) \qquad \frac{dR_s}{da_s} = 1, \text{ und } \frac{dR_t}{da_t} = -1,$$

und diese Bedingungen berücksichtigen alle Ausgaben zur Kontrolle des Trittbrettfahrens. Eine Gruppe wird nur dann politisch aktiv, wenn zusätzlicher Druck ihren Einfluß erhöht. Die Ungleichungen in (10) besagen, daß der Druck jeder Gruppe den Einfluß der jeweils anderen Gruppe vermindert und daher die Wirkung des Druckes der anderen Gruppe teilweise oder vollständig aufhebt.

Die Einfluß- und Druckausübungsfunktionen erlauben eine unmittelbare Übersetzung der in Gleichung (14) gegebenen Optimalitätsbedingungen für *s* und *t* in Gleichgewichtsbedingungen für einen politischen Markt, die die Ausgaben und den Druck jeder der beiden Gruppen bestimmen. Zur Vereinfachung der Analyse nehme ich an, daß jede Gruppe so handelt, als ob der Druck der anderen Gruppe durch ihr eigenes Verhalten unberührt bleibt.[3] Dann gilt:

$$(15) \qquad \frac{dR_s}{da_s} = \frac{1}{n_s G'} \frac{\partial I^s}{\partial p_s} \frac{\partial p_s}{\partial m_s} \frac{\partial m_s}{\partial a_s} = \frac{I_s^s \, p_m^s}{G'} = 1,$$

---

[3] Cournot-Nash-Modelle der Konkurrenz zwischen Interessengruppen werden auch von BROCK und MAGEE (1975, 1978), kurz von STIGLER (1975) und von FINDLAY und WELLISZ (1981) behandelt.

und unter Verwendung von Gleichung (9)

$$(16)\cdot \qquad \frac{dR_t}{da_t} = \frac{-1.^4}{n_t F'} \frac{\partial I^t}{\partial p_t} \frac{\partial p_t}{\partial m_t} \frac{\partial m_t}{\partial a_t} = \frac{I_t^s p_m^t}{F'} = 1.^4$$

Diese Bedingungen lassen sich für Gleichgewichtswerte von a_s und a_t sowie p_s und p_t lösen. Sie lassen sich auch zur Ermittlung des Effekts einer gegebenen Veränderung des Druckes der einen Gruppe auf den optimalen Druck der anderen Gruppe verwenden. Steigende Nettowohlfahrtseinbußen infolge von Steuern und Subventionen ($F'' < 0$ und $G'' > 0$) bewirken einen Anstieg des optimalen Druckes einer Gruppe, wenn die andere ihren Druck erhöht (siehe die Ausführungen im nächsten Abschnitt). Die „Komplementarität" in der Einflußfunktion von s zwischen s und t ($I_{st}^s > 0$) erhöht auch den optimalen Druck von s, wenn sich der Druck von t erhöht, denn zusätzlicher Druck von s wäre dann wirksamer. Allerdings vermindert derartige „Komplementarität" den optimalen Druck von t, wenn sich der Druck von s erhöht, weil der negative Effekt auf I^s geringer wird.

Komparativ-statische Eigenschaften des politischen Gleichgewichts werden graphisch abgeleitet; die strengen Beweise hierfür finden sich in Becker (1982). Abbildung 1 liegt die Annahme zugrunde, daß die Reaktionskurven sowohl von s wie von t positiv geneigt sind, weil bei einem Anstieg der Steuern und Subventionen die Nettowohlfahrtseinbußen genügend rasch steigen, um ausgleichende Effekte der „Substituierbarkeit" in den Einflußfunktionen zu dominieren. Stabiles Gleichgewicht ist in dieser Abbildung durch die Annahme impliziert, daß die Reaktionskurve von t steiler verläuft als die von s.[5]

Wird eine Gruppe bei der Erzeugung von Druck effizienter, etwa weil ihr die Kontrolle des Trittbrettfahrens oder der Einsatz des Fernsehens und anderer Medien besser gelingt, so wird ihre Optimalmenge an Druck für jede beliebige Menge an Druck der anderen Gruppe größer. Die Reaktionskurve von s beispielsweise verschiebt sich dann in Abbildung 1 von $s_0 s_0$ nach oben zu $s_1 s_1$, und die Gleichgewichtsposition verlagert sich von e_0 nach e_1. Dann steigt notwendigerweise der Druck von s, und der Druck von t steigt ebenfalls, wenn dessen Reaktionskurve positiv geneigt ist. Unabhängig vom induzierten Effekt auf den Druck von t erhöhen sich die Subvention an s und die Steuer auf t durch eine Verschiebung der Reaktionskurve von s nach oben.

---

[4] Bedingungen zweiter Ordnung, die sicherstellen, daß (15) einen Optimalwert von a_s und (16) einen Optimalwert von a_t ergibt, sind in Becker (1982) behandelt. Hinreichende Bedingungen sind $I_{ss}^s < 0$, $I_{tt}^s > 0$, und p_{mm}^s und $p_{mm}^t \leq 0$.

[5] Dieser Annahme ist eindeutig Genüge getan, wenn $I_{st}^s = I_{ts}^t = F'' = G'' = 0$, weil dann die Reaktionskurve von s horizontal und die von t vertikal ist.

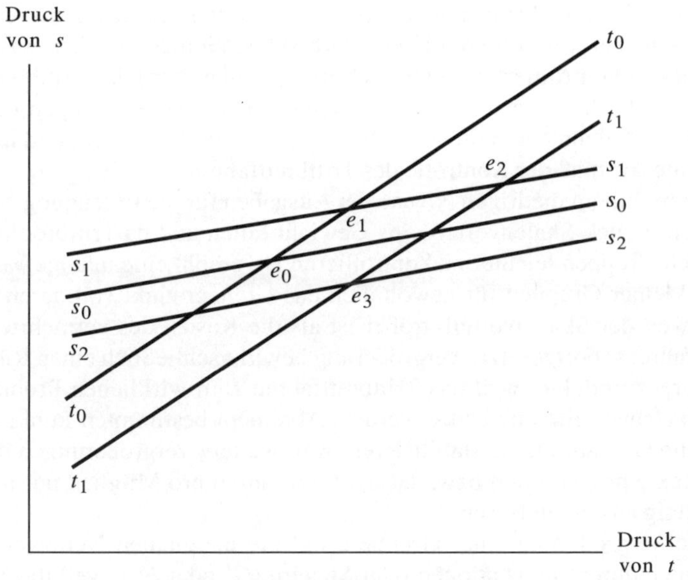

Abbildung 1: Reaktionskurven von *t* und *s*

Dieses einfache Ergebnis gilt gleichermaßen bei verbesserter Effizienz von *t* und läßt sich formulieren als

Satz 1: Eine Gruppe, die bei der Ausübung von politischem Druck effizienter wird, kann eine Senkung ihrer Steuern oder eine Erhöhung ihrer Subvention bewirken.

Wenn eine Erhöhung der Effizienz der Druckerzeugung sowohl bei *s* wie bei *t* die Reaktionskurve von *s* nach oben und die von *t* nach rechts verschiebt, so erhöht sich der Gleichgewichtsdruck beider Gruppen (sagen wir, von e_0 nach e_2). Dennoch verändern sich für beide Gruppen ihr Einfluß und somit die Steuern und Subventionen – wenn überhaupt – nicht viel, weil der erhöhte Druck von *t* den erhöhten Druck von *s* ausgleicht. Man erinnere sich: Die politische Budgetgleichung besagt, daß nicht beide Gruppen ihren Einfluß vergrößern können, weil der aggregierte Einfluß null ist (siehe Gleichung 8). Das veranschaulicht ein wichtiges Korollar zu Satz 1, das in Diskussionen über Interessengruppen übersehen wird.

Korollar: Die politische Wirksamkeit einer Gruppe wird nicht durch ihre absolute Effizienz – z.B. ihr absolutes Geschick bei der Kontrolle des Trittbrettfahrens – bestimmt, sondern durch ihre Effizienz relativ zur Effizienz anderer Gruppen.[6]

---

[6] Den Hinweis auf diesen Folgesatz verdanke ich Rodney Smith.

Beispielsweise kann eine Gruppe, auch wenn sie das Trittbrettfahren nicht sehr gut kontrollieren kann, stark subventioniert werden, weil sie es viel besser kontrolliert als andere Gruppen. Daher wird das Trittbrettfahren in vielen Diskussionen der Wirksamkeit von Interessengruppen etwas zu sehr betont, denn den politischen Erfolg bestimmt das relative und nicht das absolute Ausmaß der Kontrolle des Trittbrettfahrens.

Da bei einem niedrigen Niveau der Ausgaben für die Erzeugung von politischem Druck Skalenvorteile ins Gewicht fallen und da Trittbrettfahren in kleinen Gruppen leichter zu kontrollieren ist, erhöht eine mäßige Vergrößerung kleiner Gruppen für gewöhnlich das Grenzprodukt von deren Ausgaben, weil der Skalenvorteil größer ist als die Kosten des vermehrten Trittbrettfahrens. Fortgesetzte Vergrößerung bewirkt schließlich einen Rückgang der Grenzprodukte, weil das Trittbrettfahren zum wirklichen Problem und die Skalenvorteile unwichtig werden. Ab einem bestimmten Punkt können sich die Grenzprodukte stabilisieren, weil weitere Vergrößerungen die Skaleneffekte pro Mitglied bzw. das Trittbrettfahren pro Mitglied nur noch geringfügig ansteigen lassen.

Die Vergrößerung einer Gruppe senkt die marginalen Nettowohlfahrtseinbußen durch Subventionen oder Steuern (G' oder F'), weil die Subvention oder Steuer pro Mitglied der Gruppe geringer wird. Daher hängt der Gesamteffekt der Vergrößerung einer Gruppe auf deren Einfluß von den Auswirkungen auf Effizienz, Subventionen und Nettowohlfahrtseinbußen ab. Um diese festzustellen, müssen wir die Auswirkungen von Nettowohlfahrtseinbußen auf politischen Druck, Steuern und Subventionen betrachten.

IV. Nettowohlfahrtseinbußen und Umverteilung

Eine Erhöhung der marginalen Nettowohlfahrtseinbußen durch Steuern (eine Verringerung von F' in Gleichung 16) erhöht den von Steuerzahlern ausgeübten Druck – im wesentlichen deshalb, weil eine Steuersenkung dann einen geringeren (nachteiligen) Effekt auf die Steuereinnahmen hat. Andererseits reduziert eine Erhöhung der marginalen Nettowohlfahrtseinbußen durch Subventionen (eine Erhöhung von G' in Gleichung 15) den von den Empfängern ausgeübten Druck, weil eine gegebene Vergrößerung der Subvention dann einen stärkeren Anstieg der Steuereinnahmen erfordert. Daher verschiebt eine exogene Erhöhung der Nettowohlfahrtseinbußen durch Steuern wie durch Subventionen die Reaktionskurven von t und s nach rechts bzw. nach unten und verlagert in Abb.1 die Gleichgewichtsposition von e_0 nach e_3. Entweder muß der Gleichgewichtsdruck von t größer oder der Druck von s kleiner werden oder beides. Unabhängig von den jeweiligen Auswirkungen auf den Druck gilt jedoch folgender Satz:

Satz 2: Eine Erhöhung der Nettowohlfahrtseinbußen verringert die Gleichgewichtssubvention.

Die Kosten vieler politischer Maßnahmen, z.B. Agrarpreisstützungen oder Vergabe von Erdölschürfrechten, wurden oft als schmerzhaft hoch empfunden. Doch dieser Satz besagt, daß politisch erfolgreiche Maßnahmen „billig" sind relativ zu den Millionen von Projekten, die zu kostspielig sind, um genügend politische Unterstüzung erhalten zu können,[7] wobei „billig" und „kostspielig" sich auf die Grenzeinbußen an Nettowohlfahrt beziehen, nicht auf die Höhe von Steuern und Subventionen.

Da Nettowohlfahrtseinbußen der Tendenz nach den Druck von Steuerzahlern verstärken und den von Subventionsempfängern verringern, haben Steuerzahler einen „vorgegebenen" Vorteil bei der Beeinflussung des politischen Ergebnisses. Denn wenn man Gleichungen 15 und 16 kombiniert, erhält man

$$(17) \qquad -\frac{dR_s/da_s}{dR_t/da_t} = -\frac{I_s^s p_m^s}{I_t^s p_m^t}\,\frac{F'}{G'}\,.$$

Sind s und t gleich groß ($n_s = n_t$), gleich effizient in der Ausübung von Druck ($p_m^s = p_m^t$, wenn $m_s = m_t$ und $n_s = n_t$) und in der Einflußfunktion gleich wichtig ($I_s^s = -I_t^s$, wenn $p_s = p_t$), dann besagt (17):

$$(18) \qquad \frac{-dR_s/da_s}{dR_t/da_t} = \frac{F'}{G'}, \text{ wenn } p_s = p_t.$$

Der „vorgegebene" Vorteil von Steuerzahlern wird durch die rechte Seite der Gleichung 18 gemessen und vergrößert sich mit dem Anstieg der Nettowohlfahrtseinbußen durch Steuern und Subventionen – also mit fallendem F' und steigendem G'. Bei pauschalierten Steuern und Subventionen gibt es keinen Vorteil, weil dann $F' = G' = 1$. Subventionierte Gruppen können ihren „vorgegebenen" Nachteil durch optimale Größe, Effizienz bei der Druckerzeugung, Erfolg bei der Umwandlung von Druck in Einfluß oder durch einflußsteigernde Eigenschaften wettmachen. Es ist sogar davon auszugehen, daß stark subventionierte Gruppen, wie die Zuckerrohrproduzenten und die Milchbauern in den USA, nicht nur mit relativ geringen Nettwohlfahrtseinbußen umverteilen können, sondern auch ihren „vorgegebenen" Nachteil durch politische Überzeugungskraft und Effizienz mehr als wettmachen können.

Satz 2 deutet auf eine gewisse „Tyrannei des Status quo" hin, weil Politiker sich nicht nennenswert in die private Einkommensverteilung einmi-

---

[7] Ich habe dieses Argument schon früher vorgetragen (Becker, 1976a), ohne zu analysieren, wie Nettowohlfahrtsverluste sich auf Interessengruppen auswirken.

schen, selbst wenn Gruppen, die von einer Einmischung profitieren würden, besser organisiert sind. Das Gewicht des privaten Status quo bedeutet also nicht, daß Politiker sich in den Dienst der Reichen stellen; es ist im Gegenteil sogar damit vereinbar, daß die Armen politisch *erfolgreicher* sind.

Diese Tyrannei des Status quo ist aber nicht zu verwechseln mit Laissez-faire, denn die Politiker würden den Status quo gegen viele Schocks und Veränderungen im privaten Sektor schützen. Nehmen wir an, ein Industriezweig (die Automobilindustrie) zahlt viel höhere Löhne, als die in ihm Beschäftigten sie anderswo bekämen (weil sie in industriespezifisches Kapital investiert haben), bis eine unerwartete Importkonkurrenz (Japan) die Gleichgewichtslöhne in der Industrie unter die anderswo gebotenen senkt. Käme der Staat hier nicht zu Hilfe, so würden die Arbeiter diesen Industriezweig verlassen und erhebliche Lohneinbußen erleiden.

Zölle oder Einfuhrquoten könnten die Löhne viel stärker anheben, als es der Einbuße an Konsumentenrente und Effizienz entspricht. Wenn z.B. die Löhne anfänglich um 50 Prozent höher sind als anderswo und auf fünf Prozent unter dem allgemeinen Niveau sinken, so würde eine vollständige Einfuhrsperre die Gesellschaft nur zehn Prozent (5/50) der Subvention an die Arbeiter kosten (nicht berücksichtigt ist dabei die Konsumentenrente aus dem infolge der niedrigeren Einfuhrpreise erhöhten Konsum von Kraftfahrzeugen). Die betroffenen Arbeitnehmer sind vielleicht in der Lage, Einfluß auszuüben und politische Unterstützung zu finden, weil die hierdurch entstehenden Nettowohlfahrtseinbußen relativ zu denen anderer politischer Maßnahmen gering sind.

Bekanntlich besagt ein Erfahrungssatz der Ökonomie: „Versunkene Kosten sind versunken“; mit anderen Worten: Der einzelne blickt bei der Allokation von Arbeit und anderen Ressourcen nur in die Zukunft. Ohne staatliche Hilfe würden selbst große Investitionen in industriespezifisches Kapital die Abwanderung aus der entsprechenden Industrie nicht verhindern, wenn Importe die Einkommen unter das in anderen Industriezweigen erreichbare Niveau absenkten. Im politischen Sektor aber gilt: „Versunkene Kosten sind nicht versunken“, weil Investitionen in Humankapital oder in unternehmens-, industrie- oder sogar regionalspezifisches Sachkapital die kurzfristige Angebotselastizität senken und die Nettowohlfahrtseinbußen durch „Verzerrungen“ geringer sind, wenn Angebot und Nachfrage weniger elastisch sind. Über die politische Unterstützung, die Chrysler zuteil wurde, waren viele Leute verärgert, weil die Einkommen der dort Beschäftigten so hoch gewesen waren. Nach meiner Analyse könnte aber genau das der Grund sein, weshalb Chrysler gestützt wurde – ob das nun ärgerlich ist oder nicht.

Politische Maßnahmen zum Schutz gegen Veränderungen im privaten Sektor sind in der Regel unvollständig und vorübergehend. Unvollständig, weil die Grenzeinbußen an Nettowohlfahrt aufgrund von Protektionismus mit dessen Ausmaß steigen; vorübergehend, weil Angebot und Nachfrage mit der Zeit – im Zuge der Wertminderung spezifischer Investitionen – elastischer werden. Eine Erklärung für regelmäßig wiederkehrende Bemühungen um „Deregulierung", wie neuerdings die Deregulierung von Fluglinien und Wertpapiermärkten und in geringerem Ausmaß des Fernlastverkehrs, ist die, daß Nettowohlfahrtseinbußen mit zunehmender Dauer der Regulierung zunehmen. Einer Untersuchung von JARRELL (1982) zufolge dürfte die Deregulierung des Wertpapiermarktes durch die Zunahme großer institutioneller Händler mit elastischer Nachfrage herbeigeführt worden sein.

Ökonomen erklären politisches Verhalten traditonell nicht mit der Macht von Interessengruppen, sondern mit „Marktversagen". Der Staat erzeugt öffentliche Güter, verringert negative Externalitäten und bewältigt andere Probleme. Obwohl diese politischen Aktivitäten die Effizienz insgesamt eher erhöhen als senken, lassen sie sich leicht in die oben vorgenommene Analyse des Wettbewerbs zwischen Interessengruppen um politischen Einfluß einbauen.

Aktivitäten, die allen Gruppen nützen, stoßen auf keinen Widerstand; sie werden im Gegenteil durch den Druck der einen oder anderen Gruppe sogar aktiv unterstützt. Analytisch reizvoller sind Aktivitäten, die ebenfalls die Effizienz steigern, aber manchen Gruppen (sagen wir t) schaden, weshalb diese dagegen Druck ausüben. Die „Steuer" auf t finanziert dann immer noch die „Subvention" an s, entsprechend der politischen Budgetgleichung in (4), nur ist die Effizienz jetzt größer, weil $n_s R_s > n_t R_t$. Wird auch die Grenzeffizienz erhöht – so daß also $n_s dR_s > n_t dR_t$ –, so haben subventionierte Gruppen bei der Beeinflussung politischer Ergebnisse einen „vorgegebenen" Vorteil, denn Gleichung 18 besagt, daß s den „vorgegebenen" Vorteil hat, wann immer $F' > G'$ – was die notwendige und hinreichende Bedingung dafür ist, daß die Subventionserhöhung die Effizienz steigert.[8]

Subventionierte Gruppen mit einem vorgegebenen Vorteil üben mehr Druck aus als besteuerte Gruppen derselben Größe und Effizienz und mit demselben politischen Sympathiepotential. Da politische Maßnahmen, die stark durch den Druck subventionierter Gruppen gestützt sind, sich in der Konkurrenz mit anderen politischen Maßnahmen in der Regel durchsetzen können, werden die effizienzverbessernden Maßnahmen in der Regel obsiegen, außer wenn die geschädigten Gruppen ihren vorgegebenen Nachteil durch effiziente Ausübung von Druck oder in anderer Weise wettmachen. Dieses Ergebnis läßt sich als Korollar zu Satz 2 formulieren:

Korollar: Effizienzsteigernde politische Maßnahmen werden in der Regel eher ergriffen als effizienzsenkende Maßnahmen.

---

[8] Da

$$n_s G(R_s) = n_t F(R_t),$$

folgt:

$$G' n_s dR_s = F' n_t dR_t$$

und

$$n_s dR_s > n_t dR_t, \text{ wenn, und nur wenn } G' < F'.$$

Dieses Korollar besagt, daß das in der vorliegenden Arbeit verwendete Modell des Wettbewerbs politischer Interessengruppen, die ihre eigene Wohlfahrt steigern wollen, das Problem des Marktversagens nicht übersieht. Das heißt, das Modell betont nicht die politische Umverteilung von Einkommen auf Kosten politischer Effizienzsteigerungen, auch wenn Gruppen nicht kooperieren und Ausgleichszahlungen nicht gestattet sind. Daher kann eine Analyse nicht-kooperativer Konkurrenz zwischen Interessengruppen die Ansicht, daß Staaten Marktversagen korrigieren, mit der scheinbar gegensätzlichen Ansicht verbinden, daß Staaten die politisch Mächtigen begünstigen.

Da eine Erhöhung der Zahl der besteuerten Personen die zur Erzielung einer bestimmten Einnahmensumme pro Kopf eingehobene Steuer senkt und somit die Grenz- wie die Gesamteinbußen an Nettowohlfahrt infolge von Besteuerung verringert, würde eine Erhöhung der Anzahl der Steuerzahler deren Druckausübung verringern. Deshalb würde eine Gruppe es vorziehen, ihre Subvention durch geringfügige Besteuerung vieler Personen finanziert zu bekommen, auch wenn das die politische Effizienz der besteuerten Gruppen nicht vermindert.[9] Die optimale Größe einer subventionierten Gruppe ist geringer als ihre effizienteste Größe, weil eine Zunahme der Mitgliederzahl das Nettoeinkommen pro Mitglied senkt, wenn die Effizienz nicht signifikant steigt.[10] Diese Ergebnisse lassen sich formulieren als

---

[9] Es wurde immer wieder behauptet, daß Subventionen leichter zu erlangen sind, wenn jeder Steuerzahler davon nur geringfügig betroffen ist; dabei lag die Betonung aber stets auf den Kosten der Organisation der Steuerzahler. Schon früh findet sich diese Überlegung formuliert bei Simon Newcomb: „Kann der Kongreß zu der entsprechenden Politik bewogen ... werden, so kann [ein Unternehmen] einen zusätzlichen Gewinn von 1 Prozent jährlich von jedem Einwohner abkassieren. Nicht einer aus tausend würde auch nur einen Augenblick lang über das Unrecht nachdenken oder es überhaupt bemerken. Und selbst wenn er es bemerkt, ... [so] könnte er nicht einen Brief schreiben oder ein Flugblatt drucken lassen oder eine Versammlung seiner Nachbarn organisieren, ohne darauf mehr Zeit zu verwenden, als die Frage wert ist“ (Newcomb, 1886, 457, Anm. 9).

Pareto hielt fest: „Wenn eine bestimmte Maßnahme A die Ursache des Verlustes von 1 fr für jede einzelne von 1000 Personen und eines Gewinns von 1000 fr für eine einzige Person ist, so wird diese dafür eine große Menge Energie aufwenden, während jene nur schwachen Widerstand leisten werden“ (Pareto, 1971, 379).

[10] Wir nehmen an, G hat eine konstante Elastizität ($\beta > 1$) in bezug auf R_s, I^s eine konstante Elastizität ($\gamma < 1$) in bezug auf p_s, und p_s hat eine konstante Elastizität (α) in bezug auf m_s und hängt nicht unmittelbar von n_s ab (kein Trittbrettfahren). Dann besagt Gleichung 15, daß die Gleichgewichtswerte von R_s und a_s sich proportional verändern (entsprechend $\frac{\alpha\gamma - 1}{\beta - \alpha\gamma}$), wenn n_s steigt und p_t konstant gehalten wird. Wenn daher $\alpha \leq 1$, sinken sowohl R_s als auch a_s und damit das Nettoeinkommen pro Mitglied mit steigender Mitgliederzahl (auch ohne Trittbrettfahren). Wenn jedoch wegen Skalenvorteilen $\alpha > 1$, so steigt das Nettoeinkommen pro Mitglied, wenn sich n_s bei $\alpha > 1/\gamma$ (ohne Trittbrettfahren) erhöht.

Satz 3: Politisch erfolgreiche Gruppen sind in der Regel klein relativ zur Größe der Gruppen, die besteuert werden, um die Subventionen für sie zu finanzieren.

Satz 3 scheint mit den Befunden aus der Landwirtschaft verschiedener Länder vereinbar: Die Landwirtschaft wird oft dort stark subventioniert, wo sie ein kleiner Sektor ist, wie in Japan, Israel oder den USA, und dort erheblich besteuert, wo sie ein großer Sektor ist, wie in Polen, China, Thailand oder Nigerien (siehe PETERSON, 1979, und insbesondere die Belege für Afrika in BATES, 1981). Satz 3 und diese Befunde für die Landwirtschaft stehen in Widerspruch zu der häufig vertretenen Ansicht, kleine Gruppen seien politisch im Nachteil, weil sie nicht viele Stimmen haben. An anderer Stelle habe ich den Nachweis zu erbringen gesucht (BECKER, 1982), daß Stimmenpotential und Mehrheiten nicht einmal in Demokratien die *wesentlichen* Bestimmungsgründe politischen Einflusses sind.

Ich habe die Methode der Subventionierung bzw. Besteuerung jeder Gruppe als gegeben angenommen, obwohl üblicherweise viele Methoden möglich sind und der politische Sektor zwischen ihnen wählen muß. Bedeutet Wettbewerb zwischen den Interessengruppen, so wie im vorliegenden Aufsatz modelliert, daß die effizienteste Methode zur Anwendung kommt? Um die Erörterung dieser Frage zu vereinfachen, nehmen wir an, eine bestimmte Methode der Besteuerung oder Subventionierung sei durchgehend effizienter als andere Methoden: $F^* > F$ und $G^* < G$ und $F^{*\prime} > F'$ und $G^{*\prime} < G'$, für alle R_t und R_s, wobei F und G beliebige andere Methoden bezeichnen.[11] Sind die Einflußfunktionen unabhängig von der Besteuerungsmethode in dem Sinn, daß die Steuereinnahmen auch bei unterschiedlichen Erhebungsmethoden bei gegebenem Druck von s und t gleich hoch sind,[12] so verringert die Ersetzung einer weniger effizienten durch eine effizientere Steuer den optimalen Druck von t, weil die Grenzeinbußen der Nettowohlfahrt kleiner werden. Diese Verringerung des Druckes erhöht die Subvention an s ebenso wie das Nettoeinkommen von t.

Daher bilden sowohl t wie s eine Lobby und üben auch sonst politischen Druck aus zugunsten eines möglichst effizienten Verfahrens zur Besteuerung von t (wobei angenommen wird, daß die Subventionierungsmethode davon unberührt bleibt), weil beide Gruppen mit der effizienten Methode besser gestellt sind. Dieses wichtige Ergebnis läßt sich formulieren als

---

[11] Man beachte, daß keine Methode *durchgängig* die effizienteste sein muß, denn Methoden mit relativ großen Fixkosten (Erhebungskosten?) und geringen Anreizeffekten sind nicht effizient bei niedrigen Steuern oder Subventionen, können aber effizient sein, wenn diese hoch sind. Dieses Argument haben Geoffrey Brennan und James Buchanan in einem Briefwechsel betont; siehe auch BRENNAN und BUCHANAN (1980).

[12] Eine alternative Annahme mit ähnlichen Folgen wäre die, daß – bei gegebenem Interessendruck – bei Anwendung anderer Methoden die Steuern (R_t), nicht die Steuereinnahmen, dieselben wären.

Satz 4: Wettbewerb zwischen Interessengruppen begünstigt effiziente Besteuerungsmethoden.

Wenn auch alle Subventionsmethoden bei gegebener Druckausübung dieselben Steuereinnahmen ergeben, so erhöht die Ersetzung einer weniger effizienten durch eine effizientere Subvention die Subvention an *s* im ursprünglichen Gleichgewicht. Da die Grenzeinbußen an Nettowohlfahrt bei jeder Methode mit Vergrößerung der Subvention steigen, könnte die Grenzeinbuße im ursprünglichen Gleichgewicht bei der effizienteren Methode größer sein als bei der ursprünglichen, weniger effizienten. Ist sie größer, so verringern sich der optimale Druck von *s* und somit die Steuereinnahmen; folglich ist *t* ebenso wie *s* durch die effizientere Methode besser gestellt. Dann ziehen beide Gruppen effiziente Formen der Subventionierung von *s* vor (unter der Voraussetzung, daß die Methode der Besteuerung von *t* dadurch nicht weniger effizient wird). Wenn jedoch effizientere Methoden eine Verstärkung des Druckes von *s* bewirken, so werden die Steuereinnahmen erhöht, und *t* wird durch effiziente Subventionen schlechter gestellt.[13]

Infolgedessen begünstigt nicht-kooperative Konkurrenz zwischen Interessengruppen um politischen Einfluß manchmal, aber nicht notwendigerweise immer, effiziente Subventionen. Dieser Schluß mag diejenigen beruhigen, die glauben, daß ineffiziente Steuern und Subventionen häufig sind; z.B. daß eine stark progressive Einkommensteuer eine ineffiziente Einnahmequelle ist, daß die Inflationssteuer durch Konsumsteuern oder andere effizientere Steuern ersetzt werden sollte oder daß Hilfeleistungen an Bauern oder Bahnen durch unmittelbare Subventionierung effizienter erfolgen als im Wege von Anbauflächenbeschränkungen oder Wettbewerbsschranken für Lastkraftwagen.

Doch eine progressive Einkommensteuer kann nicht nur die Reichen schädigen, sondern auch die Einnahmen erhöhen, und unmittelbare Subventionen an Landwirte begünstigen den Eintritt weiterer Landwirte in den Markt, was die Situation der schon im Markt befindlichen verschlechtern kann. Bruce GARDNER (1981) hat anschaulich gezeigt, daß bei elastischem Angebot an Landwirten Anbauflächenbeschränkungen für die Erhöhung der Einkommen der im Markt befindlichen Landwirte *effizienter* sind als Produktionsstützungen.

Ein weiteres Beispiel wären die Belege dafür, daß öffentliche Unternehmen weniger effizient sind als private Unternehmen, die dieselben Produkte

[13] Wenn bei gegebenem Interessendruck von *s* und *t* andere Methoden der Subventionierung von *s* dieselbe Subvention bewirken würden statt dieselben Steuereinnahmen, so würde der Druck von *s* immer steigen, wenn eine effizientere Subvention eine weniger effiziente ersetzt. Obwohl die Subvention größer würde, könnten die Steuereinnahmen kleiner werden, weil effizientere Methoden aus gegebenen Einnahmen eine größere Subvention erzielen würden. Die Wohlfahrt von *t* wäre mit der Steuereinnahme positiv korreliert.

erzeugen (einen guten Überblick über das Belegmaterial aus einer Fülle von Studien gibt (Borcherding, 1982). Öffentliche Unternehmen produzieren nicht nur verschiedene Produkte, sondern subventionieren oft Arbeitnehmer,[14] Kunden oder Lieferanten. Wenn öffentliches Eigentum eine effiziente Form der Subventionierung dieser Gruppen ist, dann kann die Ersetzung der öffentlichen Unternehmen durch scheinbar effizientere private Unternehmen die *Gesamt*effizienz senken, statt sie zu erhöhen, weil weniger effiziente Subventionen zur Anwendung kommen müssen. Infolgedessen können öffentliche Unternehmen nur *scheinbar* weniger effizient sein als private Unternehmen, denn ein Subventionsziel ist in der Definition der „Unternehmensleistung" nicht enthalten. Dieses und die vorhergehenden Beispiele veranschaulichen einige der Schwierigkeiten bei der Beurteilung der Effizienz des öffentlichen Sektors – Schwierigkeiten, die in vielen beiläufigen Beurteilungen außer acht bleiben.

Ausgaben für die Erzeugung von Druck sind nicht Pareto-optimal, denn eine Verringerung der Ausgaben würde alle Gruppen besser stellen. Da die in Abbildung 2 gezeigten Einfluß-Indifferenzkurven positiv geneigt sind,

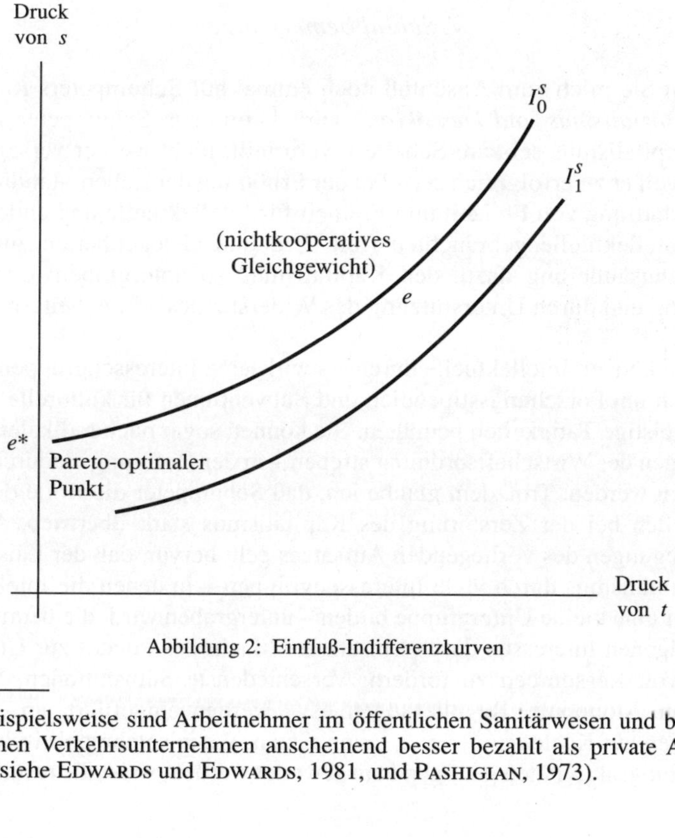

Abbildung 2: Einfluß-Indifferenzkurven

[14] Beispielsweise sind Arbeitnehmer im öffentlichen Sanitärwesen und bei den öffentlichen Verkehrsunternehmen anscheinend besser bezahlt als private Arbeitnehmer (siehe Edwards und Edwards, 1981, und Pashigian, 1973).

weil größerer Druck der einen Gruppe den Einfluß der anderen Gruppe vermindert, könnte verminderter Druck beider Gruppen deren Einfluß unverändert erhalten und damit die Nettoeinkommen beider durch Einsparung von Ausgaben für politische Zwecke erhöhen.

Es bedarf der Zusammenarbeit zwischen Interessengruppen, wenn die Verschwendung von Ausgaben für politischen Druck vermieden werden soll, zu der es durch den Wettbewerb um Einfluß kommt. Verschiedene Gesetze und politische Regeln können sehr wohl das Ergebnis einer Zusammenarbeit im Sinn einer Verringerung politischer Ausgaben sein: einschließlich Beschränkungen der Wahlkampfspenden und Nebeneinkünfte von Vertretern der gesetzgebenden Körperschaften, Regulierung und Überwachung von Lobbyorganisationen und Daumenregeln für Gesetzgebung und Verwaltung, die die Erzeugung von Druck seitens verschiedener Gruppen vorwegnehmen (und damit abschwächen). Solche Zusammenarbeit ist jedoch schwierig zu erreichen, weil jede Gruppe wünscht, daß andere Gruppen ihren Druck verringern, selbst aber Beschränkungen ihrer eigenen Tätigkeit zu entgehen versucht.

V. Schlußbemerkungen

Lassen Sie mich zum Abschluß noch einmal auf Schumpeters *Kapitalismus, Sozialismus und Demokratie* zurückkommen. Schumpeter glaubte, der Kapitalismus sei zum Scheitern verurteilt, nicht weil er versage, sondern weil er zu erfolgreich sei – bei der Erhöhung der Lebensstandards und der Schaffung von Freizeit und Freiheit für Intellektuelle und andere Bürger. Intellektuelle gebrauchten freie Zeit und Gelegenheiten zur freien Meinungsäußerung dazu, den Kapitalismus zu untergraben: durch Ablehnung und durch Unterstützung des Widerstandes von Arbeitern und anderen.

Nun können Intellektuelle durchaus wirksame Interessengruppen bilden, die sich um Forschungsstipendien und Subventionen für kulturelle und andere geistige Tätigkeiten bemühen. Sie können sogar nach radikalen Veränderungen der Wirtschaftsordnung streben – in der Hoffnung, dadurch mächtiger zu werden. Trotzdem glaube ich, daß Schumpeter die Rolle der Intellektuellen bei der Zerstörung des Kapitalismus stark übertrieb. Aus den Überlegungen des vorliegenden Aufsatzes geht hervor, daß der Laissez-faire-Kapitalismus durch viele Interessengruppen – in denen die Intellektuellen nur eine kleine Untergruppe bilden – untergraben wird, die bemüht sind, ihre eigenen Interessen durch Einsatz der Macht des Staates zur Umverteilung von Ressourcen zu fördern: Verschiedenste Subventionen, Steuern, Quoten, Monopole, Regulierungen usw. werden eingeführt, um gewisse Gruppen auf Kosten anderer zu unterstützen. Wenn solche politischen Umverteilungsaktivitäten genügend ausgeweitet werden, so ist die resultierende

Wirtschaftsordnung nicht mehr ohne weiteres als „kapitalistisch" zu bezeichnen.

Ich glaube dennoch nicht, daß der Kapitalismus durch Interessengruppen sonderlich gefährdet ist.[15] Der politische Einfluß von Interessengruppen untergräbt nicht nur „reine" kapitalistische Ordnungen, sondern ebenso „reine" sozialistische und andere Ordnungen. Ja, diejenigen Ordnungen, in denen der Staat einen großen Teil des Wirtschaftslebens beherrscht, sind durch die Forderungen mächtiger Interessengruppen sogar sicherlich *stärker* gefährdet. Natürlich können die Interessengruppen, die im Sozialismus mächtig sind, ganz andere sein als die, die im Kapitalismus mächtig sind. Insbesondere dürften Intellektuelle unter dem Sozialismus weniger „subversiv" sein, obwohl ich ja schon gesagt habe, daß ich sie im Kapitalismus nicht für eine wesentliche „subversive" Kraft halte.

Politische Interessengruppen können sich in demokratischen Systemen, seien sie kapitalistisch oder sozialistisch, leichter bilden als in totalitären. Ich würde an die Stelle von Schumpeters Definition der Demokratie als freier Wettbewerb um die politische Führung eine Definition der Demokratie als freier Wettbewerb zwischen Interessengruppen um politische Vergünstigungen setzen. In so definierten Demokratien können einige wenige Interessengruppen nicht so leicht sehr große Subventionen erlangen (obwohl viele Gruppen jeweils relativ kleine Subventionen erlangen können), denn ich habe gezeigt, daß große Subventionen den Gegendruck derjenigen verstärken, die zum Zweck der Finanzierung der Subventionen besteuert werden. In totalitären Systemen andererseits können einige wenige Gruppen den Staat leichter dazu benützen, ihre Situation erheblich zu verbessern, weil andere Gruppen gar keine wirksame Opposition bilden dürfen. Ich glaube, daß wir die wesentlichen Unterschiede zwischen den Umverteilungsaktivitäten demokratischer und denen totalitärer Systeme nur erfassen können, wenn wir erkennen, wie sich diese Systeme in bezug auf Art und Ausmaß der Konkurrenz der Interessengruppen um politische Vergünstigungen voneinander unterscheiden.

Literatur

BATES, R. H. (1981), *Markets and States in Tropical Africa*, Berkeley.

BECKER, G. S. (1958), „Competition and Democracy", *Journal of Law and Economics*, 1, 105–109 (deutsch in 1976b/1982, 33–39).

–, (1976a), „Comment" (zu Peltzman, 1976), *Journal of Law and Economics*, 19, 245–248.

–, (1976b), *The Economic Approach to Human Behavior*, Chicago (deutsch: *Der ökonomische Ansatz zur Erklärung menschlichen Verhaltens,* Tübingen 1982).

[15] Samuelson scheint den Kapitalismus für besonders gefährdet zu halten (siehe HEERTJE, 1981, 19).

–, (1981), *Treatise on the Family*, Chicago.
–, (1982), „A Theory of Competition among Pressure Groups for Political Influence", Center for the Study of the Economy and the State, University of Chicago.
BENTLEY, A. F. (1908), *The Process of Government*, Chicago.
BORCHERDING, T. E. (1982), „Toward a Positive Theory of Public Sector Supply Arrangements" in R.Richard, Hrsg., *Public Enterprise in Canada*, Toronto.
BRENNAN, G. und BUCHANAN, J. M. (1980), *The Power to Tax*, Cambridge.
BROCK, W. A., und MAGEE, S. P. (1975), „The Economics of Pork-Barrel Politics", Center for Mathematical Studies in Business Economics, Report 7511, University of Chicago.
–, und MAGEE, S. P. (1978), „The Economics of Special Interest Politics: The Case of the Tariff", *American Economic Review*, 68, 246–250.
BUCHANAN, J. M. und TULLOCK, G. (1962), *The Calculus of Consent*, Ann Arbor, MI.
DOWNS, A. (1957), *An Economic Theory of Democracy*, New York (deutsch: *Eine ökonomische Theorie der Demokratie,* Tübingen 1968).
EDWARDS, L. N. und EDWARDS, F. R. (1981), „Public Unions, Local Government Structure and the Compensation of Municipal Sanitation Workers", unveröffentlichtes Manuskript, Queens College.
FINDLAY, R. und WELLISZ, S. (1981), „Endogenous Tariffs, the Political Economy of Trade Restrictions and Welfare", NBER Conference Paper, Nr. 114.
GARDNER, B. L. (1981), „Efficient Redistribution in Agricultural Commodity Markets", Center for the Study of the Economy and the State, Working Paper, Nr. 20, University of Chicago.
GROVES, TH. und LEDYARD, J. (1977), „Optimal Allocation of Public Goods: A Solution to the ‚Free Rider' Problem", *Econometrica*, 45, 783–809.
HARBERGER, A. C. (1971), „Three Basic Postulates for Applied Welfare Economics: An Interpretative Essay", *Journal of Economic Literature*, 9, 785–797.
HEERTJE, A., Hrsg. (1981), *Schumpeter's Vision*, New York.
JARRELL, G. A. (1982), „Change at the Exchange", unveröffentlichtes Manuskript, University of Chicago.
NEWCOMB, S. (1886), *Principles of Political Economy*, New York.
NISKANEN, W. A. (1971), *Bureaucracy and Representative Government*, Chicago.
OLSON, M., Jr. (1965), *The Logic of Collective Action*, Cambridge, MA (deutsch: *Die Logik des kollektiven Handelns*, Tübingen 1968).
PARETO, V. (1971), *Manual of Political Economy*, New York.
PASHIGIAN, B. P. (1973), „Public versus Private Ownership: Consequences and Determinants of Public Ownership of Local Transit Systems", unveröffentlichtes Memorandum, University of Chicago.
PELTZMAN, S. (1976), „Towards a More General Theory of Regulation", *Journal of Law and Economics*, 19, 211–240.
PETERSON, W. L. (1979), „International Prices and the Social Cost of Cheap Food Policies", *American Journal of Agricultural Economics*, 61, 13–21.
RIKER, W. H. (1962), *The Theory of Political Coalitions*, New Haven, CT.
SCHUMPETER, JOSEPH A. (1942): *Capitalism, Socialism and Democracy,* New York (deutsch: *Kapitalismus, Sozialismus und Demokratie*, 7., erweiterte Auflage, Tübingen 1993).
STIGLER, G. J. (1975), *The Citizen and the State*, Chicago.
TIDEMAN, T. N. und TULLOCK, G. (1975), „A New and Superior Process for Making Social Choices", *Journal of Political Economy*, 84, 1145–1159.
TRUMAN, D. B. (1971), *The Governmental Process*, 2. Auflage, New York.

Politischer Wettbewerb zwischen Interessengruppen

(1989)

Eigennutz auf dem Markt

Lassen Sie mich mit einem Zitat beginnen, das manchen von Ihnen vertraut sein dürfte: „Nicht von dem Wohlwollen des Fleischers, Brauers oder Bäckers erwarten wir unsere Mahlzeit, sondern von ihrer Bedachtnahme auf ihr eigenes Interesse.“ Weiters meinte derselbe Autor, nicht ohne Ironie: „Wir sind nicht bereit, irgendjemanden eines Mangels an Selbstsucht zu zeihen.“ Beide Aussagen stammen von Adam Smith, dem Begründer der modernen Nationalökonomie. Die erste ist dem bedeutendsten Buch, das je über ökonomische Fragen geschrieben wurde, entnommen, nämlich dem *Wealth of Nations*, die zweite einem guten Buch mit dem Titel *The Theory of Moral Sentiments*.

Smith gab damit nicht der Meinung Ausdruck, die Menschen *sollten* eigennützig sein, wie das gewisse moderne Philosophien fordern, sondern er stellte fest, wie Menschen typischerweise motiviert *sind*. Allerdings entwikkelte er eine andere Art normativer Analyse. In einer bemerkenswerten Argumentationskette zeigt er, daß es unter bestimmten Umständen nichts ausmacht, wenn Menschen eigennützig sind. Denn ein eigennütziger Mensch (und damit zitiere ich den berühmtesten Satz aus dem *Wealth of Nations*) „verfolgt lediglich seinen eigenen Gewinn und wird in diesen wie in anderen Fällen von einer unsichtbaren Hand geleitet, einen Zweck zu fördern, den er in keiner Weise beabsichtigt hatte. ... Verfolgt er sein eigenes Interesse, so fördert er das der Gesellschaft weit wirksamer, als wenn er dieses wirklich zu fördern beabsichtigt.“ Wie läßt sich eine so optimistische Feststellung gleich zu Beginn unserer Wissenschaft mit der Behauptung vereinbaren, die Ökonomik sei eine „triste“ Wissenschaft?

Man kann von Smith sagen, er habe in einer wichtigen Hinsicht gezeigt, wie Gesellschaften mit der Liebe, bekanntlich einer sehr knappen „Ressource“, möglichst sparsam umgehen. Smith war nicht glücklich darüber, daß Menschen eigennützig sind; er hätte sie sich altruistischer gewünscht. Aber er war eine nüchterne Natur und Wissenschaftler und nahm die Menschen, wie sie sind. Da Menschen im allgemeinen eigennützig sind, lassen sich Gesellschaften nicht auf Liebe gründen. Glücklicherweise jedoch konnte er zeigen, daß eigennützige Menschen unter bestimmten Umständen von der besagten „unsichtbaren Hand“ so geführt werden, daß sie das öffentliche Wohl fördern. Anders ausgedrückt: Es braucht gar nicht viel Altruismus zu geben, wenn eigennützige Menschen dazu bewogen werden können, so zu handeln, *als ob* sie altruistisch wären.

Smiths Gedankengang sollte eigentlich als bekannt vorausgesetzt werden können, da die ökonomische Profession seit nunmehr 200 Jahren mit seiner Ausarbeitung und Weiterführung befaßt ist. Wenn manche Unternehmen nicht im öffentlichen Interesse tätig sind, wenn sie also übermäßige Gewinne machen, so treten nach Smith andere Unternehmen in Wettbewerb zu ihnen (sofern Wettbewerb gestattet ist), und das senkt die Marktpreise, bis diese den Kosten entsprechen. Wenn – analog – Unternehmen in einem Gebiet zu einem höheren Preis verkaufen können als in einem anderen, so verfrachten sie ihre Produkte dorthin, wo sie sie zum höheren Preis verkaufen können, senken hierdurch den dortigen Preis und erhöhen ihn im anderen Gebiet. Ferner werden Arbeiter, denen es frei steht, ihren Arbeitsplatz zu wechseln, schlecht bezahlte Jobs oder solche mit unzulänglichen Arbeitsbedingungen aufgeben und sich um bessere Arbeitsplätze bemühen. Ihr Wettbewerb gleicht die Lohn- und Arbeitsbedingungen an verschiedenen Arbeitsplätzen einander an. Und so weiter für andere Marktanpassungen.

Die Vorstellung der „unsichtbaren Hand“ setzt, wie Smith zu Recht betonte, freien Zugang zu Wirtschaftszweigen, Arbeitsplätzen und Verbraucherprodukten voraus und ebenso die Freiheit, diese zu verlassen bzw. aufzugeben. Sie geht überdies davon aus, daß staatliche Eingriffe nicht das Zustandekommen von Wettbewerbspreisen verhindern. Smiths Wettbewerbsanalyse wurde in der modernen Wirtschaftstheorie unverändert beibehalten, abgesehen von der Ausarbeitung einer anspruchsvolleren und vollständigeren Analyse der Bedingungen, unter denen der Eigennutz die allgemeine Wohlfahrt erhöht.

Eine vorrangige Bedingung ist die Abwesenheit direkter Interaktionen zwischen Einzelpersonen oder zwischen Unternehmen und Einzelpersonen. Solche Interaktion findet z.B. statt, wenn Fabriken Rauch in umliegende Wohngegenden emittieren – wenn etwa die Stahlwerke in Gary, Indiana, den Teil von Chicago verschmutzen, in dem ich wohne (allerdings ist die Luft sauberer geworden, seit es der heimischen Stahlindustrie schlecht geht). Unternehmen kümmern sich in der Regel nicht um die Schäden, die sie anderen verursachen, solange sie dazu nicht gezwungen werden. Eine andere Bedingung ist die, daß Transaktionen durchführbar sein müssen. Die Transaktionskosten dürfen nicht so hoch sein, daß sie wechselseitig gewinnbringende bzw. wechselseitig vorteilhafte Transaktionen verhindern. Smiths Schlußfolgerung gilt nicht im Falle direkter Interaktionen oder hoher Transaktionskosten; in diesen Fällen muß eigennütziges Verhalten die allgemeine Wohlfahrt nicht erhöhen.

Eigennutz im politischen Bereich

Es ist nur natürlich, daß man sich zur Behebung der schädlichen Folgen eigennützigen Verhaltens an den Staat wendet. Selbst Smith sah für den Staat eine bedeutsame Rolle vor. Dazu gehörte der Schutz vor Angriffen von außen und vor Verbrechen im Innern, die Durchsetzung von Verträgen und die Bereitstellung von Bildungsmöglichkeiten.

In der ersten Hälfte des 20. Jahrhunderts hielten Ökonomen den Staat üblicherweise für wohltätig. Man meinte, Staatshandeln verfolge den Zweck, die Auswirkungen von direkten Interaktionen und von Transaktionskosten in Grenzen zu halten und Einkommen und Vermögen so zu besteuern, daß eine moralisch einwandfreie Ressourcenverteilung erreicht würde. Die Väter unserer Verfassung hingegen betrachteten den Staat mit mehr Skepsis und Realismus. Sie wußten, daß Regierungen tyrannisch sein können, und auch, daß sie sich oft in den Dienst mächtiger Sonderinteressen stellen. Die Gründerväter versuchten, eine Verfassung und andere Verfahrensregeln zu schaffen, die die Tyrannei und die Macht von Sonderinteressen beschränken sollten und es dem Staat dennoch ermöglichen würden, Aufgaben zu übernehmen, die sich nicht gut privat erledigen ließen.

In den letzten 30 Jahren haben auch die Ökonomen begonnen, das Verhalten des Staates realistischer zu betrachten. Das beachtliche analytische Rüstzeug der modernen Ökonomik wird eingesetzt, um Erkenntnisse über das tatsächliche Verhalten von Regierungen zutage zu fördern. Ich möchte einige der dabei gewonnenen Schlußfolgerungen und Einsichten skizzieren.

Es ist nicht so, daß der Staat automatisch die Probleme löst, die durch eigennütziges Verhalten auf dem Markt geschaffen werden, denn auch Bürokraten, Gesetzgeber und Wähler neigen zum Eigennutz und sind bestrebt, ihre eigenen Interessen zu verfolgen. Schließlich sind die Akteure im politischen Sektor vom selben Schlag wie die Akteure im privaten Sektor. Wiewohl die Macht bzw. die Zwangsgewalt, über die der moderne Staat verfügt, für nützliche Zwecke gebraucht werden kann, kann sie ebenso gut auch zur Bereicherung mächtiger Gruppen eingesetzt werden – auf Kosten schwacher Gruppen, die zuweilen eine große Mehrheit der Bevölkerung umfassen. Infolgedessen wird staatliches Handeln die Ergebnisse des privaten Markttausches oft verschlechtern, statt sie zu verbessern.

Um ein gängiges Beispiel zu nehmen: Agrarische Interessengruppen in den USA und anderen westlichen Ländern haben ihre politische Macht dazu benützt, durch Anbauflächenbeschränkungen, Einfuhrsperren, Brachlandsubventionen und viele andere Maßnahmen die Produktion von Zucker, Tabak, Getreide, Milch und anderen Produkten einzuschränken und deren Preise anzuheben. Außerdem sind die staatlichen Hilfsmaßnahmen für die Landwirtschaft in den letzten 40 Jahren – während die Landwirtschaft zu einem kleinen Teil der modernen Wirtschaft zusammenschrumpfte – umfangreicher geworden.

Um zu verstehen, was Regierungen wirklich tun (und nicht, was sie tun sollten), müssen wir uns folglich darüber klar werden, wie eigennützige Gruppen mit Sonderinteressen das politische Geschehen beeinflussen. Ich werde einige Schlußfolgerungen aus einer Analyse politischer Interessenverbände erörtern, die ich an anderer Stelle ausführlicher behandelt habe (siehe BECKER 1983, 1985a).

Wettbewerb zwischen Interessengruppen

Erfolgreiche Interessengruppen sind oft klein. Obwohl gelegentlich die von Gegnern der Demokratie gefürchtete Tyrannei der Mehrheit in Erscheinung tritt, kommt es häufiger vor, daß sehr disziplinierte kleine Gruppen politische Macht ausüben. Kleine Gruppen sind politisch erfolgreich, wenn sie gut organisiert sind und viele Wähler und Gesetzgeber dazu überreden können, sie zu unterstützen.

Obwohl in den USA weniger als 11.000 landwirtschaftliche Betriebe Zukker erzeugen, haben sie – im Verein mit den Produzenten von Süßstoffen auf Maisbasis – die Nachfrage nach heimischem Zucker erhöht, indem sie die Bundesregierung zu Importbeschränkungen für Zucker aus Ländern (viele davon in der Karibik) mit effizienteren Zuckerproduzenten bewogen. Der Inlandspreis für Zucker ist inzwischen rund viermal so hoch wie der Weltmarktpreis (20 Cent für das Pfund statt unter 5 Cent). Ähnlich besteht die Automobilindustrie in den USA aus nur vier Produzenten mit weniger als 800.000 Beschäftigten; und trotzdem gelang es der Chrysler Corporation, eine beträchtliche Subvention zu erhalten, als sie am Rande des Bankrotts war, und die Branche kämpfte mit Erfolg um Zölle und Importkontingentierungen für Autos, die von effizienteren japanischen Unternehmen hergestellt werden.

Die Methoden, die kleine Gruppen anwenden, um die Unterstützung anderer zu gewinnen, sind verschieden, umfassen aber häufig Propaganda und stark irreführende Behauptungen. Wähler lassen sich überreden, weil sie wenig Anreiz haben, sich über politische Fragen genau zu informieren; denn jeder einzelne Wähler hat nur geringen Einfluß auf politische Ergebnisse, die anhand der Mehrheitsregel oder dergleichen zustandekommen. Daher weiß der Durchschnittsbürger viel mehr über Preise auf Supermärkten und die Leistung von Kraftfahrzeugen als über Einfuhrkontingente oder Gehälter im öffentlichen Dienst. Obwohl rationales politisches Verhalten und weitverbreitetes Nichtwissen und Desinteresse der Wähler scheinbar in Widerspruch zueinander stehen, ist der entgegengesetzte Schluß richtig, denn rationale Wähler wollen nicht viel in politische Information investieren.

Mediziner, Militärs und andere Gruppen, die zu Landesverteidigung, Nationalismus, Umweltschutz, Gesundheit und anderen populären Gütern beitragen, können häufig politische Unterstützung finden, weil es leichter ist, sich für Interessen stark zu machen, die nach allgemeiner Meinung populären Zielsetzungen entsprechen. Außerdem haben Forschungsergebnisse, die den Interessen mächtiger Gruppen zuwiderlaufen, oft geringe politische Wirkung, weil dies durch Desinformation und anderweitige Beeinflussung der öffentlichen Meinung und des Gesetzgebers verhindert wird.

Interessengruppen sind oft sogar dann politisch erfolgreich, wenn ihre Subventionen durch erhebliche Besteuerung anderer Gruppen finanziert werden. Allerdings werden diejenigen, die die Steuern zahlen, dadurch zuweilen herausgefordert, sich zu organisieren und für niedrigere Steuern einzusetzen – und somit für eine geringere öffentliche Unterstützung der Gruppen, die durch ihre Steuern subventioniert werden. Dieses Interesse, sich zu organisieren, ist eine Form von „Gegenmacht", die der Macht von Interessengruppen entgegenwirkt.

Das Potential für Gegenmacht bedeutet, daß Gruppen mit größerem politischem Erfolg rechnen können, wenn die steuerliche Belastung Dritter relativ zur Höhe ihrer Subventionen nicht hoch ist. Selbst wenn die belasteten Gruppen sich organisieren wollten, würden sie dann vielleicht weniger für die Durchsetzung einer Steuersenkung ausgeben, als die begünstigten Gruppen für die Durchsetzung höherer Subventionen ausgeben würden. Das ist der Grund, weshalb irgendwelche absurden Vorschläge, die den Wohlstand einer Gesellschaft erheblich vermindern würden, für gewöhnlich nicht genügend Unterstützung bekommen: Der politische Widerstand ist schlicht und einfach zu groß.

Nettowohlfahrtseinbußen und politische Macht

Zum Zwecke der Feststellung, ob politische Maßnahmen sozial vorteilhaft sind, entwickelte die neue Wohlfahrtsökonomik das Kompensationskriterium. Einige der Pioniere dieser Theorie behaupteten sogar, eine Politik sei so lange vorteilhaft, wie die Gewinner die Verlierer kompensieren *könnten*, gleichgültig, ob eine solche Kompensation dann tatsächlich stattfindet. Diese Auffassung ist unhaltbar, außer wenn der politische Prozeß die gesellschaftlichen Grenz-„Werte" von Gewinnern und Verlierern einander angeglichen hat – aber damit umgeht man die Frage nach den Bestimmungsgründen *tatsächlicher* politischer Maßnahmen. Nichtsdestotrotz wird bei der Ermittlung der Nachteile von Monopolen und anderen Arten von „Marktversagen" und bei der Bewertung politischer Maßnahmen die Verteilung weiterhin meistens ausgeklammert; geachtet wird im wesentlichen nur darauf, ob die Gewinner die Verlierer kompensieren *könnten*.

Und doch ist – einigermaßen paradox – in einem Modell konkurrierender Interessengruppen das Kompensationspotential ein wichtiger Bestimmungsgrund *tatsächlichen* politischen Verhaltens. Der Grund ist der, daß die maximalen Ausgaben der Gewinner zur Durchsetzung einer Politik die maximalen Ausgaben der Verlierer zur Bekämpfung dieser Politik dann und nur dann übersteigen, wenn die Summe der geldbewerteten Gewinne und Verluste für alle Betroffenen positiv ist. Eine Erhöhung der Summe dieser geldbewerteten Größen wird als Erhöhung des „gesellschaftlichen Ertrages" bezeichnet. Die Herstellung einer Beziehung zwischen gesellschaftlichem Ertrag und Anreiz zur Druckausübung setzt nicht voraus, daß Interessengruppen altruistisch sind, auch nicht, daß die Verlierer Kompensationszahlungen erhalten oder daß irgendeine gesellschaftliche Wohlfahrtsfunktion politisch relevant ist, denn in Beziehung stehen sie selbst in einem nicht-kooperativen Spiel ohne Ausgleichszahlungen zwischen konkurrierenden und eigennützigen Interessengruppen.

Sind die geldbewerteten Gewinne kleiner als die geldbewerteten Verluste, so wird eine politische Maßnahme nicht durchgeführt, es sei denn, die Gewinner hätten viel größere Möglichkeiten politischer Einflußnahme. Daher liefert das Kompensationskriterium in Verbindung mit einer Analyse der Schaffung politischen Einflusses einen einheitlichen Ansatz zur Beurteilung einerseits der politischen Machbarkeit einer Bereitstellung öffentlicher Güter und anderer politischer Maßnahmen, die den gesellschaftlichen Ertrag erhöhen (wenn die Gewinne groß genug sind, um die Verluste auszugleichen), sowie andererseits politischer Maßnahmen, die zu begünstigten Gruppen hin umverteilen (wenn die Gewinne für eine Kompensation zu gering sind).

Die Betonung der Nettowohlfahrtseinbußen in der Theorie erinnert an Ramsey-Preisbildung und die Theorie optimaler Steuern, die die Grenzeinbußen der Nettowohlfahrt zu den „sozialen Grenz-Werten" in Beziehung setzt. Doch benützt die Theorie optimaler Steuern die Nettowohlfahrtseinbußen dazu, *optimale* politische Maßnahmen zu normieren, während meine Analyse mit den Nettowohlfahrtseinbußen *tatsächliche* politische Maßnahmen in einer Welt konkurrierender und möglicherweise eigennütziger Interessengruppen erklärt. Dennoch: Wenn Nettowohlfahrtskosten (und -nutzen) wichtige Bestimmungsgründe tatsächlicher Politik sind, so sind die vielen Berechnungen von Nettowohlfahrtseinbußen in der Literatur zur angewandten Wohlfahrtstheorie und viele analytische Ergebnisse der Wohlfahrtsökonomik und der Theorie optimaler Steuern auch für positive Theorien politischen Verhaltens aufschlußreich.

Die rasche Zunahme von staatlichen Regulierungen und Staatsausgaben in den späten 50er und 60er Jahren und dem größten Teil der 70er Jahre schien unaufhaltsam. Der Staat wurde als unersättlicher Leviathan hingestellt (siehe BRENNAN und BUCHANAN, 1984). Doch dann begann zum größten Erstaunen aller in den USA die Bewegung der „Deregulierung", die auch auf andere Länder übergriff. Diese Bewegung bewirkte die Aufhebung staatlicher Vorschriften im Flugverkehr und verschiedenen anderen Wirtschaftszweigen. Außerdem wurden in den USA, Großbritannien, Israel und anderen Ländern die marginalen Spitzensteuersätze der Einkommensteuer drastisch gesenkt, und im weltweiten Drang zur „Privatisierung" wurden in Staatsbesitz befindliche Unternehmen verkauft.

Kann ein rationales Modell des Wettbewerbs zwischen politischen Interessengruppen diese auffallenden Entwicklungen besser erklären als das Leviathan-Modell? Ich glaube, ja; und zwar wegen der entscheidenden Bedeutung der Nettowohlfahrtseinbußen in Modellen politischen Wettbewerbs. Die Deregulierung von Fluglinien, Banken, Kreditinstituten und anderen Wirtschaftszweigen in den USA steht weitgehend in Einklang mit den Schlußfolgerungen aus einer Analyse, derzufolge die politische Unterstützung für eine Regulierung schwindet, wenn die Nettowohlfahrtseinbußen zu groß werden.

Die Nettowohlfahrtseinbußen durch Regulierungen und andere politische Maßnahmen werden im Lauf der Zeit oft größer: mit zunehmender Mobilität von Arbeit und Kapital, mit der Entwicklung von Substituten für Produkte, die sich verteuert haben, und mit der Entdeckung neuer kostspieliger Methoden zur Umgehung und Vermeidung der Wirkungen spezifischer Regulierungen. Die Nettowohlfahrtseinbußen infolge der Regulierung von Wertpapiertransaktionen erhöhten sich über die Zeit signifikant, als institutionelle Anleger mit elastischer Nachfrage wichtig wurden (siehe JARRELL, 1984). Die Kosten der Regulierung des Flugverkehrs stiegen mit dessen Expansion in diverse neue Märkte (siehe SPILLER, 1983) und dem drastischen Schrumpfen der Gewinnspannen im Zuge des Nicht-Preiswettbewerbes (siehe PELTZMAN, 1988). Die sozialen Kosten der Bankenregulierung der 70er Jahre erhöhten sich, als in der weltweiten Inflation die Zinsen stiegen und sich stärker differenzierten und neue Methoden der Geldanlage erfunden wurden (CARRON, 1983).

Die Kurzwellentechnologie und die in die Preisstruktur des Ferngesprächsverkehrs eingebauten Renten begünstigten das Wachstum von MCI und anderen Unternehmen, die mit Hilfe dieser Technologie Kommunikationsmöglichkeiten für die Geschäftswelt entwickelten. Diese Konkurrenz vernichtete die Renten von AT & T aus Ferngesprächen und zugleich ihr Regulierungsmonopol (siehe PELTZMAN, 1988). Die Nettowohlfahrtseinbußen infolge hoher Grenzsteuersätze stiegen mit der Vermehrung von Steueroasen, Schattenwirtschaft und anderen „Schlupflöchern“.

Mit dem Jahr 1980 war die Regulierung des Eisenbahn- und Fernlastverkehrs durch die Interstate Commerce Commission praktisch beendet. Die Aufhebung der Regulierung der Eisenbahntarife ist nicht verwunderlich, weil mit der Zunahme des Fernlastverkehrs und des Luftfrachtverkehrs enge und politisch einflußreiche Substitute entstanden. Erstaunlich hingegen ist die Aufhebung praktisch der gesamten Regulierung des Fernlastverkehrs zwischen den Einzelstaaten der USA; sie ist mit der Vorstellung vom Wettbewerb zwischen Interessengruppen nicht ohne weiteres in Einklang zu bringen.[1]

[1] Siehe die Untersuchung von PELTZMAN (1988) zur Übereinstimmung zwischen der Deregulierungsbewegung und diesen Modellen.

Die Theorie kann auch die in den letzten Jahren zu beobachtende beschleunigte Zunahme anderer Arten von Regulierung nicht leicht erklären, insbesondere auf Arbeitsmärkten und im Umweltschutz. Vor noch gar nicht langer Zeit stand es z.B. Arbeitgebern mehr oder weniger frei, Arbeitskräfte „nach Gutdünken" einzustellen und zu entlassen, während sie heute Verfahren wegen Diskriminierung nach Alter, Geschlecht und Rasse oder wegen Verletzung der Privatsphäre oder anderen „unfairen" Verhaltens gewärtigen müssen. Diese Entwicklungen sind nicht zufällige Begleiterscheinungen speziell der US-amerikanischen Politik, sondern sind im wesentlichen in allen westlichen Wirtschaften zu finden.

Demokratie und Effizienz

Zu den fast ausnahmslos negativen Urteilen über Interessengruppen gehört auch die Behauptung von OLSON (1982), daß diese für das schleppende Wachstum und den allmählichen Niedergang von Nationen verantwortlich seien. Zum größten Teil beziehen sich diese negativen Urteile auf die vielen Umverteilungen hin zu Interessengruppen, die infolge der Nettowohlfahrtseinbußen durch Steuern und Subventionen den gesellschaftlichen Ertrag vermindern.

Nun kennen aber politische Systeme der Wirklichkeit keine gesellschaftlichen Wohlfahrtsfunktionen, keine wohlwollenden Diktatoren oder andere politische Verfahren, die *automatisch* die optimale Produktion öffentlicher Güter, optimale Abwasserabgaben und andere produktions- und effizienzsteigernde politische Maßnahmen wählen. Daher ist die Verteufelung von Interessengruppen übertrieben, denn der Wettbewerb zwischen diesen Gruppen trägt zu politischen Maßnahmen bei, die den gesellschaftlichen Ertrag erhöhen: Hierdurch begünstigte Gruppen setzen sich in der Regel mehr für diese politischen Maßnahmen ein, als die nachteilig betroffenen Gruppen dagegen ankämpfen, da jene in der Regel mehr gewinnen als diese verlieren. In der Tat könnte eine den gesellschaftlichen Ertrag mindernde Politik sich gar nicht halten, wenn alle Gruppen gleich groß und in der Schaffung politischen Einflusses gleich geschickt wären, denn die Opposition würde immer einen größeren Einfluß ausüben als die Befürworter.

Die Verurteilung von Interessengruppen ist eher gerechtfertigt, wenn die Möglichkeiten, politischen Einfluß zu gewinnen, sehr ungleich verteilt sind. Denn dann können mächtige Gruppen die Ausführung politischer Maßnahmen durchsetzen, die für sie günstig sind, obwohl sie den gesellschaftlichen Ertrag mindern, und Maßnahmen verhindern, die ihnen schaden, obwohl sie den gesellschaftlichen Ertrag erhöhen würden.

Wenn Sonderinteressengruppen im politischen Prozeß von ausschlaggebender Bedeutung sind, so würden politische Systeme sich hauptsächlich nach deren Aktivitäten und den Möglichkeiten, die sie bieten, unterscheiden. In Demokratien gibt es Konkurrenz zwischen Gruppen sehr ungleicher Stärke. Die Umverteilung in Demokratien (und anderen politischen Systemen) richtet sich nicht nach gesellschaftlichen Wohlfahrtsfunktionen oder anderen Kriterien sozialer Fairneß, sondern vor allem nach dem Altruismus, Eigennutz, Neid und Ethos der mächtigeren unter den Interessengruppen.

In so definierten Demokratien ist es nicht leicht möglich, daß einige wenige Interessengruppen sehr große Subventionen erlangen (obwohl viele Gruppen jeweils relativ kleine Subventionen bekommen können), denn ich habe gezeigt, daß große Subventionen den Gegendruck derjenigen auslösen, die zum Zweck der Finanzierung der Subventionen besteuert werden. In totalitären Systemen hingegen können einige wenige Gruppen den Staat leichter dazu benützen, ihre eigene Position wesentlich zu verbessern, weil andere Gruppen, die eine wirksame Opposition bilden könnten, nicht zugelassen sind.

Über diese Fragen dachte ich vor kurzem auf einer Reise durch den Fernen Osten nach. Korea, Taiwan und Hongkong sind alle wirtschaftlich außerordentlich erfolgreich – ohne viel politische Freiheiten zu gewähren. Die Geschäftsleute dort sind besorgt, wie der Trend zur politischen Demokratie sich auf das Wirtschaftswachstum auswirken könnte: Selbst die Einwohner von Hongkong wählen eine gesetzgebende Körperschaft, die nach der Übernahme durch China 1997 viele Rechte behalten soll. Aber das aus vielen Ländern zusammengetragene qualitative Belegmaterial über den Zusammenhang zwischen Wirtschaftswachstum und Demokratie ergibt ein unklares Bild. Die Wirtschaft des demokratischen Japan verzeichnet Hochkonjunkturen, während so manche Diktatoren in Afrika und Lateinamerika ihre Wirtschaften in den Ruin geführt haben.

Da eine Aufzählung von Beispielen noch keinen Beweis ergibt, müssen wir den Zusammenhang zwischen Wirtschaftswachstum und politischem System für viele Länder systematisch untersuchen. Ich habe die Wachstumsraten des realen Bruttoinlandsprodukts pro Kopf für fast 60 Länder seit 1950 zu einigen Variablen in Beziehung gesetzt, einschließlich einem Meßwert für den Grad politischer Demokratie in jedem Land. Diese Meßwerte, die Raymond Gastil erarbeitete, beginnen erst mit 1973, da aber der Grad der Demokratie sich in den letzten Jahrzehnten im allgemeinen wenig verändert hat, sind sie wahrscheinlich in den meisten Fällen einigermaßen gute Schätzwerte für den Grad der Demokratie in den 50er und 60er Jahren.

Meine vorläufigen Ergebnisse bestätigen den Befund verschiedener anderer Untersuchungen, daß nämlich das Wachstum des Pro-Kopf-Einkommens mit dem Grad der politischen Demokratie positiv, nicht negativ, korreliert. Weltweit stiegen die Einkommen zwischen 1950 und 1970 viel rascher an als zwischen 1970 und 1985, aber die Beziehung zwischen Wachstum und Demokratie ist in der ersten Periode starken Wachstums positiv und ungefähr so stark wie in der zweiten Periode abgeschwächten Wachstums.

Obwohl Länder mit höheren Pro-Kopf-Einkommen in der Regel demokratischer sind, geht die positive Beziehung zwischen Wachstum und Demokratie nicht auf irgendwelche günstigen Auswirkungen höheren Einkommens auf das Wachstum zurück. Die Demokratie scheint die Wachstumsraten sogar dann anzuheben, wenn das Niveau des Pro-Kopf-Einkommens konstant gehalten wird. Denkbar ist allerdings, daß höhere Einkommen Zielsetzungen begünstigen, die ein Land in Richtung größerer politischer Demokratie in Bewegung setzen.

Offensichtlich ist das langfristige Wirtschaftswachstum nicht erratischer, wenn es offenen und intensiven Wettbewerb zwischen Interessengruppen in Demokratien gibt. Das Wachstum des BSP pro Kopf von 1950 bis 1985 schwankte in den demokratischen Ländern nicht stärker als in den nicht-demokratischen.

Politische und bürgerliche Freiheiten sind im Länderquerschnitt so hochgradig korreliert, daß die Variable, die wir zur Messung des Grades der Demokratie heranziehen, auch ein Behelfsmaß für staatsbürgerliche Freiheiten abgibt. Unbestechliche Gerichtshöfe, Gleichheit vor dem Gesetz und andere Freiheitsrechte begünstigen tendenziell das Wachstum, und sei es nur deshalb, weil Unternehmer und Arbeitnehmer, die in Sach- und Humankapital investieren und Arbeits- und andere Verträge abschließen, sich für die Lösung allfälliger Konflikte auf den „gesetzlichen Richter" verlassen können. Ja, einzelnen Untersuchungen ist sogar zu entnehmen, daß die Freiheitsrechte für das Wirtschaftswachstum wichtiger sind als die Demokratie. Dennoch: Keines dieser oder auch meiner Ergebnisse besagt, daß Demokratie dem Wachstum abträglich wäre.

Die theoretischen Überlegungen lassen ebenso wie die Erfahrungen der meisten Länder in den letzten Jahrzehnten darauf schließen, daß Demokratie die politische Freiheit erweitert, ohne das Wirtschaftswachstum zu beeinträchtigen. Das sollte ein Trost für alle die Länder sein, die sich mitten im Übergang von der Autokratie zur Demokratie befinden.

Schlußfolgerungen

Adam Smith verdanken wir die bedeutende Erkenntnis, daß Eigennutz in privaten Transaktionen oft erstaunlich gut im Sinne einer Steigerung der gesellschaftlichen Wohlfahrt wirkt. Wenn er nicht so wirkt, könnten Staatseingriffe die Situation verbessern, aber da auch politische Entscheidungen von eigennützigen Personen dominiert sind, wird es nicht so sein, daß durch Einwirkung der jeweiligen Staatsgewalt das Ergebnis privater Transaktionen automatisch verbessert statt verschlechtert wird. Die Hauptschwierigkeit tatsächlicher politischer Entscheidungen besteht darin, daß Interessengruppen die Macht des Staates für ihre jeweiligen eigenen Belange einzusetzen suchen. Wünschenswert wäre ein politisches System, das die schädlichen

Wirkungen politischen Wettbewerbs zwischen Interessengruppen minimiert und dessen Vorteile maximiert.

Die Gründerväter der Vereinigten Staaten waren sich der politischen Macht von Sonderinteressen wohl bewußt:

> Die Grundbesitzer, die Fabrikanten, die Kaufleute, die Finanzwelt und andere kleinere Kreise bilden in einer zivilisierten Nation notwendigerweise verschiedene Interessengruppen und spalten die Nation in verschiedene Klassen ... Diese verschiedenen einander widersprechenden Interessen miteinander in Einklang zu bringen, ist die Hauptaufgabe der modernen Gesetzgebung. Parteigeist und Spaltung in Interessengruppen haben also ihren Platz im normalen Ablauf der Regierungstätigkeit. (HAMILTON, MADISON und JAY, 1958, 74)

Die Herausforderung für moderne Gesellschaften besteht in folgender Frage: Wie läßt sich die politische Macht von Sonderinteressen, die für effizienz- und ertragsmindernde politische Maßnahmen eintreten, beschränken, und wie läßt sich zugleich die Macht jener Interessengruppen – einschließlich eigennützig motivierter – stärken, die sich für politische Maßnahmen in Richtung einer Effizienzsteigerung und einer vitalen Gesellschaft einsetzen?

Literatur

BECKER, G. S. (1983), „A Theory of Competition Among Pressure Groups for Political Influence“, *Quarterly Journal of Economics*, 98, 371–400.

–, (1985a), „Special Interests and Public Policies“, Dankadresse für die Verleihung des Frank E. Seidman Distinguished Award in Political Economy, Rhodes College.

–, (1985b), „Public Policies, Pressure Groups, and Dead Weight Costs“, *Journal of Public Economics*, 38, 329–347.

BRENNAN, G. und BUCHANAN, J. M. (1984), „The Logic of Levers: The Pure Theory of Electoral Preference“, Referat auf der Tagung „Political Economy of Public Policy“ im Stanford Center for Public Policy Research, Stanford.

CARRON, A. S. (1983), „The Political Economy of Financial Regulation“ in R. G. NOLL und B. M. OWEN, Hrsg., *The Political Economy of Deregulation*, Washington, DC, 69–83.

HAMILTON, A., MADISON, J. und JAY, J. (1958), *Der Föderalist,* hrsg. von F. Ermacora, Wien.

JARRELL, G. A. (1984), „Change at the Exchange: The Causes and Effects of Deregulation“, *Journal of Law and Economics*, 27, 273–312.

OLSON, MANCUR, Jr. (1982), *The Rise and Decline of Nations*, New Haven, CT (deutsch: *Aufstieg und Niedergang von Nationen*, Tübingen 1985).

PELTZMAN, SAM (1988), *The Economic Theory of Regulation in Light of a Decade of Deregulation*, Brookings Papers on Economic Activity, Washington, DC.

SMITH, ADAM (1759/1976), *The Theory of Moral Sentiments*, hrsg. v. D. D. Raphael und A. L. Macfie (Glasgow Edition), Oxford.

SMITH, ADAM (1776/1976), *An Inquiry into the Nature and Causes of the Wealth of Nations*, hrsg. v. D. D. Raphael und A. L. Macfie (Glasgow Edition), Oxford (verwendete deutsche Ausgabe: *Eine Untersuchung über Natur und Wesen des Volkswohlstandes*, hrsg. v. H. Waentig, 3 Bände, Jena 1923).

SPILLER, P. T. (1983), „The Differential Impact of Airline Regulation on Individual Firms and Markets: An Empirical Analysis“, *Journal of Law and Economics*, 26, 655–689.

Die Familie und der Staat*

GARY S. BECKER und KEVIN M. MURPHY

(1988)

I. Einleitung

In den langen Jahren körperlichen und geistigen Heranwachsens sind Kinder nicht fähig, für sich selbst zu sorgen. Da sie geistig nicht genügend entwickelt sind, um etwaige vertragliche Vereinbarungen, die sie mit Sorgeberechtigten abschließen, als verbindlich erachten zu können, sind Erzeugung und Erziehung von Kindern durch Gesetze und soziale Normen geregelt. Gesetze sehen Strafen für die Mißhandlung und den Verkauf von Kindern sowie für unerlaubte Abtreibungen vor. Sie regeln Schulpflicht, Sozialtransfers an Familien mit Kindern, enthalten strenge Vorschriften über Ehescheidungen, wenn von diesen kleine Kinder betroffen sind, und legen das Mindestheiratsalter fest.

Geschäfte und Verträge sind effizient, wenn es keine Abweichung von den vereinbarten Bedingungen gibt, die die Wohlfahrt aller Beteiligten erhöht. Ein alternatives Effizienzkriterium besagt, daß die monetären Zusatznutzen derjenigen, die von einer Abweichung profitieren, die monetären Einbußen derjenigen, die dadurch geschädigt werden, nicht übersteigen dürfen. Bedauerlicherweise macht die Unreife von Kindern effiziente Vereinbarungen zwischen Kindern und Eltern oder anderen sorgepflichtigen Personen manchmal unmöglich.

Diese Schwierigkeit beim Aufbau effizienter Beziehungen innerhalb von Familien ist der Ausgangspunkt für unseren Versuch, die erheblichen Eingriffe des Staates in Familienangelegenheiten zu erklären. Wir glauben, daß eine erstaunliche Anzahl staatlicher Interventionen jene Vereinbarungen nachahmt, zu denen es käme, wenn Kinder in der Lage wären, vertragliche

* Dies ist die neunte Henry Simons Lecture, von Becker an der Law School der University of Chicago am 25. Februar 1987 gehalten. Wertvolle Hilfe bei unserer Forschungstätigkeit leistete Michael Gibbs; eingehende Bemerkungen zu einer früheren Fassung machten David Friedman, Richard Posner und Sam Preston. Finanzielle Unterstützung erfuhr unsere Arbeit durch die National Science Foundation, Stipendium SES-8520258, und durch das National Institute of Child Health and Human Development, Stipendium SSP 1 R37 HD22054.

Arrangements zur eigenen Versorgung zu treffen. Anders ausgedrückt: Wir glauben, daß viele die Familie betreffende Regelungen die Effizienz von Familienaktivitäten steigern. Natürlich erhöhen diese Regelungen die Wohlfahrt der Kinder; sie erhöhen aber auch die Wohlfahrt der Eltern oder zumindest die kombinierte Wohlfahrt von Eltern und Kindern.

Der Effizienzansatz besagt, daß es dem Staat um Gerechtigkeit für Kinder geht, sofern „Gerechtigkeit" mit dem Wohl der Kinder gleichgesetzt wird, denn ihr Wohlergehen ist der Hauptfaktor in unserer Untersuchung. Der Effizienzansatz besagt hingegen nicht, daß allein die Wirkung auf die Kinder bestimmend dafür ist, ob der Staat interveniert. Die Wirkung auf die Eltern wird ebenfalls berücksichtigt. Der Staat tendiert zur Intervention, wenn beide Teile dadurch gewinnen oder wenn der Gewinn für die Kinder den Verlust für ihre Eltern übersteigt.

Richard Posner und anderen zufolge erhöht das Common Law die Effizienz auch bei hohen Transaktionskosten. Posner hält fest: „In Situationen, in denen die Kosten der Allokation von Ressourcen durch freiwillige Markttransaktionen prohibitiv hoch – und Markttransaktionen daher undurchführbar – sind, versieht das Common Law Verhalten dergestalt mit Preisen, daß der Markt nachgeahmt wird."[1]

Wir können nicht *beweisen*, daß Effizienzerwägungen die Einmischung des Staates in die Familie leiten. Wir werden aber zeigen, daß Staatseingriffe in den Markt für Schulbildung, in die Altersvorsorge und in die Option zur Scheidung im großen und ganzen mit dem Effizienzkriterium vereinbar sind.

Die moderne Theorie der Regulierung und der Public-Choice-Ansatz bezweifeln, daß ausgedehnte Staatstätigkeit Effizienz und Gerechtigkeit fördert. Abschnitt VII skizziert die Analyse eines Verhaltens von Interessengruppen, das eine Intervention des Staates im Sinne effizienter Familienvereinbarungen herbeiführen kann.

Um die Politik des Staates zu erklären, nehmen wir eine Analyse des Familienverhaltens unter unterschiedlichen Bedingungen vor. Die Analyse ist eine erhebliche Erweiterung früherer Arbeiten von Becker. Seine vor über 20 Jahren gehaltene Woytinsky-Vorlesung zeigt, daß nur Eltern, die ihren erwachsenen Kindern etwas schenken oder hinterlassen, in ihre Kinder optimal investieren.[2] In Becker und Tomes und in Beckers *A Treatise on the Family* wird dieser Ansatz weiterentwickelt.[3] Thompson und Ruhter kamen – anscheinend in Unkenntnis dieser früheren Literatur – zum selben Schluß.[4]

---

[1] Richard A. Posner, *Economic Analysis of Law*, 3. Auflage, 1986, 230.

[2] Gary S. Becker, „Human Capital and the Personal Distribution of Income: An Analytical Approach" (W. S. Woytinsky Lecture 1967), abgedruckt in Gary S. Becker, *Human Capital*, 2. Auflage, 1975.

[3] Gary S. Becker und Nigel Tomes, „Human Capital and the Rise and Fall of Families", *Journal of Labor Economics*, 4 (1986), S1; Gary S. Becker, *A Treatise on the Family*, 1981.

[4] Earl A. Thompson und Wayne E. Ruhter, „Parental Malincentives and Social Legislation", unveröffentlichtes Manuskript, UCLA, ohne Jahr.

Unsere Erörterung der Vorteile einer Einmischung des Staates in Familienentscheidungen verallgemeinert die Analyse der Subventionen für Bildung bzw. Berufsausbildung und anderes Humankapital, die sich in Beckers Woytinsky-Vorlesung und dem *Treatise* findet.[5] Bei Thompson und Ruhter findet sich eine schöne Analyse mit einer ähnlichen Deutung der Einmischung des Staates in die Familie.[6] Von einschlägigem Interesse ist auch die Diskussion zum Thema Fertilität in Nerlove, Razin und Sadka.[7]

II. Altruismus gegenüber Kindern

Wir nehmen an, die große Mehrheit der Eltern ist ihren Kindern gegenüber altruistisch – in dem Sinne, daß der Nutzen der Eltern nicht nur von ihrem eigenen Konsum, sondern auch von der Zahl der Kinder und dem Nutzen jedes Kindes abhängt. Für die Altruismusannahme sprechen die vielen Opfer, die Eltern oft für Kinder bringen. Eltern verwenden Geld, Zeit und Mühe auf Kinder: in Form von Kinderbetreuung, Ausgaben für deren Bildung und Gesundheit, Geschenken und Hinterlassenschaften. Mehr oder weniger alle Eltern machen Ausgaben für unmündige Kinder, aber nur manche Eltern hinterlassen ihren erwachsenen Kindern ein Erbe oder machen ihnen Geschenke von beträchtlicher Größe.

Im *Staat* spricht Platon sich gegen die Erziehung hochbegabter Kinder durch deren Eltern aus. Er propagiert statt dessen: „Um die jeweils geborenen Kinder nehmen sich dann die Behörden an, die dazu bestellt sind; sie … werden … alle Vorsichtsmaßregeln treffen, daß keine [Mutter] ihr Kind erkennt".[8] Platons Ansichten beschäftigten Philosophen und regten Experimente an – die ausnahmslos fehlschlugen. Selbst die Kibbuz-Bewegung ist wieder dazu übergegangen, die Verantwortung für das Wohl der Kinder deren Eltern zu überlassen.

Elterlicher Altruismus ist der Grund, warum so gut wie alle Gesellschaften mehr praktische Vernunft an den Tag gelegt haben als Platon und die Verantwortung für das Wohl der Kinder in erster Linie den Eltern oder anderen nahen Verwandten überlassen. Altruistische Eltern erfüllen ihre Sorgepflicht gut, denn sie bedenken die Auswirkungen ihrer Handlungen auf das Wohl der Kinder. Zuweilen opfern sie ihren eigenen Konsum und ihren Komfort, um Konsum und Komfort ihrer Kinder zu vergrößern.

Natürlich quälen manche Eltern ihre Kinder, wie uns Fälle von Kindesmißhandlung in erschreckender Weise vor Augen führen. Aber selbst heutige

---

[5] Becker, wie Anm. 2; Becker, wie Anm. 3.

[6] Thompson und Ruhter, wie Anm. 4.

[7] Marc Nerlove, Assaf Razin und Efraim Sadka, „Some Welfare Theoretic Implications of Endogenous Fertility", unveröffentlichtes Manuskript, University of Pennsylvania, 1987.

[8] Platon, *Der Staat*, 460 b/c (Reclam-Ausgabe, Stuttgart 1982, 258).

westliche Länder setzen großes Vertrauen in Eltern als Sorgepflichtige – zumindest im Vergleich mit den verfügbaren Alternativen. Trotz des beunruhigenden Wissens um die Mißhandlung schutzloser Kinder durch ihre Eltern entzieht die Behörde Kinder nur in seltenen Fällen der elterlichen Obhut. Weniger als zwei von 10.000 Kindern unter 18 Jahren in den USA oder in England und Wales befinden sich in öffentlicher Fürsorge.[9]

Als Gegenbeweis gegen elterlichen Altruismus wird oft angeführt, daß Eltern selten das Leben ihrer Kinder versichern lassen. Diese Tatsache sagt aber nichts darüber aus, wie sich der Tod eines Kindes auf den Nutzen der Eltern auswirkt, denn eine optimale Versicherung bewirkt einen Ausgleich der *Grenz*nutzen der Einkommen in verschiedenen „Zuständen der Welt". Selbst wenn der Tod eines Kindes den Nutzen der Eltern außerordentlich senkte, wäre er nicht versicherbar, wenn das den Grenznutzen des Geldes für die Eltern kaum erhöhen oder vielleicht sogar vermindern würde. *Für* die Bedeutung des Altruismus sprechen Zeit und Mühe, die Eltern darauf verwenden, die Wahrscheinlichkeit von Unfällen, Erkrankungen oder anderen Mißgeschicken für ihre Kinder zu vermindern. Ergriffen werden solche „Selbstschutz"-Vorkehrungen nicht, weil sich das Unglück eines Kindes auf den Grenznutzen des Einkommens der Eltern auswirkt, sondern weil es sich auf das Nutzen*niveau* der Eltern auswirkt.

Unsere Analyse berücksichtigt, daß häufiger Kontakt zwischen Familienmitgliedern das Ausmaß des Altruismus in vielen Fällen erhöht. Das heißt: Altruismus kann leicht einige der Eigenschaften von Suchtverhalten aufweisen, das bekanntlich durch entsprechenden Konsum gefördert wird.[10] Wir glauben, daß die Suchtaspekte des Altruismus die offensichtlich größeren Hinterlassenschaften von Eltern an Kinder, die sie häufiger besuchen, besser erklären als die Ansicht, daß Eltern Hinterlassenschaften benützen, um sich Besuche zu „erkaufen".[11]

Das „Rotten-kid-Theorem" besagt, daß unter bestimmten Bedingungen sowohl altruistische Eltern als auch deren möglicherweise selbstsüchtige Kinder effiziente Beziehungen zueinander entwickeln, die die kombinierten Ressourcen der Familie insgesamt maximieren.[12] In den Fällen, in denen dieses Theorem gilt, kann eine Einmischung des Staates in die Familie die Effizienz nicht steigern.

---

[9] Siehe ROBERT DINGWALL und JOHN ECKELAAR, „Rethinking Child Protection" in M. D. A. FREEMAN, Hrsg., *State Law and the Family*, 1984; American Humane Association, *Highlights of Official Child Neglect and Abuse Reporting*, 1984.

[10] Zum Suchtverhalten siehe GARY S. BECKER und KEVIN M. MURPHY, „A Theory of Rational Addiction", *Journal of Political Economy*, 96 (1988), 675.

[11] Diese Ansicht vertreten B. DOUGLAS BERNHEIM, ANDREI SCHLIEFER und LARRY H. SUMMERS, „The Strategic Bequest Motive", *Journal of Labor Ecoonomics*, 4 (1986), S151.

[12] BECKER, wie Anm. 3, Kapitel 8.

Das Rotten-kid-Theorem gilt jedoch nicht, wenn Eltern Kindern nichts schenken oder hinterlassen.[13] Sie schenken vielleicht deshalb nichts, weil ihr Altruismus schwach entwickelt ist, aber es ist möglich, daß selbst Eltern mit ausgeprägtem Altruismus nichts schenken oder hinterlassen, und zwar dann, wenn sie erwarten, daß ihre Kinder viel besser gestellt sein werden als sie selbst. Kinder sind dann besser gestellt als ihre Eltern, wenn das Wirtschaftswachstum rasch ist und sie mit Fähigkeiten und anderen Qualitäten besser ausgestattet sind als ihre Eltern.

Hinterlassenschaften sind in reichen Familien groß, im Mittelstand ziemlich üblich und in armen Familien ohne Bedeutung. Ein Grund hierfür ist der, daß in armen Familien die Ausstattung von Kindern tendenziell größer ist als die ihrer Eltern und in reichen Familien tendenziell geringer. Aber was auch immer der Grund sein mag, aus dem Belegmaterial über Hinterlassenschaften geht hervor, daß bestimmte Arten effizienter Transaktionen mit Kindern in ärmeren Familien weniger häufig sind als in reicheren. Nichtsdestotrotz können Hinterlassenschaften andere Ineffizienzen verursachen, wie wir im nächsten Abschnitt zeigen werden.

III. Investitionen in das Humankapital von Kindern

Da Eltern ihren eigenen Konsum (einschließlich Freizeit) reduzieren müssen, um Zeit und Mittel zu vermehren, die sie für die Versorgung ihrer Kinder sowie deren Erziehung, Berufsausbildung und Gesundheit aufwenden, müssen selbst altruistische Eltern die Substitutionsbeziehung zwischen ihrem Konsum und dem Humankapital ihrer Kinder berücksichtigen. Aber diejenigen altruistischen Eltern, die etwas zu hinterlassen planen, können diese Substitution vermeiden, indem sie Hinterlassenschaften dazu verwenden, um ihre Investitionen in die Kinder mitzufinanzieren. Faktisch können sie sogar selbstsüchtige Kinder dazu zwingen, die elterlichen Ausgaben für ihr Humankapital zurückzuerstatten. Diese Eltern würden gerne effizient in ihre Kinder investieren, weil das den Nutzen der Kinder erhöht, ohne sie etwas zu kosten.

Um das klar zu machen, nehmen wir einen Ertrag von vier Prozent auf Vermögenswerte an, die über den Lebenszyklus akkumuliert wurden – entweder für den Konsum im Alter oder für Geschenke und Hinterlassenschaften. Wenn der Grenzertragssatz für Investitionen in Kinder vier Prozent übersteigt, könnten Eltern, die schenken und etwas hinterlassen, in die Kinder mehr investieren, ohne ihren eigenen Konsum zu verringern, indem sie nämlich weniger Vermögenswerte akkumulieren. Beträgt z.B. der Grenzer-

---

[13] Andere Einschränkungen erörtert THEODORE BERGSTROM, „Remarks on Public Goods Theory and the Economics of the Family", unveröffentlichtes Manuskript, University of Michigan, 1984.

trag auf Humankapital sieben Prozent, so erhöht eine Investition von zusätzlich 1.000 Dollar in die Kinder deren Einkommen im Erwachsenenalter um rund 70 Dollar jährlich. Wenn Eltern diese Investition durch Verminderung eigener Ersparnisse um 1.000 Dollar und Einschränkung der jährlichen Geschenke um 40 Dollar finanzieren, so würde ihr Konsum in jedem Lebensalter von der größeren Investition völlig unberührt bleiben, das Einkommen ihrer Kinder aber um 30 Dollar jährlich vergrößert.

Offensichtlich also werden altruistische Eltern, die etwas hinterlassen, so lange investieren, bis der Grenzertragssatz auf Humankapital dem auf Finanzkapital gleich ist. Sie sind mit effizienten Investitionen besser gestellt, weil sie zwischen Hinterlassenschaften und Investitionen wählen können.

Manche altruistische Eltern hinterlassen nichts, weil sie aus dem Konsum ihrer erwachsenen Kinder einen geringeren Grenznutzen ziehen als aus ihrem eigenen Konsum im Alter. Sie würden gerne ihren eigenen Konsum auf Kosten des Konsums ihrer Kinder erhöhen, können das aber nicht, ohne ihren Kindern Schulden zu hinterlassen. Obwohl in manchen Gesellschaften Kinder die Schulden ihrer Eltern übernehmen müssen, ist das heute nicht das Übliche. Egoistische oder schwach altruistische Eltern würden ihren Kindern gern eine große Schuldenlast hinterlassen. In „engmaschigen" Gesellschaften, in denen alte Eltern bei ihren Kindern leben und auf deren Fürsorge angewiesen sind, kann der soziale Druck das verhindern, aber in den heutigen mobilen Gesellschaften, wo die Alten nicht bei den Kindern wohnen, ist dieser Druck nicht wirksam.

Eltern, die keine Schulden hinterlassen dürfen, können ihren eigenen Konsum zu Lasten des Konsums ihrer Kinder erhöhen, indem sie weniger in deren Humankapital investieren und statt dessen mehr für ihr eigenes Alter sparen. Daher muß in Familien ohne Hinterlassenschaft der gleichgewichtige Grenzertragssatz für Investitionen in Kinder die Verzinsung von Finanzkapital, das für das Alter gespart wird, übersteigen; andernfalls würden Eltern gewisse Ressourcen von den Kindern zu ihren eigenen Ersparnissen umschichten. Diese Eltern investieren zu wenig in das Humankapital ihrer Kinder.

Ist der Zinssatz für Ersparnisse geringer als der Grenzertragssatz für Humankapital, so könnten sowohl Eltern wie Kinder besser gestellt sein mit einem „Vertrag", der die Eltern verpflichtet, die Investitionen auf ein effizientes Niveau anzuheben, gegen die Verpflichtung der Kinder, ihren Eltern die entsprechende Summe im Alter zurückzuzahlen. Leider können unmündige Kinder einen solchen Vertrag nicht abschließen. Ohne Intervention des Staates, soziale Normen oder Schuldgefühle bei Eltern und Kindern würden Familien ohne Hinterlassenschaft in das Humankapital der Kinder „unterinvestieren".

Allgemeiner ausgedrückt sind Ausgaben eines Altruisten in den Zuständen der Welt, in denen er sie einem Begünstigten zuwendet, dann ineffizient, wenn er in anderen Zuständen nichts gibt. Wenn er etwas gibt, würde ein Altruist aus gleich kleinen Veränderungen in seinem eigenen Konsum und in dem des Begünstigten denselben Nutzen erzielen. Daher wäre er bereit, in diesen Zuständen der Welt mehr zu geben, gegen eine (Selbst-)Verpflichtung des Begünstigten, ihm in den anderen Zuständen der Welt wenigstens ein bißchen zu geben. Der eigennützige Begünstigte zieht einen Vorteil aus solch einer Vereinbarung, da er in manchen Zuständen der Welt viel mehr erhalten würde, als er in anderen aufgibt. Leider müssen die Versprechungen des Begünstigten, etwas zu geben, nicht glaubhaft sein, geradeso wie die Versprechungen von Kindern, für ihre alten Eltern zu sorgen, nicht glaubhaft sein müssen.

Staatseingriffe im Bereich der Bildung und der Schaffung von Humankapital könnten Investitionen in Kinder auf die effizienten Niveaus anheben. Da die Wahrscheinlichkeit effizienter Investitionen bei armen Eltern am geringsten ist, könnten solche Eingriffe auch die Ungleichheit der Chancen zwischen den Kindern reicherer und denen ärmerer Familien verringern. Die Pflichtschulgesetzgebung in den USA, die um 1880 einsetzte und während der nächsten 30 Jahre rasch um sich griff, hatte im allgemeinen diese Wirkung. Für gewöhnlich führte ein Staat Mindestanforderungen ein, die von allen außer den ärmsten Familien in diesem Staat ohnehin schon überschritten wurden.[14] Diese Gesetze verbesserten die Schulbildung armer Kinder, wirkten sich aber auf die Schulbildung anderer Kinder kaum aus.

Subventionen für öffentliche Grundschulen in den USA begannen ebenfalls in der zweiten Hälfte des 19. Jahrhunderts größer zu werden, und Subventionen an öffentliche weiterführende Schulen stiegen im 20. Jahrhundert rasch an. Diese Subventionen scheinen die Schulbildung ärmerer Familien relativ zur Schulbildung der reicheren verbessert zu haben, denn der Effekt elterlichen Reichtums und hohen Bildungsstandes auf die Bildung der Kinder nahm im Lauf der Zeit ab, während die öffentlichen Ausgaben für das Schulwesen anstiegen.[15]

Starker Altruismus der Eltern trägt insofern zu effizienten Investitionen in Kinder bei, als er die Wahrscheinlichkeit erhöht, daß Eltern erwachsenen Kindern etwas schenken oder hinterlassen. Starker Altruismus kann jedoch in anderer Weise die Effizienz verringern, und zwar dann, wenn Kinder erkennen, daß ihre Eltern ihnen zu Hilfe kommen würden, sobald sie in Schwierigkeiten geraten. Beispielsweise werden Kinder, die gegenwärtig keine Geschenke erhalten, aber für die Zukunft von ihren altruistischen Eltern Geschenke erwarten, weniger sparen bzw. größere Kredite aufnehmen, um ihren gegenwärtigen Konsum zu erhöhen und ihre zukünftigen Ressourcen zu verringern; denn altruistische Eltern vergrößern ihre Geschenke in

[14] Siehe William M. Landes und Lewis C. Solmon, „Compulsory Schooling Legislation: An Economic Analysis of Law and Social Change in the Nineteenth Century", *Journal of Economic History*, 32 (1972), 54.

[15] David L. Featherman und Robert M. Hauser, „Changes in the Socioeconomic Stratification of the Races", *American Journal of Sociology*, 82 (1976), 621.

der Regel, wenn Kinder ärmer sind.[16] Analog werden Kinder die Schule vielleicht nur als Zeitvertreib ansehen und sich nicht bemühen, dort etwas zu lernen, sofern sie von ihren Eltern für die Zukunft mehr Unterstützung erwarten, wenn ihre Einkommen geringer sind. Oder es werden Kinder, die von ihren altruistischen Eltern Geschenke erhalten, große Risiken eingehen, denn sie dürfen im Fall eines Mißerfolges große Geschenke erwarten, im Erfolgsfall aber den größten Teil ihrer Gewinne behalten, da Geschenke nicht negativ sein können.

Eltern werden Kindern nicht solche widersinnigen Anreize geben, wenn sie die Höhe von Geschenken und Hinterlassenschaften schon im vorhinein festlegen können. Erfolgt solch eine Festlegung im vorhinein, so können Kinder sich nicht darauf verlassen, daß die Eltern für ihre Spielschulden geradestehen oder ihnen aus anderen Schwierigkeiten helfen. Die Festlegung im vorhinein ist überflüssig, wenn der Altruismus der Eltern genügend zurückgeht, sobald diese glauben, die Kinder hätten ihre Schwierigkeiten selbst verursacht, etwa durch exzessives Glücksspiel oder durch Vernachlässigung des Lernens usw.

Eltern können aber auch beschließen, sich nicht im vorhinein festzulegen, selbst wenn das ohne weiteres möglich wäre. Einer der Vorteile, die Flexibilität zukünftiger Transfers zu erhalten, wird durch das Rotten-kid-Theorem beleuchtet. Flexibilität kann Kinder von Handlungen abhalten, die zwar ihnen Nutzen stiften, den Eltern aber (größeren) Schaden zufügen. Bei flexiblen Geschenken und Hinterlassenschaften können Eltern ihre Transfers dann so weit verringern, daß Kinder schlechter gestellt wären, wenn sie solche Handlungen vornähmen.[17] Eltern können aber auch deshalb beschließen, sich nicht im vorhinein festzulegen, weil sie Kindern helfen wollen, die ohne eigenes Verschulden in Schwierigkeiten geraten.

Wenn die Festlegung im vorhinein entweder nicht möglich oder nicht wünschenswert ist, können Eltern anders vorgehen, um Kindern bessere Anreize in der Zukunft zu geben. Sie können in deren Erziehung bzw. Berufsausbildung *überinvestieren*, wenn Kinder ihr Humankapital nicht ebenso schnell wie marktgängiges Vermögen verspielen können. Eltern können auch mehr in andere illiquide Vermögenswerte der Kinder investieren, z.B. in deren Wohnungen.

Auch der Staat kann durch eine entsprechende Politik Kinder vor ineffizienten Handlungen bewahren. In vielen Ländern ist die Zustimmung der Eltern erforderlich, wenn Kinder früh heiraten, die Schule verlassen, eine Abtreibung vornehmen lassen oder alkoholische Getränke kaufen wollen.

---

[16] Neil Bruce und Michael Waldman, „The Rotten-Kid Theorem Meets the Samaritan's Dilemma", Working Paper Nr. 402, UCLA 1986; Assar Lindbeck und Jorgen W. Weibull entwickeln ähnliche Argumente in „Strategic Interaction with Altruism: The Economics of Fait Accompli", unveröffentlichtes Manuskript, Universität Stockholm, 1987.

[17] Becker, wie Anm. 3, 188 f.; sowie Bruce und Waldman, 1986.

Ein Grund hierfür ist vermutlich der, daß Kinder, die an später auftretende Folgen nicht denken, daran gehindert werden sollen, Handlungen vorzunehmen, die sie in der Zukunft schlechter stellen. Ein anderer Grund aber ist der, daß Kinder nur zu gut die zukünftige Hilfe vorhersehen, die sie von den Eltern erhalten werden, wenn sie in Schwierigkeiten geraten. In diesem Fall versucht der Staat, die Wirkungen einer optimal dimensionierten Verpflichtung der Eltern auf das Verhalten der Kinder zu imitieren.

IV. Sozialversicherung und andere Arten der Unterstützung im Alter

Im Laufe der Geschichte waren Kinder immer eine große Hilfe für alte Eltern. Häufig wohnten altgewordene Angehörige bei den Kindern, die im Krankheitsfall für sie sorgten, sie verpflegten und andere Hilfe leisteten. Noch vor 30 Jahren lebten in den USA nicht mehr als rund ein Viertel der Personen über 65 Jahren allein.[18]

Reichere Familien, die etwas hinterlassen, sind weniger auf Kinder angewiesen, denn sie sind vor vielen Risiken des Alters geschützt. Beispielsweise können Eltern, die länger leben als erwartet, Hinterlassenschaften verkleinern, um ihren Konsum in den zusätzlichen Jahren zu finanzieren. Die Möglichkeit, auf eine Hinterlassenschaft zurückzugreifen, bildet eine leibrentenartige Absicherung gegen ein ungewöhnlich langes Leben und andere Risiken des hohen Alters. Wenn die Hinterlassenschaft nicht einen großen Teil des Vermögens der Kinder ausmacht, so bietet sich alten Eltern ein vorzüglicher Schutz vor verschiedensten Unbilden mit der Möglichkeit, ihre Hinterlassenschaft zu verkleinern, ohne dadurch das Wohl ihrer Kinder nennenswert zu beeinträchtigen. Faktisch würden Kinder ihre Eltern im Alter unterstützen, wenn auch diese Unterstützung nicht völlig freiwillig erfolgt.

Kinder in ärmeren und vielen Mittelstandsfamilien wären willens, Eltern zu helfen, die sich bereit erklären, einen effizienten Betrag in das Humankapital der Kinder zu investieren. Wenige Gesellschaften kennen Verträge oder andere ausdrückliche Vereinbarungen zwischen Eltern und Kindern, aber viele Gesellschaften haben soziale „Normen“, die Druck auf die Kinder ausüben, ihre alten Eltern zu unterstützen. Obwohl man wenig darüber weiß, wie solche Normen entstehen, leuchtet es ein, daß sie in heutigen Gesellschaften mit der Anonymität ihrer Städte und der Mobilität ihrer Bevölkerungen schwächer geworden sind. Öffentliche Ausgaben für die Alten können im Verein mit öffentlichen Ausgaben für die Bildung der Kinder und anderes Humankapital die Lücke füllen, die durch das Versagen der Normen entstanden ist.

---

[18] Robert T. Michael, Victor Fuchs und Sharon R. Scott, „Changes in the Propensity to Live Alone: 1950–76“, *Demography*, 17 (1980), 39.

Die Ausgaben für alte Menschen sind in westlichen Gesellschaften in den letzten Jahrzehnten rasch gestiegen. In den USA gibt der Staat heutzutage über 8.000 Dollar pro Person über 65 Jahren aus, vor allem für medizinische Versorgung und Pensionszahlungen. Ist das rasche Wachstum in den Ausgaben für die alten Menschen vorwiegend auf die politische Macht einer wachsenden Altenpopulation zurückzuführen? In den Medien kann man immer wieder von Generationenkämpfen um die beschränkten öffentlichen Mittel hören.[19] Manche Ökonomen sprechen sich dafür aus, die Verpflichtung zum Budgetausgleich durch ein entsprechendes „Amendment" verfassungsrechtlich zu verankern, um zu verhindern, daß heutige Generationen ihre Kinder und die nachfolgenden Generationen hoch besteuern.[20] In einer viel zitierten, anregenden Ansprache vertrat Samuel Preston als Präsident der American Population Association die Auffassung, die zunehmende öffentliche Unterstützung der Alten gehe zu einem Teil auf Kosten der öffentlichen Ausgaben für die Kinder.[21]

Wir würden gern umgekehrt die Interpretation vorschlagen, daß Ausgaben für die Alten Teil eines „Generationenvertrages" sind. Von den Erwachsenen erhobene Steuern helfen mit, effiziente Investitionen in Kinder zu finanzieren. Dafür erhalten die Erwachsenen im Alter öffentliche Pensionen und medizinische Versorgung. Dieser Vertrag versucht, für ärmere und Mittelstandsfamilien das zu erreichen, was reichere Familien in der Regel ohne staatliche Hilfe schaffen können, nämlich effiziente Niveaus der Investitionen in Kinder und effiziente Niveaus der Unterstützung alter Eltern.

Bundes-, Einzelstaats- und Gemeindeausgaben für Bildung, Begabtenförderung, Wohlfahrtsprogramme usw. sind hoch: In den letzten Jahren übersteigen sie 2.500 Dollar pro Jugendlichen unter 22 Jahren. Obwohl in den USA die realen Pro-Kopf-Ausgaben für die Alten von 1950 bis in die 80er Jahre um mehr als sieben Prozent jährlich anstiegen, ist, wie aus Tabelle 1 ersichtlich, der Eindruck falsch, die Ausgaben für die Alten hätten auf Kosten der Ausgaben für die Jugend zugenommen. Relativ zu den Pro-Kopf-Ausgaben für die Alten veränderten sich die öffentlichen Pro-Kopf-Ausgaben für Kinder und Jugendliche zwischen 1950 und 1983 kaum.

Wie Tabelle 1 zeigt, begannen die öffentlichen Bildungsausgaben in den USA lange vor den Ausgaben für die Alten zu steigen. Wenn beides, die öffentlichen Ausgaben für Bildung und für die Alten, Teil eines Generationenvertrages sind, dann wäre die erste Generation von Eltern, die zum Zweck der Finanzierung von Investitionen in ihre Kinder besteuert wurde, auch die erste Generation, die Unterstützung im Alter erhält. Wenn die Steuern zur

---

[19] Siehe z.B. PHILIP LONGMAN, „Justice between the Generations", *Atlantic Monthly*, 85 (1985), 73.

[20] Siehe JAMES M. BUCHANAN und RICHARD E. WAGNER, *Democracy in Deficit: The Political Legacy of Lord Keynes*, 1977.

[21] SAMUEL H. PRESTON, „Children and the Elderly: Divergent Paths for America's Dependents", *Demography*, 21 (1984), 435.

Finanzierung von Bildungsausgaben dann einsetzen, wenn der zu Besteuernde ein junger verheirateter Erwachsener ist, so sollten rund 30 bis 40 Jahre zwischen dem Anstieg der Bildungsausgaben und der Einführung einer Sozialversicherung vergehen. Vielleicht war die tatsächliche Zeitspanne in den USA deshalb länger, weil die Einwanderung erst in den frühen 20er Jahren unseres Jahrhunderts ernstlich eingeschränkt wurde. Ein vor dieser Zeit eingeführtes Sozialversicherungssystem hätte durchaus eine erhebliche Einwanderung alter Menschen bewirken können.

Tabelle 1
Reale öffentliche Ausgaben pro Kopf in den USA für Personen unter 22 Jahren bzw. von 65 Jahren und darüber (in Dollar von 1980)

	Kinder unter 22 Jahren, einschließlich Bildungsausgaben jenseits des Pflichtschulalters ($)	Personen im Alter von 65 Jahren und darüber ($)	Spalte (1) dividiert durch Spalte (2)
	(1)	(2)	(3)
1920	122	*	...
1930	293	126	2,33
1940	393	1.022	0,38
1950	557	1.708	0,33
1960	922	3.156	0,29
1970	1.825	5.447	0,34
1980	2.472	7.520	0,33
1983	2.515	8.307	0,30

Quellen: U.S. Department of Health and Human Services, Social Security Bulletin Annual Statistical Suppl. (verschiedene Jahrgänge); U.S. Department of Education, National Center for Education Statistics, Digest of Education (verschiedene Jahrgänge); U.S. Department of Commerce, Bureau of the Census, Statistical Abstract of the United States (verschiedene Jahrgänge).

* Nicht zu schätzen, aber offensichtlich geringfügig.

Die viel größeren Pro-Kopf-Ausgaben für die Alten (8.300 gegenüber 2.500 Dollar) sind scheinbar schwer mit einem Generationenvertrag zwischen Jung und Alt in Einklang zu bringen. Aber diese Ziffern trügen: Die Jungen schneiden auf alle Fälle besser ab als die Alten. Um das ersichtlich zu machen, stellen wir uns vor, junge Erwachsene zahlen 2.500 Dollar zur Finanzierung öffentlicher Investitionen in das Humankapital jedes Kindes. Wenn die Erwachsenen 65 Jahre alt geworden sind, erhalten sie für den Rest ihres Lebens jährlich 8.300 Dollar. Diese Ausgaben für Kinder und Alte sollten bis zur möglicherweise letzten zukünftigen Generation fortdauern. Welche Generationen würden mit diesen Ausgaben besser gestellt sein?

Da die Nettoreproduktionsrate in den USA inzwischen nahe bei 1 liegt, nehmen wir an, daß ein repräsentativer Elternteil im Alter von 25 Jahren ein

Kind hat. Wir sehen davon ab, daß die elterlichen Ausgaben für Kinder in Reaktion auf öffentliche Ausgaben für Kinder möglicherweise gesenkt werden könnten, und wir sehen davon ab, daß die Unterstützungszahlungen von Kindern an Eltern in Reaktion auf Sozialversicherungszahlungen ebenfalls möglicherweise gesenkt werden könnten (unsere Analyse läßt sich unmittelbar anwenden, wenn die verminderten Ausgaben der Eltern gleich hoch sind wie die verminderten Unterstützungszahlungen der Kinder). Gegenwärtig beträgt in den USA für einen 25jährigen die Wahrscheinlichkeit, das Alter 65 zu erreichen, 0,79, und ein 65jähriger hat eine Lebenserwartung von 82. Daher würde jeder erwachsene Angehörige der ersten Generation von 25 bis 46 jährlich 2.500 Dollar einzahlen und erwarten, daß er zwischen 66 und 82 Jahren jährlich 6.557 Dollar erhält (0,79 × 8.300). Alle nachfolgenden Generationen erhalten eine staatliche Investition in ihr Humankapital von 2.500 Dollar pro Kopf bis zum Alter von 22 Jahren. Die letzte Generation investiert nicht in Kinder, zahlt aber im Alter von 41 bis 57 Jahren als Unterstützung an die Alten der vorhergehenden Generation 6.557 Dollar. Alle Angehörigen der Generationen dazwischen zahlen im Alter von 22 bis 46 Jahren 2.500 Dollar als Unterstützung für die Kinder der folgenden Generation und im Alter von 41 bis 57 Jahren 6.557 Dollar zur Unterstützung der Alten der vorhergehenden Generation und erwarten, zwischen 66 und 82 Jahren selbst 6.557 Dollar zu erhalten.

Da die geschätzten Ertragsraten von Bildung und Berufsausbildung fünf Prozent übersteigen[22] und der größte Teil der öffentlichen Ausgaben für Kinder auf Bildung und Berufsausbildung entfällt, nehmen wir konservativ an, daß diese eine Durchschnittsverzinsung von fünf Prozent in Form gleichmäßiger Einkommenssteigerungen im Alter zwischen 23 und 65 Jahren aufweisen. Dann würden 2.500 Dollar, die auf 22 Jahre investiert werden, das Einkommen jährlich um 5.939 Dollar erhöhen. Das Einkommen nach Steuern jedes Angehörigen der letzten Generation würde zwischen seinem 23. und 40. Lebensjahr um 5.939 Dollar erhöht; zwischen seinem 41. und 57. Lebensjahr würde es um 618 Dollar zurückgehen (6.557 – 5.939), weil es dann zum Zweck der Unterstützung der Alten der Vorgeneration besteuert wird, und zwischen seinem 58. und 65. Lebensjahr würde es wiederum um 5.939 Dollar steigen. Der Gegenwartswert dieses Einkommensstroms nach Steuern ist für alle nicht-negativen Zinssätze positiv. Daher erzielt die letzte Generation einen offensichtlichen Vorteil, wenn die Unterstützung der Kinder gegen die Unterstützung der Alten (solchermaßen) eingetauscht wird.

Im Unterschied zur letzten Generation müssen Generationen zwischen der ersten und der letzten auch Kinder der nachfolgenden Generation unterstützen, werden aber im Alter selbst unterstützt. Der Leser kann ihren kom-

---

[22] Siehe GEORGE PSACHAROPOULOS, *Returns to Education: An International Comparison*, 1973 (unter Mithilfe von Keith Hinchcliffe).

plizierten Netto-Einkommensstrom selbst berechnen; die Quintessenz ist jedenfalls die, daß der Gegenwartswert dieses Stromes für nicht-negative Zinssätze positiv ist. Daher ziehen alle Generationen zwischen der ersten und der letzten eindeutig einen Vorteil aus der gegenwärtigen Kombination öffentlicher Ausgaben für die Jungen und für die Alten.

Die erste Generation von Erwachsenen hat die geringsten Vorteile zu verzeichnen. Jeder ihrer Angehörigen zahlt im Alter von 25 bis 46 Jahren an Kinderbeihilfen 2.500 Dollar und bezieht im Alter von 66 bis 82 Jahren Altersunterstützung in Höhe von 6.557 Dollar. Die interne Verzinsung dieses Ausgaben- und Einnahmenstroms beträgt etwas weniger als zwei Prozent. Dieser Satz ist etwas höher als der inflationsbereinigte Durchschnittszinssatz (1,8 %) auf kurzfristige Staatsschuldverschreibungen (der USA) zwischen 1948 und 1980,[23] liegt aber erheblich unter dem Durchschnittssatz von vier Prozent auf Umlaufkapital in den USA in der Zeit seit dem Zweiten Weltkrieg.[24] Diese Generation hat weniger Vorteile, weil ihr Humankapital nicht durch öffentliche Ausgaben erhöht wird; sie kann aber immer noch besser gestellt sein, selbst wenn diese interne Verzinsung geringer ist als der entsprechende Marktzinssatz, denn ihr Nutzen ist höher, wenn die Wohlfahrt der nachfolgenden Generation höher ist (wir nehmen Altruismus gegenüber Kindern an).

Zu welchem Schluß auch immer wir bezüglich der ersten Generation kommen, unsere Ergebnisse widersprechen eindeutig der Ansicht, in den USA seien staatliche Zahlungen an die Alten groß relativ zu den Staatsausgaben für die Jugend. Im Gegenteil, jede Generation, die aus dem gegenwärtigen Niveau öffentlicher Investitionen in Kinder Nutzen zieht, kann die höheren Einkommen, die infolge dieser Investitionen entstehen, leicht dazu verwenden, das gegenwärtige Niveau der Unterstützung für die Alten zu schaffen, und hat dann immer noch einen erheblichen Gewinn übrig. Daher würden Kinder nur zu gern einen Generationenvertrag mit ihren Eltern schließen, demzufolge sie ihre Eltern im Alter in der gegenwärtigen Höhe unterstützen, wenn sich die Eltern verpflichten, ihre Kinder in der gegenwärtigen Höhe der öffentlichen Leistungen zu unterstützen.

Unsere theoretische Analyse besagt, ein effizienter Vertrag zwischen den Jungen und den Alten vergrößert das Humankapital der Kinder aus ärmeren und Mittelstandsfamilien – als Gegenleistung für Beiträge zur medizinischen Versorgung und zu den Einkommen der älteren Angehörigen dieser Familien. Wir wiesen bereits darauf hin, daß öffentliche Bildungsausgaben die Unter- und Mittelschichten begünstigen. Öffentliche Ausgaben für medizinische Versorgung begünstigen ebenfalls ärmere Familien: Der rasche Anstieg der öffentlichen Ausgaben für Gesundheitsleistungen in den letzten 20

---

23 Siehe ROBERT J. BARRO, *Macroeconomics*, 2. Auflage 1987, in Kapitel 7.

24 Siehe EDWARD C. PRESCOTT, „Response to a Skeptic“, *Quarterly Review* (Federal Reserve Bank of Minneapolis), 1986.

Jahren ließ den Einfluß des Familieneinkommens auf die medizinische Versorgung drastisch zurückgehen.[25] Außerdem leben ältere Personen aus der Unter- und der Mittelschicht mit viel größerer Wahrscheinlichkeit getrennt von ihren Kindern, verglichen mit den Zeiten, als die Sozialversicherung noch keine nennenswerten Ausmaße hatte.[26]

V. Ehescheidung

So gut wie alle Gesellschaften verbieten die Eheschließung vor Erreichung eines bestimmten Mindestalters; in vielen Ländern sind Eheschließungen zwischen Männern und Frauen verschiedener Rassen, Religionen und Klassen untersagt; und christliche Länder erlauben keine Polygamie. Eine Regelung der Ehescheidung ist ebenfalls weit verbreitet. In den USA und anderen westlichen Ländern war eine Scheidung bis zur Mitte des 19. Jahrhunderts nicht erlaubt. Von 1800 bis 1850 gab es in England weniger als zwei (!) Scheidungen pro Jahr.[27] Allmählich wurden die Scheidungsgesetze gelokkert: Eine Scheidung wurde statthaft, wenn ein Ehepartner Ehebruch beging, seinen Partner im Stich ließ oder sonst einen schweren Verstoß beging. Auch die einvernehmliche Scheidung wurde möglich, insbesondere wenn keine kleinen Kinder betroffen waren. Ungefähr vor 20 Jahren begannen die USA und andere Länder auch, jedem Ehepartner die Möglichkeit einzuräumen, sich scheiden zu lassen, ohne dem anderen ein Verschulden nachweisen oder seine Zustimmung einholen zu müssen.

Obwohl in manchen Fällen eine Scheidung die davon betroffenen Kinder nachhaltig schädigt, weiß man wenig über die üblichen Wirkungen von Scheidungen auf Kinder. Unter anderem läßt sich anhand des verfügbaren Datenmaterials die Auswirkung einer Scheidung nicht von der Auswirkung einer zerrütteten Ehe der Eltern unterscheiden.[28] Alle altruistischen Eltern berücksichtigen die Interessen ihrer Kinder und werden sich weniger leicht scheiden lassen, wenn ihre Kinder dadurch schweren Schaden nehmen würden. Aber selbst wenn wir von dem Konflikt zwischen geschiedenen Eltern bei der Festlegung der beiderseitigen Aufwendungen an Zeit und Geld für die Kinder absehen,[29] könnten sich altruistische Eltern immer noch scheiden

---

[25] Victor R. Fuchs, *Who Shall Live: Health, Economics, and Social Choice*, 1975.

[26] Michael u.a., wie Anm. 18.

[27] Griselda Rowntree und Norman H. Carrier, „The Resort to Divorce in England and Wales, 1858–1957", *Population Studies*, 11 (1958), 188.

[28] Siehe Robert E. Emery, „Interpersonal Conflict and the Children of Discord and Divorce", *Psychological Bulletin*, 92 (1982), 310.

[29] Gut untersucht ist diese Frage in Yoram Weiss und Robert J. Willis, „Children as Collective Goods and Divorce Settlements", *Journal of Labor Economics*, 3 (1985), 268.

lassen, auch wenn ihre Kinder dadurch Schaden nehmen. Eltern, die nichts hinterlassen, könnten sich sogar dann scheiden lassen, wenn der Geldwert der Kosten für die Kinder größer ist als der Geldwert des Nutzens für die Eltern. Der Grund hierfür ist der, daß Kinder keine Möglichkeit haben, ihren Eltern den familiären Zusammenhalt „abzukaufen", wenn sie sich nicht zu ihrer Unterstützung im Alter oder zu anderen zukünftigen, an die Bedingung der Nicht-Scheidung geknüpften Transfers an die Eltern glaubhaft verpflichten können.

In Familien mit Hinterlassenschaften liegen die Dinge anders. Wenn die Scheidung das Ausmaß des Altruismus gegenüber den Kindern nicht verändert und wenn eine Scheidung nur die zukünftigen Einkommen und den Wert anderer marktgängiger Ressourcen betrifft, dann wären auch die Kinder besser gestellt, wenn ihre Eltern sich zur Scheidung entschließen. Der Grund ist der, daß Eltern ihre Geschenke und Hinterlassenschaften vergrößern, um die Kinder für allfällige Einbußen durch die Scheidung zu entschädigen. Das ist eine Folgerung aus dem Rotten-kid-Theorem.[30]

Andererseits leiden Kinder vielleicht sogar dann unter einer Scheidung der Eltern, wenn diese etwas hinterlassen, nämlich dann, wenn die Scheidung die nicht-marktgängigen Güter verringert, die die Kinder konsumieren. So können Kinder nach einer Scheidung unglücklich sein, weil sie ihren Vater selten zu Gesicht bekommen. Eltern können Kinder für die Auswirkung der Scheidung auf deren Wohlbefinden oder sonstigen Konsum nicht unmittelbar entschädigen. Und wenn die Wirkung auf die nicht-marktgängigen Güter für die Kinder ihren Grenznutzen aus marktgängigen Gütern senkt, dann würden altruistische Eltern, die sich scheiden lassen, sogar auch noch die Geschenke in Form marktgängiger Güter an ihre Kinder *vermindern* und damit die Kinder noch schlechter stellen.

Wir haben oben behauptet, daß das Ausmaß des Altruismus nicht festliegt, sondern in vielen Fällen von der Häufigkeit und Intensität der Kontakte mit den Begünstigten abhängt. Insbesondere könnte ein geschiedener Vater mit der Zeit seinen Kindern gegenüber weniger Altruismus an den Tag legen, wenn sein Kontakt mit ihnen geringer wird. Das würde erklären, warum viele geschiedene Väter ihren Alimentenzahlungen schuldhaft nicht nachkommen,[31] und es bestärkt uns in der Schlußfolgerung, daß eine Scheidung Kinder schlechter stellen kann, selbst wenn die Eltern vor ihrer Scheidung ganz altruistisch sind und selbst wenn sie danach weiterhin Geschenke machen.

Große Nachteile kann die Scheidung für eine Frau bedeuten, die viele Kinder hat und kein großes Arbeitseinkommen erzielen kann oder deren Ex-Mann seinen finanziellen und sonstigen Verpflichtungen gegenüber seinen Kindern nicht nachkommt. Das gilt selbst dann, wenn eine Scheidung nur

---

[30] BECKER, wie Anm. 12.

[31] WEISS und WILLIS, wie Anm. 29, nennen hierfür andere Gründe.

einvernehmlich möglich ist, denn in vielen Gesellschaften könnte ein Ehemann seine Frau durch Einschüchterung dazu bewegen, in eine Scheidung mit für sie ungünstigen Bedingungen einzuwilligen.

Es scheint nicht ganz abwegig zu behaupten, daß der Staat die Scheidung häufig auf eine Weise regelt, die die Bedingungen undurchführbarer Verträge zwischen Mann und Frau bzw. Eltern und Kindern nachahmt. Solche Verträge könnten z.B. die Scheidungshäufigkeit für Familien mit vielen Kindern stark herabsetzen, denn der aggregierte Verlust aus einer Scheidung für Kinder (und Mutter) dürfte mit der Kinderzahl steigen. In vielen Ländern waren Scheidungen verboten, als die typische Familie groß war. Außerdem konnten, selbst als eine Scheidung nicht leicht zu erreichen war, in vielen Fällen kinderlose Ehen getrennt – d.h. „annulliert" – werden. Scheidungsgesetze wurden lockerer, als im 19. Jahrhundert die Geburtenraten rückläufig wurden. In den letzten Jahrzehnten begünstigten die niedrigen Geburtenziffern und die viel häufigere Erwerbstätigkeit der Frauen nochmals die Erleichterung der Scheidung nach dem Zerrüttungsprinzip.

Manche Eltern entscheiden sich für eine Trennung von ihren Kindern, und zwar nicht im Wege einer Scheidung, sondern durch den Verkauf der Kinder. Das generelle Verbot dieser Handlung läßt wohl eindeutig darauf schließen, daß der Verkauf von Kindern den Nutzen der Gesellschaft mindert. Junge unverheiratete Frauen und arme Eltern, die Geld brauchen, sind die zwei Gruppen, die am ehesten ihre Kinder verkaufen. Manche Kinder, die an wohlhabende Familien verkauft werden, in denen sie erwünscht sind, werden wohl finden, daß sie besser gestellt sind, als wenn ihre Eltern sie behalten hätten. Aber selbst Kinder, die dadurch sehr leiden würden, könnten verkauft werden, weil sie keine Möglichkeit haben, ihre Eltern dafür zu entschädigen, daß sie sie behalten. Ebenso wie das Verbot der Ehescheidung die Effizienz verbessern kann, weil bestimmte Verträge zwischen Eltern und Kindern undurchführbar sind, könnte auch das Verbot des Kinderverkaufes die Effizienz erhöhen. Trotzdem könnten Landes und Posner sowie Posner recht haben, daß ein begrenztes Recht zum Verkauf von Kleinstkindern besser ist als das gegenwärtige Adoptionssystem mit seinen Kontrollen.[32] Man beachte, daß Subventionen an arme Familien mit Kindern im Zuge bestimmter Familienhilfsprogramme (z.B. Aid to Families with Dependent Children) ledige und andere arme Mütter darin bestärken, ihre Kinder zu behalten, statt sie zur Adoption freizugeben.

---

[32] Elisabeth M. Landes und Richard Posner, „The Economics of the Baby Shortage", *Journal of Legal Studies*, 7 (1978), 323; Richard A. Posner, „The Regulation of the Market in Adoptions", *B.U.L. Review*, 67 (1987), 59.

VI. Optimale Bevölkerungsgröße

Wenn wir unserer Phantasie noch kühneren und freieren Lauf lassen, so können wir uns nicht nur die Beziehung zwischen Eltern und bereits lebenden Kindern vorstellen, sondern auch Verträge zwischen Eltern und *noch ungeborenen* Kindern. Solch ein Gedankenexperiment bietet eine neue Möglichkeit zur Bestimmung der optimalen Familiengröße und der optimalen Bevölkerungsgröße. Der Literatur zur optimalen Bevölkerungsgröße fehlt bislang ein heuristisches Prinzip.[33]

Nehmen wir an, ein ungeborenes Kind könne sich verpflichten, seine Eltern letztendlich zu entschädigen, wenn es geboren wird. Dieser „Vertrag" wäre eine Pareto-Verbesserung (wir nehmen an, daß Dritte durch die Geburt keinen Nachteil erleiden), wenn das Kind es auch nach der Kompensationszahlung an die Eltern, die diese besser stellt, noch vorziehen würde, geboren zu werden. Da solche Verträge unmöglich sind, werden manche Kinder selbst dann nicht zur Welt kommen, wenn dadurch sowohl Eltern wie Kinder besser gestellt wären. Es sind sowohl die Fertilität als auch das Bevölkerungswachstum zu gering, wenn die Kompensation seitens nicht-geborener Kinder an deren Eltern eine Pareto-Verbesserung wäre.

Die Nutzenmaximierungsbedingung erster Ordnung hinsichtlich der Kinderzahl besagt, daß Eltern gegenüber einer geringfügigen Vergrößerung der Kinderzahl indifferent sind. Nicht-geborene Kinder würden ihre Eltern kompensieren wollen, um deren Indifferenz in eine positive Präferenz für zusätzliche Kinder zu verwandeln. Anscheinend dürften alle Eltern solch eine Kompensation begrüßen, ungeachtet ihres Altruismus, denn die Kompensation verringert die Nettokosten zusätzlicher Kinder. Dieser Schluß ist richtig für Eltern, die Kindern nichts schenken und hinterlassen, denn diese Eltern würden aus einer Unterstützung im Alter oder einer anderen Kompensationszahlung ihrer Kinder Nutzen ziehen (siehe Abschnitt III).

Das Erstaunliche an dem Ergebnis ist, daß die Kompensation den Nutzen von Eltern, die für ihre Kinder Geschenke und Hinterlassenschaften vorsehen, *vermindert*. Die Kompensation von seiten potentieller Kinder reduziert faktisch die Nettogeschenke an diese Kinder. Aber Eltern brauchen keine Kompensation, um Geschenke zu reduzieren, denn diese können sie, wenn sie wollen, ohnehin jederzeit reduzieren. Daher haben Familien mit Geschenken und Hinterlassenschaften an Kinder durchaus die Pareto-effiziente Kinderzahl (außerfamiliäre Effekte werden nicht berücksichtigt): Kompensation von seiten nicht-geborener Kinder stellt die Eltern eher schlechter als besser.

---

[33] Zur Kritik dieser Literatur siehe JAMES E. MEADE, „Population Explosion: The Standard of Living and Social Conflict", *Economic Journal*, 77 (1967), 233; DAVID FRIEDMAN, „What Does ‚Optimum Population' Mean?", *Research in Population Economics*, 3 (1981), 273.

Das scheinbar widersinnige Gedankenexperiment mit nicht-geborenen Kindern hat ein sehr konkretes Ergebnis. Wir haben gezeigt, daß ärmere Familien mit geringerer Wahrscheinlichkeit etwas hinterlassen als reichere. Wenn Verpflichtungen zu Kompensationszahlungen seitens nicht-geborener Kinder nicht praktikabel sind, ist die Fertilität in ärmeren Familien zu niedrig, und die Fertilität in reicheren Familien (mit Hinterlassenschaften) ist optimal. Daher besagt unser Ansatz – unter Ausklammerung jeglicher Drittwirkungen –, daß die aggregierte Fertilitätsrate unter der Pareto-effizienten Rate liegt.

Eine Schlußfolgerung des Inhalts, daß ärmere Familien zu wenig Kinder haben dürften, wird manche Leser schockieren, weil ärmere Familien ohnehin schon größer sind als reichere. Aber andere Faktoren erhöhen die Fertilität ärmerer Familien – unter anderem Sozialprogramme, Bildungssubventionen und beschränkte Kenntnisse der Geburtenregelung.

Thompson und Ruhter kommen ebenfalls zu dem Schluß, daß Eltern, die keine Hinterlassenschaften vorsehen, in der Regel zu wenige Kinder haben,[34] aber ihr Argument scheint im Gegensatz zu unserem auf der Investition in das Humankapital jedes einzelnen Kindes solcher Familien zu beruhen. Dieses Argument ist jedoch nicht richtig, denn Unterinvestition in Kinder bewirkt eher, daß Familien zu viele, als daß sie zu wenige Kinder haben. Die suboptimalen Ausgaben pro Kind senken „künstlich" die tatsächlichen Kosten eines zusätzlichen Kindes infolge der Wechselwirkung zwischen Zahl und Qualität der Kinder.[35]

VII. Politischer Wettbewerb zwischen den Generationen

Da staatliche Politik das Ergebnis eines Wettbewerbs zwischen Interessengruppen ist, erhebt sich die Frage: Wie bewirkt die Konkurrenz um politische Vergünstigungen effizienzsteigernde Interventionen des Staates in die Familie? In diesem Abschnitt deuten wir eine mögliche Antwort darauf an – für den Fall, daß elterlicher Altruismus wichtig ist.

Politische Konkurrenz zwischen Erwachsenen und Kindern ist kaum als Wettbewerb zu verstehen, da Kinder kein Stimmrecht haben und nicht über die Mittel und die Reife verfügen, um eine wirksame politische Koalition zu bilden. Wenn Erwachsene ihre politische Macht dazu benützen, um Schuldverschreibungen und andere Obligationen zu begeben, so können sie zu ihrem eigenen Unterhalt im Alter beitragen, indem sie diese Obligationen an die nächste Generation jüngerer Erwachsener verkaufen. Manche Ökono-

---

[34] Thompson und Ruhter, wie Anm. 4.

[35] Siehe die Analyse in Gary S. Becker und Kevin M. Murphy, „Incomplete Markets and Investment in Children", unveröffentlichtes Manuskript, University of Chicago, 1986; Nerlove u.a., wie Anm. 7.

men votieren für ausgeglichene Budgets und Verschuldungsgrenzen, um eine derartige Ausbeutung der politischen Schwäche von Kindern und nachfolgenden Generationen in Schranken zu halten. Natürlich wird das nicht zum Problem, wenn jede Generation die Schuldverschreibungen früherer Generationen nicht anerkennt. Da die Fragen, um die es bei der Nichtanerkennung von Schulden geht, den Rahmen dieses Aufsatzes sprengen würden, wollen wir einfach annehmen, daß es nicht zur Nichtanerkennung von Schulden kommt.

Obwohl gegenwärtige Generationen in der Lage sein können, zukünftige Generationen auszubeuten, hält der Altruismus ihre diesbezüglichen Wünsche in Grenzen. Ja, wenn alle Eltern altruistisch sind und etwas hinterlassen, so werden gegenwärtige Generationen gar nicht auf den Gedanken kommen, zukünftige Generationen auszubeuten. Schließlich können sie, wenn sie wollen, Ressourcen von zukünftigen Generationen heranziehen, indem sie diesen weniger hinterlassen. Obwohl Familien, die nichts hinterlassen, dafür sind, Schulden zu machen und in anderer Weise die politische Schwäche zukünftiger Generationen auszunützen, kann ihr Ausmaß an Altruismus wesentlichen Einfluß darauf haben, wie sie ihre politische Macht gegenüber zukünftigen Generationen einsetzen.

Wir zeigten in Abschnitt III, daß Familien ohne Hinterlassenschaften in das Humankapital ihrer Kinder unterinvestieren. Sie können das Vermögen der Kindergeneration dadurch erhöhen, daß sie ihre politische Macht für die Verbesserung von Bildung und Berufsausbildung in öffentlichen Schulen und die Subventionierung anderer Investitionen in Kinder einsetzen. Dann kann die gegenwärtige Generation, wenn sie will, Schuldverschreibungen zu Lasten zukünftiger Generationen ausgeben, denen diese Vergrößerung des Vermögens der Kinder dann wieder abgefordert würde.

Obwohl eigennützige Eltern aus ihren Kindern so viel wie möglich herauszuholen versuchen, können altruistische Eltern es vorziehen, einen Teil des vergrößerten Vermögens mit den Kindern zu teilen. Das heißt, daß zukünftige Generationen von der politischen Macht der gegenwärtigen Generation durchaus auch profitieren können. Selbst wenn der Altruismus vieler Eltern nicht stark genug ist, um positive Hinterlassenschaften und effiziente Humankapitalinvestitionen zu bewirken, könnte er dennoch stark genug sein, um sicherzustellen, daß zukünftige Generationen ebenfalls profitieren, wenn die gegenwärtige Generation ihre Macht dazu einsetzt, Schuldverschreibungen und andere Obligationen zu Lasten zukünftiger Generationen zu begeben.

Diese übervereinfachte Analyse politischer Macht und politischer Anreize kann verständlich machen, warum öffentliche Ausgaben für Kinder in den USA im Verhältnis zu den Ausgaben für die Alten nicht klein sind. Die Ausführungen in Abschnitt IV zeigen, daß die nächste Generation von den öffentlichen Ausgaben für Kinder, die die gegenwärtige Generation tätigt, genügend profitiert, um die Sozialversicherungszahlungen und andere Unterstützungsleistungen an die Alten der gegenwärtigen Generation zahlen zu können und dennoch von den öffentlichen Investitionen in ihr eigenes Humankapital einen Gewinn übrig zu behalten.

VIII. Zusammenfassung

Wir haben versucht, die weitreichende Einmischung des Staates in die Familie zu erklären. Wir kommen zu dem Schluß, daß viele öffentliche Maßnahmen effizientere Arrangements zwischen Eltern und Kindern entstehen lassen. Offensichtlich können Eltern und Kinder nicht immer zu effizienten Arrangements gelangen, weil Kinder nicht fähig sind, sich zu einer zukünftigen Kompensation ihrer Eltern zu verpflichten.

Familien mit Hinterlassenschaften können Kinder „zwingen", den Eltern die Investitionen in ihr Humankapital zu entgelten, indem sie die Hinterlassenschaften verkleinern. Insofern trifft es nicht zu, daß diese Familien in das Humankapital ihrer Kinder unterinvestieren. Zu wenig hingegen investieren in ihre Kinder diejenigen Familien, die keine Hinterlassenschaften vorsehen, also oft die ärmeren Familien. Der Staat kann Schulen und andere Ausbildungsstätten subventionieren, um die Investitionen ärmerer Familien in ihre Kinder auf ein effizientes Niveau anzuheben.

Wir betrachteten nicht nur Subventionen für Bildung und Berufsausbildung, sondern auch Sozialversicherungs- und andere Unterstützungsleistungen für alte Menschen, Geburtenbeihilfen, Gesetze zur Erschwerung der Ehescheidung und des Verkaufs von Kindern sowie Gesetze, die sehr frühe Heiraten und andere Entscheidungen von Kindern von der Einwilligung der Eltern abhängig machen. Es ist bemerkenswert, wieviel staatliche Interventionen in Familienentscheidungen offenbar zur Effizienz von Familienarrangements beitragen.

Staat, Humankapital und Wirtschaftswachstum

(1993)

Kein Faktor ist bedeutsamer für die Beziehungen zwischen Staaten – das Thema unserer Zusammenkünfte – als die Wachstumsraten der Pro-Kopf-Einkommen. Länder, die durch mehrere Jahrzehnte erhebliches Wachstum verzeichnen, beginnen wirtschaftlich und politisch eine wichtige internationale Rolle zu spielen, während Staaten, die stagnieren, viel von dem Einfluß, den sie vormals gehabt haben mögen, verlieren.

Das rasche Wachstum von Taiwan – einer kleinen Insel, politisch vom überwiegenden Teil der Welt geächtet – macht es möglich, daß dieser Staat in Wirtschaftsfragen auf viele Länder, einschließlich China, einen erheblichen Einfluß ausübt. Im Gegensatz hierzu mußte die Sowjetunion, obzwar militärisch immer noch eine Großmacht, zusehen, wie infolge ihrer katastrophalen Wirtschaftsleistungen ihr Einfluß fast zur Gänze verschwand.

Die enorme Bandbreite von Wachstumsraten ist lehrreich, denn man verfügt damit sowohl über gute wie über schlechte Beispiele der Wachstumspolitik. Von 1960 bis 1985 betrug die durchschnittliche jährliche Wachstumsrate des Bruttoinlandsprodukts pro Kopf für über 100 Länder 2,0 Prozent – was im historischen Vergleich außerordentlich hoch ist. Doch schwankten diese Raten von –3 % für den Tschad bis über +6 % für Südkorea, Taiwan und Singapur. Das oberste Viertel der Länder verzeichnete ein Wachstum von mindestens 3,3 Prozent, während das unterste Viertel jährlich um weniger als drei Viertel eines Prozents wuchs.

Es ist naheliegend, sich an die schnell wachsenden Länder zu halten, wenn man herausfinden will, wie sich rasches Wachstum erreichen läßt. Länder unterscheiden sich in vieler Hinsicht; es ist daher nicht erstaunlich, daß in der wissenschaftlichen wie in der populären Literatur viele, oft widersprüchliche, Überlegungen Beachtung finden. Ich werde aber zu zeigen versuchen, daß zwei Überlegungen vorherrschend sind. Das hier anwesende Publikum wird sicher nicht erstaunt sein, daß die eine von ihnen die Rolle des Staates betrifft. Und diejenigen, die meine Arbeiten kennen, werden ebensowenig erstaunt sein, daß es bei der anderen um das Humankapital geht.

Staatseingriffe

Bis in die Mitte der 70er Jahre war die große Mehrheit der Ökonomen (von anderen Wissenschaftlern gar nicht zu reden) nicht überzeugt davon, daß ein „starker Staat" Wirtschaftswachstum und Wohlstand beeinträchtigt. Immerhin schienen die Sowjetunion und andere kommunistische Länder rascher als der Rest der Welt zu wachsen. Viele Experten der Sowjetwirtschaft stimmten sogar mit Chruschtschow überein, der in den späten 50er Jahren prahlte, die sowjetische Wirtschaft werde die der USA überholen.

Überdies schien sich in einigen europäischen Ländern, in denen die Staatsausgaben einen ungewöhnlich großen Teil des Volkseinkommens ausmachten, die Wirtschaft jeweils sehr gut zu entwickeln. Und Produktivitätsvergleiche zwischen Staats- und Privatunternehmen desselben Wirtschaftszweiges ergaben nicht eindeutig, daß die Staatsunternehmen weniger effizient waren.

Alle diese Befunde haben sich in den letzten 15 Jahren gründlich geändert. Die scheinbar guten Ergebnisse kommunistischer Länder beruhten auf statistischen Täuschungen, denn inzwischen steht fest, daß es diesen Wirtschaften seit etwa 1965 sehr schlecht ging. Westdeutsche Steuerzahler mußten bestürzt zur Kenntnis nehmen, daß die meisten Fabriken in Ostdeutschland, der angeblichen Vorzeigeindustrie des Ostblocks, auf den modernen Märkten wertlos sind.

Aus den Fehleinschätzungen der Wachstumsraten kommunistischer Länder können wir eine nützliche Lehre für die Erforschung von Zentralverwaltungswirtschaften ziehen. Da diese Wirtschaften keine funktionierenden Preissysteme haben, werden selbst sorgfältige und unparteiische Forscher auch bei bester Absicht die Qualität von Gütern und Leistungen für Konsumenten und Produzenten fast unweigerlich zu hoch veranschlagen.

Vor ein paar Jahren sah ich mir für eine *Business Week* Kolumne, in der die Leistungen von Taiwan und Kuba verglichen werden sollten, Untersuchungen über das Sozialprodukt von Kuba an. Ich bin inzwischen überzeugt, daß sogar die pessimistischen Schätzungen Kubas Erfolge unter Castro bei weitem übertrieben, obwohl die Untersuchung, die am gründlichsten *aussah*, zu dem Schluß kam, Kubas Wachstumsrate sei recht zufriedenstellend.

Die asiatischen „Tiger", die generell auf freie Märkte setzen, haben es in den letzten 20 Jahren zu großer wirtschaftlicher Bedeutung gebracht. Und Verfechter umfangreicher Staatstätigkeit haben aufgehört, sich auf Schweden zu berufen, denn dieses Land fiel in den 80er Jahren stark zurück – das Schwedische Modell eines „Mittelweges" erwies sich als reichlich fehleranfällig.

Die Unterschiede zwischen den Wachstumsergebnissen der „Tiger", Chiles, des Ostblocks und anderer Länder haben die öffentliche Meinung über die Folgen weitreichender Staatsinterventionen viel stärker beeinflußt als ungezählte theoretische Erörterungen über die Effekte mangelhafter ökonomischer Anreize. Trotzdem waren Friedman, Hayek, Stigler und andere Mitglieder der [Mont Pelerin] Gesellschaft äußerst wichtig, denn sie lieferten die Erklärung, warum diese Mißerfolge und Erfolge keine Zufälle, sondern durch den Typus der Wirtschaftsordnung vorgegeben waren.

Auch das Belegmaterial aus sorgfältigen Vergleichen von Staats- und Privatunternehmen verschob sich deutlich zugunsten der Privatwirtschaft. Beispielsweise kommt eine neuere Weltbankstudie über ein Dutzend Privatisierungen in verschiedenen Ländern zu dem Ergebnis, daß diese in fast allen Fällen eine Effizienzsteigerung bewirkten, selbst wenn die nunmehr privaten Unternehmen erhebliche Monopolmacht behielten.

Einige statistische Untersuchungen zeigen einen negativen Zusammenhang zwischen dem Bruchteil des Volkseinkommens, der vom Staat ausgegeben wird, und der wirtschaftlichen Leistung eines Landes, doch leider sind diese Zusammenhänge nicht robust. Etwas bessere Ergebnisse lassen sich erzielen, wenn man zwischen Staatsausgaben für Konsumzwecke und solchen für Infrastrukturzwecke unterscheidet: Größerer Staatskonsum scheint eine Belastung für die Volkswirtschaft zu sein. Aber selbst diese Unterscheidung berücksichtigt noch nicht die üblen Wirkungen der zahllosen Regulierungsmaßnahmen eines bevormundenden Staates.

Eines der lehrreichsten Beispiele ist dem Bereich des internationalen Handels zu entnehmen. Länder wie Indien und Argentinien – die eine Politik der Außenhandelsbeschränkung zum Zweck der Förderung von Importsubstitution betrieben – wuchsen im allgemeinen langsam, wogegen Länder wie die asiatischen „Tiger", die inzwischen rege im Import-Export tätig sind, sehr gut abschnitten.

Vergleiche der Wachstumsraten verschiedener Länder zeigen tatsächlich, daß Länder besser abschneiden, wenn sie viel importieren und exportieren und wenn sie ihren Handel relativ wenig beschränken.

Ich glaube, den Schluß ziehen zu können, daß die verschiedenartigen Befunde, die während der vergangenen 20 Jahre verfügbar wurden, überzeugend belegen, daß wenigstens ab einem gewissen Punkt Staatseingriffe in den Markt das wirtschaftliche Wachstum stark verzögern. Dennoch stiegen Staatsausgaben und staatliche Regulierungen in fast allen Ländern nach 1970 rasch an.

Staats- und Gemeindeausgaben in über 50 nichtkommunistischen Ländern stiegen von durchschnittlich 32 % des Bruttoinlandsprodukts im Jahre 1972 auf 36 % 1980 und auf 40 % 1985. Ich glaube, das war eine der Ursachen für den Einbruch des internationalen Wirtschaftswachstums in den 70er und 80er Jahren gegenüber den zwei Jahrzehnten davor. In den USA blieb der Staatsanteil mit 37 % im Jahre 1985 etwas unter dem Durchschnitt, weil er unter der Präsidentschaft von Reagan langsamer zunahm als die Staatsausgaben in anderen Ländern.

Humankapital

Wie dem auch sei, Staatsausgaben und Regulierung sind, so wichtig sie auch sein mögen, nicht die einzigen Determinanten der Wirtschaftsleistung. Erhebliche Investitionen in Qualität und Quantität des Humankapitals scheinen ebenfalls entscheidend zu sein. Das Belegmaterial für diese Behauptung ist robust und vielfältig und ebenso überzeugend wie das für die negativen Wirkungen sehr ausgedehnter Staatseingriffe.

Der Begriff des Humankapitals umfaßt für mich Wissen und Fertigkeiten der Menschen, ihren Gesundheitszustand und die Qualität ihrer Arbeitsgewohnheiten. Humankapital ist wichtig, weil in modernen Gesellschaften die Produktivität auf Schaffung, Verbreitung und Nutzung von Wissen beruht. Geschaffen wird Wissen in Unternehmen, Laboratorien und Universitäten; verbreitet wird es in Familien, Schulen und am Arbeitsplatz, und genutzt wird es in Unternehmen bei der Produktion von Gütern und Dienstleistungen.

Ich glaube, daß mehr als 20 Prozent der gesamten Ressourcen einer Wirtschaft für Investitionen in verschiedene Arten von Humankapital verwendet werden, etwa in Form von Schulbildung und „Training-on-the-job" oder der Aneignung produktiver Gewohnheiten durch Arbeit und andere Erfahrungen, aber auch in Form einer Abwanderung in Länder und Regionen, die den Familien bessere wirtschaftliche Möglichkeiten bieten. Diese Art von Investitionen wird in der Volkswirtschaftlichen Gesamtrechnung für gewöhnlich nicht berücksichtigt, und ihr Beitrag zum wirtschaftlichen Erfolg wird im allgemeinen unterschätzt – teilweise deswegen, weil es sehr wenig Zahlenmaterial gibt, das ihre Bedeutung zeigen würde.

Untersuchungen über die Erfolge einzelner Länder ergeben für gewöhnlich, daß ein Anstieg der Bildung und neuen Wissens infolge von Forschungs- und Entwicklungsausgaben signifikant zum Wirtschaftswachstum beiträgt. Beispielsweise verfügen die erfolgreichen „Tiger" allesamt über ein relativ hochgebildetes, gut geschultes und leistungswilliges Arbeitskräftepotential, und sie setzen erfolgreich die fortschrittlichsten Technologien ein, die in anderen Ländern entwickelt wurden.

Statistiken über die Anzahl absolvierter Schuljahre sind für viele Länder die einzige verfügbare Information über Investitionen in Humankapital. Länder, die 1960 höhere Schülerzahlen und einen größeren Anteil von Absolventen weiterführender Schulen an ihrer Bevölkerung verzeichneten, wiesen in den folgenden 25 Jahren tendenziell ein rascheres Wachstum auf. Tatsächlich schlägt die Schulbildung stärker zu Buche als die meisten anderen der untersuchten Variablen.

Eine Untersuchung kommt sogar zu dem Schluß, die Bildung von Frauen sei wichtiger als die von Männern, obwohl in vielen Ländern nur ein geringer Teil der Frauen erwerbstätig ist. Eine plausible Begründung ist die, daß Frauen nicht nur, wenn sie für Geld arbeiten, sondern auch durch ihre Kindererziehung zu den Wertvorstellungen und Fertigkeiten der nächsten Generation beitragen.

Seit fast 40 Jahren – seit man die Bedeutung des Humankapitals für das Wirtschaftsleben zu würdigen begann – weiß man, daß Wirtschaftswachstum ausgedehnte Humankapitalinvestitionen erfordert. Das erklärt unter anderem die Angst des Westens in den frühen 80er Jahren vor dem offensichtlich sehr aufwendigen Einsatz der Sowjets für die mathematisch-naturwissenschaftliche Bildung ihrer Jugend. Man glaubte, daß dieser Einsatz der Sowjetunion für die Zukunft sowohl einen beträchtlichen wirtschaftlichen Vorsprung als auch militärische Überlegenheit sichern werde.

Staat und Humankapital

Daß ausgedehnte Humankapitalinvestitionen allein keine robusten wirtschaftlichen Leistungen bewirken können, erfaßten die Wirtschaftswissenschaftler, die damals über Humankapital schrieben, nicht in genügendem Maße – und ich zähle mich selbst zu den Schuldigen. Denn der Anreiz, leistungsfähiges Humankapital zu akkumulieren, hängt eng mit dem Ausmaß der Beteiligung des Staates am Wirtschaftsleben zusammen. Insbesondere finden sich zunehmend Beweise dafür, daß der Beitrag ausgedehnter Bildung und Berufsausbildung zum Wirtschaftswachstum drastisch zurückgeht, wenn der Staat zu sehr in die Wirtschaft eingreift.

Kommunistische Länder lagen zwar mit ihren Schülerzahlen im allgemeinen vorn – für Kuba gilt das noch immer – , doch wurden in diesen Staaten die Anreize so verzerrt, daß die Schulbildung für gewöhnlich nicht sinnvoll genutzt wurde. Man kann auch mit zu vielen Bauingenieuren und Ökonomen oder zu wenigen Computerprogrammierern und Elektronikingenieuren dastehen – wenn die Gehälter der erstgenannten Gruppe von Berufen nicht fallen dürfen und die der zweiten zu niedrig sind.

In nichtkommunistischen Ländern wirken hohe Einkommensteuersätze, ausgedehnte Subventionen und weitreichende Regulierungen ebenfalls stark verzerrend. Ich erlebte ein eindrückliches Beispiel hierfür vor einigen Jahren, als ich einem Beratergremium für eine europäische Hochschule angehörte. Im Zuge unserer Ermittlungen fragten wir einige Doktoranden der Wirtschaftswissenschaften, warum sie so lange brauchten, um ihr Promotionsstudium zu beenden. Zunächst redeten sie sich auf die alte und überholte Tradition aus, daß eine Dissertation ein magnum opus sei. Wir waren ziemlich skeptisch, denn wieviel Dissertationen sind schon auch nur annähernd ausgezeichnet?

Aber als wir weiter bohrten, zeigte sich eindeutig, daß die Anreize, fertig zu werden, minimal waren; im Gegenteil, die Vorteile einer Existenz als Promotionsstudent waren erheblich. Denn solch ein Student erhielt ein beachtliches staatliches Stipendium, das nicht viel Mühe kostete, außer eine Dissertation zu schreiben oder so zu tun. Und die sehr hohen Grenzsteuersätze der Einkommensteuer bedeuteten, daß das Einkommen nach Steuern für diesen Studenten nur geringfügig anstieg, wenn er nach Erlangung seines Doktortitels eine Vollzeitbeschäftigung antrat.

Sozialismus und Wohlfahrtsstaat schwächen auch die Familie, insbesondere die Beziehungen zwischen Eltern und Kindern, was sich seinerseits auf die Anreize, in Humankapital zu investieren, auswirkt. Staatliche finanzielle Unterstützung der Alten, der Gesundheitsvorsorge, der Arbeitslosen, der Hochschüler usw. hält viele Familien davon ab, Zeit und Geld in die Wertvorstellungen und die Ausbildung ihrer Kinder zu investieren, weil Eltern und Kinder voneinander nicht so sehr abhängig sind. Insbesondere können Eltern nicht viel an greifbarer Gegenleistung für das, was sie für ihre Kinder tun, erwarten, und Kindern bringt es weniger, wenn sie auf ihre Eltern hören.

Vielleicht am schädlichsten sind dabei die widersinnigen Auswirkungen von Sozialismus und Wohlfahrtsstaat auf die Arbeitsdisziplin. Dieser Schaden drückt sich in der wohlbekannten Beschwerde des kommunistischen Arbeiters aus: „Wir tun so, als ob wir arbeiten, und die tun so, als ob sie uns bezahlen."

In einer Marktwirtschaft erfahren Arbeiter die Vorteile eines pünktlichen Arbeitsantritts und einer soliden Leistung. Solches Verhalten wird im Laufe der Zeit allmählich zur Gewohnheit, denn Arbeitsfleiß verstärkt sich selbst und erhöht die Wahrscheinlichkeit guter Arbeitsgewohnheiten in der Zukunft. Und um ihre Kinder auf ein produktives Arbeitsleben vorzubereiten, versuchen Eltern, ihnen diese Gewohnheiten zu Hause anzuerziehen.

Wird in einer Volkswirtschaft mit guter Arbeitsdisziplin ein kommunistisches Regime oder ein Wohlfahrtsstaat errichtet, so kann es/er eine Zeitlang von diesen Gewohnheiten zehren. Denn wer über viele Jahre sorgfältig gearbeitet hat, reagiert nicht so rasch auf hohe Steuern und andere leistungshemmende Anreize. Er wird sich eine Zeitlang weiterhin anstrengen, und dadurch können neu eingerichtete interventionistische Regimes vorübergehend große Erfolge verzeichnen. Es könnte zunächst sogar so aussehen, als ob individuelle Anreize gar nicht so wichtig sind für die Erzielung guter Leistungen. Joseph Schumpeter, kein Freund des Sozialismus, meinte in den frühen 40er Jahren, das sozialistische System werde vermutlich einmal über jene moralische Gefolgschaft gebieten können, die dem Kapitalismus zunehmend verweigert werde, und in einer sozialistischen Gesellschaft werde es vielleicht mehr Selbstdisziplin geben.

Aber mit der Zeit reagieren selbst eingefleischte Gewohnheiten auf Preis- und Lohnanreize. Ökonomischen Forschungsergebnissen ist zu entnehmen, daß ausgeprägte Gewohnheiten und Abhängigkeiten auf solche Anreize *langfristig stärker* reagieren als ein Verhalten, das nicht oder nur schwach durch Gewohnheit bestimmt ist. Ältere Arbeitskräfte passen sich vielleicht nicht mehr an, aber jüngere lernen recht schnell, mit dem System „umzugehen". Kindern, die in sozialistischen und anderen stark interventionistischen

Systemen aufwachsen, erscheint die Einstellung ihrer Eltern zu harter Arbeit veraltet. Und das Schlimme ist, daß sie durchaus recht haben!

Die wirtschaftliche Leistung interventionistischer Länder läßt mit der Zeit nach, unter anderem deshalb, weil gute Gewohnheiten mit der Zeit wieder verschwinden. Sowohl das wirtschaftliche Wachstum als auch die guten Gewohnheiten lassen langsam nach, und so erklärt sich, warum es so lange dauerte, bis die meisten führenden Ökonomen sich überzeugen ließen, daß kommunistische Regimes und andere Systeme eines ausgedehnten Staatsinterventionismus nicht mit freien Marktwirtschaften Schritt halten können. 1985 gaben Samuelson und Nordhaus in ihrem Bestseller-Lehrbuch *Economics* nur die damals unter Wirtschaftswissenschaftlern noch vorherrschende Meinung wieder, als sie die Frage stellten, ob die sowjetische politische Repression „die wirtschaftlichen Vorteile wert" sei.

Natürlich funktioniert der Prozeß auch umgekehrt. Ein marktorientiertes Regime, das eine kommunistische oder sonstwie interventionistische Ordnung ablöst, muß sich zunächst mit den negativen Einstellungen und der schlechten Disziplin der Arbeitskräfte herumschlagen. Je länger das vorherige Regime an der Macht war, umso unzulänglicher ist die Einstellung gegenüber fleißiger und solider Arbeit. Natürlich lassen sich gute Gewohnheiten wiederbeleben und sogar zur vollen Blüte bringen, sofern Arbeitskräfte auf die Anreize des Marktes reagieren müssen. Aber es dauert eine Weile, bis schlechte Gewohnheiten abgebaut und gute aufgebaut sind.

Die Erfahrungen der vormals kommunistischen Länder in Mittel- und Osteuropa beim Wiederaufbau ihrer Wirtschaften sollten Aufschluß darüber geben können, ob Gewohnheiten und Einstellungen von Arbeitskräften wichtig sind für das Verständnis der dynamischen Prozesse, die die Transformation zentralverwalteter Wirtschaften bestimmen. In Anbetracht der Zeit, die zur Veränderung von Gewohnheiten nötig ist, wird der Anpassungsprozeß meines Erachtens um einiges langsamer vor sich gehen, als Ökonomen zunächst erwarteten.

Mitglieder der Mont Pelerin Gesellschaft sollte es nicht erstaunen, daß der Erfolg von Humankapitalausgaben und die Art von Arbeitsgewohnheiten und Einstellungen, die sich entwickeln, eng mit den Anreizen zusammenhängen, die eine Wirtschaftsordnung bietet. Denn was ist schließlich eine Marktwirtschaft anderes als eine Ordnung, die Menschen anhält, ihre Möglichkeiten zu nutzen und zu entwickeln? Und dazu bedarf es der Gelegenheit, in der arbeitsteiligen Wirtschaft die richtige Nische zu finden, nützliche Gewohnheiten und Fertigkeiten zu akkumulieren und sich Wertvorstellungen für eine gute Lebensgestaltung anzueignen. Zuviel Einmischung des Staates kann dabei unüberwindliche Hindernisse in den Weg legen.

Natürlich behaupte ich nicht, daß der Staat in einer produktiven Wirtschaft keine Rolle zu spielen hat; die hat er durchaus. Ja, ich behaupte nicht einmal, daß er die Akkumulation von Humankapital völlig der privaten Initiative von Einzelpersonen und Unternehmen überlassen soll. Aber die ihm angemessene volkswirtschaftliche Rolle entspricht bei weitem nicht dem Platz, den er jetzt einnimmt und den, wenn auch unvollkommen, die über 40 Prozent des Volkseinkommens zum Ausdruck bringen, über die Regierungen typischerweise verfügen. Und der angemessene Beitrag des Staates zur Akkumulation von Humankapital ist erheblich kleiner und unterscheidet sich qualitativ von dem, was heutzutage üblich ist; das ist insbesondere angesichts des umfangreichen Belegmaterials über die Wechselwirkung zwischen staatlicher Regulierung und optimalen Humankapitalinvestitionen festzuhalten.

Ich habe nicht die Zeit (und hier ist auch nicht der Ort), um ausführlich darauf einzugehen, was der Staat zur Förderung des Humankapitals tun sollte. Ich werde nur einige Schlußfolgerungen skizzieren; Einzelheiten lassen sich anderswo nachlesen.

Ich habe schon meiner Meinung Ausdruck gegeben, daß eine funktionierende Marktwirtschaft das Entstehen guter Arbeitsgewohnheiten fördert – nicht von einem Tag auf den andern, aber mit der Zeit. Im Zusammenhang mit der Gewohnheitsbildung sollte der Staat vornehmlich bestrebt sein, keine leistungshemmenden Anreize in Form übermäßiger Regulierungen und Steuern zu schaffen.

Training-on-the-job ist eine der wichtigsten Quellen produktiven Humankapitals; leider wird sie relativ zu der Beachtung, die man der Schulbildung schenkt, durchwegs sträflich vernachlässigt. Ich glaube – obwohl ich nicht genügend Belege habe, um es beweisen zu können –, daß die Beträge, die in modernen Wirtschaften für Training-on-the-job aufgewendet werden, ebenso groß sind wie die für schulische Bildung, vielleicht sogar größer. Ebenso wie bei den guten Arbeitsgewohnheiten bedarf es auch für ein erfolgreiches Training-on-the-job nur sehr geringer Mitwirkung des Staates: Eine Marktwirtschaft bietet den Arbeitskräften starke und robuste Anreize, die für die verschiedenen Tätigkeiten jeweils erforderliche Ausbildung zu erwerben.

Ein Bereich, der staatliche Hilfe benötigt, ist die Finanzierung der Schulbildung von Kindern bis zum Ende der weiterführenden Schule. Ich brauche vor dem anwesenden Publikum nicht zu betonen, wie wichtig die Unterscheidung zwischen staatlicher Finanzierung des Schulwesens, z.B. mittels eines Gutscheinsystems, und dem staatlichen Betrieb von Schulen ist. Wir haben mittlerweile überzeugende Beweise dafür, daß die Privatisierung eines Schulsystems für die Produktivität des Bildungssektors Wunder wirken kann – ebenso wie die Privatisierung in anderen Wirtschaftszweigen die Produktivität deutlich gesteigert hat.

Doch es ist nicht erstrebenswert, daß der Staat die Schulbildung aller Kinder finanziert, wie das derzeit im Grunde in allen Ländern geschieht. Es hat wenig Sinn und wirkt sich nachteilig auf Arbeitsanreize und Fertilitätsverhalten aus, die Eltern zuerst zu besteuern, um zu Geld zu kommen, und dann die Steuern als Subventionen für die Schulbildung ihrer Kinder zurückzuzahlen. Statt dessen sollten die meisten Eltern die Kosten der Erziehung ihrer eigenen Kinder selbst tragen.

Ich glaube, daß daher im Interesse von Effizienz und Chancengleichheit der Staat Schulgutscheine nur an arme Familien, also etwa an das unterste Fünftel der Familien, ausgeben sollte, die diese Kosten nicht aus eigenen Mitteln tragen können. Innerhalb dieser Gruppe könnte der Geldwert eines Gutscheines mit der Höhe des Familieneinkommens abnehmen. Mir ist klar, daß das widersinnige Anreizwirkungen haben kann, weil die Subvention vom Einkommen abhängt; doch die nachteiligen Wirkungen wären viel geringer als die einer Politik, die an jedermann Gutscheine ausgibt.

Es wäre nicht teuer, Schulbildung und Berufsbildung aller Kinder aus armen Familien bis zum Alter von 19 Jahren großzügig zu finanzieren. Ich schätze, daß dafür in den USA weniger als eineinhalb Prozent des Bruttosozialprodukts erforderlich wären – und das wäre nur ein Bruchteil der rund sechs Prozent, die die öffentliche Hand derzeit in den USA und den meisten anderen reichen Ländern für Schulbildung ausgibt. Das derzeitige System verschlingt deshalb so viel mehr an Steuergeldern, weil Steuern die Schulbildung praktisch aller Kinder finanzieren.

Der Staat sollte auch helfen, neue Entdeckungen zu finanzieren, weil diese oft verbreitet werden, ohne daß sie ihren Entdeckern nennenswerte finanzielle Vorteile bringen. Die amerikanische Bundesregierung gibt etwas mehr als ein Prozent des Bruttosozialprodukts für Grundlagenforschung und Entwicklung aus, und ähnlich sind die Prozentsätze in Deutschland, Japan, Frankreich, Großbritannien, Kanada und anderen Staaten, die auf diesem Gebiet viel leisten. Es ist also keine sonderliche Anstrengung des Staates nötig, damit er seinen Verpflichtungen im Interesse der Schaffung neuen Wissens nachkommen kann.

Den Zahlen, die ich genannt habe, ist zu entnehmen, daß der Staat die ihm zukommende Rolle bei der Finanzierung des Schulwesens und der Erweiterung unseres Wissens mit einem Aufwand spielen kann, der weniger als drei Prozent des Bruttosozialprodukts ausmacht. Das sind rund sieben Prozent aller Staatsausgaben in den westlichen Ländern und wahrscheinlich nicht mehr als rund ein Achtel der privaten Investitionen in Wissen und anderes Humankapital. Natürlich gibt es Staatsausgaben für Militär, Umweltschutz und andere nützliche Zwecke, aber diese Zahlen deuten darauf hin, daß der angemessene Beitrag des Staates zur Akkumulation von Humankapital sehr wenig an Steuern und öffentlichen Ausgaben erfordert.

Der öffentliche Sektor ist fast überall sehr aufgebläht. Der hyperaktive Staat verlangsamt das Wirtschaftswachstum nicht nur direkt, sondern auch dadurch, daß er sich selbst daran hindert, seine eigentlichen Aufgaben zufriedenstellend zu erledigen. Echte und sogar existentiell wichtige Staatsaufgaben müssen mit Aktivitäten, die dem Staat gar nicht zukommen, um Geld und die Leistungen fähiger Staatsbeamter konkurrieren.

Insbesondere würden Staaten ihren Verpflichtungen im Bereich des Humankapitals eher nachkommen – bei der Bereitstellung von Schulgutscheinen, der Fürsorge für Kinder und alte Menschen, der Ausarbeitung einer sinnvollen Einwanderungspolitik –, wenn ihre Aufmerksamkeit nicht anderweitig in Anspruch genommen wäre: durch die Subventionierung einzelner Wirtschaftszweige, die Förderung von Zukunftstechnologien, den Betrieb von Schulen, Kranken- und Rentenversicherungsanstalten, die Beaufsichtigung der Werbewirtschaft und ungezählte andere nicht gerechtfertigte Tätigkeiten.

Lassen Sie mich abschließend den Inhalt dieses Vortrages zusammenfassen. Der Befund für das letzte halbe Jahrhundert zeigt, daß sehr extensive Staatseingriffe in die Wirtschaft deren Wachstum verzögern – wenn man auch verschiedener Meinung darüber sein kann, was „sehr extensiv" heißt. Hinzu kommt, daß in der modernen Welt erhebliche Investitionen in Humankapital erforderlich sind, weil Wirtschaften heute von der erfolgreichen Nutzung von Wissen und Fertigkeiten abhängen.

Diese Themen stehen miteinander in Zusammenhang. Eine übermäßige Einmischung des Staates in die Wirtschaft vermindert die Akkumulation leistungsfähigen Humankapitals, sei es in Form von Arbeitsdisziplin, produktiven Fertigkeiten oder neuem Wissen. Und der Staat sollte nur einen kleinen Bruchteil der beträchtlichen Gesamtinvestitionen in Humankapital finanzieren, die Voraussetzung für robustes Wirtschaftswachstum sind.

Denn in einer funktionierenden Marktwirtschaft würde der weitaus größte Teil der Humankapitalinvestitionen in die private Verantwortung von Einzelpersonen und Organisationen fallen: Eltern, die in ihre Kinder investieren, Erwachsene, die sich weiterbilden, Unternehmen und Universitäten, die Ausbildungsmöglichkeiten bieten, forschen und kommerziell verwertbare Technologien entwickeln.

Für mich sind dies die wichtigsten Lehren, die wir aus dem zunehmend verfügbar werdenden Material über die Wachstumserfahrungen verschiedener Länder ziehen können. Die zwischenstaatlichen wirtschaftlichen und politischen Beziehungen werden in den nächsten Jahrzehnten entscheidend davon abhängen, wie sehr die Welt diese Lehren beherzigt.

Interview mit Gary Becker

Interviewpartner: RICHARD SWEDBERG

(1988)

In jeder Diskussion über das gegenwärtige Verhältnis von Ökonomik und Soziologie muß die Hauptperson Gary Becker sein.[1] Nicht nur war er der erste, der die neoklassische Analyse auf nicht-wirtschaftliche Themen anwendete – das tat er bereits in den frühen 50er Jahren –, sondern er hat seither auch die ökonomische Analyse in brillanter und bahnbrechender Art erweitert. In einem programmatischen Aufsatz mit dem Titel „The Economic Approach to Human Behavior" beschreibt Becker seine Methode folgendermaßen: „Vorbehaltlos und unbeirrbar angewendet, macht die Kombination der Annahmen von Maximierungsverhalten, Marktgleichgewicht und stabilen Präferenzen für mich das Herzstück der ökonomischen Methode aus" (1976/1982, 4).

Das Themenspektrum, das Becker mit seinem Ansatz behandelt hat, ist außerordentlich umfangreich. Seine erste bedeutende Arbeit, die er in seinen frühen Zwanzigern schrieb, trägt den Titel *The Economics of Discrimination* und stellt den Versuch dar, Diskriminierung mit Hilfe eines Begriffsapparats zu erklären, der sich an den neoklassischen Außenhandels- und Konsumtheorien orientiert. Seinen zweiten wichtigen Schritt auf nicht-wirtschaftliches Gebiet tat er 1960 mit einer Fertilitätsanalyse. Beckers Gedanke, Kinder als „dauerhafte Konsumgüter" aufzufassen, rief besonders heftige Reaktionen hervor, wie er im Interview berichtet. Für eine kleine Revolution sorgte im Jahre 1968 auch die Publikation eines Artikels, in dem er die Behauptung aufstellte, der „Rational-choice"-Ansatz lasse sich auch auf Verbrechen anwenden. Seit den 60er Jahren hat Becker fortlaufend ebenso glänzende wie umstrittene Analysen vorgelegt. Viele davon, insbesondere *Human Capital*, aber auch *A Treatise on the Family*, gehören inzwischen zur ökonomischen Standardliteratur. In der erstgenannten Arbeit entwickelt Becker den Gedanken, daß Bildung als eine besondere Form von Investition

---

[1] Die nachstehenden Angaben sind Gary Beckers Vita in BLAUG, 1985, SHACKLETON, 1981, und im *Who's Who in Economics*, 1986, entnommen. Zur Reaktion der Soziologen siehe insbesondere DUNCAN, 1958, MACRAE, 1978, BERK und BERK, 1983.

verstanden werden kann, und in der zweiten versucht er sich an Themen wie Eheschließung und -scheidung, Polygamie und Monogamie. In einem gemeinsam mit George Stigler verfaßten berühmten Aufsatz aus 1977 wird der Anwendungsbereich der Rational-choice-Analyse noch weiter ausgedehnt: auf Tradition, Suchtverhalten, Mode und Werbung.

Soziologen und andere Sozialwissenschaftler, die keine Ökonomen sind, haben auf Beckers Arbeiten mit einer Mischung aus Begeisterung, Bewunderung und Ablehnung reagiert. Eine recht abgewogene Beurteilung des Beckerschen Werkes aus soziologischer Sicht findet sich in Duncan MacRaes Überblicksaufsatz im *American Journal of Sociology*, 1978. MacRae faßt seine Meinung in der Bemerkung zusammen: Was Becker tue, „könnte (für die Soziologie) ebenso eine Herausforderung wie eine Quelle fruchtbarer Neuerungen" sein (1978, 1244). Bissiger drücken sich zwei Soziologen in einem Überblicksartikel über die sogenannte Neue Haushaltsökonomik aus, zu deren wichtigsten Begründern Becker zählt. Die Autoren (BERK und BERK, 1983, 375) kommen zu dem Schluß: „In vielerlei Hinsicht verdient die Familiensoziologie die Neue Haushaltsökonomik." Entschieden freundlichere Aufnahme fand Beckers „ökonomische Soziologie" (wie er sie im folgenden Interview nennt) in der hochangesehenen Soziologie-Abteilung der University of Chicago, wo er 1983 – zusätzlich zu seinem ökonomischen Lehrstuhl – auf einen Lehrstuhl für Soziologie berufen wurde, den er noch heute innehat.

Becker wurde 1930 in Pottsville, Pennsylvania, als Sohn eines Unternehmers geboren. Seinen ersten akademischen Grad erwarb er an der Universität Princeton 1951 (Hauptfach Ökonomik, Nebenfach Mathematik). Zwei Jahre später erwarb er den Titel eines Magister artium an der Universität Chicago und 1955 ebenda sein Doktorat (Ph.D.). Nach einigen Jahren als Assistenzprofessor in Chicago (1954–57) übersiedelte er an die Columbia Universität und wirkte dort länger als ein Jahrzehnt (1957–69). Er kehrte dann an die Universität Chicago zurück, wo er bis heute tätig ist. 1987 war Becker Präsident der American Economic Association.

*

Frage: Viele Ökonomen und Soziologen kennen Ihr Werk, wissen aber wenig über dessen Vorgeschichte und woher die Anregungen dazu kamen. Könnten Sie etwas darüber sagen, warum Sie sich entschlossen, Ökonom zu werden, und wer Ihre einflußreichsten Lehrer waren? Ich weiß z.B., daß Sie Ihre höheren akademischen Grade hier in Chicago erwarben.

Antwort: Es geht noch etwas weiter zurück – bis zu meiner Zeit als undergraduate in Princeton. Damals fing meine Entwicklung gerade erst an, und ich interessierte mich sowohl für Mathematik als auch für soziale Probleme. Im ersten Jahr belegte ich eine Pflichtvorlesung zur Volkswirtschaftslehre, und damals wurde mir klar, daß man die Mathematik auf die Ökonomik anwenden kann. Das war der eigentliche Grund, weshalb ich mich der Wirtschaftswissenschaft zuwandte.

Ich habe es immer als Glücksfall empfunden, daß ich damals diese volkswirtschaftliche Vorlesung belegte. Ich las ein einführendes Lehrbuch von Samuelson, *Economics*, und die Kapitel zur Mikroökonomik gefielen mir am besten. Sie waren knapp und mathematisch formuliert und beschäftigten sich trotzdem mit interessanten Problemen. Und das bewog mich zu dem Versuch, das Interesse an sozialen Problemen mit einer stärker mathematischen oder exakten Betrachtungsweise zu verbinden. Der Mathematik hatte schon in der Schule immer mein Hauptinteresse gegolten, und das hielt sich zu einem Teil auch in Princeton. Infolgedessen war mein Hauptfach als undergraduate in Princeton zur Hälfte Ökonomik und zur Hälfte Mathematik.

Ich darf vielleicht noch etwas hinzufügen, was für die Soziologie wichtig ist. Als ich in Princeton in meinem letzten Jahr war, geriet ich mit meinem Interesse für die Ökonomik in eine Krise. Sie kam mir zu formal vor, und ich hatte das Gefühl, daß sie sich nicht wirklich mit wichtigen sozialen Problemen beschäftigt. Infolgedessen spielte ich mit dem Gedanken, mich der Soziologie zuzuwenden. Ich habe nie eine Soziologievorlesung belegt, aber ich kannte Marion Levy, die in Princeton Soziologin war und immer noch ist. Ich begann auch, soziologische Literatur zu lesen; insbesondere Talcott Parsons, dessen Schülerin Levy ist. Ich fand Parsons zu schwer. Ich hatte das unklare Gefühl, entweder geht er über mein Fassungsvermögen hinaus, oder irgendetwas stimmt nicht. Ich war nicht sicher, was von beidem zutraf; dazu war ich nicht genügend fortgeschritten. Viel später einmal kam Parsons zu einem Vortrag nach Chicago, und man bat mich, das Korreferat zu halten. Das war ein Jahr vor seinem Tod, und er war der Hauptreferent auf einer Konferenz, die das Soziologie-Institut alljährlich im Frühjahr veranstaltet. Und dort berichtete ich, welchen Eindruck sein Werk auf mich gemacht hatte, als ich einiges davon als Student las. Freilich drückte ich mich etwas anders aus und sagte, ich sei nach der Lektüre von Parsons zu dem Schluß gekommen, die Soziologie sei einfach zu schwer für mich.

Jedenfalls verleidete mir die Erfahrung meiner Lektüre von Parsons die Soziologie, und ich kehrte zur Wirtschaftswissenschaft zurück. In Princeton war ich noch nicht sicher, ob die Ökonomik wirklich ein brauchbares Instrument zur Erforschung sozialer Probleme ist – die Leute, die mich in Mikroökonomik unterrichteten, vermittelten mir nicht den Eindruck, obwohl es sehr bekannte und gute Ökonomen waren. Erst als ich nach Chicago kam, fing ich an zu glauben, daß die Ökonomik wirklich ein wichtiges Instrument zur Erforschung sozialer Probleme sein könnte. Stark beeinflußt wurde ich von einigen der Professoren der Abteilung für Wirtschaftswissenschaft. Wenn ich eine Einzelperson nennen sollte, so müßte es sicherlich Milton Friedman sein. Er war mein Lehrer in Mikrotheorie und beeinflußte mich in dieser Richtung. Abgesehen von seiner Forschungstätigkeit will ich betonen, daß er ein *großer* Lehrer war und auf die meisten Leute, die nach Chicago kamen, enormen Einfluß ausübte. Jedenfalls auf mich. Er belebte mein Interesse an der Ökonomik neu und zeigte mir, daß man soziale Probleme mit Hilfe der ökonomischen Theorie anpacken kann. Ich mußte nicht die Ökonomik verlassen, um relevante Probleme zu behandeln – wie ich noch in meinem letzten Jahr als undergraduate in Princeton gedacht hatte. Ich hatte auch Gregg Lewis und T.W. Schultz als Lehrer, und auch sie waren sehr einflußreich. Später kam noch George Stigler hinzu, der zunächst noch nicht in Chicago war. Auch er hatte größten Einfluß auf mich.

Ich begann also sozialökonomischen Problemen nachzugehen, und nach einiger Zeit kam ich auf den Gedanken, die Diskriminierung aus ökonomischer Perspektive zu untersuchen. Es war eigentlich noch ganz am Anfang meines Doktoratsstudiums, als ich entdeckte, daß man mit Hilfe des ökonomischen Handwerkszeugs etwas über Diskriminierung, mit der sich Wirtschaftswissenschaftler kaum beschäftigt hatten, aussagen könnte – oder das zumindest versuchen könnte.

Frage: Chicago hat eine berühmte Soziologie-Abteilung. Die amerikanische Soziologie nahm hier zu Beginn des 20. Jahrhunderts mehr oder weniger ihren Ursprung, und seither hat die Abteilung einen sehr hohen Standard; sie könnte allerdings, als Sie in den 50er Jahren hier waren, in einer Art Übergangsstadium gewesen sein – im Übergang von der Soziologie eines Robert Park zu der von Jim Coleman, sozusagen. Hatten Sie irgendwelche Kontakte zur Abteilung für Soziologie, als Sie Doktorand der Wirtschaftswissenschaften waren?

Antwort: Leider hatte ich sehr wenig Kontakt mit den Soziologen. Etwas Kontakt hatte ich, nachdem ich den Vorschlag eingereicht hatte, über Diskriminierung zu dissertieren. Ich hatte die moralische und sonstige Unterstützung einiger der Ökonomen in Chicago, insbesondere von Friedman, Lewis und Schultz. Aber einige damalige Mitarbeiter der Abteilung für Wirtschaftswissenschaft hatten Schwierigkeiten damit, daß ich über etwas arbeiten wollte, was als soziologisches Problem galt; daher beriefen sie Everett C. Hughes – einen bekannten Soziologen, der damals in Chicago war – in die Gutachterkommission für mich. Da er in meiner Kommission war, hatte ich gewisse Kontakte zu ihm. Aber ich muß gestehen – obwohl ich nicht das Gefühl hatte, er lehne meine Arbeit ab –, daß es mir sehr schwer fiel, mich mit ihm zu verständigen; denn ich versuchte, das ökonomische Instrumentarium anzuwenden, und er sah die Dinge aus einem völlig anderen Blickwinkel. Ich habe daher nicht so viel von ihm profitiert, wie es vielleicht möglich gewesen wäre. Aber wenigstens war er meiner Arbeit gegenüber nicht negativ eingestellt.

Als Doktorand der Wirtschaftswissenschaft hörte ich auch die Vorlesungen verschiedener Dozenten der Abteilung für Soziologie. Ich belegte aber keine Vorlesungen und muß zu meinem Bedauern sagen, daß ich viel weniger davon profitierte, als es möglich gewesen wäre. Es gab damals in Chicago wenig Kontakte zwischen den Wirtschaftswissenschaften und der Soziologie.

Frage: Ihre Ph.D. Dissertation von 1955, die einige Jahre später unter dem Titel *The Economics of Discrimination* publiziert wurde, ist ein äußerst wichtiges Werk, was die Beziehung zwischen Ökonomik und Soziologie anbelangt. Hier wurde mehr oder weniger zum ersten Mal die traditionelle Arbeitsteilung zwischen der modernen Wirtschaftstheorie und der Soziologie in Frage gestellt, nämlich die, daß Ökonomen sich nur mit „wirtschaftlichen" Problemen und Soziologen mit „sozialen" oder „nicht-wirtschaftlichen" Problemen befassen sollten. Was hat Sie dazu bewogen, sich auf ein außer-wirtschaftliches Gebiet zu begeben? Jedes Buch hat seine Geschichte; was ist die Geschichte der *Economics of Discrimination*?

Antwort: Ich bin sicher, daß meine Lehrer – die, die ich soeben nannte – großen Einfluß darauf hatten, daß ich dieses Buch schrieb. Etwas an der Atmosphäre, die ich in Chicago vorfand, war sehr wichtig für mich; sie hätte meinen Interessen kaum besser entsprechen können. Genauer gesagt: Wichtig war die Überzeugung einiger der Mitarbeiter der Abteilung für Wirtschaftswissenschaft, daß die Ökonomik nicht nur verstehen lehrt, warum Leute Autos kaufen usw., sondern daß sie sich viel breiter anwenden läßt. Diese Überzeugung war für mich die moralische Unterstützung, die notwendig ist, um etwas ganz anderes zu machen.

Was nun unmittelbar das Thema der Diskriminierung angeht, so erinnere ich mich, daß ich eines Tages die folgende Idee hatte: Wenn man annehmen kann, jedermann neige dazu, Angehörige einer Minderheit zu diskriminieren, und diese Neigung lasse sich durch einen „Diskriminierungskoeffizienten" messen, so könnte man von den Neigungen ohne große Mühe zu den beobachtbaren Lohnunterschieden zwischen den Angehörigen der Mehrheit und denen der Minderheit gelangen. Diese Lohnunterschiede müßten die Größe des Diskriminierungskoeffizienten der Leute zum Ausdruck bringen. Ich erinnere mich, wie ich diesen Einfall hatte und sehr aufgeregt war. Ich dachte mir, ich hätte damit einen Ausgangspunkt und auch ein Analyseinstrument. Sehen Sie, bis dahin hatte ich über soziale Probleme arbeiten wollen. Nur, der Unterschied zwischen „etwas tun wollen" und „wissen, wie man es macht", kann enorm sein. Aber jetzt hatte ich eine Idee, wie ich mir die ökonomische Standardtheorie gewissermaßen zurechtbiegen und damit doch etwas über soziale Probleme, in diesem Fall Diskriminierung, aussagen könnte.

Und dann fing ich einfach an, über Diskriminierung zu arbeiten. Ich war zwar erst 22, aber ich hatte genug Selbstvertrauen, um zu glauben, hier zu sinnvollen Aussagen kommen zu können, obwohl mir klar war, daß es sich nicht um herkömmliche Ökonomik handelte, und ich von Ökonomen außerhalb Chicagos dann auch erheblich angefeindet wurde. Auch glaubte ich, durch nützliche Erkenntnisse langfristig selbst profitieren zu können. Ich war der enthusiastischen Überzeugung – und wichtig war auch die Überzeugung in der Abteilung für Wirtschaftswissenschaft –, daß Ökonomik eine wichtige Wissenschaft mit großer Aussagekraft ist. Ich habe meinen Entschluß, die Dissertation über Diskriminierung zu schreiben, nie in Zweifel gezogen. Mir fiel dieses Thema der Diskriminierung ziemlich am Anfang meines Doktoratsstudiums ein – ich glaube, im zweiten Jahr –, und ich arbeitete es für meine Dissertation gründlich aus. Danach überarbeitete ich die Dissertation und publizierte das Buch.

Frage: Im Vorwort zur Ausgabe der *Economics of Discrimination* aus dem Jahr 1971 sagen Sie, es habe erheblichen Widerstand gegen Ihre Ideen unter den Ökonomen gegeben, aber unter Soziologen weniger. Ihr Buch wurde anscheinend mehr in soziologischen Zeitschriften als ökonomischen besprochen. Seit den 50er Jahren haben Sie fortgesetzt in traditionell nichtökonomischen Bereichen gearbeitet – Sie schrieben über Kriminalität, Familie, Fertilität usw., und ich möchte Sie über die Reaktion von Ökonomen und Soziologen auf diese späteren Arbeiten befragen. Haben Sie das Gefühl, Ihre Themen werden heute mehr akzeptiert?

Antwort: Ganz ohne Zweifel ist die Anwendung der Ökonomik auf den Bereich der Soziologie heute viel akzeptabler als damals. Ich werde Ihnen ein bißchen davon erzählen, was ich mitgemacht habe. Zunächst wurde ich sehr angefeindet. Ich erinnere mich, wie ich zu einem Anstellungsgespräch an das MIT fuhr. Ich war sehr jung; es war gegen Ende meines dritten Studienjahres. Ich traf einen der jüngeren Ökonomen, der unter Fachleuten einen sehr guten Namen hat, und erzählte ihm, woran ich arbeitete. Er hörte mir zu und sagte dann, er sei der Meinung gewesen, ich sei Neoklassiker. Ich sagte ihm: „Ich *bin* Neoklassiker“, und meine Arbeit sei ein Versuch, die neoklassische Theorie auf die Frage der Diskriminierung anzuwenden. Er war sehr skeptisch, obwohl er ein sehr fähiger und höflicher Mann war. Ich erlebte diese Reaktion damals oft.

Erst zehn Jahre nach der Publikation meines Buches wurde die Ökonomik der Diskriminierung oder der Minderheiten in der Wirtschaftswissenschaft zu einem wichtigen Thema. Davor hörte man hierüber sehr wenig.

Aber es gab auch Dinge, die mir in jenen Anfangszeiten Mut machten. Zu meiner Überraschung waren einige Besprechungen von Soziologen höchst zustimmend. Ich erinnere mich besonders an die von Otis Dudley Duncan (1958), der in Chicago Assistenzprofessor war, als ich Doktorand war. Ich kannte ihn flüchtig; wir hatten mehrfach miteinander gesprochen. Er schrieb eine sehr positive Rezension. Auch ein oder zwei andere Besprechungen waren sehr zustimmend, obwohl ich mich nicht so genau daran erinnere. Die guten Besprechungen bauten mich auf, auch wenn andere Besprechungen von Soziologen negativ waren. Auch zwei oder drei Rezensionen von Ökonomen waren höchst zustimmend. Die Besprechung von Melvin Reder in der *American Economic Review* war scharfsichtig und ging auf verschiedene Aspekte ökonomischer Diskriminierung genau ein. Sehr positiv waren auch die Besprechungen von Armen Alchian im *Journal of the American Statisti-*

cal Association und von Donald Dewey im *Southern Economic Journal*. Die eine oder andere ökonomische Besprechung war ganz negativ, aber die Rezensionen in den wichtigsten Zeitschriften waren sehr ermutigend. Wenn ich sie zusammen mit der Aufnahme seitens der Soziologen ansah, so fühlte ich mich gewissermaßen bestätigt.

Als ich Chicago 1957 verließ, war ich schon drei Jahre Assistenzprofessor gewesen. Man wollte mich in Chicago behalten, aber ich hatte das Gefühl, ich sollte von dort weggehen und zusehen, wie ich allein weiterkäme. Ich schlug also ein gutes Angebot von Chicago aus und nahm statt dessen eine Stelle an der Columbia Universität an. Ich wollte in die Gegend von New York, und Columbia ist eine gute Universität. Man stellte mich hauptsächlich aufgrund meiner Empfehlungen ein und aufgrund dessen, was man von meinem Buch und anderen Publikationen gesehen hatte. Ich glaube nicht, daß das Buch damals überhaupt schon erschienen war, also hatten sie wohl eher das Manuskript gesehen. In Columbia fand ich eine für mich angenehme Abteilung vor, und ich hatte Glück, eine so gute Stelle zu bekommen. Ich setzte meine Forschungstätigkeit fort, vor allem am National Bureau of Economic Research, das sich damals in New York befand und ein ausgezeichneter Ort für wissenschaftliche Arbeit war.

Die nächsten zwei Probleme, die ich aufgriff, waren Fertilität und Humankapital. Auch sie waren teilweise oder überwiegend soziologisch. Die Ökonomen waren entschieden gegen dieses Bevölkerungszeugs. Auf der Tagung, auf der ich mein erstes Referat über Bevölkerungsfragen hielt, sagte ich, ich behandle Kinder als „dauerhaftes Konsumgut". Das Publikum lachte (BECKER, 1960). Das Gelächter kam ebenso von den Ökonomen wie von den Soziologen und den Bevölkerungswissenschaftlern. Obwohl den meisten Anwesenden das Referat nicht gefiel, sprachen Milton Friedman und ein paar andere Leute sich dafür aus. Ich fand das Ganze entmutigend, aber ich hatte das Gefühl, ich hätte recht und die Kritiker unrecht. Und zum Glück hatte ich damals genug Selbstvertrauen oder Illusionen über mich. Sonst hätte das ein schwerer Schlag sein können.

Die Arbeit über Humankapital fand eine gemischte Aufnahme. Es gab einige negative Reaktionen, aber auch positive. Sie stieß nicht annähernd auf so viel Ablehnung oder negative Kritik wie meine Arbeit zum Thema Bevölkerung. Unter den Nicht-Ökonomen waren die Bildungsfachleute zunächst dagegen. Auch einige Ökonomen äußerten sich negativ. Aber diesmal war ich nicht allein. Es gab auch andere Ökonomen, die über Humankapital arbeiteten, insbesondere Ted Schultz und Jacob Mincer, die beide bahnbrechende Arbeiten zur Ökonomik der Bildung und anderer Arten von Humankapital verfaßten. Die Anstrengungen der ganzen Gruppe halfen mit, das Humankapital als Thema annehmbar zu machen.

Meine Untersuchung über die Allokation von Zeit wurde von den Fach kollegen sehr gut aufgenommen, und dieses Mal hatte ich keine Probleme. Zwei Gebiete, auf denen meine Anwendung des ökonomischen Ansatzes hingegen auf großen Widerstand stieß, waren die Politik und die Familie. Was meine Arbeiten über Politik angeht, so muß ich bis auf die 50er Jahre zurückgehen. Schon 1958 hatte ich einen Aufsatz über die Anwendung der Ökonomik auf die Politik publiziert (BECKER, 1958). Ich fand ihn vielversprechend, aber niemand schenkte ihm besondere Aufmerksamkeit. Schon 1952 oder 1953 hatte ich, angeregt durch Schumpeters *Kapitalismus, Sozialismus und Demokratie*, eine längere und bessere Fassung geschrieben. Leider wurde diese längere Version damals vom *Journal of Political Economy*, der namhaften Zeitschrift der wirtschaftswissenschaftlichen Abteilung der Universität Chicago, abgelehnt, nachdem mir die Publikation bereits zugesagt worden war. Einem ihrer Gutachter, meinem Lehrer Frank Knight, gefiel sie nicht. Seither wurde in vielen guten Arbeiten die Ökonomik auf die Politikwissenschaft angewendet. Manchmal könnte ich mich ohrfeigen, daß ich den längeren Aufsatz nicht in einer anderen Zeitschrift unterbrachte. Ich war unter den allerersten, die die Ökonomik auf die Politik anwendeten. Aber die Ablehnung schmerzte. Ich legte die Arbeit für einige Jahre beiseite und publizierte dann 1958 eine Kurzfassung davon.

Frage: Sie waren also Anthony Downs voraus, dessen *Economic Theory of Democracy* erst 1957 erschien?

Antwort: Vielleicht ein bißchen voraus. Meine Arbeiten aus den frühen 50er Jahren und aus 1958 hatten einen ähnlichen Ansatz, obwohl Downs' Buch gründlicher und besser war. Das *Journal of Political Economy* machte einen Fehler – anders kann man es nicht nennen –, als es meinen Aufsatz 1953 ablehnte, aber einen Aufsatz von Downs 1957 publizierte. Da ich mich aber nicht für eine Laufbahn als Politologe interessierte, wendete ich mich anderen Themen zu, bis ich viel später zur Politik zurückkehrte.

Lassen Sie mich jetzt zur Familie kommen. Ich habe über Ehescheidung, Eheschließung, Fertilität usw. gearbeitet. Auch hier war die erste Reaktion bei vielen Ökonomen negativ. Aber über die Familie begann ich hauptsächlich in den 70er Jahren zu arbeiten. Inzwischen war ich viel zuversichtlicher als in meiner Dissertantenzeit, und ich hatte viel mehr Unterstützung von anderen Ökonomen und einigen Soziologen und Psychologen. Zu viele Wissenschaftler trauen sich nicht, in ihrer Forschung etwas zu riskieren, und so bleiben sie bei allgemein akzeptierten Ansätzen und Themen. Insbesondere haben die meisten Ökonomen Hemmungen, zu weit von dem abzuweichen, was andere Ökonomen tun. Daher betrachten sie Arbeiten zur Familienökonomik als „gewagt". Aber ich glaube, man muß gerechterweise sagen, daß die Theorie rationalen Verhaltens viele Erkenntnisse über die Familie erbracht hat, und es zeigte sich, daß die Kritiker unrecht hatten. Zum Glück war ich in den 70er Jahren bezüglich der Wahl meiner Themen schon zuversichtlich und war überzeugt, daß die Kritiker einfach zu „konservativ" waren. Ich hätte all den Widerstand nicht überwunden, wenn ich mir meiner Sache nicht ziemlich sicher gewesen wäre. Sonst hätte ich mich wohl anderen Themen zugewendet.

Heute nimmt die ökonomische Fachwelt die Anwendung der ökonomischen Theorie auf viele Gebiete außerhalb der traditionellen Fachgrenzen viel eher hin, obwohl auch heute noch viele Ökonomen dem negativ gegenüberstehen. Natürlich sind auch die meisten Soziologen negativ eingestellt. Aber nicht im Traum hätte ich mir vor zehn Jahren einfallen lassen, man könnte mir eine Professur an der Abteilung für Soziologie der Universität Chicago anbieten. Als ich in den späten 70er Jahren das Korreferat zu dem Vortrag von Parsons hielt, von dem ich vorhin sprach, machte ich gegen Ende auch folgenden Vorschlag. Ich sagte, die Ökonomik sei sehr leistungsfähig, sie lasse sich auf die Soziologie anwenden und im Soziologie-Institut sollte es eine Vorlesung über Mikro-Ökonomik für Soziologen geben. Unten saß dieses große Publikum – und fing an zu buhen. Bis dahin hatte den Leuten mein Vortrag gefallen; ich hatte Parsons und der Soziologie Komplimente gemacht; ich wollte mich nicht mit Parsons anlegen. Aber da buhte das Publikum mich aus. Und als ich fertig war, sagte Morris Janowitz vom Soziologie-Institut, der den Vorsitz führte, zu mir: „Die *erste* Hälfte Ihres Vortrages hat mir gefallen."

Sie können sich also vorstellen, warum ich nie erwartet hätte, die Abteilung für Soziologie der Universität Chicago, eindeutig eine der allerbesten, würde mir eine Zweitprofessur anbieten. Ich habe mich darum nie bemüht, will ich betonen. Aber als man mir vor ein paar Jahren diese Professur anbot, nahm ich sie mit Freude an – aus mehreren Gründen. Das Angebot war zum einen ein Beweis für die Flexibilität der Abteilung in Chicago. Und zweitens war es ein wichtiges Zeichen für Soziologen und Ökonomen, daß meine Art von Arbeit inzwischen auf größere Akzeptanz stieß, wenigstens bei einigen berühmten Soziologen. Das zeigt die gegenwärtige soziologische Forschung. Ich sehe regelmäßig Aufsätze in soziologischen Zeitschriften, die den Rational-choice-Ansatz auf Kriminalität, Bildung, Familie und viele andere Themen anwenden. Beispielsweise enthält die letzte Nummer des *American Journal of Sociology* eine sehr gute empirische Untersuchung, die meine Arbeit über die Allokation von Arbeitsaufwand kritisiert (BIELBY und BIELBY, 1988). Ich stimme mit Teilen dieses Aufsatzes nicht überein, aber es handelt sich um eine gute Arbeit, die zeigt, wie sehr Ökonomik und Soziologie inzwischen miteinander ins Gespräch gekommen sind. Ob beifällig oder kritisch, Soziologen beschäftigen sich heute viel mehr mit den Arbeiten von Ökonomen, die an soziologische Fragen mit der Theorie rationalen Verhaltens herangehen.

Frage: Was genau hat man sich unter Ihrer „Zweitprofessur" vorzustellen? Ich sehe z.B., daß Ihr Büro sich immer noch in der Abteilung für Wirtschaftswissenschaft befindet. Halten Sie Vorlesungen am Institut für Soziologie? Halten Sie Seminare ab?

Antwort: Es ist gar keine Frage, daß ich immer noch überwiegend zur Abteilung für Wirtschaftswissenschaft gehöre. Von dieser beziehe ich auch mein Budget. Jeder weiß das, und niemand hat etwas anderes erwartet. Aber ich mache eine Reihe von Dingen für die Abteilung für Soziologie. Natürlich nehme ich an deren Sitzungen teil und habe einen gewissen Einfluß auf die dort getroffenen Einstellungsentscheidungen. Außerdem arbeite ich sowohl mit jüngeren Mitgliedern des Lehrkörpers als auch mit einigen der ranghöchsten zusammen. Jim Coleman und ich haben viel Kontakt.

Kurz nach meiner Berufung begannen Jim Coleman und ich ein Seminar über die Methode des Rational-choice-Ansatzes in den Sozialwissenschaften. Bei unserer gestrigen Zusammenkunft z.B. stellte ein Politikwissenschaftler der Universität Chicago – David Laiten – seine Arbeit vor. Es ist ein interdisziplinäres Seminar, das vor allem Fakultätsmitglieder interessiert. Viele Ökonomen, Soziologen, Politikwissenschaftler, Juristen und Philosophen nehmen daran teil.

Wir haben in der Abteilung für Soziologie auch ein Programm über methodische Fragen des Rational-choice-Ansatzes eingeführt, das Studenten als einen ihrer Schwerpunkte wählen können. Bislang zieht es noch nicht viele Studenten an, und man kann leicht verstehen, warum. Sie müssen ökonomische Vorlesungen hören und daher ebenso mit der Mathematik wie mit ökonomischen Konzepten umgehen können. Die jungen Leute müssen also eine Menge investieren. Aber wir bekommen schon einige Studenten. Meine Vorlesungen werden jetzt auch unter den Soziologie-Vorlesungen angekündigt. Insbesondere für die Vorlesung, die ich im Sommersemester halte, über Humankapital, Bevölkerungswachstum und Wirtschaftswachstum, interessieren sich immer einige Doktoranden der Soziologie. Derzeit habe ich drei oder vier, das sind mehr als gewöhnlich.

Frage: Glauben Sie, daß Soziologie-Abteilungen zunehmend Ökonomen einstellen werden, oder glauben Sie, daß Sie ein Sonderfall sind? Es gibt ja einen deutlichen Trend in den Business-schools, mehr Soziologen einzustellen.

Antwort: Das ist richtig. Die Chicago Business School z.B. hat mehr als nur einen Soziologen gehabt. Was die Einstellung von Ökonomen in Soziologie-Abteilungen angeht, würde ich gern glauben, daß es einen Trend gibt, und glaube auch, daß es langfristig dazu kommen wird. Im Augenblick wüßte ich aber keinen anderen Ökonomen in den USA zu nennen, der eine Doppelprofessur für Ökonomik und Soziologie hat. Deren Zahl wird sich nur sehr langsam ändern.

Die Zweitprofessur war für mich aber nützlich, und ich glaube, sie war auch für die Soziologie-Abteilung nützlich. Einige der jüngeren Soziologen in Chicago arbeiten auf Gebieten, die sich mit den Themen überschneiden, die mich interessieren. Wir haben z.B. eine junge Soziologin, die über Frauen in Japan arbeitet, und sie interessiert sich für Humankapital. Es gibt auch Forscher, die über Bevölkerungs- und Schichtungsprobleme arbeiten. Die Zweitprofessur hat die Zusammenarbeit zwischen diesen Soziologen und den Ökonomen verbessert, und das war für beide Gruppen von Vorteil.

Frage: Wie sieht es umgekehrt aus? Berufen Ökonomik-Abteilungen Soziologen? Schumpeter etwa meinte, die Wirtschaftswissenschaft sollte groß genug sein, um „Wirtschaftssoziologie" zu umfassen. Halten Sie das für möglich?

Antwort: Es gibt sicher noch keine gestandenen Soziologieordinarien, die von Ökonomik-Abteilungen berufen worden wären. Ich glaube, daß in Zukunft „ökonomische Soziologen" bestellt werden; aber lassen Sie mich dazu sagen, was ich unter „ökonomischen Soziologen" verstehe. Es gibt bereits Ökonomen, die einiges an Soziologie gelernt haben und in ihren Arbeiten soziologische Begriffe verwenden.

Frage: An wen denken Sie?

Antwort: Leute wie Michael Piore, Albert Hirschman, vielleicht David Ellwood an der Kennedy School und selbstverständlich George Akerlof. Ich könnte noch andere nennen.

Sie fragten mich, ob wir es erleben werden, daß Leute, die als Soziologen ausgebildet sind, in der Zukunft auch in Ökonomik-Abteilungen angestellt werden. Ich glaube nicht, daß es dazu kommen wird, außer bei ein paar Soziologen, die gründliche Kenntnisse der Rationaltheorie oder der statistischen Methoden haben. Andernfalls ist es für wirtschaftswissenschaftliche Abteilungen zu schwer, Soziologen nutzbringend zu integrieren.

Man muß sich darüber im klaren sein, daß Ökonomen Soziologen vielfach immer noch ablehnen. Viele Ökonomen haben mich gefragt: „Sagen Sie ehrlich: Warum haben Sie eine Berufung an eine Soziologie-Abteilung angenommen?" Sie sagen das teils, um mich aufzuziehen, aber doch auch wegen dieser Ablehnung der Soziologie. Zum Glück ist sie im Abnehmen begriffen; viele ausgezeichnete Ökonomen stehen der Soziologie positiv gegenüber. Sherwin Rosen z.B. war Mitherausgeber einer Sondernummer des *American Journal of Sociology* zum Thema „Sociology and Economics" (Winship und Rosen, 1988). Auch andere sind sich über den Wert der Zusammenarbeit zwischen Ökonomik und Soziologie im klaren und haben eine positive Einstellung zur Soziologie.

Frage: Nimmt diese Ablehnung unter den Ökonomen Ihrer Meinung nach langsam oder rasch ab? Schließlich stehen die Ökonomen der Soziologie schon seit langem ablehnend gegenüber.

Antwort: Sie nimmt ab und war stärker, als ich an meiner Dissertation arbeitete. Einer meiner Lehrer, Frank Knight, formulierte „Greshams Gesetz der Soziologie": „Schlechte Diskussionen verdrängen gute." Aber die Ablehnung geht nicht rasch genug zurück.

Frage: Und Sie haben das Gefühl, daß Soziologen zu Ökonomen freundlicher sind als umgekehrt?

Antwort: Soweit ich das beurteilen kann, ist die Soziologie in sich gespalten. Meine Erklärung, warum viele Soziologen aufgeschlossener sind als früher, dreht sich in gewisser Weise um Talcott Parsons. Vielleicht bin ich völlig im Irrtum, aber ich sage es trotzdem, weil die Fragen, über die wir uns unterhalten, so wichtig sind. Als ich dissertierte, war Talcott Parsons der König der soziologischen Theorie, wenigstens in den USA. Spitzenstudenten wie Merton waren stark von ihm beeinflußt. Er war der König, und wann immer ich in meiner Studentenzeit mit Soziologie zu tun hatte, hieß es „Talcott Parsons, Talcott Parsons". Die Soziologie verfügte angeblich über dieses von Parsons erarbeitete leistungsfähige Instrumentarium, das soziales Verhalten erklären und sogar die Ökonomik als einen Sonderfall enthalten würde.

Die Parsonssche Soziologie hat sich als Enttäuschung entpuppt. In gewisser Weise war das ganze Unterfangen letztlich ein Fehlschlag. In Anbetracht dessen fragt man sich, welche Richtung die Soziologie jetzt einschlagen wird. Sie scheint sich in mehrere Richtungen zu bewegen. Bei einer Reihe von Soziologen finden sich z.B. deutlich marxistische Elemente. Ein paar betonen die Geschichte, andere versuchen, neue Netzwerkmodelle zu entwickeln, und wieder andere sind atheoretisch, halten sich an statistische Methoden und machen sich nicht wirklich Gedanken über die Interpretation von Tatsachen. (Die Arbeit der statistischen Soziologen ist wichtig, aber sie braucht einen theoretischen Rahmen.) Und dann gibt es eine kleine Minderheit, die sagt: „Der Rational-choice-Ansatz kann uns etwas sagen. Schließlich haben wir in der Soziologie eine Tauschtheorie, die mit der Theorie des Rationalverhaltens verwandt ist." Und dann gibt es auch noch andere Soziologen, die nicht in dieser Richtung arbeiten, aber sich darauf einlassen, zu sagen: „Schauen wir einmal, was die Theorie rationalen Verhaltens beitragen kann, vielleicht ist etwas dran."

Das ist meine Auslegung, warum Soziologen heute Ökonomen gegenüber aufgeschlossener sind und insbesondere warum die Abteilung für Soziologie in Chicago mich auf eine Zweitprofessur berief. Natürlich sind nur wenige in der Abteilung der Meinung, die Theorie rationalen Verhaltens sei der richtige Weg; die meisten, davon bin ich überzeugt, stehen ihr ziemlich negativ gegenüber. Aber es sind überhaupt nicht viele Soziologen sicher, was im Augenblick die richtige Richtung ist. Eine große Ausnahme ist Jim Coleman, der nicht nur ein hervorragender Soziologe ist, sondern auch in der Ökonomik Bescheid weiß. Die Theorie rationalen Verhaltens kennt er sehr genau, und er hat offensichtlich große Sympathien für die Ökonomik. Die Zahl der Soziologen mit Sympathien wie Jim Coleman ist im Steigen begriffen. Noch sind es wenige, aber sie sind überall im Westen zu finden: in Teilen der Niederlande, in Deutschland, an verschiedenen Universitäten der USA usw.

Frage: Da Sie jetzt sowohl die „Kultur" der Soziologen als auch die der Ökonomen kennen, wie würde Ihr Vergleich ausfallen? Sind Ökonomen kreativer? Und Soziologen aufgeschlossener? Wie sehen Sie das?

Antwort: Es gibt viele fähige und kreative Soziologen, darunter einige meiner Kollegen. Ich habe hier in Chicago z.B. die größte Achtung für Jim Coleman, Ed Laumann und Bill Wilson. Wir haben sehr gute Diskussionen und arbeiten in unseren Seminaren und auf andere Weise zusammen. Es gibt auch ausgezeichnete Soziologen unter den Bevölkerungswissenschaftlern, wie Sam Preston an der Universität von Pennsylvania, und einige vielversprechende jüngere Soziologen wie Mary Brinton und Peter Hedström.

Wie unterscheiden sich die zwei Kulturen? Das analytische Potential der Ökonomen ist im Durchschnitt größer. Die Wirtschaftswissenschaft zieht im Durchschnitt begabtere Studenten an, zumindest im Sinne von Studenten mit größeren analytischen Fähigkeiten und einer besseren formalwissenschaftlichen Ausbildung. Wer auch immer sowohl mit Soziologen als auch mit Ökonomen umgeht, würde das sicherlich bestätigen.

Was mir andererseits an den Soziologen gefällt, ist folgendes: Die Ökonomik hat einen leistungsfähigen Analyseapparat, und die meisten Ökonomen halten sich ziemlich eng an diesen Apparat. Aber was ist mit den Problemen, denen man mit diesem Apparat nicht beikommt? Vielleicht kann man ihnen später einmal beikommen – ich bin ja Optimist –, aber vorläufig kann man es nicht. Soziologen sind viel eher als Ökonomen bereit, diese großen und schwerwiegenden Fragen zu erörtern. Und das tun sie auf intelligente und wohlüberlegte Weise, auch wenn ihre Erkenntnisse nur sehr langsam zunehmen.

Ich will Ihnen ein Beispiel geben. Eines der aufregendsten unserer Rational-choice-Seminare befaßte sich mit Religion. Ein junger Ökonom, Larry Iannaccone, hielt sein Referat, und ein guter Soziologe, Andrew Greeley, das Korreferat. Es war ein großartiges Seminar. Das Referat wie das Korreferat waren ausgezeichnet. Aber Larry ist der einzige Ökonom, der sich ernstlich mit Religion beschäftigt, während sich natürlich noch viele andere Soziologen ebenfalls ernstlich mit Religion beschäftigen. Soziologen arbeiten also mehr in diesen größeren und wichtigen Fragenbereichen. Fortschritte sind dabei schwer zu erzielen, und die Soziologen machen nur langsame Fortschritte. Aber ich finde es anregend, über ihre Arbeiten auf diesen Gebieten zu hören. Die meisten Ökonomen arbeiten in sehr eng umschriebenen Themenbereichen. Diese Enge erklärt vielleicht zum Teil den Fortschritt, den die Ökonomik verzeichnen konnte, aber sie war auch die Ursache meines anfänglichen Aufbegehrens gegen die Wirtschaftswissenschaft, und das verspüre ich noch immer.

Die Ökonomik konzentriert sich in der Regel auf Fragen wie die Preisbildung bei Autos oder Wertpapieren. Der Aktienmarkt und andere traditionelle ökonomische Themen sind wichtig, aber die Sozialwissenschaften haben es doch noch mit anderem zu tun als nur derlei Problemen. Viele soziale Probleme sind ebenso wichtig oder sogar noch wichtiger. Ein Ökonom sollte auch bereit sein, diese sozialen Fragen zu untersuchen. Soziologen machen das, und manchmal machen sie es besser als die Ökonomen, weil sie bereit sind, es zu tun, ohne zu versuchen, eine tragfähige Theorie zu schaffen. Ich glaube nicht, daß Soziologen ohne Theorie sehr weit kommen werden. Trotzdem ist es wertvoll, wenn sich Leute in wichtigen Fragen vorantasten.

Vielleicht erschließt sich ihnen dabei ein analytischer Weg, auf dem ein großer Soziologe oder Ökonom dann zu überzeugenden Erkenntnissen gelangt. Das ist einer der Gründe, warum ich gern mit Soziologen zusammenarbeite. Sie behandeln größere Probleme, die in der Wirtschaftswissenschaft nicht erörtert werden – nicht in Seminaren, nicht in Aufsätzen und nicht in meiner persönlichen Zusammenarbeit mit Ökonomen. Aus diesem und aus anderen Gründen ist es für mich sehr nützlich, am Institut für Soziologie in Chicago zu sein.

Frage: Ihre Arbeit wird oft mit „ökonomischem Imperialismus" in Verbindung gebracht, obwohl Sie selbst diesen Ausdruck selten gebrauchen (siehe BECKER, 1971, 2). Ist es ein Ausdruck, den Sie billigen? Und, wichtiger noch, was genau bedeutet er? Soll es heißen, daß die Ökonomik auf Themen ausgedehnt werden kann und sollte, die herkömmlicherweise als nichtökonomische Themen gelten? Oder soll es heißen, daß die Ökonomik aufgrund ihrer mächtigen Analysetradition imstande sein wird, eine Fülle von Problemen zu lösen, die andere Sozialwissenschaften vergeblich zu lösen versucht haben?

Antwort: Die Leute etikettieren gern, und deshalb werde ich als „ökonomischer Imperialist" bezeichnet. Für die meisten Leute bedeutet das: Anwendung der Theorie rationalen Verhaltens oder der ökonomischen Theorie auf Probleme, die herkömmlicherweise von Soziologen, Politikwissenschaftlern, Historikern oder Ethnologen bearbeitet werden. Beachten Sie bitte: nicht nur von Soziologen; ich nenne auch Ethnologie, Geschichte und insbesondere die Politikwissenschaft. Der Rational-choice-Ansatz übt einen großen Einfluß auf die Politikwissenschaft aus. Eine ganze Menge Politologen wird heutzutage ebenso in Ökonomik wie in Politikwissenschaft ausgebildet.

Diese Definition von „ökonomischem Imperialismus" ist wahrscheinlich eine gute Beschreibung meiner Tätigkeit. Natürlich muß man sich bewußt sein, daß jedes Problem seine Eigenheiten hat. Es ist ja nicht so, als arbeite man rein mechanisch und würde auf die Familie Konzept C der Rational-choice-Theorie anwenden und auf die Sklaverei Konzept D. Jedes Mal, wenn man ein neues Problem aufgreift, muß man genau überlegen, welche Möglichkeiten der Analyse man hat.

Frage: Wie schaut das im Vergleich zur Soziologie aus? Wird die Wirtschaftswissenschaft in der Lage sein, all jene Probleme zu lösen, die die Soziologie nicht lösen konnte, weil sie eine so „weiche" Wissenschaft ist? Ist die Theorie des Rationalverhaltens Ihrer Meinung nach wirklich so leistungsfähig?

Antwort: Ja, in dem engen Sinn, daß die Rationaltheorie *mehr* Probleme lösen kann, als bislang gelöst worden sind. Ich weiß nicht, wo die Grenzen sind. In meiner Einleitung zu dem Buch *The Economic Approach to Human Behavior* stelle ich eine weitreichende Behauptung auf, und ich glaube immer noch, daß der Rational-choice-Ansatz ein sehr leistungsfähiges Instrument ist. Aber ich wollte damit nicht sagen, daß in den Sozialwissenschaften alles mit Hilfe der Rationaltheorie *auf ihrem heutigen Stand* behandelt werden kann. Offensichtlich – und das sage ich auch in jener Einleitung – hat der Rational-choice-Ansatz zur Lösung vieler sozialwissenschaftlicher Probleme wie Krieg und Religion bislang wenig beigetragen. Vielleicht werden sie eines Tages mit Hilfe des Rational-choice-Ansatzes gelöst, gegenwärtig aber nicht. Ich behaupte, daß wir durch die Anwendung der Theorie rationalen Verhaltens auf viele dieser Probleme um einiges weiter vorankommen können, als es uns bisher möglich war.

Wie wird die Situation in 20 Jahren aussehen? Vielleicht kommt einmal jemand mit einer allgemeineren und leistungsfähigeren Theorie daher, die das Rationalverhalten als Sonderfall einschließt und für einige dieser unwegsamen Problembereiche andere Verhaltensfolgerungen ergibt. Ich bin dafür ganz offen. Solche Dinge kann man unmöglich voraussehen; Theorien entwickeln sich im Lauf der Zeit.

Frage: Außerdem können wir derzeit beobachten, wie verschiedene Theorietypen rationalen Verhaltens entstehen. Da gibt es z.B. Colemans soziologische Version, die auf „Kontrolle“ und „Interesse“ beruht. Wie stehen Sie dazu, daß es heute alle diese verschiedenen Arten von Rationaltheorie gibt?

Antwort: Ich glaube, die Unterschiede zwischen ihnen sind viel geringer als die Ähnlichkeiten. Die Vertreter der Theorie rationalen Verhaltens gehen letztlich von irgendeiner Verhaltenseinheit, einem Akteur aus, von dem sie annehmen, er handle rational. Unter „Rationalverhalten“ verstehe ich konsistentes „maximierendes“ Verhalten, das auf die Zukunft gerichtet ist und zukünftige Ereignisse so weit wie möglich berücksichtigen will. Das ist allen Versionen der Theorie rationalen Verhaltens, die ich kenne, gemeinsam.

Ich für meine Person würde ergänzen, daß die Akteure über die Zeit stabile Präferenzen haben, daß die Nutzenfunktionen der Menschen sich also nicht im Lauf der Zeit verändern. Ich glaube, diese Annahme ist von ganz großem Vorteil, jedenfalls nicht ein Hindernis. Selbst mit stabilen Präferenzen kann die Theorie Suchtverhalten, soziale Interaktionen und andere komplizierte Erscheinungen analysieren. Derzeit sitze ich gerade (gemeinsam mit Kevin M. Murphy) an einer Arbeit über rationales Suchtverhalten.

Die letzte Komponente der Theorie rationalen Verhaltens – schwer zu formulieren, aber allen Spielarten gemeinsam – ist die Art der Interaktion verschiedener Einheiten. Hier bekommt man es mit Marktgleichgewicht und Spieltheorie zu tun. Die den Teilnehmern verfügbare Information ist ein wichtiger Faktor ihrer Interaktion. Die Rationaltheorie nimmt an, daß die Menschen unvollkommene Informationen haben – daß sie eine optimale Menge Information haben – und daß sie zur Beschaffung von Information Ressourcen bis zu dem Punkt aufwenden, ab dem weitere Informationsbeschaffung nicht mehr lohnt. Das heißt, es gibt eine ganze Menge Unwissenheit – „rationale Unwissenheit“ –, und zwar in jeder sozialen Situation. Das ist meiner Meinung nach das Gemeinsame aller Varianten der Theorie rationalen Verhaltens. Ich bin sicher, Jim Colemans Version sieht etwas anders aus, und die Versionen wieder anderer Theoretiker wären noch anders. Aber die Grundkomponenten sind selbst in verschiedenen Schulen der Theorie rationalen Verhaltens ziemlich ähnlich.

Frage: Als ich mich mit Soziologen über Rationalverhalten unterhielt, wurde mir klar, daß einige von ihnen einen „soziologischen Rationalitätsbegriff" haben, wie man das vielleicht nennen könnte. Damit meine ich folgendes: Oft untersucht ein Soziologe eine soziale Situation und versucht nachzuweisen, daß das, was dem Außenstehenden als irrationales Verhalten erscheint, aus dem Blickwinkel der Beteiligten durchaus rational ist. Wie stehen Sie zu dieser Vorgangsweise, also der empirischen Ermittlung, ob ein Verhalten rational ist, statt der bloßen Unterstellung der Rationalität der Akteure zu Beginn der Analyse?

Antwort: Wenn Sie sich erinnern, war der Vortragende im Rationalchoice-Seminar gestern Abend David Laiten; er sprach darüber, warum in einer Situation der Mehrsprachlichkeit eine bestimmte Sprache als offizielle Sprache gewählt wird. Er sagte, zunächst sei er kein Anhänger der Theorie rationalen Verhaltens gewesen, bis er zu dem Schluß kam, daß er das von ihm untersuchte Verhalten am besten mit der Rationalitätsannahme erklären könnte. Und damit bin ich einverstanden. Es gibt Leute, die von der Rationalität viel weniger überzeugt sind und die in dieser Richtung nur argumentieren würden, wenn sie glauben, die Daten ließen sich auf diese Weise besser erklären als mit irgendeinem anderen Ansatz. Und dann gibt es noch andere, so wie mich, deren erster Impuls darin besteht, mit der Rationalitätsannahme anzufangen und zu schauen, wie weit man damit kommt. Ich versuche immer zu schauen, wie weit ich die Rationaltheorie treiben kann, bis ich zufrieden bin oder ein Problem aufgebe.

Also gehe ich von der Annahme rationalen Verhaltens aus und frage: „Wenn ich diese Annahme auf dieses spezifische Problem anwende, gibt es ein Verhalten, das ich mit dem Rationalitätsmodell *nicht* erklären *kann*?" Da Rationalität ziemlich flexibel sein kann und die Daten oft begrenzt sind, stoße ich nicht oft auf Material, das entschieden gegen Rationalität spricht. Wie dem auch sei, das jedenfalls ist meine Art zu arbeiten. Andere sind sich über das Ausmaß von Rationalität weniger im klaren und beginnen die Untersuchung eines Problems daher mit der Frage: „Sieht das wie Rationalverhalten aus, oder läßt es sich besser anders deuten?" Der Unterschied ergibt sich also zum Teil daraus, wie sehr man *entschlossen* ist oder darauf *vertraut*, bei der Untersuchung einer bestimmten Konstellation von Erscheinungen auf Rationalverhalten zu stoßen.

Die meisten Ökonomen tendieren entschieden dazu, jenem Verhalten, das traditionellerweise von der Ökonomik behandelt wird, Rationalität zuzuschreiben. Sie haben aber ihre Zweifel, wie weit man mit der Rationalität außerhalb der traditionellen Bereiche kommt. Einige Ökonomen, die über nicht-traditionelle Themen arbeiten, bezweifeln die Rolle der Rationalität in anderen nicht-traditionellen Bereichen. Wieder andere aber, wie Richard Posner, Gordon Tullock, Jack Hirshleifer, Mancur Olson und ich selbst sind diesbezüglich zuversichtlicher. Man findet also schon allein unter Ökonomen die verschiedensten Meinungen über den Geltungsbereich der Rationalitätsannahme, und noch mehr Unterschiede sicherlich zwischen Ökonomen und Soziologen. Die Ökonomen glauben mehr an die Rationalität als die Soziologen. Aber das ist nur natürlich, denn die Soziologie entstand ja als Reaktion auf die Rationalitätsannahme der Ökonomik.

Frage: Eine Konsequenz dessen, was Sie sagen, ist doch die: Wenn es keinen Unterschied zwischen der soziologischen und der ökonomischen Sicht des Rationalverhaltens gibt, dann kann es nicht wirklich eine „Wirtschaftssoziologie" geben, wie man das nannte, weil „Wirtschaftssoziologie" (oder, wie Sie sagen, „ökonomische Soziologie") dasselbe wäre wie ökonomische Theorie .

Antwort: Im Grunde besteht kein Unterschied. Die Soziologen berücksichtigen in ihrer Analyse menschlichen Verhaltens aber die Einflüsse anderer Menschen und untersuchen auch, wie soziale Veränderungen menschliches Verhalten verändern. Ökonomen hingegen neigen zu der Annahme, daß die Präferenzen des einzelnen unabhängig vom Verhalten anderer Menschen sind. Ich persönlich akzeptiere das nicht. Ich glaube, daß die soziale Seite sehr wichtig ist, und stimme diesbezüglich mit den Soziologen überein.

Was ein einzelner tut, *wird* stark dadurch beeinflußt, was andere Leute tun. Die Menschen wollen nicht aus der Reihe fallen; sie wollen sich nicht lächerlich machen; und sie streben nach Ansehen. Die meisten Ökonomen z.B. bleiben zum Teil deshalb bei traditionellen Problemen, weil sie sich nicht lächerlich machen und den Eindruck erwecken wollen, sie täten nicht das Richtige. Das ist nicht nur eine Eigenschaft der Ökonomen; das ist eine Eigenschaft der *Menschen*. Soziologen betonen das viel stärker als Ökonomen, und sie tun recht daran. Wir stehen immer noch vor dem Problem, wie man soziale Interaktion fruchtbar und nutzbringend in der Analyse berücksichtigt (ich versuchte das in einem Aufsatz 1974; siehe BECKER, 1974). Aber es ist meines Erachtens keine Frage, daß hier die Soziologen eher auf dem richtigen Weg sind als die Ökonomen.

Frage: Durch Ihre Arbeiten haben Sie dazu beigetragen, die traditionelle Arbeitsteilung zwischen Ökonomik und Soziologie aufzubrechen. Was wird Ihrer Meinung nach an deren Stelle treten? Was wird Ihres Erachtens in, sagen wir, den nächsten zehn Jahren im Verhältnis von Ökonomik und Soziologie geschehen? Ich halte es für wahrscheinlich, daß Soziologen die Theorie rationalen Verhaltens vielleicht zehn Jahre lang ausprobieren. Aber wenn das nicht lohnt, so werden sie einfach damit aufhören und etwas anderes versuchen. Das haben Soziologen schon ein paar Mal gemacht – mit der Systemtheorie, der mathematischen Soziologie usw.

Antwort: Ich teile Ihre Ansicht, daß die Soziologen ihr Interesse am Rational-choice-Ansatz dann verlieren werden, wenn er nicht innerhalb einer bestimmten Zeit Erfolge aufweisen kann. Und ich glaube, mit Recht. Ich selbst habe das Gefühl, daß es nicht so kommt, sondern daß die Rationaltheorie bald in einigen weiteren Themenbereichen Erfolg haben wird. Einige Gebiete, zu denen sie bereits beigetragen hat und wo sie in Zukunft sogar noch ergiebiger sein wird, sind: Familie, Kriminalität (oder deviantes Verhalten), Diskriminierung, Industriesoziologie, kollektives Handeln und Schichtung. Das sind wichtige Teile der Soziologie, wenn auch das kollektive Handeln mehr in der Ökonomik und der Politikwissenschaft als in der Soziologie untersucht wird.

Wie das Verhältnis zwischen Ökonomik und Soziologie in Zukunft beschaffen sein wird, ist nicht klar, aber ich glaube, eine steigende Zahl von Ökonomen wird die Rationaltheorie zur Behandlung „soziologischer Probleme" heranziehen. Und es wird auch die Zahl jüngerer Soziologen zunehmen, die in der Rationaltheorie geschult sind und sich einigermaßen zutrauen, diese zu handhaben. Sie werden deshalb nicht Ökonomen; sie sind immer noch in Soziologie-Instituten ausgebildet und bleiben Soziologen. Aber die Anwendung der Rationaltheorie und die Lektüre ökonomischer und anderer Arbeiten zum rationalen Verhalten wird ihnen keine Schwierigkeiten bereiten. Diese Soziologen werden zunehmend mit Ökonomen zusammenarbeiten. Mögliche Vorbilder für eine solche Entwicklung in der Soziologie sind Politikwissenschaftler wie John Ferejohn, Morris Fiorina, Kenneth Shepsle und andere, die über eine gründliche Kenntnis der Theorie rationalen Verhaltens verfügen und intensive Kontakte mit Ökonomen pflegen, die sich für kollektives Handeln interessieren.

Das soll nicht so klingen, als ob das Ganze eine Einbahnstraße wäre, auf der Soziologen von Ökonomen lernen, wie man den Rational-choice-Ansatz handhabt. Ich sagte, daß ich viel von Soziologen gelernt habe, und genauso wird es anderen Ökonomen gehen, die sich mit soziologischen Problemen beschäftigen. Ich habe schon erwähnt, daß die Soziologen sich über „große Fragen" und über den Einfluß sozialer Interaktion Gedanken machen.

Lassen Sie mich noch etwas über soziale Erhebungen sagen. Die Soziologen können viel besser Erhebungen organisieren als die Ökonomen, zum Teil deshalb, weil sie damit viel früher begonnen haben als die Ökonomen. Diese fangen jetzt endlich an aufzuholen, und was die rein statistische Seite der Auswertungen betrifft, so haben sie die Soziologen inzwischen überholt. Aber was das kreative Denken dabei angeht, sind die Ökonomen nicht annähernd so gut wie die Soziologen; Ökonomen halten sich gern an große, entweder amtlicherseits oder von privaten Organisationen durchgeführte Erhebungen. Selten arbeiten sie ihre eigenen kleinen Erhebungen aus. Im Aufbau von Untersuchungen wird die Soziologie noch mehr Einfluß auf die Wirtschaftswissenschaft gewinnen.

Um vorläufig zusammenzufassen: Für den Großteil der Zusammenarbeit zwischen Ökonomik und Soziologie wird der gemeinsame Nenner die Theorie rationalen Verhaltens sein, so wie sie vor allem, wenn auch nicht ausschließlich, von Ökonomen entwickelt wurde. Aber andere Dinge werden von der Soziologie herkommen, und Ökonomen und Soziologen werden in steigender Zahl zusammenarbeiten. Die meisten werden natürlich wenig davon berührt werden, was in der „ökonomischen Soziologie" vor sich geht. Aber mehr und mehr werden Ökonomen und Soziologen miteinander in Verbindung treten wollen und können.

Heißt das, daß mehr Ökonomen Mitarbeiter von Soziologie-Instituten werden? Wie ich bereits sagte: Ich glaube, ja, aber diese Entwicklung wird langsam vor sich gehen, und es wird nicht viele solche Berufungen geben. Und wird es Soziologen in den wirtschaftswissenschaftlichen Instituten geben? Auch hier: Ja, ganz wenige. Es gibt bereits mindestens einen: Peter Mueser – der als Soziologiestudent in Chicago sehr stark von Ökonomen beeinflußt wurde. Er nahm an unseren Workshops teil und lernte sehr viel ökonomische Theorie. Seine erste Stelle war eine Assistenzprofessur als Ökonom, nicht als Soziologe, an der Johns Hopkins Universität. Es wird noch andere Soziologen wie Mueser geben. Die Zahl der Soziologen in den Ökonomik-Abteilungen wird sehr klein sein, und nicht viele Ökonomen wird es in Soziologie-Abteilungen verschlagen. Aber es werden sich mehr Ökonomen mit soziologischen Problemen befassen, und es werden mehr Soziologen mit der Theorie rationalen Verhaltens arbeiten.

Frage: Sie stellen sich also vor, daß es kleine Gruppen von Ökonomen und Soziologen geben wird, die auf der Basis ihres gemeinsamen Interesses an der Rationaltheorie zusammenarbeiten. Doch die meisten Ökonomen und Soziologen werden Ihrer Meinung nach so weiter machen wie bisher und einander ignorieren. Mir sieht es nicht so aus, als ob die Rationaltheorie, so wie Sie sie verstehen, eine Vereinheitlichung der Sozialwissenschaften bewirken wird.

Antwort: Nein, nicht in den nächsten zehn oder 15 Jahren. Aber das hängt vom Zeithorizont ab und von den Erfolgen in den nächsten ein bis zwei Jahrzehnten. Ich glaube, daß der Rational-choice-Ansatz in der Soziologie sehr wichtig werden wird. Ich glaube, er *ist* bereits sehr wichtig in der Soziologie, aber er wird noch wichtiger werden. Die Rationaltheorie wird auch weiterhin in der Politikwissenschaft sehr wichtig sein, so daß die Sozialwissenschaften viel stärker vereinheitlicht sein werden, als sie das jetzt sind. Aber natürlich wird diese Vereinheitlichung bei weitem keine vollständige sein.

Nehmen wir die Politikwissenschaft, wo wir objektiver sein können, wenn wir den Gebrauch rationaltheoretischer Methoden erörtern. Die meisten heutigen Politologen sind nicht nennenswert beeinflußt durch „harte" Rational-choice-Analysen. Aber manche sind davon stark beeinflußt – und darunter sind einige der angesehensten Vertreter ihres Faches. Das sind in Harvard Morris Fiorina und Kenneth Shepsle, die beide erst in den letzten Jahren berufen wurden. Sie kennen die ökonomische Theorie recht genau und sind erheblich von ihr beeinflußt. Beide studierten, so viel ich weiß, in

Rochester, wo die Politikwissenschaft rationaltheoretisch geprägt ist. Oder denken Sie an die Abteilung Politologie am Carnegie Tech oder an das Programm in Politischer Ökonomie, das die Stanford Business School einrichtet. Es gibt auch noch andere Institutionen in unserem Land, in denen die Politologen mit der Rationaltheorie arbeiten. Die ganze Bewegung ist im Zunehmen begriffen. Und ich höre, daß heutzutage die Rationaltheoretiker unter den Politologen die höchsten Gehälter beziehen und am gesuchtesten sind. In Wirklichkeit sind diese „Politikwissenschaftler" halb Ökonomen und halb Politologen; ich weiß gar nicht, wie man sie am besten bezeichnen sollte. Vielleicht einfach als Sozialwissenschaftler, die den Rational-choice-Ansatz auf politische Probleme anwenden.

Längerfristig wird es auch ebensolche Soziologen geben. Ob sie so prominent werden wie die entsprechenden Leute in der Politikwissenschaft, weiß ich nicht. Ich sehe keinen Grund, warum das nicht der Fall sein sollte – ich bin optimistisch, daß die rationaltheoretischen Soziologen mit der Zeit sehr wichtige Mitglieder ihrer Profession sein werden.

Ich habe schon angedeutet, daß die Beschäftigung der traditionellen Soziologie mit „großen Fragen" und mit sozialen Einflüssen auf individuelles Verhalten sich stark auf die „ökonomische Soziologie" auswirken wird, die jetzt im Entstehen ist. Auf diese und auf andere Weise wird die traditionelle Soziologie ganz entschieden sogar die rationaltheoretische Behandlung ökonomischer und soziologischer Phänomene beeinflussen. Skeptisch bin ich freilich, ob wichtige *theoretische* Begriffe der traditionellen Soziologie großen Einfluß auf die Entwicklung der „ökonomischen Soziologie" und die Interaktion zwischen Ökonomen und Soziologen haben werden. Großen Einfluß gewinnen werden die Soziologen aber dann, wenn sie sich gründliche Kenntnisse der Rationaltheorie aneignen und auf deren Potential, sperrige soziale Probleme analytisch zu erschließen, vertrauen lernen.

Literatur

ALCHIAN, A. A. (1958), „Review of Gary Becker, *The Economics of Discrimination*", *Journal of the American Statistical Association*, 53, 1047–8.

BECKER, G. S. (1957), *The Economics of Discrimination*, Chicago, 2. Auflage 1971).

–, (1958), „Competition and Democracy", *Journal of Law and Economics*, 1, 105–9 (deutsch in *Der ökonomische Ansatz zur Erklärung menschlichen Verhaltens*, Tübingen 1982, 33–39).

–, (1960), „An Economic Analysis of Fertility" in *Demographic and Economic Change in Developed Countries* (Publikation des NBER), Princeton, 209–31 (deutsch in *Der ökonomische Ansatz zur Erklärung menschlichen Verhaltens*, Tübingen 1982, 188–214).

–, (1964), *Human Capital*, New York, 3. Auflage 1981.

–, (1968), „Crime and Punishment: An Economic Approach", *Journal of Political*

Economy, 78, 189–217 (deutsch in *Der ökonomische Ansatz zur Erklärung menschlichen Verhaltens,* Tübingen 1982, 39–96).

–, (1971), *Economic Theory*, New York.

–, (1974), „A Theory of Social Interactions", *Journal of Political Economy*, 82, 1063–93 (deutsch in *Der ökonomische Ansatz zur Erklärung menschlichen Verhaltens,* Tübingen 1982, 282–317).

–, (1976), „The Economic Approach to Human Behavior" in *The Economic Approach to Human Behavior*, Chicago, 3–14 (deutsch in *Der ökonomische Ansatz zur Erklärung menschlichen Verhaltens,* Tübingen 1982,1–15).

–, (1981), *A Treatise on the Family*, Cambridge, MA.

–, (1988), „Family Economics and Macro Behavior", *American Economic Review*, 78, 1–13 (deutsch im vorliegenden Band, 117–136).

Berk, R. A. und Berk, S. F. (1983), „Supply-Side Sociology of the Family: The Challenge of New Home Economics", *Annual Review of Sociology*, 9, 375–95.

Bielby, D. B. und Bielby, W. T. (1988), „She Works Hard for the Money: Household Responsibilities and the Allocation of Work Effort", *American Journal of Sociology*, 93, 1031–59.

Blaug, Mark (1985), *Great Economists since Keynes*, Brighton.

Dewey, D. (1957), „Review of Gary Becker, *The Economics of Discrimination*", *Southern Economic Journal*, 24, 494–6.

Downs, A. (1957a), *An Economic Theory of Democracy*, New York.

–, (1957b), „An Economic Theory of Political Action in a Democracy", *Journal of Political Economy*, 65, 135–50.

Duncan, O. D. (1958), „Review of Gary Becker, *The Economics of Discrimination*", *American Journal of Sociology*, 63, 548.

MacRae, D., Jr. (1978), „Review Essay: The Sociological Economics of Gary S. Becker", *American Journal of Sociology*, 83, 1244–70.

Reder, M. W. (1958), „Review of Gary Becker, *The Economics of Discrimination*", *American Economic Review*, 48, 495–500.

Samuelson, P. A. (1961), *Economics*, 5. Auflage, New York.

Schumpeter, J. A. (1950), *Capitalism, Socialism and Democracy*, 3.Auflage, New York.

Shackleton, J. R. (1981), „Gary S.Becker: The Economist as Empire-Builder" in J. R. Shackleton und G. Locksley, Hrsg., *Twelve Contemporary Economists*, London, 12–32.

Stigler, G. J. und Becker, G. S. (1977), „De Gustibus Non Est Disputandum", *American Economic Review*, 67, 76–90.

Winship, C. und Rosen, S., Hrsg. (1988), „Organizations and Institutions: Sociological and Economic Approaches to the Analysis of Social Structure", *Supplement to the American Journal of Sociology*, 94, S1–S268.

Bibliographische Nachweise

„Meine intellektuelle Entwicklung“ wurde im März 1996 für den vorliegenden Band geschrieben.

„Die ökonomische Sicht menschlichen Verhaltens“ wurde am 9. Dezember 1992 als Nobel-Vorlesung in Stockholm gehalten und erschien zuerst unter dem Titel „The Economic Way of Looking at Behavior“ im *Journal of Political Economy,* 101 (1993), 385–409.

„De Gustibus Non Est Disputandum“ von George J. Stigler und Gary S. Becker erschien zuerst unter demselben Titel im *American Economic Review,* 67 (1977), 76–90.

„Gewohnheit, Sucht und Tradition“ wurde am 15. Mai 1991 als Nancy Schwartz Lecture an der Northwestern University gehalten. Eine überarbeitete Fassung erschien zuerst unter dem Titel „Habits, Addictions and Traditions“ in *Kyklos,* 45 (1992), 327–346.

„Eine ökonomische Analyse der Familie“ wurde unter dem Titel „An Economic Analysis of the Family“ 1985 als 17. Geary-Vorlesung des Economic and Social Research Institute in Dublin gehalten.

„Familienökonomik und Makro-Verhalten“ ist die Ansprache als Präsident auf der einhundertsten Konferenz der American Economic Association am 29. Dezember 1987 in Chicago und erschien zuerst unter dem Titel „Family Economics and Macro Behavior“ im *American Economic Review,* 78 (1988), 1–13.

„Fertilität und Wirtschaft“ wurde geschrieben für das Nobel Jubiläums-Symposium, das vom 5. bis 7. Dezember 1991 in Lund stattfand, und erschien zuerst unter dem Titel „Fertility and the Economy“ im *Journal of Population Economics,* 5 (1992), 185–201.

„Interessengruppen und politisches Verhalten“ erschien zuerst unter dem Titel „Pressure Groups and Political Behavior“ in *Capitalism and Democracy,* hrsg. von R. D. Coe und C. K. Wilbur, Notre Dame, 1985, 120–146. Große Teile dieses Aufsatzes sind einer längeren Arbeit, *A Theory of Competition among Pressure Groups on Political Influence,* Center for the Study of the Economy and the State, University of Chicago, 1982, entnommen.

„Politischer Wettbewerb zwischen Interessengruppen“ erschien zuerst unter dem Titel „Political Competition Among Interest Groups“ in *The Political Economy of Government Regulation,* hrsg. von Jason F. Shogren Boston, 1989, 13–27. Ein guter Teil des Aufsatzes ist „Special Interest and Public Policies“, Dankadresse für die Verteilung des Frank E. Seidman Distinguished Award in Political Economy, Rhodes College 1985, sowie „Public Policies, Pressure Groups, and Dead Weight Costs“, *Journal of Public Economy,* 38 (1985), 329–347, entnommen.

„Die Familie und der Staat“ von Gary S. Becker und Kevin M. Murphy wurde von Becker am 25. Februar 1987 als neunte Henry Simons Lecture an der Law School der University of Chicago gehalten und erschien zuerst unter dem Titel „The Family and the State“ im *Journal of Law and Economics,* 31 (1988), 1–18.

„Staat, Humankapital und Wirtschaftswachstum" ist die Ansprache als Präsident der Mont Pelerin Gesellschaft bei deren Generalversammlung in Vancouver im September 1992 und erschien zuerst unter dem Titel „Government, Human Capital, and Economic Growth" in *Industry of Free China,* 49 (1993), 47–56.

Das „Interview mit Gary Becker" wurde von RICHARD SWEDBERG am 13. April 1988 in Beckers Büro im Department of Economics der Universität Chicago geführt; zuerst erschienen in: R. SWEDBERG, *Economics and Sociology,* Princeton, 1990, 28–46. Der Vorspann zum Interview wurde von Swedberg verfaßt.

Namenregister

Stichwortregister

Die Einheit der Gesellschaftswissenschaften

Alphabetische Übersicht

Abel, Bodo: Grundlagen der Erklärung menschlichen Handelns. 1983. *Band 34.*
Albert, Hans: Traktat über kritische Vernunft. 1968, ^{5}1991. Band 9.
– Traktat über rationale Praxis. 1978. *Band 22.*
– Kritik der reinen Erkenntnislehre. 1987. *Band 53.*
– Kritik der reinen Hermeneutik. 1994. *Band 85.*
Aldrup, Dieter: Das Rationalitätsproblem in der Politischen Ökonomie. 1971. *Band 11.*
Andersson, Gunnar: Kritik und Wissenschaftsgeschichte. 1988. *Band 54.*
– siehe *Radnitzky, G.*
Ardila, Rubén: siehe *Bunge, Mario.*
Bartley III, W.W.: Flucht ins Engagement. 1987. *Band 48.*
Baurmann, Michael: Der Markt der Tugend. 1996. *Band 91.*
Becker, Gary S.: Der ökonomische Ansatz zur Erklärung menschlichen Verhaltens. 1982, ^{2}1993. *Band 32.*
– Familie, Gesellschaft und Politik – die ökonomische Perspektive. 1996. *Band 96.*
Behrens, Peter: Die ökonomischen Grundlagen des Rechts. 1986. *Band 46.*
Bohnen, Alfred: Individualismus und Gesellschaftstheorie. 1975. *Band 15.*
Brandes, Wilhelm: Über die Grenzen der Schreibtisch-Ökonomie. 1985. *Band 40.*
Brennan, Geoffrey / Buchanan, James M.: Die Begründung von Regeln. Mit einer Einleitung hrsg. von Chr. Watrin. 1993. *Band 83.*
Bretzke, Wolf R.: Der Problembezug von Entscheidungsmodellen. 1980. *Band 29.*
Buchanan, James M.: Die Grenzen der Freiheit zwischen Anarchie und Leviathan. 1984. *Band 38.*
– siehe *Brennan, Geoffrey.*
Bühler, Axel: Bedeutung, Gegenstandsbezug, Skepsis. 1987. *Band 52.*
Bunge, Mario / Ardila, Rubén: Philosophie der Psychologie. 1990. *Band 65.*
Bunge, Mario: Das Leib-Seele-Problem. 1984. *Band 37.*
– Kausalität, Geschichte und Probleme. 1987. *Band 51.*
Dahl, Robert A.: Vorstufen zur Demokratie-Theorie. 1976. *Band 16.*
Dietl, Helmut: Institutionen und Zeit. 1993. *Band 79.*
Dölken, Clemens: Katholische Sozialtheorie und liberale Ökonomik. 1992. *Band 77.*
Downs, Anthony: Ökonomische Theorie der Demokratie. Hrsg. von R. Wildenmann. 1968. *Band 8.*
Eidenmüller, Horst: Effizienz als Rechtsprinzip. 1995. *Band 90.*
Engel, Gerhard: Zur Logik der Musiksoziologie. 1990. *Band 62.*
Erdmann, Georg: Elemente einer evolutorischen Innovationstheorie. 1993. *Band 80.*
Eschenburg, Rolf: Der ökonomische Ansatz zu einer Theorie der Verfassung. 1977. *Band 21.*
Esser, Hartmut: Alltagshandeln und Verstehen. 1991. *Band 73.*
Falkinger, Josef: Sättigung. 1985. *Band 44.*
Fleischmann, Gerd: Nationalökonomie und sozialwissenschaftliche Integration. 1966. *Band 5.*
Franck, Egon: Künstliche Intelligenz. 1991. *Band 70.*
Gadenne, Volker: Theorie und Erfahrung in der psychologischen Forschung. 1984. *Band 36.*
Gahlen, Bernhard: Der Informationsgehalt der neoklassischen Wachstumstheorie für die Wirtschaftspolitik. 1972. *Band 12.*
Geismann, Georg: Ethik und Herrschaftsordnung. 1974. *Band 14.*
O. Grün, O.: siehe *Witte, E.*
Hauschildt, J.: siehe *Witte, E.*
Homann, Karl: Die Interdependenz von Zielen und Mitteln. 1980. *Band 27.*
– Rationalität und Demokratie. 1988. *Band 57.*
Hutter, Michael: Die Produktion von Recht. 1989. *Band 60.*
Jones, Eric Lionel: Das Wunder Europa. 1991. *Band 72.*
Kaufmann, Walter: Tragödie und Philosophie. 1980. *Band 26.*
Keuth, Herbert: Wissenschaft und Werturteil. 1989. *Band 59.*
– Erkenntnis oder Entscheidung. 1993. *Band 82.*
Kirchgässner, Gebhard: Homo oeconomicus. 1991. *Band 74.*

Koboldt, Christian: Ökonomik der Versuchung. 1995. *Band 87.*
Lübbe, Weyma: Legitimität kraft Legalität. 1991. *Band 67.*
Luig, Rainer: Vermögenspolitik in der Wettbewerbswirtschaft. 1980. *Band 30.*
Malewski, Andrzej: Verhalten und Interaktion. 1967, ²1977 *Band 6.*
Mettenheim, Christoph von: Recht und Rationalität. 1984. *Band 35.*
Neumann, Manfred: Zukunftsperspektiven im Wandel. 1990. *Band 66.*
North, Douglass C: Theorie des institutionellen Wandels. 1988. *Band 56.*
– Institutionen, institutioneller Wandel und Wirtschaftsleistung. 1992. *Band 76.*
Olson, Mancur: Die Logik des kollektiven Handelns. 1968, ³1992. *Band 10.*
– Aufstieg und Niedergang von Nationen. 1985, ²1991. *Band 42.*
– Umfassende Ökonomie. 1991. *Band 68.*
Opp, Karl Dieter: Die Entstehung sozialer Normen. 1983. *Band 33.*
Pähler, Klaus: Qualitätsmerkmale wissenschaftlicher Theorien. 1986. *Band 43.*
Petersen, Thomas: Individuelle Freiheit und allgemeiner Wille. 1996. *Band 93.*
Pies, Ingo: Normative Institutionenökonomik. 1993. *Band 78.*
Pommerehne, Werner W: Präferenzen für öffentliche Güter. 1987. *Band 50.*
Popper, Karl R.: Das Elend des Historizismus. 1965, ⁶1987. *Band 3.*
– Logik der Forschung. 1934, ¹⁰1994. *Band 4.*
– Die beiden Grundprobleme der Erkenntnistheorie. 1979, ²1994. *Band 18.*
– Vermutungen und Widerlegungen. Teilband 1: Vermutungen. 1994. *Band 86.*
– Vermutungen und Widerlegungen. Teilband 2: Widerlegungen. 1997. *Band 97.*
Radnitzky, G. und *Andersson, G.* (Hrsg.): Fortschritt und Rationalität der Wissenschaft. 1980. *Band 24.*
– Voraussetzungen und Grenzen der Wissenschaft. 1981. *Band 25.*
Ribhegge, Hermann: Grenzen der Theorie rationaler Erwartungen. 1987. *Band 49.*
Röpke, Jochen: Die Strategie der Innovation. 1977. *Band 19.*
Schluchter, Wolfgang: Die Entwicklung des okzidentalen Rationalismus. 1979. *Band 23.*
Schmidt-Trenz, Hans-Jörg: Die Logik kollektiven Handelns bei Delegation. 1996. *Band 94.*
Schrader, Stephan: Spitzenführungskräfte, Unternehmensstrategie und Unternehmenserfolg. 1995. *Band 89.*
Schultz, Theodore W.: In Menschen investieren. 1987. *Band 45.*
Siegenthaler, Hansjörg: Regelvertrauen, Prosperität und Krisen. 1993. *Band 81.*
Sinn, Hans Werner: Ökonomische Entscheidungen bei Ungewißheit. 1980. *Band 28.*
Suchanek, Andreas: Ökonomischer Ansatz und theoretische Integration. 1994. *Band 84.*
Sukale, Michael: Denken, Sprechen und Wissen. 1988. *Band 55.*
Tietzel, Manfred: Wirtschaftstheorie und Unwissen. 1985. *Band 39.*
Vanberg, Viktor: Die zwei Soziologien. 1975. *Band 17.*
– Markt und Organisation. 1982. *Band 31.*
Vetter, Hermann: Wahrscheinlichkeit und logischer Spielraum. 1967. *Band 7.*
Vieler, Alexander: Interessen, Gruppen und Demokratie. 1986. *Band 41.*
Wangenheim, Georg von: Die Evolution von Recht. 1995. *Band 88.*
Watkins, John W.: Freiheit und Entscheidung. 1978. *Band 20.*
– Wissenschaft und Skeptizismus. 1992. *Band 75.*
Watrin, Chr.: siehe *Brennan, Geoffrey.*
Weede, Erich: Wirtschaft, Staat und Gesellschaft. 1990. *Band 63.*
Wegner, Gerhard: Wohlfahrtsaspekte evolutorischen Marktgeschehens. 1991. *Band 69.*
Wendel Hans Jürgen: Moderner Relativismus. 1990. *Band 61.*
Wessling, Ewald: Individuum und Information. 1991. *Band 71.*
Wieland, Josef: Ökonomische Organisation, Allokation und Status. 1996. *Band 92.*
Wildenmann, R.: siehe *Downs, Anthony.*
Williamson Oliver E.: Die ökonomischen Institutionen des Kapitalismus. 1990. *Band 64.*
Witt, Ulrich: Individualistische Grundlagen der evolutorischen Ökonomik. 1987. *Band 47.*
Witte, E., Hauschildt, J. und *Grün, O.* (Hrsg.): Innovative Entscheidungsprozesse. 1988. *Band 58.*

Kuboldt, Christian: Ökonomik der Versuchung. 1995. *Band 87.*
Lübbe, Weyma: Legitimität kraft Legalität. 1991. *Band 67.*
Luig, Rainer: Vermögenspolitik in der Wettbewerbswirtschaft. 1980. *Band 30.*
Malewski, Andrzej: Verhalten und Interaktion. 1967, [2]1977 *Band 6.*
Mettenheim, Christoph von: Recht und Rationalität. 1984. *Band 35.*
Neumann, Manfred: Zukunftsperspektiven im Wandel. 1990. *Band 66.*
North, Douglass C: Theorie des institutionellen Wandels. 1988. *Band 56.*
– Institutionen, institutioneller Wandel und Wirtschaftsleistung. 1992. *Band 76.*
Olson, Mancur: Die Logik des kollektiven Handelns. 1968, [3]1992. *Band 10.*
– Aufstieg und Niedergang von Nationen. 1985, [2]1991. *Band 42.*
– Umfassende Ökonomie. 1991. *Band 68.*
Opp, Karl Dieter: Die Entstehung sozialer Normen. 1983. *Band 33.*
Pähler, Klaus: Qualitätsmerkmale wissenschaftlicher Theorien. 1986. *Band 43.*
Petersen, Thomas: Individuelle Freiheit und allgemeiner Wille. 1996. *Band 93.*
Pies, Ingo: Normative Institutionenökonomik. 1993. *Band 78.*
Pommerehne, Werner W: Präferenzen für öffentliche Güter. 1987. *Band 50.*
Popper, Karl R.: Das Elend des Historizismus. 1965, [6]1987. *Band 3.*
– Logik der Forschung. 1934, [10]1994. *Band 4.*
– Die beiden Grundprobleme der Erkenntnistheorie. 1979, [2]1994. *Band 18.*
– Vermutungen und Widerlegungen. Teilband 1: Vermutungen. 1994. *Band 86.*
– Vermutungen und Widerlegungen. Teilband 2: Widerlegungen. 1997. *Band 97.*
Radnitzky, G. und *Andersson, G.* (Hrsg.): Fortschritt und Rationalität der Wissenschaft. 1980. *Band 24.*
– Voraussetzungen und Grenzen der Wissenschaft. 1981. *Band 25.*
Ribhegge, Hermann: Grenzen der Theorie rationaler Erwartungen. 1987. *Band 49.*
Röpke, Jochen: Die Strategie der Innovation. 1977. *Band 19.*
Schluchter, Wolfgang: Die Entwicklung des okzidentalen Rationalismus. 1979. *Band 23.*
Schmidt-Trenz, Hans-Jörg: Die Logik kollektiven Handelns bei Delegation. 1996. *Band 94.*
Schrader, Stephan: Spitzenführungskräfte, Unternehmensstrategie und Unternehmenserfolg. 1995. *Band 89.*
Schultz, Theodore W.: In Menschen investieren. 1987. *Band 45.*
Siegenthaler, Hansjörg: Regelvertrauen, Prosperität und Krisen. 1993. *Band 81.*
Sinn, Hans Werner: Ökonomische Entscheidungen bei Ungewißheit. 1980. *Band 28.*
Suchanek, Andreas: Ökonomischer Ansatz und theoretische Integration. 1994. *Band 84.*
Sukale, Michael: Denken, Sprechen und Wissen. 1988. *Band 55.*
Tietzel, Manfred: Wirtschaftstheorie und Unwissen. 1985. *Band 39.*
Vanberg, Viktor: Die zwei Soziologien. 1975. *Band 17.*
– Markt und Organisation. 1982. *Band 31.*
Vetter, Hermann: Wahrscheinlichkeit und logischer Spielraum. 1967. *Band 7.*
Vieler, Alexander: Interessen, Gruppen und Demokratie. 1986. *Band 41.*
Wangenheim, Georg von: Die Evolution von Recht. 1995. *Band 88.*
Watkins, John W.: Freiheit und Entscheidung. 1978. *Band 20.*
– Wissenschaft und Skeptizismus. 1992. *Band 75.*
Watrin, Chr.: siehe *Brennan, Geoffrey.*
Weede, Erich: Wirtschaft, Staat und Gesellschaft. 1990. *Band 63.*
Wegner, Gerhard: Wohlfahrtsaspekte evolutorischen Marktgeschehens. 1991. *Band 69.*
Wendel Hans Jürgen: Moderner Relativismus. 1990. *Band 61.*
Wessling, Ewald: Individuum und Information. 1991. *Band 71.*
Wieland, Josef: Ökonomische Organisation, Allokation und Status. 1996. *Band 92.*
Wildenmann, R.: siehe *Downs, Anthony.*
Williamson Oliver E.: Die ökonomischen Institutionen des Kapitalismus. 1990. *Band 64.*
Witt, Ulrich: Individualistische Grundlagen der evolutorischen Ökonomik. 1987. *Band 47.*
Witte, E., Hauschildt, J. und *Grün, O.* (Hrsg.): Innovative Entscheidungsprozesse. 1988. *Band 58.*

Die Einheit der Gesellschaftswissenschaften

Alphabetische Übersicht

Abel, Bodo: Grundlagen der Erklärung menschlichen Handelns. 1983. *Band 34.*
Albert, Hans: Traktat über kritische Vernunft. 1968, ^{5}1991. Band 9.
– Traktat über rationale Praxis. 1978. *Band 22.*
– Kritik der reinen Erkenntnislehre. 1987. *Band 53.*
– Kritik der reinen Hermeneutik. 1994. *Band 85.*
Aldrup, Dieter: Das Rationalitätsproblem in der Politischen Ökonomie. 1971. *Band 11.*
Andersson, Gunnar: Kritik und Wissenschaftsgeschichte. 1988. *Band 54.*
– siehe *Radnitzky, G.*
Ardila, Rubén: siehe *Bunge, Mario.*
Bartley III, W.W.: Flucht ins Engagement. 1987. *Band 48.*
Baurmann, Michael: Der Markt der Tugend. 1996. *Band 91.*
Becker, Gary S.: Der ökonomische Ansatz zur Erklärung menschlichen Verhaltens. 1982, ^{2}1993. *Band 32.*
– Familie, Gesellschaft und Politik – die ökonomische Perspektive. 1996. *Band 96.*
Behrens, Peter: Die ökonomischen Grundlagen des Rechts. 1986. *Band 46.*
Bohnen, Alfred: Individualismus und Gesellschaftstheorie. 1975. *Band 15.*
Brandes, Wilhelm: Über die Grenzen der Schreibtisch-Ökonomie. 1985. *Band 40.*
Brennan, Geoffrey / Buchanan, James M.: Die Begründung von Regeln. Mit einer Einleitung hrsg. von Chr. Watrin. 1993. *Band 83.*
Bretzke, Wolf R.: Der Problembezug von Entscheidungsmodellen. 1980. *Band 29.*
Buchanan, James M.: Die Grenzen der Freiheit zwischen Anarchie und Leviathan. 1984. *Band 38.*
– siehe *Brennan, Geoffrey.*
Bühler, Axel: Bedeutung, Gegenstandsbezug, Skepsis. 1987. *Band 52.*
Bunge, Mario / Ardila, Rubén: Philosophie der Psychologie. 1990. *Band 65.*
Bunge, Mario: Das Leib-Seele-Problem. 1984. *Band 37.*
– Kausalität, Geschichte und Probleme. 1987. *Band 51.*
Dahl, Robert A.: Vorstufen zur Demokratie-Theorie. 1976. *Band 16.*
Dietl, Helmut: Institutionen und Zeit. 1993. *Band 79.*
Dölken, Clemens: Katholische Sozialtheorie und liberale Ökonomik. 1992. *Band 77.*
Downs, Anthony: Ökonomische Theorie der Demokratie. Hrsg. von R. Wildenmann. 1968. *Band 8.*
Eidenmüller, Horst: Effizienz als Rechtsprinzip. 1995. *Band 90.*
Engel, Gerhard: Zur Logik der Musiksoziologie. 1990. *Band 62.*
Erdmann, Georg: Elemente einer evolutorischen Innovationstheorie. 1993. *Band 80.*
Eschenburg, Rolf: Der ökonomische Ansatz zu einer Theorie der Verfassung. 1977. *Band 21.*
Esser, Hartmut: Alltagshandeln und Verstehen. 1991. *Band 73.*
Falkinger, Josef: Sättigung. 1985. *Band 44.*
Fleischmann, Gerd: Nationalökonomie und sozialwissenschaftliche Integration. 1966. *Band 5.*
Franck, Egon: Künstliche Intelligenz. 1991. *Band 70.*
Gadenne, Volker: Theorie und Erfahrung in der psychologischen Forschung. 1984. *Band 36.*
Gahlen, Bernhard: Der Informationsgehalt der neoklassischen Wachstumstheorie für die Wirtschaftspolitik. 1972. *Band 12.*
Geismann, Georg: Ethik und Herrschaftsordnung. 1974. *Band 14.*
O. Grün, O.: siehe *Witte, E.*
Hauschildt, J.: siehe *Witte, E.*
Homann, Karl: Die Interdependenz von Zielen und Mitteln. 1980. *Band 27.*
– Rationalität und Demokratie. 1988. *Band 57.*
Hutter, Michael: Die Produktion von Recht. 1989. *Band 60.*
Jones, Eric Lionel: Das Wunder Europa. 1991. *Band 72.*
Kaufmann, Walter: Tragödie und Philosophie. 1980. *Band 26.*
Keuth, Herbert: Wissenschaft und Werturteil. 1989. *Band 59.*
– Erkenntnis oder Entscheidung. 1993. *Band 82.*
Kirchgässner, Gebhard: Homo oeconomicus. 1991. *Band 74.*